## Wortarten

## Satzglieder und Sätze



## Rechtschreibung



## Texte überarbeiten: Stil und Ausdruck

## Zeichensetzung

Hessen

# Deutschbuch

## Differenzierende Ausgabe

## Sprach- und Lesebuch 10


Herausgegeben von
Markus Langner und Andrea Wagener

Erarbeitet von
Julie Chatzistamatiou, Friedrich Dick,
Agnes Fulde, Hans-Joachim Gauggel,
Verena Jäger, Marianna Lichtenstein,
Christoph Mann, Deborah Mohr,
Lisa Nahberger, Frank Schneider,
Anna Ulrike Schütte, Volker Semmler und
Mechthild Stüber


Cornelsen

Redaktion: Thorsten Feldbusch, Annika Kusumi

Illustrationen:
Stefan Bachmann, Wiesbaden: S. 8, 135, 136, 138, 144
Thomas Binder, Magdeburg: S. 48
Jutta Melsheimer, Berlin: S. 34, 74, 114, 116, 121–124, 126, 128, 129, 131
Christoph Mett, Münster: Vorsätze
Bianca Schaalburg, Berlin: S. 21, 24, 26, 28
Maja Bohn, Berlin: S. 92, 94, 95, 100, 102, 103, 106, 108

Karte:
Carlos Borrell Eiköter, Berlin: S. 270

Coverfoto: Shutterstock / Edyta Pawlowska
Gesamtgestaltung und technische Umsetzung: werkstatt für gebrauchsgrafik, Berlin

**Weitere Bestandteile des Lehrwerks**


- E-Book zum Schülerbuch: ISBN 978-3-06-063009-7
- Arbeitsheft mit Lösungen: ISBN 978-3-06-062672-4
- Arbeitsheft mit Übungs-CD-ROM: ISBN 978-3-06-062684-7
- Übungs-CD-ROM zum Arbeitsheft: ISBN 978-3-06-062702-8
- Lern- und Arbeitsheft für Lernende mit erhöhtem Förderbedarf im inklusiven Unterricht: ISBN 978-3-06-068014-6

**www.cornelsen.de**



Dieses Werk berücksichtigt die Regeln der reformierten Rechtschreibung und Zeichensetzung.
Bei den mit [R] gekennzeichneten Texten haben die Rechteinhaber einer Anpassung widersprochen.

1. Auflage, 1. Druck 2017

Alle Drucke dieser Auflage sind inhaltlich unverändert
und können im Unterricht nebeneinander verwendet werden.



Druck: Mohn Media Mohndruck, Gütersloh

ISBN 978-3-06-062772-1

# Euer Deutschbuch auf einen Blick

Das Buch ist in **vier Kompetenzbereiche** aufgeteilt.
Ihr erkennt sie an den Farben:

- Sprechen – Zuhören – Schreiben
- Lesen – Umgang mit Texten und Medien
- Nachdenken über Sprache
- Arbeitstechniken

Jedes **Kapitel** besteht aus **drei Teilen:**

**1 Hauptkompetenzbereich**
Hier wird das Thema des Kapitels erarbeitet, z. B. in Kapitel 1 „Über Sachverhalte informieren".

1.1 Kommunikation im Wandel – Sich und andere informieren

**2 Verknüpfung mit einem zweiten Kompetenzbereich**
Das Kapitelthema wird mit einem anderen Kompetenzbereich verbunden und vertiefend geübt, z. B.:

1.2 Alles unter Kontrolle? – Einen literarischen Text untersuchen

**3 Klassenarbeitstraining oder Projekt**
Hier überprüft ihr das Gelernte anhand einer Beispielklassenarbeit und einer Checkliste oder ihr erhaltet Anregungen für ein Projekt, z. B.:

1.3 Fit in ...! – Einen Informationstext verfassen

Das **Orientierungswissen** findet ihr in den blauen Kästen mit den Bezeichnungen **Information** und **Methode**.

Auf den blauen Seiten am Ende des Buches (▸ S. 281–321) könnt ihr das Orientierungswissen aller Kapitel noch einmal nachschlagen.

Folgende **Kennzeichnungen** werdet ihr im Buch entdecken:

- Partnerarbeit
- Gruppenarbeit
- 4 Zusatzaufgabe

Die **Punkte** sagen euch etwas über die Schwierigkeit der Aufgabe:

- ●○○ Diese Aufgaben geben euch Starthilfen oder schlagen euch verschiedene Lösungen vor.
- ●●○ Diese Aufgaben sind schwieriger zu lösen als die Aufgaben mit einem Punkt.
- ●●● Diese Aufgaben verlangen, dass ihr sie möglichst selbstständig bearbeitet.

# Inhaltsverzeichnis

Schreibwerkzeuge und Textverarbeitungsprogramme aufgabenbezogen einsetzen; Texte für andere mittels Darstellungs- und Präsentationsformen aufbereiten
▶ **Texte/Medien rezipieren**
Strategien zur Text-/Medienaufnahme für die Erschließung zentraler Inhalte anwenden; sich mit Hilfe verschiedener Quellen sachorientiert informieren

Sprechen – Zuhören – Schreiben

Kompetenzerwartungen und Inhaltsfelder

▶ **Sprachliche Mittel reflektieren und verwenden**
den vorhandenen Wortschatz erweitern und differenziert gebrauchen; sich mit der historischen Veränderung von Sprache auseinandersetzen
▶ **Texte rezipieren**
Strategien zur Text-/Medienaufnahme für die Erschließung zentraler Strukturelemente, Inhalte, Aussagen und Gedanken anwenden; zentrale Aussagen eines Textes wiedergeben; Aussagen mit Textstellen belegen; Unterschiede und Gemeinsamkeiten von Texten erklären
▶ **Texte planen, schreiben, überarbeiten**
Texte lesbar und strukturiert schreiben; den eigenen Schreibprozess mit Hilfe von Schreibstrategien organisieren und strukturieren

# 5 „Liebe geht durch alle Zeiten“ – Romane verschiedener Epochen vergleichen 91

- **Leseerwartungen klären**
  gattungs- und textsortenspezifische Kennzeichen von Texten beschreiben
- **Texte rezipieren**
  Texte involviert, flüssig und sinnverstehend lesen;
  Strategien für die Erschließung zentraler Strukturelemente, Inhalte, Aussagen und Gedanken anwenden;
  individuelle Vorstellungen und Empfindungen, die beim Lesen entstehen, zum Ausdruck bringen;
  Unterschiede und Gemeinsamkeiten von Texten erklären;
  zu Texten lebendige Vorstellungen und eigene Gedanken formulieren und sich mit anderen darüber verständigen;
  Empfindungen von literarischen Figuren differenziert beschreiben, Figuren charakterisieren und ihre Beziehungen untersuchen, ihr Verhalten und ihre Handlungsmotive beurteilen, Handlungszusammenhänge reflektieren;
  gesellschaftliche, historische und kulturelle Kontexte berücksichtigen;
  Konflikte und deren Ausgestaltung in literarischen Texten aufzeigen und in Bezug zur eigenen Lebenswelt setzen;
  die im Text angebotenen Informationen mit literarischem Orientierungswissen in Verbindung setzen
- **Mit Texten produktiv umgehen**
  Texte in andere Darstellungsformen übertragen
- **Texte planen, schreiben, überarbeiten**
  Texte zu fiktiven Ereignissen aufbauen und dabei Textsortenmerkmale beachten

# 6

Lesen – Umgang mit Texten und Medien

Kompetenzerwartungen und Inhaltsfelder

- **Leseerwartungen klären**
  gattungs- und textsortenspezifische Kennzeichen von Texten beschreiben
- **Texte rezipieren**
  zentrale Aussagen eines Textes wiedergeben und mit Textstellen belegen;
  zu Texten lebendige Vorstellungen und eigene Gedanken formulieren und sich mit anderen darüber verständigen;
  Empfindungen von literarischen Figuren differenziert beschreiben, Figuren charakterisieren und ihre Beziehungen untersuchen, ihr Verhalten und ihre Handlungsmotive beurteilen, Handlungszusammenhänge reflektieren;
  Konflikte und deren Ausgestaltung in literarischen Texten aufzeigen und in Bezug zur eigenen Lebenswelt setzen
- **Texte planen, schreiben, überarbeiten**
  Texte lesbar und strukturiert schreiben;
  den eigenen Schreibprozess organisieren und strukturieren
- **Sprachliche Mittel reflektieren und verwenden**
  zwischen der Inhalts- und Beziehungsebene sprachlichen Handelns unterscheiden

# 7

Lesen – Umgang mit Texten und Medien

Kompetenzerwartungen und Inhaltsfelder

- **Leseerwartungen klären**
  gattungs- und textsortenspezifische Kennzeichen von Texten beschreiben
- **Texte rezipieren**
  Strategien für die Erschließung zentraler Strukturelemente, Inhalte, Aussagen und Gedanken anwenden;
  Elemente der ästhetischen Textgestaltung beschreiben;
  individuelle Vorstellungen und Empfindungen, die beim Lesen entstehen, zum Ausdruck bringen;
  zentrale Aussagen eines Textes wiedergeben und mit Textstellen belegen;
  Unterschiede und Gemeinsamkeiten von Texten erklären, gesellschaftliche, historische und kulturelle Kontexte berücksichtigen;
  zu Texten lebendige Vorstellungen und eigene Gedanken

Kompetenzerwartungen und Inhaltsfelder



formulieren und sich mit anderen darüber verständigen;
die im Text angebotenen Informationen mit literarischem Orientierungswissen in Verbindung setzen

- **Vorbereitete Redebeiträge leisten**
  Texte gestaltend vorlesen und vortragen;
  kriterienorientiert den eigenen Vortrag und die Vorträge anderer reflektieren
- **Texte planen, schreiben, überarbeiten**
  den eigenen Schreibprozess mit Hilfe von Schreibstrategien organisieren und strukturieren

Lesen – Umgang mit Texten und Medien

Kompetenzerwartungen und Inhaltsfelder

## 8 „Mutter Courage und ihre Kinder" – Ein Drama analysieren 153

- **Leseerwartungen klären**
  gattungs- und textsortenspezifische Kennzeichen von Texten beschreiben
- **Texte rezipieren**
  Strategien für die Erschließung zentraler Strukturelemente, Inhalte, Aussagen und Gedanken anwenden;
  zu Texten lebendige Vorstellungen und eigene Gedanken formulieren und sich mit anderen darüber verständigen;
  Empfindungen von literarischen Figuren differenziert beschreiben, Figuren charakterisieren und ihre Beziehungen untersuchen, ihr Verhalten und ihre Handlungsmotive beurteilen, Handlungszusammenhänge reflektieren;
  gesellschaftliche, historische und kulturelle Kontexte berücksichtigen
- **Texte planen, schreiben, überarbeiten**
  den eigenen Schreibprozess organisieren

Lesen – Umgang mit Texten und Medien

Kompetenzerwartungen und Inhaltsfelder

## 9 Gestylte Körper – Sachtexte verstehen 175

- **Leseerwartungen klären**
  aus kontextuellen Gegebenheiten des Textes/Mediums Erwartungen ableiten;
  textsortenspezifische Kennzeichen von Texten beschreiben
- **Texte/Medien rezipieren**
  Texte flüssig und sinnverstehend lesen;
  Strategien für die Erschließung zentraler Strukturelemente, Inhalte, Aussagen

und Gedanken anwenden; Elemente der ästhetischen Text-/Mediengestaltung beschreiben; zentrale Aussagen eines Textes wiedergeben und mit Textstellen belegen; Unterschiede von Texten erklären; zu Aussagen eines Textes unter Berücksichtigung gesellschaftlicher Kontexte kritisch Stellung beziehen

- **Sprachliche Mittel reflektieren und verwenden**
  sich mit Funktion und Wirkung medienspezifischen Sprachgebrauchs kritisch auseinandersetzen
- **Texte planen, schreiben, überarbeiten**
  den eigenen Schreibprozess mit Hilfe von Schreibstrategien strukturieren; Texte mit Hilfe sprachlicher Mittel sowie Mitteln der Satzverknüpfung inhaltlich, sprachlich und stilistisch stimmig gestalten

- **Lese- und Rezeptionserwartungen klären**
  gattungs- und textsortenspezifische Kennzeichen von Texten/Medien beschreiben
- **Texte/Medien rezipieren**
  Strategien zur Text-/Medienaufnahme für die Erschließung zentraler Strukturelemente, Inhalte, Aussagen und Gedanken anwenden; Elemente der ästhetischen Text-/Mediengestaltung beschreiben; zu Texten lebendige Vorstellungen und eigene Gedanken formulieren und sich mit anderen darüber verständigen; Empfindungen von literarischen Figuren differenziert beschreiben, Figuren charakterisieren und ihre Beziehungen untersuchen, ihr Verhalten und ihre Handlungsmotive beurteilen, Handlungszusammenhänge reflektieren; zu Aussagen eines Textes/Medienangebots unter Berücksichtigung gesellschaftlicher, historischer und kultureller Kontexte kritisch Stellung beziehen
- **Mit Texten/Medien produktiv umgehen**
  Texte in andere Darstellungsformen übertragen; verschiedene mediale Darstellungen eines Textes vergleichen und beurteilen

Nachdenken über Sprache

Kompetenzerwartungen und Inhaltsfelder

# 11 Grammatiktraining – Stil und Ausdruck 217

▶ **Texte planen, schreiben, überarbeiten**
Texte mit Hilfe sprachlicher Mittel sowie Mitteln der Satzverknüpfung sprachlich und stilistisch stimmig gestalten;
unter Verwendung geeigneter Hilfsmittel Grundregeln und Prüfstrategien zum normgerechten Schreiben anwenden;
Texte kriterienorientiert überprüfen und verändern

▶ **Sprachliche Mittel reflektieren und verwenden**
den vorhandenen Wortschatz erweitern und differenziert gebrauchen;
grammatische, lexikalische und textuelle Gestaltungsmittel funktional einsetzen

▶ **Grundlegende sprachliche Strukturen und Prinzipien reflektieren und verwenden**
grundlegende Fachbegriffe verwenden;
die regelgerechte Anwendung grammatischer Strukturen im mündlichen und schriftlichen Sprachgebrauch überprüfen;
Sprache mit Hilfe geeigneter Proben und Verfahren untersuchen

Nachdenken über Sprache

Kompetenzerwartungen und Inhaltsfelder

# 12 Rechtschreibstrategien und Rechtschreibregeln anwenden – Texte überarbeiten 243

▶ **Texte planen, schreiben, überarbeiten**
unter Verwendung geeigneter Hilfsmittel Grundregeln und Prüfstrategien zum normgerechten Schreiben anwenden;
Texte kriterienorientiert überprüfen und verändern

▶ **Sprachliche Mittel reflektieren und verwenden**
Fremdwörter erkennen und die Aussprache und Schreibung daran ausrichten;
fremdsprachliche Einflüsse reflektieren

Kompetenzerwartungen und Inhaltsfelder



- **Grundlegende sprachliche Strukturen und Prinzipien reflektieren und verwenden**
  grundlegende Fachbegriffe verwenden;
  Sprache mit Hilfe geeigneter Proben und Verfahren untersuchen



Arbeitstechniken

Kompetenzerwartungen und Inhaltsfelder

# 13 Rund um Autoren – Selbstständig lernen 265

- **Gespräche führen**
  sich mit anderen über die Organisation und Umsetzung von gruppen- und projektorientiertem Arbeiten kriterienorientiert verständigen
- **Leseerwartungen klären**
  Texte/Medien anlassbezogen und interessengeleitet auswählen
- **Texte/Medien rezipieren**
  Strategien zur Text-/Medienaufnahme für die Erschließung zentraler Strukturelemente, Inhalte, Aussagen und Gedanken anwenden;
  zentrale Aussagen eines Textes wiedergeben und mit Textstellen belegen;
  sich mit Hilfe verschiedener Quellen sachorientiert informieren;
  zu Texten eigene Gedanken formulieren
- **Texte mit anderen planen, schreiben, überarbeiten**
  Schreibwerkzeuge und Textverarbeitungsprogramme aufgabenbezogen einsetzen;
  Texte mittels Darstellungsformen aufbereiten
- **Das Schreiben für Lernprozesse nutzen**
  eigene Lern- und Arbeitsprozesse dokumentieren und reflektieren

# Orientierungswissen 281

# 1 Leben im Netz –
## Über Sachverhalte informieren

**1** Die Zeichnung stellt gegenüber, wie man sich früher bzw. altmodisch *(vintage)* ausgetauscht hat und wie man sich heute im Internet austauschen kann.

**a** Beschreibt die Zeichnung und erklärt, wofür die einzelnen Namen stehen.
- Welche Gegenstände hat man eher früher verwendet, um zu kommunizieren?
- Mit welchen sozialen Netzdiensten kann man das heute erledigen?

**b** Begründet, welche Netzdienste ihr gern verwendet.

**2** **a** Recherchiert im Internet die sozialen Netzdienste, die ihr nicht kennt.

**b** Stellt sie euch gegenseitig kurz vor.

### In diesem Kapitel ...

- entnehmt ihr Informationen aus Sachtexten und Schaubildern und wertet sie aus,
- erstellt ihr Gliederungen zur Vorbereitung von Informationstexten,
- verfasst ihr mit Hilfe von Materialien Informationstexte,
- führt ihr zum Thema „Leben im Netz“ ein Interview mit einer literarischen Figur.

# 1.1 Kommunikation im Wandel – Sich und andere informieren

## Eine Umfrage durchführen

**1** Führt eine Umfrage zu der folgenden Frage durch: Wie werden soziale Netzdienste genutzt?

a Notiert in Partnerarbeit knapp erste Ideen, wozu ihr Fragen stellen könntet, z. B.: *Häufigkeit, ...*

b Formuliert mit Hilfe eurer Notizen zwei bis drei Fragen, z. B.: *Nutzt du ...?*

c Vergleicht eure Fragen in der Klasse. Einigt euch auf acht bis zehn Fragen.
**Tipp:** Stellt am besten nur solche Fragen, die man mit Ja oder Nein beantworten kann.

**2** a Gestaltet für eure Umfrage einen Fragebogen, auf dem die Befragten ihre Antworten unterstreichen oder ankreuzen können.
**Tipp:** Ihr könnt die Ergebnisse besser auswerten, wenn ihr Antwortmöglichkeiten vorgebt, z. B.:

> **1 Wie alt bist du? / Wie alt sind Sie?**
> 10–14 ☐ 15–19 ☐ 20–29 ☐ 30–49 ☐ 50–60 ☐ älter als 60 ☐
>
> **2 Bist du / Sind Sie bei einem sozialen Netzwerk im Internet angemeldet?**
> ja ☐ nein ☐
>
> **3 ...**

b Führt die Umfrage durch. Befragt auch Erwachsene.

**3** Wertet eure Umfrage aus. Zählt die jeweils angekreuzten Antworten zusammen.

**4** Stellt eure Ergebnisse vor.

a Entscheidet euch für eine anschauliche Darstellung, z. B. für ein Kreis- oder Säulendiagramm.
**Tipp:** Fragt in der Klasse, wer solche Diagramme am Computer gestalten kann.

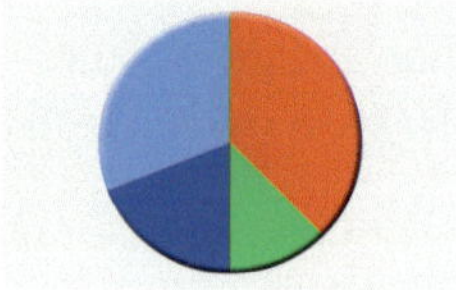

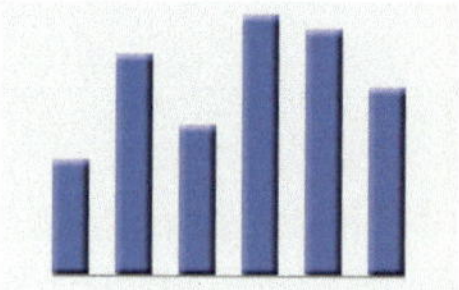

b Fasst die wichtigsten Ergebnisse eurer Umfrage zusammen.
Hebt vor allem besonders hohe und besonders niedrige Werte hervor, z. B.:
*Unsere Umfrage hat gezeigt, dass die Mehrheit der Befragten ...*
*Dagegen nutzen nur ...*

c Beurteilt abschließend eure Ergebnisse. Was hat euch überrascht? Was hattet ihr erwartet?

# Einen Informationstext verfassen

## Schritt 1: Sich über das Thema informieren und Informationen auswerten

Im Folgenden findet ihr Materialien, mit deren Hilfe ihr einen Informationstext über Kommunikation im Internet verfassen könnt.
Euer Informationstext sollte auf einem Flyer stehen und diese Leitfragen beantworten:
- Warum nutzen Menschen das Internet und seine Dienste?
- Wie entwickelten sich die sozialen Netzdienste und die Kommunikation im Internet?
- Worauf sollte man als Nutzer achten?

**M1 Bilder zum Thema „Kommunikation im Internet“**

**1** Auch Bildern kann man Informationen entnehmen. Arbeitet zu zweit.
a Wählt ein Bild aus. Beschreibt knapp die dargestellte Situation.
b Notiert im Heft: Was erfahrt ihr durch das Bild über die Kommunikation mit Hilfe von Smartphone oder Computer?
c Stellt eure Ergebnisse in der Klasse vor.

**2** Begründet, welches Bild ihr für einen Informationstext zum Thema „Kommunikation im Internet“ auswählen würdet. Wählt Aufgabe a oder b.
●●● a Betrachtet die Bilder. Ordnet begründet zu:
Welches Bild belegt am besten welche der Informationen A, B, C, D?
**A** Menschen können sich schnell über Dinge austauschen, die ihnen wichtig sind.
**B** Menschen können zu jeder Zeit und an jedem Ort leicht miteinander kommunizieren.
**C** Menschen vernetzen sich, um an den Informationen anderer Menschen teilzuhaben.
**D** Menschen brauchen das Internet, um schnell von einem Ort zum anderen zu gelangen.
●○○ b Ein Schüler möchte die folgende Information durch ein Bild unterstützen:
„Über die Kommunikation im Internet kann man sich weltweit problemlos austauschen.“
Begründet, welches Bild ihr wählen würdet.
c Tauscht euch über eure Ergebnisse aus.

**3** Ein Schüler meint: „Beide Bilder sind ungeeignet, weil sie nur zeigen, dass Menschen nur noch auf ihre Smartphones starren.“
Formuliert, was ihr ihm antworten würdet.

## M2 Kommunikation ...

Denkt man an Kommunikation heute, so denkt man sofort an das Internet und dort angebotene soziale Netzwerke, die von zahlreichen Menschen weltweit genutzt werden und inzwischen fest zu ihrem Alltag gehören. Mit Hilfe dieser Netzwerke kann man chatten, Daten wie Texte, Musik, Bilder und Filme austauschen oder gemeinsam spielen. Darüber hinaus stellt man auf Plattformen in der Regel sein eigenes Profil dar. Das Problem dabei ist, dass viele für die Darstellung ihrer Person Persönliches preisgeben, z. B. wo man wohnt, wann man zu Hause ist und welche besonderen Vorlieben man hat. Diese Daten können dann sowohl die Netzdienstbetreiber als auch andere Internetnutzer einsehen, obwohl man sie gar nicht dazu eingeladen hat.

Die unglaublichen Nutzerzahlen einiger sozialer Netzwerke, die erst vor etwa zehn Jahren online gegangen sind, zeigen, wie sehr das Internet die heutige Art der Kommunikation beeinflusst und verändert hat. Bei ihnen sind weltweit Nutzer in Milliardenhöhe angemeldet. Und jeder zweite Nutzer loggt sich täglich ein.

Gerade jüngere Menschen können sich ein Leben ohne Internet und Smartphone kaum mehr vorstellen. Wie war das vor den 1990er Jahren, als man allgemein noch nicht die Möglichkeit hatte, online zu kommunizieren oder von überall mit dem Handy zu telefonieren?

Die Antwort: Man schrieb entweder Karten und Briefe oder telefonierte von einem festen Anschluss aus, den man auf keinen Fall irgendwohin mitnehmen konnte. Der Freundeskreis war in der Regel überschaubarer bzw. man kannte sich persönlich. In erster Linie hielt man Kontakt zu den engsten Freunden sowie zur Familie. Andere lasen nicht mit und blieben außen vor. Statt sich in einem sozialen Netzwerk virtuell oder über Kameras zu besprechen und zu begegnen, traf man sich zu Hause, in einem Café oder an anderen Orten.

Welche Art der Kommunikation ist besser? Die früheren Formen, bei denen man vielleicht weniger, aber engere Freunde hatte und sich persönlich mit den Menschen, die einem wichtig sind, getroffen hat? Oder die Kommunikation über das Internet, bei der man sich problemlos weltweit austauschen kann?

Die Frage wird heiß diskutiert. Denn die Kommunikation über das Internet gilt als bequem, weil sie praktisch an jedem Ort der Welt zu jeder Zeit stattfinden kann. Dagegen garantierten die früheren Formen mehr Privatsphäre und man konnte anderen Menschen direkt begegnen.

**4** Formuliert eine Überschrift. Sie soll treffend ausdrücken, worum es in dem Text geht.

a Erklärt in Partnerarbeit, was Folgendes im Textzusammenhang bedeutet:
die Kommunikation (▶ Z. 1), das Profil (▶ Z. 9), die Freunde (▶ Z. 37), die Privatsphäre (▶ Z. 53).

b Beschreibt mit eigenen Worten Kommunikationsformen von früher und heute.

**5** Welche Vor- und Nachteile können Internetdienste für die Kommunikation haben?
Wählt Aufgabe a oder b.

●●● a Notiert in Stichpunkten, welche Vorteile Internetdienste gegenüber früheren Kommunikationsformen haben können.

●○○ b Notiert in Stichpunkten, welche Nachteile Internetdienste haben können.

c Tauscht eure Stichpunkte aus.

**6** Wie hat sich durch soziale Netzdienste die Kommunikation zwischen Menschen verändert?
Fasst eure Ergebnisse zusammen, z. B.: *Früher haben ... Heute ...*

## M3 Soziale Netzwerke und Smartphones verändern die Alltagskommunikation

*In dem Forschungsprojekt „Alltagskommunikation heute“ untersucht die Mannheimer Kommunikationswissenschaftlerin Professorin Angela Keppler, wie soziale Netzwerke und Smartphones unser Miteinander verändern.*

**Was haben Sie über die veränderte Alltagskommunikation herausgefunden?**

**Keppler:** Die klassischen Massenmedien oder die neuen Netzmedien erfüllen vor allem die Funktionen von Gesprächsförderern. Informationen werden eingespeist, zum Beispiel in Form von Fotos und Statusmeldungen in sozialen Netzwerken. Dort können sie wiederum kommentiert oder weiter verbreitet werden. So kommuniziert man online. In der Offline-Kommunikation redet man dann zum Teil auch über diese Inhalte. Zudem entstehen gemeinsame Suchprozesse, bei denen das Suchen und nicht das Finden im Vordergrund steht. Schüler, die z. B. auf den Bus warten, blicken abwechselnd einander an und auf ihre Smartphones oder schauen gemeinsam auf die Displays. Es geht nicht immer nur um den Informationsaustausch, sondern zum Teil auch um die gemeinsame Nutzung. Dieses Ineinandergreifen der Kommunikationsformen finde ich sehr spannend. Zudem entwickeln sich auch neue Formen der Face-to-Face-Kommunikation: Chatten mit körperlich nicht Anwesenden wird vor allem von Jugendlichen als gleichrangig zur Offline-Kommunikation angesehen.

**Wie verändern sich die Inhalte?**

**Keppler:** Jedes Medium – Sprache, Chat oder SMS – hat besondere Eigenschaften. Im Hinblick auf den Stellenwert der gelieferten Informationen müssen diese mitbedacht und berücksichtigt werden. Man fragt sich zum Beispiel, was man auf Facebook postet und was vielleicht zu privat ist. Es entwickeln sich außerdem neue Formen des Umgangs mit technischen Kommunikationsmöglichkeiten. Unter Jugendlichen ist es zum Beispiel gebräuchlich zu sagen „mit jemandem schreiben“ statt „jemandem schreiben“. Darin sehe ich einen Wandel von einer einseitigen Kommunikationsform, wie etwa jemandem eine Mail zu schreiben, hin zu einer wechselseitigen Kommunikationsform, wie im Nachrichtendienst WhatsApp. Und die verbalen Aktivitäten verändern sich generell: Es wird mehr gezeigt und weniger geschrieben. Das eine ersetzt jedoch nicht das andere: Vielmehr hängt es vom jeweiligen Kontext wie beispielsweise dem Privatheitsgrad der Nachrichten ab, welcher Modus verwendet wird und wie beide miteinander kombiniert

werden. Auch wenn verstärkt Fotos und Bilder in Gespräche einfließen, ersetzt das Zeigen nicht den verbalen Austausch, denn die Bilder werden ja immer sprachlich eingeführt und kommentiert.

**Ich kann bei Facebook zehn Chats gleichzeitig geöffnet haben, mit Gruppennachrichten lassen sich sehr, sehr viele Menschen erreichen. Ist das ein echter Dialog?**

KEPPLER: Was ist denn ein echter Dialog? Da müssen wir sicher umdenken: Ein Dialog im Sinne einer One-to-one-Kommunikation wie bei einem intimen Gespräch ist es nicht. Vielleicht entspricht es eher dem, was der Ethnologe Boris Malinowski „phatic communicaton" genannt hat: das Miteinanderreden um des Redens willen, eine wichtige Funktion des Small Talks.

**7** a Lest das Interview. Klärt in Partnerarbeit die markierten Wörter.
b Erläutert die Begriffe Online-Kommunikation (▶ Z. 11 f.) und Offline-Kommunikation (▶ Z. 12), z. B.:
*Online werden vor allem … Demgegenüber spricht man von Offline-Kommunikation …*
c Wenn Schüler gemeinsam auf ihre Smartphones schauen, ergänzen sich Online- und Offline-Kommunikation (▶ Z. 17 ff.). Begründet, ob das stimmt.

**8** Untersucht: Wie kann man durch Fragen ausführliche Informationen erhalten?
Wählt Aufgabe a/b oder a/c. Vergleicht anschließend eure Ergebnisse.
a Wonach wird gefragt? Benennt je Frage das Thema.
●●● b Erklärt, welche Art von Fragen gestellt wird.
Nutzt die Begriffe *offen/geschlossen*.
●○○ c Formuliert die ersten beiden Fragen so, dass man nur mit Ja oder Nein antworten kann.

**9** „Ich kann bei Facebook zehn Chats gleichzeitig geöffnet haben, mit Gruppennachrichten lassen sich sehr, sehr viele Menschen erreichen. Ist das ein echter Dialog?" (▶ Z. 62 ff.)
Untersucht diese letzte Interviewfrage im Hinblick auf ihren Inhalt und ihre Wirkung.
Wählt Aufgabe a oder b.
●●● a Erklärt, warum der erste Satz im Interview nicht in Frageform formuliert ist:
– Soll provoziert werden?
– Soll etwas definiert werden?
– Soll dem Leser ein Beispiel gegeben werden?
●○○ b Beantwortet die Frage, ohne ins Interview zu schauen.
Was würde euch noch zu diesem Thema interessieren?
Formuliert zwei weitere Fragen an Angela Keppler.
c Stellt euch gegenseitig eure Ergebnisse vor.

**10** Lest den Text erneut und fasst wichtige Ergebnisse des Interviews zusammen.
Wählt Aufgabe a oder b.
●●● a Notiert, wie sich Kommunikation im Alltag durch das Internet verändert hat.
●○○ b Notiert, was für Jugendliche bei der Kommunikation über das Internet wichtig ist.
c Stellt euch gegenseitig eure Ergebnisse vor.

## M4 Soziale Internetdienste im Überblick

| Jahr | Name | Aus | Kurzbeschreibung |
|---|---|---|---|
| 1995 | Classmates | USA | Netzwerk, um alte Schulfreunde zu finden |
| 1998 | ICQ | USA | „I seek you: Ich suche dich". Internetchat; kann Nachrichten zeitverschoben versenden |
| 2003 | Myspace | USA | soziales Netzwerk mit dem Schwerpunkt Musik |
| 2004 | Facebook | USA | soziales Netzwerk mit persönlichen Profilseiten |
| 2005 | YouTube | USA | Videoportal, auf dem Filme angesehen und hochgeladen werden können |
| 2006 | Twitter | USA | Plattform zur Verbreitung von kurzen Textnachrichten (max. 140 Zeichen) |
| 2009 | WhatsApp | USA | Smartphone-Chat-Dienst für Text-, Bild-, Video- und Tonnachrichten (seit 2014 bei Facebook) |

**11** Lest die Überschrift und die Tabelle.

a Formuliert in ein bis zwei Sätzen, worüber die Tabelle Auskunft gibt.

b Welche Informationen haben euch überrascht? Was wusstet ihr schon? Tauscht euch aus.

## M5 Kritik von Nutzern an sozialen Internetdiensten

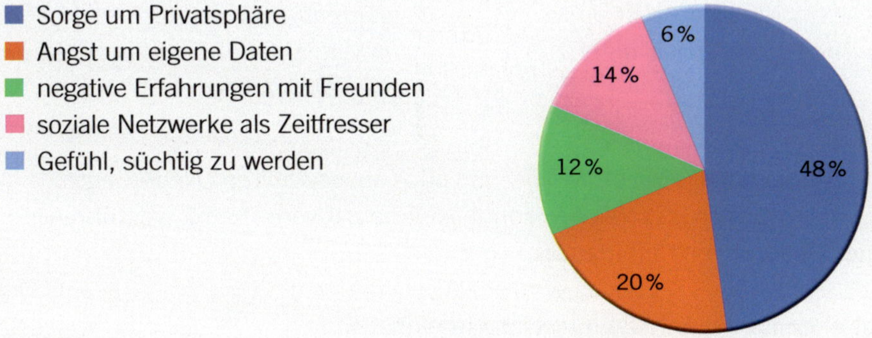


**12** Lest die Überschrift und betrachtet die einzelnen Elemente des Kreisdiagramms.

a Erklärt, wofür die einzelnen Kreiselemente stehen, z. B.:
*Das Element, das mit 48 % fast die Hälfte ..., steht dafür, wie viele ...*
*Dagegen ist mit 6 % ... Mit 20 % hat ein Fünftel der ...*

b Notiert euer Fazit. Was wird als größtes und was als kleinstes Problem angesehen?

c Was findet ihr an sozialen Internetdiensten kritisch? Tauscht euch aus.

## Schritt 2: Den Text planen und passende Informationen auswählen

**1** Stellt euch vor, ihr sollt für andere Mitschüler einen Informationstext über Kommunikation im Internet verfassen.
Euer Informationstext soll auf einem Flyer abgedruckt und verteilt werden.

a Lest die Leitfragen (▶ S. 15) erneut. Überfliegt nochmals die Materialien (▶ S. 15–19). Fasst in Stichworten zusammen: Worüber informieren die einzelnen Materialien?
b Überlegt, wie sich die Informationen aus M 2 (▶ S. 16) und M 4 (▶ S. 19) ergänzen.
c Welche Informationen aus M 2 und M 3 (▶ S. 16–18) können durch die Informationen aus M 1 (▶ S. 15) und M 4 (▶ S. 19) genauer beschrieben werden? Tauscht euch aus.
d Prüft, ob sich Informationen wiederholen und dadurch stichhaltiger werden.

**2** a Wählt Informationen aus den Materialien für eure Einleitung aus: Sie soll neugierig machen (z. B. durch interessante Zahlen) und das Thema beinhalten.
b Notiert für die Einleitung Stichworte und ordnet sie mit Spiegelstrichen, z. B.:

***Einleitung:***
- *Zweck: Menschen können ...*
- ...

**3** Euer Hauptteil braucht eine klare gedankliche Gliederung. So ist er besser lesbar.
Die beiden folgenden Gliederungen sind für den Hauptteil eures Flyers sinnvoll.

a Begründet, welche Gliederung ihr auswählt.

**Zeitliche Abfolge**

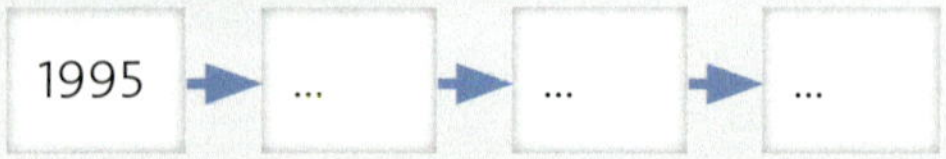


**Mögliche Verknüpfungswörter**
*zuerst, als Nächstes, zuvor, bevor, dann, danach, nachdem, schließlich, als Letztes*

**Vergleiche**

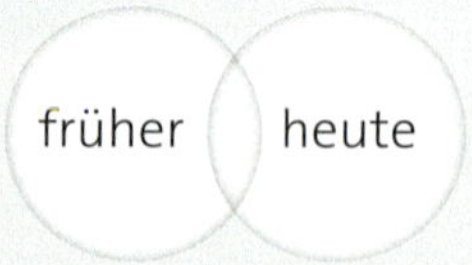


**Mögliche Verknüpfungswörter**
*während, aber, dennoch, stattdessen, im Vergleich dazu, im Gegensatz dazu, ebenfalls, ebenso*

b Ordnet die Informationen aus M 1 bis M 5 der von euch ausgewählten Gliederung zu.
c Prüft, welche Informationen ihr streichen könnt, weil sie z. B. vom Thema wegführen.
d Vergleicht eure Gliederungen miteinander.

**4** Notiert Informationen für den Schluss eures Informationstextes.
Wählt Aufgabe a oder b. Vergleicht anschließend eure Ergebnisse.

●●● a Überlegt, welche Hinweise sich aus M 1 bis M 5 für die Nutzer ergeben.
●○○ b Lest erneut M 5. Welche Hinweise für die Nutzer beinhaltet das Diagramm?

***Schluss:***
- *darauf achten, welche Informationen ...*
- ...

**5** Tauscht eure Schreibpläne aus. Ergänzt, wenn nötig, fehlende Informationen.

## Schritt 3: Den Informationstext schreiben, überarbeiten und gestalten

**1** Schreibt eine Einleitung, die das Interesse eurer Leser weckt, z. B.:
- *Könnt ihr euch vorstellen, ein Leben ohne Facebook oder WhatsApp zu führen?*
- *Knapp die Hälfte der Internetnutzer sorgt sich um die eigene Privatsphäre.*

**Tipp:** Ihr könnt in der Einleitung auch auf eure Umfrageergebnisse (▶ S. 14) eingehen.

**2** Verfasst mit Hilfe eurer Gliederung und den von euch zugeordneten Informationen den Hauptteil (▶ S. 20). Beachtet die folgenden Schreibtipps.

| Schreibtipp | Beispiele |
|---|---|
| Formuliert sachlich und knapp. | *Ein erstes digitales Netzwerk wurde ...* |
| Stellt Verbindungen zwischen den einzelnen Informationen her. | *Früher war es sehr viel schwieriger, den Kontakt zu vielen Menschen zu pflegen, weil ...* |
| Stellt Überleitungen zwischen den einzelnen Gliederungspunkten her. Nutzt passende Verknüpfungswörter (▶ Aufgabe 3, S. 20). | *Während es vor den 1990er Jahren keinen allgemeinen Internetzugang gab, kommuniziert man heute ...* |
| Exzerpiert einzelne Textabschnitte, indem ihr sie mit euren eigenen Worten zusammenfasst. | *Durch die Internetkommunikation verändert sich die Art, wie man sich austauscht. Es wird nicht mehr nur geschrieben, sondern Bilder, Fotos und Filme ...* |
| Nutzt eigene Worte, indem ihr einzelne Sätze aus den Materialien paraphrasiert. | *Für viele Jugendliche ist das Chatten im Internet gleichbedeutend mit einer Unterhaltung von Angesicht zu Angesicht in der ...* |
| Macht durch Absätze die Gliederung eures Textes deutlich. | *... von Angesicht zu Angesicht in der realen Welt. Allerdings sollte man darauf achten, dass ...* |

**3** Formuliert euren Schluss möglichst sachlich und ohne Wertung.
*Wenn man über das Internet kommuniziert, sollte man darauf achten, dass ...*

**4** Findet eine passende Überschrift für euren Text. Wählt Aufgabe a oder b.
●●● **a** Formuliert eine Überschrift für euren Text und begründet sie.
●○○ **b** Begründet, warum die Überschrift „Soziale Netzwerke" nicht richtig passt.
**c** Vergleicht eure Ergebnisse.

**5** Überarbeitet in Partnerarbeit eure Informationstexte.
Antworten sie auf die zu Beginn gestellten Leitfragen (▶ S. 15)?
**Tipp:** Nutzt die Schreibhinweise in der Methode unten.

**6** Gestaltet in Partnerarbeit am Computer mit euren Texten einen Flyer.
- a Einigt euch auf die Größe des Flyers. Wie hoch und breit soll er sein?
- b Einigt euch auf eine gut lesbare Schrift, Schriftgröße und Schriftfarbe.
  **Tipp:** Dunkle Schriften auf farbigen Hintergründen sind meist schlecht lesbar.
- c Entscheidet, ob ihr den Flyer durch ein passendes Bild oder durch eine anschauliche Grafik ergänzen möchtet.
- d Stellt eure Flyer in der Klasse vor. Hängt sie z. B. nebeneinander an die Tafel.
- e Wählt den Flyer aus, den ihr alle am besten findet, und verteilt ihn.

**Methode** **Einen Informationstext schreiben**

In einem Informationstext **erklärt und beschreibt ihr Sachverhalte** in einer **gut verständlichen** Weise. Dabei wählt ihr wichtige **Informationen aus verschiedenen Materialien** aus und verfasst auf dieser Grundlage einen **neuen, zusammenhängenden Text.**
Geht so vor:

**1 Die Aufgabenstellung verstehen**
- Klärt, was die Aufgabenstellung von euch verlangt. So bekommt ihr Anhaltspunkte, **worauf ihr achten müsst,** wenn ihr die Materialien auswertet.
- Macht euch klar, für wen ihr den Text schreibt. Wer soll informiert werden? Überlegt, was für den **Adressaten** besonders wichtig oder interessant sein könnte.

**2 Die Materialien erschließen**
- **Verschafft** euch einen **ersten Überblick** über die Materialien. Lest sie zügig.
- **Klärt unbekannte Wörter und Textstellen,** indem ihr sie aus dem Textzusammenhang erschließt oder in einem (Internet-)Wörterbuch nachseht.
- Prüft, welche Informationen sich ergänzen oder wiederholen. So werden sie stichhaltiger.

**3 Die Gliederung erstellen**
- Entwerft eine **Gliederung** für euren Informationstext mit **Einleitung, Hauptteil, Schluss.**
- Überlegt euch einen sinnvollen **Aufbau für den Hauptteil** eures Textes, z. B.:
  Problem → Lösung → Ursache/Folgen,
  zeitliche Abfolge,
  Vergleiche.

**4 Den Informationstext schreiben**
- Formuliert **mit eigenen Worten** und schreibt **sachlich.**
- Achtet darauf, dass euer Text der **Gliederung** folgt.
- Macht **Zusammenhänge** auch **sprachlich deutlich.** Nutzt **Satzverknüpfungen**, z. B.: *weil, obwohl, daher, im Vergleich dazu ...*
- Schreibt im **Präsens.** Wenn ihr aber über etwas informiert, das in der **Vergangenheit geschah,** dann schreibt im **Präteritum.**

## Teste dich!

Ohne Handy geht heute nichts mehr. Wo führt das hin? Was kommt nach dem Handy?
Wir machen uns auf die Suche nach Geräten, mit denen wir uns in Zukunft verständigen werden.
Beim Fraunhofer-Institut für Photonische Mikrosysteme in Dresden arbeiten Forscher an einer speziellen Datenbrille. Systemdesigner Rigo Herold zeigt Felix, wie sie funktioniert.
Kleine Leuchtdioden in der Brille erzeugen ein Bild, zum Beispiel eine Weltkarte. Wie auf einem Display wird es sichtbar. Gleichzeitig funktionieren die Dioden wie eine Kamera. Sie ist auf die Augen gerichtet und erfasst die Bewegung der Pupillen. So kann das Bild über die Augen gesteuert werden. Indem man hinschaut, bewegt man den Zeiger auf der Weltkarte – wie mit einer Computermaus.
Entwickeln Wissenschaftler diese Brillen weiter, wäre es denkbar, dass man damit auch kommunizieren kann. Zum Beispiel könnte man mit den Augen die Nummer eines Freundes wählen, mit ihm reden und dabei wird im Sichtfeld der Weg zu einem Eiscafé eingeblendet.
Ein Entwicklerteam an der Queen's University in Kanada hat eine Technik erfunden, mit der Personen als Hologramme, also mit Hilfe von Lichtstrahlen, dargestellt werden. Jede Person, die an einem Holo-Videochat teilnimmt, hat ein Gerät vor sich stehen. Das Display hat die Form eines Zylinders. Die Gesprächspartner erscheinen darin und können von allen Seiten betrachtet werden.

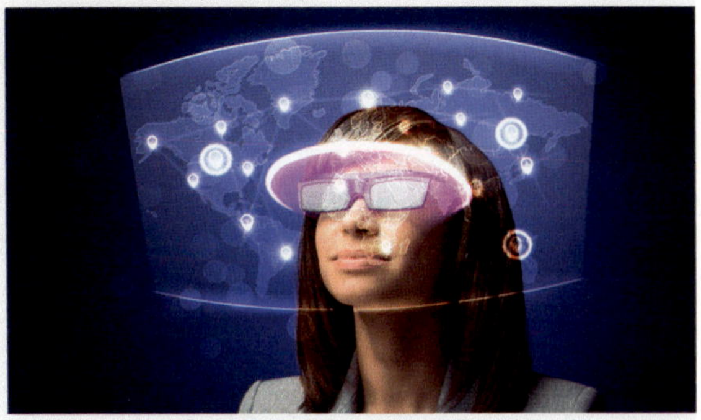

Erfinder in den USA haben noch ganz andere Ideen, wie wir in Zukunft kommunizieren. Es könnte zum Beispiel sein, dass wir mit einem Armband oder einem Chip selbst zu einem Sender werden. Wir würden dann Informationen über uns aussenden, die jeder lesen kann, also ständig Daten mit unserer Umwelt austauschen. Man begegnet einem Menschen und weiß sofort, wie alt er ist, welche Hobbys er hat oder ob er hungrig ist. Ob wir das wirklich wollen, ist eine ganz andere Frage.

**1** Worum geht es in diesem Informationstext? Wähle eine passende Überschrift.
**A** Neue Technologien
**B** Was kommt nach dem Handy? – Kommunikation in der Zukunft
**C** Erfindungen weltweit
**D** Der neueste Trend – Datenbrillen bestimmen die Zukunft

**2** Beantworte im Heft die folgenden Fragen A bis E.
Begründe deine Antworten. Finde für A bis D je ein Beispiel.
**A** Weckt die Einleitung das Interesse des Lesers?
**B** Ist der Text sinnvoll in Absätze gegliedert?
**C** Werden Informationen sinnvoll miteinander verbunden?
**D** Ist der Text sachlich formuliert?
**E** Passt das Bild zum Text?

**3** Vergleicht in Partnerarbeit eure Ergebnisse.

# 1.2 Alles unter Kontrolle? – Einen literarischen Text untersuchen

Katie Kacvinsky

## Die Rebellion der Maddie Freeman (1. Textauszug)

7. Mai 2060

An meinem siebzehnten Geburtstag schenkte meine Mutter mir ein altes, in Leder gebundenes Tagebuch. Zuerst überraschten mich die leeren Seiten, als sei die Geschichte verloren gegangen oder habe sich davongestohlen. Mom erklärte mir, dass die Geschichte absichtlich fehlt, weil sie noch darauf wartet, geschrieben zu werden. Nur meine Mutter würde auf die Idee kommen, mir etwas aus der Vergangenheit zu schenken, um es in Zukunft zu benutzen. Heute werden Bücher aus Papier nicht mehr hergestellt. Bäume fällen ist verboten. In manchen Ecken der Welt stehen noch welche, aber ich habe nie einen gesehen. Die meisten Großstädte haben sich stattdessen für Kunstpflanzen entschieden, und den Leuten ist es auch lieber so. Einen Kunstbaum kann man sich in jeder beliebigen Größe liefern lassen, und man muss nicht erst fünfzehn Jahre warten, damit er wächst. Man sucht sich in einem Onlineshop das passende Modell aus, und ein paar Tage später hat man den perfekten Baum im Garten stehen, der fest zementiert und mit Stahlstreben verankert ist. Schnell, einfach, problemlos.

Kunstbäume sterben nicht. Sie bekommen im Herbst auch nicht dieses kränkliche Aussehen, und man muss keine nervigen Blätter- und Nadelhaufen zusammenfegen. Sie sind feuerfest. Sie verursachen keinen Heuschnupfen. Sie sind immer perfekt grün. [...] Zu Halloween sprühen viele Leute ihre Bäume gelb, orange und rot an. So haben sich früher die Blätter gefärbt, bevor sie heruntergefallen sind. Meine Mutter kann sich aus ihrer Kindheit noch daran erinnern, wie Herbstlaub aussah. Sie sagt, das war die schönste Zeit des Jahres. Schwer vorstellbar, dass etwas schöner werden kann, weil es stirbt. Aber ich habe sowieso Probleme, mir das meiste vorzustellen, was laut meiner Mutter früher normal war.

Als immer mehr Bäume durch Waldbrände und Rodungen starben, waren Bücher das Erste, was verboten wurde, um die Bäume zu schützen. Heutzutage lädt man sich alles digital herunter. Man bestellt ein Buch und in Sekundenschnelle hat man es auf der Festplatte seiner Bookbag. Dann lasse ich es mit Zipfeed umwandeln, damit es mir laut vorgelesen wird. Praktischer geht es kaum. Natürlich habe ich auch gelernt, selbst zu lesen. Das gehört zum Unterrichtsstoff an der Digital School. Die Chatnachrichten auf meinem Handy lese ich zum Beispiel. Aber die Wissenschaft hat herausgefunden, dass Audioinformationen schneller verarbeitet und gelernt werden. Zumindest haben das ein paar Professoren bei Ratten festgestellt. Sie haben mit Nagern experimentiert und daraus abgeleitet, wie man Menschen am besten etwas beibringen kann. Weil diese Theorie so schön medienwirksam war, sind die Politiker darauf angesprungen. So kam es zu einer Gesetzesänderung, die unsere Welt verwandelte. Und das ist der Grund, warum ich meine Bücher höre, statt sie zu lesen.

Allerdings besteht meine Mutter darauf, dass ich ab und zu meine Augen anstrenge. Sie hat ihre alten Romane aufbewahrt und hinter Glas in Spezialmöbeln stehen, die man Bücherschränke nennt. Jedes Jahr schenkt sie mir ein paar Bücher, die sie besonders gern mag. [...] Ich muss zugeben, dass es mir auch gefällt, zwischen den bunten Einbänden zu verschwinden. Beim Lesen fühlt es sich so an, als wäre ich ganz bei der Sache, statt nur meine Ohren zu benutzen. [...]

Also könnt ihr euch wahrscheinlich vorstellen, wie überrascht ich war, als Mom mir ein leeres Buch gab. Bedrucktes Papier ist schon selten genug, aber ein Buch ohne Text ... Was für eine Verschwendung. Kein Wunder, dass wir die Bäume ausgerottet haben. Und ich soll darauf schreiben. Mit der Hand. Kaum zu glauben, wie langsam das geht! Wenn ich Leute in alten Filmen mit der Hand schreiben sehe, muss ich immer lachen. So was gibt es schon seit zwanzig Jahren nicht mehr. In der Schule haben wir gezeigt bekommen, wie man schreibt, aber natürlich haben wir es nur als Simulation auf unseren Flipscreens ausprobiert. Um einen Stift zu kaufen, muss man im Netz schon einen Spezialversand finden. Nur meine Mom würde auf die Idee kommen, für so ein historisches Gerät noch Geld auszugeben. [...]

Ich habe ein schlechtes Gewissen, wenn ich leeres Papier beschreibe. Es kommt mir vor, als würde ich mit meinen Worten etwas beflecken, das durch seine Unberührtheit wertvoller und interessanter war als alles, was ich jemals zu sagen haben könnte. Mein Leben ist alles andere als aufregend. Ganz im Gegenteil. Jede Minute ist vorherbestimmt, kontrolliert und starr festgelegt. Es gibt nur einen schmalen Pfad, auf dem ich mich bewegen darf.

Außerdem, warum sollte ich Zeit dafür opfern, meine Gedanken aufzuschreiben, wenn niemand sie sonst lesen kann? Ich bin es gewohnt, dass Millionen von Leuten an allem beteiligt sind, was ich sage und tue. Normalerweise bekomme ich Massen von Feedback und jeder meiner eingetippten Gedanken wird von Dutzenden Kommentaren begleitet. Das gibt mir das Gefühl, in meinem Leben etwas richtig zu machen. Es zeigt mir, dass es Menschen gibt, denen ich wirklich etwas bedeute. Im Netz fühle ich mich real und ich bekomme den ständigen Beweis, dass ich existiere. Warum sollte ich mein Ich in einem Buch verstecken? Richtig geheim halten lässt sich sowieso nichts.

**1** a Nennt Textstellen, die euch besonders gut gefallen haben.
b Beschreibt die Welt, in der die Figur Maddie im Jahr 2060 lebt.
c Könntet ihr euch vorstellen, so wie Maddie zu leben? Begründet eure Meinung.

**2** Wie denkt ihr über die Digital School, in der Maddie lernt? Wählt Aufgabe a oder b.
●●○ a Notiert: Welche Vorteile hätte es, wenn der Unterricht nicht mehr in der Schule stattfinden würde, sondern jeder zu Hause digital unterrichtet werden würde?
●●● b Notiert: Welche Nachteile hätte es, wenn der Unterricht nicht mehr in der Schule stattfinden würde, sondern jeder zu Hause digital unterrichtet werden würde?
c Vergleicht eure Ergebnisse. Wie beurteilt ihr danach Maddies Schule?

**3** Erklärt, was es für Maddie bedeutet, in einer vollkommen digitalisierten Welt zu leben. Wählt Aufgabe a oder b. Vergleicht anschließend eure Ergebnisse.
●○○ a Erläutert, wie ihr die beiden Sätze Z. 109–114 versteht. Sind sie eher positiv oder negativ gemeint?
●●● b Erläutert, wie ihr den Satz Z. 117–119 versteht. Inwieweit könnt ihr die Aussage nachvollziehen?
**Tipp:** Beachtet den letzten Satz: „Richtig geheim halten lässt sich sowieso nichts." (► Z. 120 f.)

# Wer ist Maddie Freeman? – Eine literarische Figur interviewen

Katie Kacvinsky

**Die Rebellion der Maddie Freeman** (2. Textauszug)

*Maddies Vater ist der Erfinder der Digital School (DS). Er wollte einen sicheren Ort zum Lernen schaffen, frei von Gewalt und Drogen. Alle Kinder und Jugendlichen gehen zur Digital School, um danach das digitale College zu besuchen und später ein glückliches digitales Leben zu führen. Es gibt keine Amokläufe mehr. Alle erhalten die gleiche Schulbildung.*

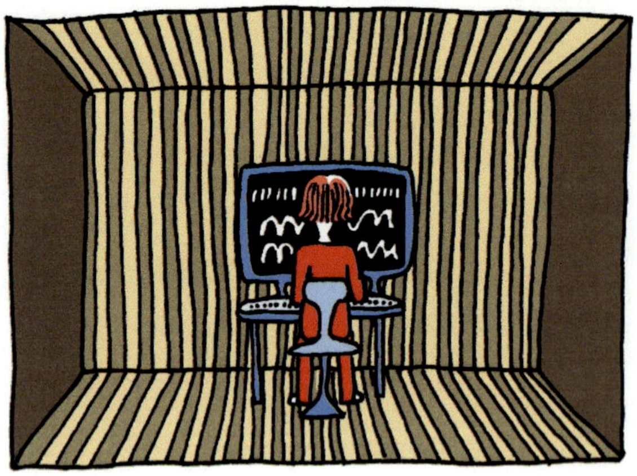

Mit fünfzehn war ich online einer Gruppe von Leuten begegnet, die einen Protest gegen die DS planten. Dazu brauchten sie die geheimen Standorte der Funktürme im ganzen Land, von denen aus die Digital-School-Inhalte gesendet wurden. Diese Information besaß nur eine Handvoll Leute und mein Vater war natürlich einer von ihnen.

Ich benutzte den Computer in seinem Büro, um mich in seine DS-Unterlagen zu hacken. Bis heute bin ich mir nicht mehr sicher, was mich dazu gebracht hat, ihn so zu hintergehen. Vielleicht war ich tatsächlich nur rebellisch; vielleicht konnte ich der Herausforderung nicht widerstehen, mich zu seinen geheimen Akten vorzuarbeiten. Oder vielleicht spürte ich damals schon tief in meinem Inneren, dass ich etwas Wichtiges verpasste. Ich wollte mein Leben nicht hinter einem Vorhang aus Pixeln verbringen. Draußen gab es eine ganze, riesige Welt, die auf mich wartete, während ich in erdrückender Enge lebte. Also ergriff ich die erste Gelegenheit, um auszubrechen.

Ich schickte den Aktivisten die gewünschten Informationen und glaubte, sie würden die Funktürme benutzen, um eine aufrüttelnde Botschaft an die Schüler und Eltern zu schicken und die Digitale Schule auf diese Weise zu bekämpfen. Stattdessen versuchten sie, die Funktürme selbst zu zerstören und damit das ganze Digitalsystem lahmzulegen. Die Gruppe wurde festgenommen, nachdem sie ein Gebäude am Stadtrand von Portland in die Luft gejagt hatten, von dem aus der gesamte Staat Oregon mit DS-Daten versorgt wurde. Vorher aber schickten sie die Koordinaten an andere Aktivisten weiter, die noch zwei weitere Funktürme in Kalifornien zerstörten.

Bald nach den Anschlägen gelang es der Polizei, den Datenstrom bis zum Computer meines Vaters zurückzuverfolgen. Man ermittelte gegen ihn und er hätte wegen Terrorismus und Landesverrat im Gefängnis landen können. Glücklicherweise war für die Aufklärung des Falls ein guter Freund meines Vaters zuständig, nämlich Sheriff Damon Thompson. Also wandte ich mich an ihn und gestand alles, woraufhin sie privat ein Strafmaß aushandelten: drei Jahre auf Bewährung, bis ich achtzehn werde. Wenn ich mich so lange mustergültig benehme, wird Damon die Polizeiakten löschen. […]

Bis dahin wird alles, was ich tue, überwacht. Meine Onlinegespräche werden mitgelesen, die Websites, auf die ich gehe, werden über-

prüft. Sogar mein Handy wird abgehört. Mein Vater bekommt jeden Tag einen Bericht über sämtliche Internetseiten, die ich angeschaut habe, und über alle Personen, denen ich begegnet bin. Obwohl niemand es klar ausspricht, wissen Damon, meine Eltern und ich, dass ich beim ersten Verstoß gegen die Bewährungsauflagen in ein Umerziehungscenter geschickt werde, wo Verbrechen gegen die Digital School geahndet werden.
Meine Mutter urteilt weniger hart über mich, weil sie sich teilweise selbst die Schuld an meiner rebellischen Natur gibt. Immerhin hat sie mich stets ermutigt, auch die Welt außerhalb der Bildschirme zu sehen – die Wirklichkeit unplugged, wie sie es ausdrückt.

**1** a Formuliert in einem Satz, wovon der Textauszug handelt.
*Jn dem Textauszug geht es um ... Der Textauszug handelt von ... Erzählt wird darin ...*
b Maddie hat ihren Vater bewusst hintergangen. Wie beurteilt ihr dieses Verhalten?
c Was bedeutet Maddies Strafe für sie? Tauscht euch aus.

**2** ●●● Mit einem Figureninterview könnt ihr geordnet festhalten, was ihr bisher alles über Maddie erfahren habt.
Sammelt mit Hilfe der Textauszüge (► S. 24–27) Informationen über Maddies Herkunft, ihre Lebensumstände, ihren Charakter und ihr Verhalten. ▷ Eine Hilfe zu Aufgabe 2 findet ihr auf Seite 28.

**3** ●●● Erstellt im Heft eine Mind-Map wie folgt.
Ordnet in der Mind-Map eure Informationen aus Aufgabe 2 den jeweiligen Merkmalen zu.
▷ Hilfe zu 3, Seite 28

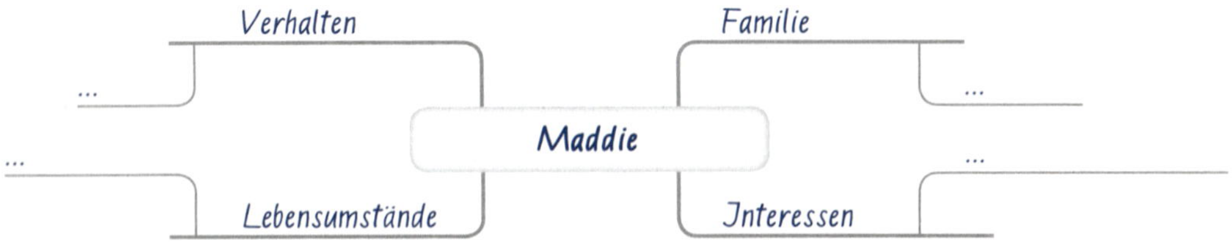


**4** ●●● Führt schriftlich im Heft ein Figureninterview durch.
Nehmt Maddies Perspektive ein und beantwortet die Interviewfragen in der Ich-Form.
Beginnt z. B. so: ▷ Hilfe zu 4, Seite 28

**Frage:** Maddie, kannst du dich kurz vorstellen?
**Maddie:** *Jch bin 17 Jahre alt ... Jch gehe auf die ... Meine Eltern ...*
**Frage:** Wie würdest du deinen Charakter beschreiben?
**Maddie:** ...
**Frage:** Wie ist das Verhältnis zu deinem Vater?
**Maddie:** ...
**Frage:** Warum bist du gegen die Digital School?
**Maddie:** ...
**Frage:** ...
...

**Tipp:** Stellt nur Fragen, die mit den Textauszügen zu beantworten sind.

## ●○○ Aufgabe 2 mit Hilfe

Mit einem Figureninterview könnt ihr geordnet festhalten, was ihr bisher alles über Maddie erfahren habt.

**a** Lest erneut die Textauszüge auf den Seiten 24–25. Notiert im Heft Informationen:
- zu Maddies Alter: *17 Jahre alt (S. 24, Z. 2)*
- über ihre Interessen: ...
- über ihre Herkunft/Familie: ...
- über ihre Lebensumstände: ...
- über das Verhältnis zu ihrer Mutter: ...

**b** Lest dann die Textauszüge auf den Seiten 26–27. Notiert im Heft Informationen:
- über Maddies Vergangenheit: ...
- über ihren Vater: ...
- über das Verhältnis zu ihrem Vater: ...
- über Maddies Gefühle: *fühlt sich eingesperrt (S. 26, Z. 21 f.)*, ...

## ●○○ Aufgabe 3 mit Hilfe

Erstellt im Heft eine Mind-Map.
Prüft, ob in der folgenden Mind-Map die Stichworte aus Aufgabe 2 sinnvoll zugeordnet wurden.
Korrigiert die Mind-Map im Heft.

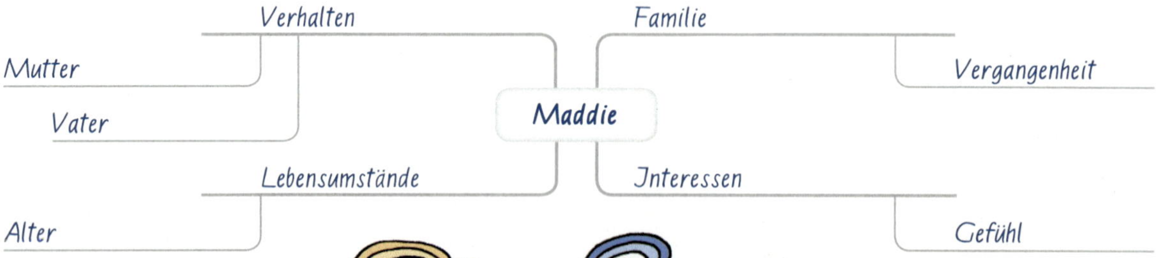

## ●○○ Aufgabe 4 mit Hilfe

Führt schriftlich im Heft ein Figureninterview durch.

**a** Formuliert mit Hilfe der Aufgaben 2 und 3 Fragen an Maddie.
Sprecht sie mit *du* an, z. B.:
*Welche besonderen Interessen hast du?* oder: *Wofür interessierst du dich?*
**Tipp:** Stellt solche Fragen, die nicht nur mit Ja oder Nein beantwortet werden können.

**b** Nehmt Maddies Perspektive (Blickwinkel) ein und beantwortet die Interviewfragen in der Ich-Form, z. B.:
*Das Verhältnis zu meinem Vater ist nach dem Vorfall mit den Internetaktivisten ...*

# 1.3 Fit in ...! – Einen Informationstext verfassen

Stellt euch vor, ihr bekommt in der nächsten Klassenarbeit die folgende Aufgabe gestellt:

**Aufgabe**
Politische Partizipation bedeutet, sich über wichtige Dinge, die in der Gesellschaft passieren, zu informieren und eigene Gedanken und Fragen dazu zu äußern.
Verfasse für Mitschüler einen Informationstext über die Möglichkeiten, die das Internet Jugendlichen bietet, sich politisch zu beteiligen:
- Formuliere in der Einleitung, was unter E-Partizipation verstanden wird.
- Erkläre im Hauptteil, wie sich Jugendliche im Netz politisch beteiligen können.
- Stelle zum Schluss konkrete Beispiele vor.

Gehe so vor:
a Suche aus den Materialien M 1 bis M 3 die wichtigsten Informationen heraus.
b Erstelle eine Gliederung für deinen Informationstext.
c Ordne der Gliederung die passenden Informationen zu und verfasse den Text.

## M 1 Digitale Jugendbeteiligung stärken

Digitale Medien eröffnen Kindern und Jugendlichen Chancen, politisch, kulturell und sozial aktiv zu werden. Durch die digitale Vernetzung entstehen neue Möglichkeiten für Partizipation und Engagement.
„Jugendpolitik von, mit und für junge Menschen ist heute nicht mehr umsetzbar, ohne dass wir die digitalen Medien nutzen – Partizipation gelingt nur mit E-Partizipation richtig gut“, sagte Caren Marks, Parlamentarische Staatssekretärin im Bundesministerium für Familie, Senioren, Frauen und Jugend, bei der Eröffnung der Fachtagung.
In ihrer Rede rief Marks auch dazu auf, Jugendpolitik auf allen Ebenen mit digitalen Beteiligungsangeboten umzusetzen, und trat für eine Weiterentwicklung ein, zu der das Bundesjugendministerium mit einer zentralen Plattform einen Beitrag leisten werde: „Digitale Beteiligungsangebote sollten einen Beitrag leisten, Teilhabechancen zu verbessern und Benachteiligungen abzubauen. Sie müssen deshalb gemeinsam mit Jugendlichen und nah an deren Lebenswelt entwickelt […] werden.“
Die Ergebnisse der Fachtagung werden als Empfehlungen für zukünftige Vorhaben im Bereich der Jugend- und Bildungsarbeit formuliert. Anhand von Modellinitiativen wie „youthpart“ und „peer³“ wurde gezeigt, unter welchen Bedingungen die neuen Beteiligungsmöglichkeiten wirksam in die Jugend- und Bildungsarbeit eingebunden werden können und welche Rahmenbedingungen geschaffen werden müssen.
Die Initiative „youthpart“ ist ein Projekt, das international arbeitet und für junge Menschen nationale und internationale Erfahrungen mit Angeboten der E-Partizipation weiterentwickelt.

Das Projekt „peer³ – fördern_vernetzen_qualifizieren" des Instituts für Medienpädagogik in Forschung und Praxis (JFF) entwickelt neue Ideen für die Jugendarbeit im Netz. Jugendlichen sollen Beteiligungsmöglichkeiten im Netz aufgezeigt werden, und zwar anhand bereits bestehender Projekte.

## M2 Übersicht über Projekte und Plattformen

| Name | Wirkungsort | Beschreibung |
|---|---|---|
| Youthbank.de | Deutschland | unterstützt kleine lokale Initiativen (3 bis 10 Jugendliche); fördert die Jugendprojekte durch Tipps, Kontakte und Geld von bis zu 400 Euro |
| Peerhochdrei.de | Deutschland | unterstützt Projekte zur Jugendarbeit und stellt praxiserprobte Ideen online in Form von Texten oder Videos zur Verfügung |
| Ypart.de | weltweit | Plattform, auf der Jugendliche gemeinsam Ideen zu Themen entwickeln, Vorschläge einbringen, diskutieren, abstimmen und Projekte starten |
| #EKSE! My voice my safety | Südafrika | sammelt über Facebook und Twitter Ideen von Jugendlichen, um z. B. die Sicherheit im direkten Wohnumfeld zu steigern |
| Reporteros jóvenes (dt. *junge Reporter*) | Guatemala (Südamerika) | bildet Jugendliche aus Stadtvierteln mit hohem Gewalt- und Armutsanteil zu Reportern für ein Onlineportal aus, auf dem sie über ihren Alltag berichten |

## M3 Formen der E-Partizipation von Jugendlichen im Internet

Es lassen sich drei Arten der Teilhabe mit Hilfe des Internets unterscheiden:

**Sich positionieren:** Jugendliche können an bedeutsamen Themen oder Anliegen teilhaben, indem sie Stellung beziehen und bestimmte politische Haltungen deutlich machen. Sie positionieren sich zum Beispiel durch die Mitgliedschaft in bestimmten Internetforen oder durch die Darstellung eigener politischer Überzeugungen im Profil einer Netzwerkplattform. Eine besondere Form der Positionierung ist das „Liken" von Inhalten auf Facebook, das zum einen individuelle Vorlieben anzeigt, andererseits auch die Aufmerksamkeit steuert. („Disliken" kann man bisher allerdings nicht.) Solche Inhalte tauchen dann in den Nachrichten anderer Nutzer auf und können so zu einer schneeballartigen Verbreitung führen.

**Sich einbringen:** Onlineplattformen können als Mittel genutzt werden, um die eigene Meinung in politische Debatten und Entscheidungen einfließen zu lassen. Man kann dies mehr oder weniger ausführlich tun. Man kann z. B. eine noch nicht durchdachte Meinung äußern oder mit mehreren Nutzern eine Diskussion führen bis hin zur Möglichkeit, eigene Positionen in einem Video-, Blog- oder Forumseintrag zu gestalten. Im Unterschied zum bloßen „Liken" bezieht man sich in einem Diskussionsforum immer aufeinander.

**Andere aktivieren:** Die beiden bisher genannten Formen der politischen Partizipation können darin münden, dass andere Nutzer gezielt angesprochen werden, um sich zu engagieren. Diese Form geht über das „Sich-einbringen" hinaus. Sie ist dadurch gekennzeichnet, dass gemeinsames Handeln angestoßen bzw. unterstützt werden soll. Man kann Links zu Onlineunterschriftenaktionen weiterleiten oder mitteilen, was man aus eigener Erfahrung beachten muss, wenn man z. B. an Politiker Protestschreiben versenden möchte. Man kann auch durch Checklisten anleiten, wie man Diskussionen organisiert.

## Die Aufgabe richtig verstehen

**1** Was verlangt die Aufgabe (► S. 29) von euch?
Bringt die folgenden Tätigkeiten in eine sinnvolle Reihenfolge.
Notiert die Buchstaben.
**Tipp:** Richtig sortiert, ergeben die Buchstaben vor den Aussagen ein Lösungswort.

**A** Ich denke daran, dass ich für Schüler schreibe, die in der Regel nicht wissen, was E-Partizipation ist.
**B** Ich formuliere am Ende eine passende Überschrift für den Informationstext.
**H** Ich löse mich von den Formulierungen aus den Materialien und nutze eigene Worte.
**I** Ich ordne die wichtigsten Informationen den einzelnen Gliederungspunkten zu.
**L** Ich schreibe mit Hilfe der Gliederungspunkte und der dazugehörigen Informationen einen zusammenhängenden Informationstext.
**T** Ich soll einen Informationstext über die Möglichkeiten des Internets zur politischen Partizipation von Jugendlichen für andere Schüler schreiben.
**E** Ich suche für den Informationstext die wichtigsten Informationen aus den Materialien M 1 bis M 3 heraus und notiere sie.
**E** Ich prüfe, ob mein Informationstext sachlich, verständlich und fehlerfrei ist.

## Planen

**2** Lest die Materialien mehrmals.
**a** Notiert anhand der Aufgabe (► S. 29) passende Informationen zu Einleitung, Hauptteil und Schluss.
**b** Prüft, ob sich Informationen wiederholen und welche Informationen sich ergänzen.

**3** Plant den Aufbau eures Informationstextes genauer.
**a** Überlegt, welche Gliederung (► S. 20, Aufgabe 3) sich für den Hauptteil eures Informationstextes am besten eignet.
**b** Ordnet in einem Schreibplan den drei Bestandteilen eures Informationstextes sowie der Gliederung des Hauptteils die passenden Informationen aus den Materialien zu, z. B.:
*__Einleitung:__ Partizipation heißt übersetzt Teilhabe ...*
*__Hauptteil__ (Gliederung: Vergleich):*
*– unterschiedliche Arten von Teilhabe im Internet: a sich positionieren ... b ...*
*__Schluss:__ ...*

## Schreiben und überarbeiten

**4** Schreibt mit Hilfe eurer Planung einen zusammenhängenden Informationstext.

a Formuliert eine Einleitung, die das Interesse der Leser für euren Text weckt, z. B.:
*Das Internet bietet Jugendlichen viele Möglichkeiten. Dazu zählt auch die Möglichkeit zur politischen Partizipation. ...*

b Beachtet für den Hauptteil die beiden folgenden Schreibtipps:
– Paraphrasiert (► S. 21) Aussagen aus den Materialien. Nutzt die folgenden Wörter:

ermöglichen  sich engagieren  Umstände  Standpunkt  etwas verdeutlichen
Einfluss haben  etwas bewirken  Beachtung finden  sich beteiligen
sich für etwas einsetzen

– Exzerpiert (► S. 21) Textabschnitte, z. B. M 1, Zeile 1–5:
*Es gibt zahlreiche Internetangebote, die es Kindern und Jugendlichen ermöglichen, sich politisch zu beteiligen und zu engagieren. Dies wird als E-Partizipation bezeichnet.*

**5** Gebt eurem Informationstext eine passende Überschrift, z. B.:
- *Wie kann man im Internet politisch mitwirken?*
- *...*

**6**
a Prüft euren Informationstext zuerst allein. Nutzt dazu die Checkliste.
b Tauscht eure Informationstexte in Partnerarbeit aus.
Prüft sie wiederum mit Hilfe der Checkliste.
c Überarbeitet gegebenenfalls eure Informationstexte.

**Checkliste**

### Einen Informationstext verfassen

- Habe ich aus den Materialien die **wichtigsten Informationen** für meinen Text verwendet, um eindeutige Antworten auf Fragen zum Thema zu geben?
- Habe ich meinen Text nach den **Gliederungspunkten** aufgebaut?
- Habe ich **eigene Worte** verwendet, um meinen Text zu verfassen?
- Habe ich **Verknüpfungswörter** genutzt, um Informationen sinnvoll miteinander zu verbinden?
- Ist ein **zusammenhängender, verständlicher Text** entstanden?
- Habe ich meinen Text **sachlich** genug geschrieben?
- Passt meine **Überschrift** zu meinem Text?

**Schreibwörter** ► S. 321

| | | |
|---|---|---|
| die Partizipation | die Rebellion | sozial |
| die Kommunikation | das Netzwerk | funktionieren |
| das Interview | der Kommentar | politisch |

# 2 Umgang mit Gewalt – Überzeugend argumentieren

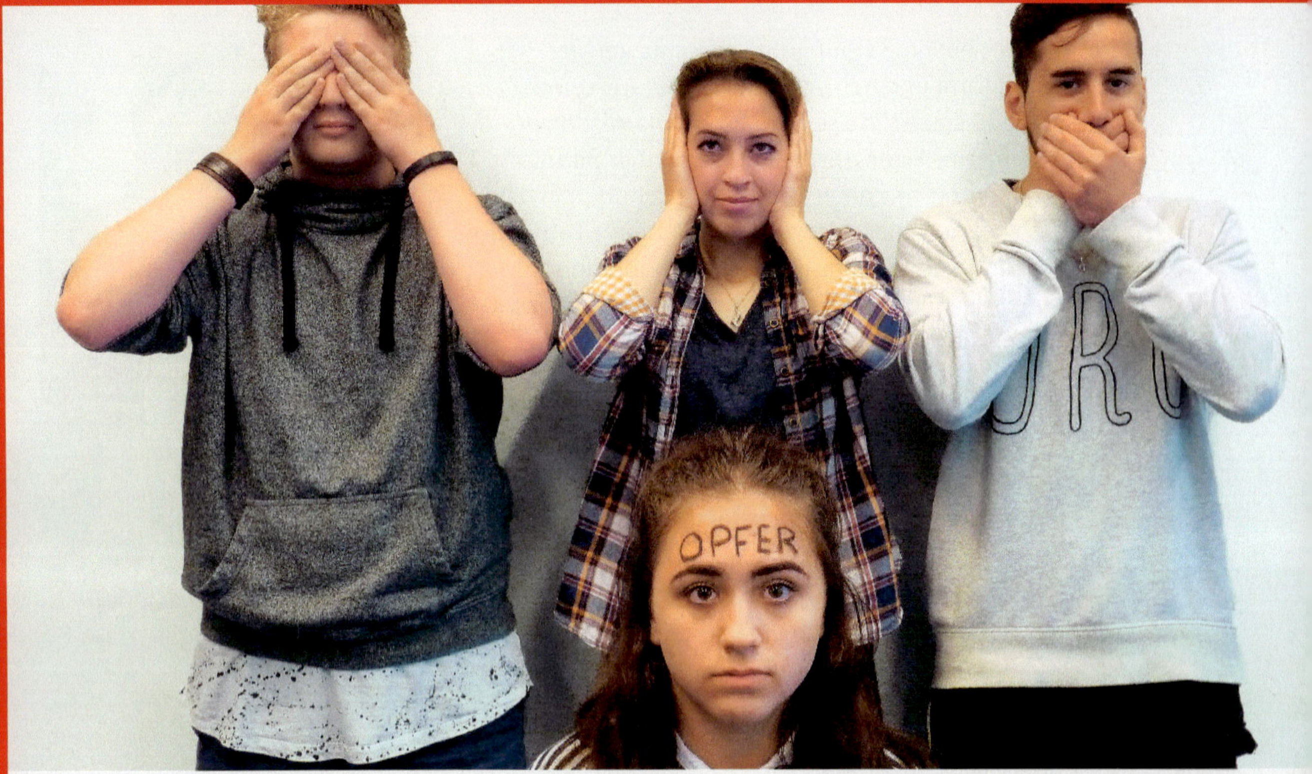


**1** Das Foto zeigt eine Szene, die der Verein „Zartbitter e. V." in einem Video gegen Gewalt inszeniert hat.

**a** Erläutert, wie ihr das Foto versteht. Wie verhalten sich die Personen? Was bedeutet „Opfer"?

**b** Erklärt, welche Form von Gewalt das Video vermutlich thematisiert.

**c** Im Verlauf des Videos geht eine der drei hinteren Personen nach vorn und wischt das Wort „Opfer" weg. Wie versteht ihr diese Fortsetzung im Hinblick auf Umgang mit Gewalt?

**2** Diskutiert, inwieweit ihr die Szene auf eure Erfahrungen übertragen könnt:
- Welche Formen alltäglicher Gewalt nehmt ihr in eurem Umfeld wahr?
- Welche verurteilt ihr besonders?
- Welche Möglichkeiten seht ihr, gegen Gewalt vorzugehen?

**In diesem Kapitel ...**
- übt ihr, Einwände gegen eure Meinung zu entkräften,
- trainiert ihr, Material aus Sachtexten und Grafiken für eure Argumentationen zu nutzen,
- lernt ihr, in schriftlichen Argumentationen Pro- und Kontra-Argumente abzuwägen.

# 2.1 Gewalt im Alltag – Strittige Themen diskutieren und erörtern

## Einschätzungen begründen, auf Einwände eingehen

**1** Im Bus ruft ein großer Junge: „Gar nichts los hier!“ Danach nimmt er einen Schluck Wasser aus seiner Flasche und spuckt ihn seinem Vordermann, den er nicht kennt, ins Haar. Anschließend lacht er höhnisch.

**2** Damian kommt mit neuen, roten Turnschuhen in die Schule. Nico kommentiert laut: „Oh, Damian, kaufst du deine Schuhe neuerdings in der Damenabteilung?“

**3** Luca und Alexander wetten darum, wer den anderen in einem kleinen Ringkampf zu Boden werfen kann. Alexander bringt Luca mit einem harten Griff zu Boden. Luca blutet daraufhin am Kopf.

**4** Ein Kino bezieht neue Räume. Das alte war stufenlos zugänglich, vor dem neuen Kino gibt es Stufen. Julia ist Rollstuhlfahrerin und kann nun nicht mehr allein ins Kino gehen.

**5** Selina gibt mit ihren hellen Leinenschuhen an. Yasmin schüttet absichtlich Cola auf die Schuhe.

**1** Wo beginnt Gewalt? Lest die fünf Situationen.

a Entscheidet: Welche der fünf Fälle sind für euch Beispiele von Gewalt?
Begründet jeweils in einem Satz: *Bei Beispiel … handelt es sich um Gewalt, denn dem Opfer wird gegen seinen Willen …, und zwar … / … nicht um Gewalt, denn hier wird kein …*

b Vergleicht in Partnerarbeit eure Einschätzungen.
Versteht ihr unter Gewalt Ähnliches?

c Versucht eine Definition von Gewalt. Nutzt folgende Formulierungshilfen:
*körperlich, seelisch, Gewalt liegt vor, wenn …, beschädigen, absichtlich, verletzen*

**2** Übt, wie ihr auf Einwände zu euren Einschätzungen eingehen könnt. Wählt a oder b.

●○○ a Ihr wollt begründen, warum es sich bei Beispiel 5 um Gewalt handelt.
Formuliert mit den Textbausteinen, wie man einem Einwand begegnen kann:
*Zwar könnte man die Auffassung vertreten, dass hier keine Gewalt gegen einen Menschen stattfindet, aber … absichtlich … Menschen mit Absicht zu … stellt aber immer … dar.*

●●● b Formuliert zu einer eurer Einschätzungen zu den Fällen 1 bis 4 einen denkbaren Einwand und entkräftet diesen: *Natürlich könnte man der Meinung sein, dass … Allerdings …*

c Wählt zu zweit eine der fünf Situationen aus, zu der ihr unterschiedliche Positionen vertreten könnt.
Begründet in einer Diskussion eure Position und geht auf Einwände des anderen ein (▸ Methode).

**Die Funktionen von Gewalt kennen**

Gewalttätiges und aggressives Verhalten erfüllt (nicht nur bei Jugendlichen) eine Reihe von Funktionen und befriedigt Bedürfnisse, die sie (zumindest in ihrem subjektiven Erleben) anders nicht erfüllen bzw. befriedigen können. Zu diesen Funktionen gehören u. a.:

- **Gewalt als Männlichkeitsbeweis:** Es gibt kulturübergreifende Merkmale der Darstellung von Männlichkeit. Zu diesen gehören vor allem die Betonung und öffentliche Zurschaustellung von Mut und Kampfbereitschaft. […]
- **Gewalt als Kommunikationsmittel:** Für viele ist Gewalt Ausdruck einer verzweifelten Situation und einer bedrängten Gefühlslage. Sie ist für sie gleichzeitig auch ein rechtmäßiges Mittel der Durchsetzung von Forderungen, nachdem andere Mittel offenbar versagt haben oder ihnen versagt blieben. Gewalt stellt so immer wieder eine sprachlos gewordene, zerstörerische Art der Kommunikation dar. Man glaubt, sich anders nicht mehr Gehör verschaffen zu können.
- **Gewalt als Mittel gegen Langeweile und Frust:** Eigene Gewalthandlungen werden von den Betreffenden oft als faszinierend oder sogar als rauschartiger Zustand erlebt. Sie sind für eine Reihe von Jugendlichen zu Möglichkeiten geworden, der Gleichförmigkeit des Alltags zu entfliehen.
- **Gewalt als Gegengewalt:** Viele, die Gewalt ausüben, haben selbst Gewalt (in unterschiedlichen Formen) erlebt. Sie fühlen sich als Geschlagene, die nun zurückschlagen. […]
- **Die Faszination der Gewalt:** Gewalt wirkt […] oft deshalb so faszinierend, weil sie scheinbar Eindeutigkeit in unklaren und unübersichtlichen Situationen schafft. Durch die Gewalthandlung wird (scheinbar) klar, wer der Stärkere und wer der Schwächere ist […].

**3** a Welche Funktionen von Gewalt kanntet ihr bereits? Welche sind euch neu?
b Sucht euch zwei Beispiele von Seite 34 aus.
Begründet in Partnerarbeit, welche Funktion der Gewalt ihr in diesen Beispielen vermutet.

**4** Ein Schüler meint: „Beispiel 5 ist typisch für Gewalt aus Langeweile." Wählt a oder b.
●○○ a Widerlegt die Position. Begründet die Unterschiede zwischen Fall 1 und 5:
*Gewalt aus Langeweile liegt bei Beispiel … vor, denn hier versucht … in einer alltäglichen Situation …*
*Dagegen geht es in Beispiel 5 um …*
●●● b Widersprecht dem Schüler, indem ihr die folgenden Sätze im Heft vollendet:
*Das scheint auf den ersten Blick so. Tatsächlich aber … Es handelt sich also …*

**Methode** **Eine Einschätzung begründen und gegen Einwände verteidigen**

Beim **Argumentieren** versucht man, **Meinungen, Einschätzungen, Bitten, Wünsche, Forderungen** oder **Behauptungen** überzeugend zu **begründen** und auf **Einwände einzugehen.**

| | |
|---|---|
| **1 Einschätzung** | *Eine gezielte Beleidigung stellt Gewalt dar.* |
| **2 Begründung (Argument)** | *Denn sie hat seelisches Leid zur Folge.* |
| **3 Beispiel zur Veranschaulichung** | *Wer andere zum Beispiel als „Opfer" bezeichnet, will sie damit verletzen und herabsetzen.* |
| **4 Eingehen auf (mögliche) Einwände** | *Zwar könnte man einwenden, dass hier kein Blut fließt, aber es handelt sich um eine absichtliche Verletzung eines Menschen.* |

# Argumentationen untersuchen und bewerten

## Empörung in Frankreich: Lehrer ohrfeigt Schüler – und erntet Zustimmung

*Berlaimont* – Das Pult: ein einziges Chaos aus Heften und Büchern. Vor versammelter Klasse mahnte der Lehrer den elf Jahre alten Schüler zur Ordnung, wurde aber ignoriert. Mit einer Handbewegung wischte der 49-Jährige daraufhin sämtliche Sachen vom Tisch. „Arschloch“, schimpfte der Sechstklässler – und der Lehrer verpasste ihm eine Ohrfeige. „Es war reiner Reflex“, entschuldigte er sich später. Noch nie habe ihn ein Schüler so behandelt.

Der Vorfall Ende Januar hatte für beide Folgen – und bewegt die Nation. Für die derbe Beleidigung verwies die Schule den 11-Jährigen drei Tage von der Schule. Der Vater des Jungen, ein Polizist, sorgte dafür, dass der Lehrer vorgeladen, vernommen und für 24 Stunden unter Arrest gestellt wurde.

Seitdem belagern Fernsehteams die Schule Gilles-de-Chin im nordfranzösischen Berlaimont. Der Pädagoge musste viel öffentliche Kritik einstecken, schwimmt aber zugleich auf einer regelrechten Sympathiewelle. […] Bildungsminister Xavier Darcos ließ Verständnis anklingen und sagte in einem Interview, dass mehr Lehrer Opfer von Schülergewalt seien als umgekehrt. Ohne jeden Zweifel habe der Lehrer schlecht reagiert, aber der Junge sei schon oft durch eine extrem vulgäre und brutale Art aufgefallen. Auch Frankreichs Premierminister François Fillon bekundete: „Ja, ich unterstütze diesen Lehrer.“ In einem Radiointerview sagte er, die Ohrfeige sei zwar keine „gute Lösung“, doch Lehrer bräuchten „ein wenig Disziplin und ein wenig Respekt“, um ihren Unterricht abhalten zu können. „Es ist nicht hinnehmbar, dass ein Schüler einen Lehrer als Arschloch bezeichnet.“ Auch wenn der Schlag des Lehrers nicht zu entschuldigen sei, halte er die drohenden juristischen Folgen für unverhältnismäßig: „Offen gesagt, als Bürger und als Vater von Schulkindern schockiert es mich, dass der Lehrer in Polizeigewahrsam genommen wurde.“

li: F. Fillon, 2007–2012 Premierminister Frankreichs
re: X. Darcos, 2007–2009 Bildungsminister Frankreichs

**1** a Stellt den im Text beschriebenen Vorfall aus unterschiedlichen Perspektiven dar. Arbeitet zu zweit: Partner A schildert ihn aus der Sicht des 11-Jährigen, Partner B aus der Sicht des Lehrers. Notiert, was ihr sagen könntet, und tragt eure Sicht mündlich vor, z. B.:
*Auf meinem Pult lagen die Hefte und Bücher etwas durcheinander. Offenbar hat mein Lehrer mich ..., aber ich hatte das nicht gehört ...*

b Vergleicht eure Darstellungen. Notiert zwei bis drei wesentliche Unterschiede.

**2** Diskutiert in der Klasse:
Haltet ihr es für richtig, dass der Lehrer für 24 Stunden von der Polizei festgehalten wurde?

**3** Wie begründen die Politiker im Text auf Seite 36 ihre Positionen? Wählt Aufgabe a oder b.

●○○ **a** Untersucht die Argumentation des Premierministers Fillon (▸ Z. 30–42).
Vervollständigt die folgende Übersicht im Heft:

| | |
|---|---|
| **Position Fillons** | *Fillon rechtfertigt die Ohrfeige des ...* |
| **Einschränkung** | *Er gesteht zu, dass die Ohrfeige ... sei.* |
| **Argumentation** | *Allerdings verteidigt er die Ohrfeige des Lehrers, indem er sie auf ... des Schülers zurückführt.* *Dieser habe den Lehrer als ... und damit keinen Respekt ...* |

●●● **b** Untersucht die Argumentation des Bildungsministers Darcos (▸ Z. 22–28).
Notiert im Heft Antworten auf die folgenden Fragen:
- Welche Position vertritt Bildungsminister Darcos?
- Welche Einschränkung seiner Position nimmt er vor?
- Welches sind seine beiden zentralen Argumente für seine Position?

**4** **a** Bildet zu Aufgabe 3 a/b Kleingruppen.
Tauscht euch über eure Ergebnisse zu beiden Aufgabenstellungen aus.
**b** Notiert die Ergebnisse für den Politiker, mit dem ihr euch nicht beschäftigt habt.
**c** Diskutiert, welche Argumente der Politiker ihr überzeugend findet.

**5** Beurteilt die Argumentationen der Politiker. Wählt Aufgabe a oder b.

●○○ **a** Bewertet die Argumentation des Bildungsministers in einem kurzen Text, z. B.: *Darcos begründet seine Position nachvollziehbar / allein mit dem Verhalten des Jungen. Dabei vernachlässigt er zu Recht / völlig die Frage, ob ... Seine Grundhaltung, wonach Lehrergewalt durch Schülergewalt gerechtfertigt sei, ist ...*

●●● **b** Bewertet die Argumentation des Premierministers in einem kurzen Text.

**c** Vergleicht eure Ergebnisse. Zieht ein Fazit zur Argumentation der Politiker.

**Information** **Eine Argumentation bewerten**

Ob **eine Position überzeugend begründet** wird, lässt sich durch folgende **Punkte bewerten:**

| Argumentation | Positive Bewertung | Negative Bewertung |
|---|---|---|
| **Ist sie schlüssig?** | *Fillon begründet seine Position sehr folgerichtig, denn ...* | *Es ist nicht schlüssig, wieso das Verhalten des Jungen rechtfertigen sollte, dass ein Lehrer ...* |
| **Ist sie vollständig?** | *Fillon führt nicht nur wichtige Argumente für seine Position an, sondern er geht auch auf zentrale Gegenargumente ein.* | *Fillon lässt außer Acht, dass Gewalt gegen Schüler durch Lehrer ...* |
| **Welche Werte werden vertreten?** | *Fillons Grundhaltung ist nachvollziehbar: Lehrer brauchen Respekt.* | *Fillons Grundhaltung ist problematisch: Gewalt gegen Kinder ist nie zu rechtfertigen.* |

# Redestrategien in einer Podiumsdiskussion erproben

*Christian Pfeiffer (Direktor des Kriminologischen Forschungsinstituts Niedersachsen)*

## Wandel der Kindererziehung in Deutschland: Mehr Liebe, weniger Hiebe (2012)

Schweden war 1979 weltweit das erste Land, das das elterliche Züchtigungsrecht gestrichen hat. 24 weitere, darunter Deutschland zum Jahr 2000, sind seitdem gefolgt. Die große Mehrheit der Staaten, darunter die USA, Frankreich und Großbritannien, konnte sich bisher nicht zu diesem Schritt entschließen. Dies überrascht angesichts der großen Zahl von Untersuchungen, die es zu den negativen Wirkungen des Schlagens von Kindern gibt. Ein Beispiel bietet unsere 2007/2008 bundesweit durchgeführte Befragung von 45000 Neuntklässlern.
Danach werden mit Gegenständen oder sonst massiv geschlagene Kinder später sechsmal häufiger zu Mehrfachgewalttätern als gewaltfrei und liebevoll erzogene. Dreimal so oft geraten sie in kriminelle oder rechtsextreme Jugendcliquen. Sie nehmen fünfmal häufiger regelmäßig Cannabis[1] und schwänzen viermal häufiger für mindestens zehn Tage im Jahr die Schule. Eine weitere Befragung zeigt die Folgen bei Erwachsenen. Wer in der Kindheit die Ohnmacht des Geschlagenen erlitten hat, möchte später dreimal häufiger eine scharfe Schusswaffe besitzen und sich so endlich mächtig fühlen. Außerdem befürwortet er eher ein hartes Strafrecht sowie die Todesstrafe. Angesichts dieser Zusammenhänge versprechen die Daten einer Befragung aus dem Jahr 2011 zur Kindheit von 11500 Menschen zwischen 16 und 40 Jahren wichtige Erkenntnisse. [...] Seit 1992 hat sich der Anteil der einheimischen Deutschen, die zu Hause völlig gewaltfrei aufgewachsen sind, von 26,4 auf 52,1 Prozent fast verdoppelt. Auf der anderen Seite ist der Anteil der massiv geschlagenen Kinder um etwa ein Fünftel auf 11,9 Prozent zurückgegangen, die der leicht gezüchtigten sogar um zwei Fünftel. [...]
Hat sich dieser Wandel der Erziehungskultur bereits positiv ausgewirkt? Ja: Die Jugendgewalt geht seit einigen Jahren zurück. [...] Natürlich haben zu dieser erfreulichen Entwicklung auch andere Einflüsse beigetragen. Aber mitentscheidend ist: Kinder werden heute von ihren Eltern weniger geschlagen und liebevoller erzogen als vor 20 oder 30 Jahren.

1 Cannabis: Droge aus Hanf (Marihuana, Haschisch)

**1** Bereitet euch mit Hilfe der Texte auf Seite 38 bis 39 auf eine Podiumsdiskussion vor.
Äußert euch zu Pfeiffers Text: Was ist euch bekannt? Was überrascht euch?

**2** Untersucht Pfeiffers Text. Wählt a/b oder a/c. Tauscht euch anschließend aus.

**a** Listet zu zweit im Heft auf, welche Wandlungen in der Erziehung Pfeiffer darstellt:
- *Der Anteil der gewaltfrei erzogenen Deutschen hat sich ...*
- *Der Anteil der massiv geschlagenen Kinder ...*

●○○ **b** Pfeiffer nennt Gründe, warum gewaltfreie Erziehung wichtig ist. Ergänzt im Heft:
*Gewaltfreie Erziehung ist wichtig, weil Kinder, die geschlagen werden, selbst häufiger zu ... werden (vgl. Z. 14–17). Zudem greifen sie häufiger zu ... und ... die Schule (vgl. Z. 19–21).*

●●● **c** Listet alle Argumente auf, die Pfeiffer für eine gewaltfreie Erziehung nennt.
Erläutert auch, warum Pfeiffer im letzten Absatz die sinkende Jugendgewalt erwähnt.

**Bürgerliches Gesetzbuch (BGB) § 1631**
(2) Kinder haben ein Recht auf gewaltfreie Erziehung. Körperliche Bestrafungen, seelische Verletzungen und andere entwürdigende Maßnahmen sind unzulässig.

**3** Im Jahr 2000 wurde der § 1631 Absatz 2 ins Bürgerliche Gesetzbuch aufgenommen.
Sammelt Gründe, die für das Gesetz zur gewaltfreien Erziehung sprechen.

**A** **Fast die Hälfte der Eltern schlägt ihre Kinder** (2012)

In Deutschland schlägt fast die Hälfte der Eltern ihre Kinder. In einer Umfrage gaben etwa 40 Prozent der Mütter und Väter an, ihre Kinder mit einem Klaps auf den Po zu strafen, 10 Prozent verteilen nach eigenen Angaben Ohrfeigen.
Anders als früher schlagen die meisten Mütter oder Väter aber nicht aus Überzeugung zu, sondern aus Hilflosigkeit, so die Studie. Den Großteil der Eltern packe danach ein schlechtes Gewissen.

**B** **Pädagogin Melitta Walter:**
**Warum schlagen Eltern ihre Kinder?** (2012)

Eltern schlagen ihre Kinder, wenn sie überfordert sind. Ihnen geht sozusagen die Beherrschung über sich und andere verloren. Unterschieden werden muss ganz klar zwischen einem „einmaligen Ausrutscher" oder regelmäßiger Gewalt gegenüber den Kindern. Das schlechte Gewissen der Eltern zeigt deutlich, dass sie sich sehr wohl bewusst sind, dass ihr Handeln ein Missbrauch des Machtverhältnisses zwischen Erwachsenen und Kindern darstellt.

**4** Untersucht die Texte A und B. Wählt Aufgabe a/b oder a/c.

**a** Warum schlagen Eltern ihre Kinder?
Ordnet zu: Welche der folgenden Gründe A bis C nennen die Texte?
**A** Eltern schlagen, weil sie sich manchmal hilflos fühlen.
**B** Eltern schlagen aus Lust und um ihre Macht zu zeigen.
**C** Eltern schlagen, weil sie in manchen Situationen die Selbstbeherrschung verlieren.

●○○ **b** Formuliert zu einem der in den Texten A und B genannten Gründe ein anschauliches Beispiel wie:
*zu A: Ein Vater will seine beiden streitenden Kinder beruhigen, doch …*

●●● **c** Melitta Walter lässt die genannten Gründe nur für „Ausrutscher" gelten.
Erklärt, warum die Gründe nicht für die regelmäßige Gewalt gelten können.

**d** Stellt euch gegenseitig eure Ergebnisse vor.

**5** Schätzt ein: Welche Konsequenzen hätte Melitta Walters Ansicht für die Bestrafung schlagender Eltern?

**Passanten drohen Vater nach Ohrfeige mit Anzeige**
Als sich sein fünfjähriger Sohn an einer viel befahrenen Straße seiner Heimatstadt von der Hand losriss und auf die Fahrbahn zu laufen drohte, eilte sein Vater hinterher. Schimpfend ohrfeigte er seinen Jungen. Auch nachdem er ihn in einen Hauseingang geführt hatte, beruhigte er sich nicht. Er schlug nochmals zu. Herbeieilende Passanten drohten ihm daraufhin mit einer Anzeige, weil er gegen sein Kind Gewalt angewendet und es geschlagen habe.

**6** Gestaltet eine Podiumsdiskussion zu der folgenden Frage:
„Soll der Vater für seine Tat eine Strafe erhalten?"
**a** Bildet je zwei Gruppen zu den folgenden drei Positionen. Bearbeitet die jeweilige Aufgabe darunter.
**b** Wählt je Gruppe einen Sprecher für die Podiumsdiskussion.
**c** Wählt einen Moderator und führt die Podiumsdiskussion durch (▶ Methode).
**d** Bewertet den Verlauf der Diskussion. Wurde ein Kompromiss erzielt?

**Position JA**
Gewalt gegen Kinder muss unter Strafe gestellt werden. Dazu gehört auch, wenn der Vater aus der Situation heraus zuschlägt.

**Aufgabe**
- Sammelt Argumente für eine Bestrafung des Vaters. Nutzt Pfeiffers Text (▶ S. 38).
- Überlegt, wie ihr andere Positionen entkräften könnt.

**Position NEIN** Der Gesetzgeber sollte nicht in die elterliche Erziehung eingreifen. Der Vater hat von seinem Erziehungsrecht in einer gefährlichen Situation Gebrauch gemacht.

**Aufgabe**
- Sammelt Argumente für eure Position.
- Macht deutlich, wieso die Ausführungen Pfeiffers (▶ S. 38) auf diesen Fall wohl nicht zutreffen.

**Position KOMPROMISS**
Elterliche Gewalt ist zu verurteilen. Hier geschah sie aber nicht absichtlich. Der Vater sollte daher nicht bestraft werden.

**Aufgabe**
- Sammelt Argumente für eure Position. Nutzt die Ausführungen Melitta Walters (▶ S. 39).
- Überlegt, wie ihr andere Positionen entkräften könnt.

**Methode** **Eine Podiumsdiskussion durchführen**

In einer **Podiumsdiskussion** diskutieren Menschen miteinander, die meist als **Experten** ihr besonderes Wissen zu einer strittigen Frage mitbringen. Ein typischer Ablauf ist:
1 Ein **Moderator** bittet die **Experten,** in einer ersten Runde **wissenswerte Tatsachen** vorzustellen und zu erläutern, was sie für den konkreten Fall bedeuten.
2 Der **Moderator** formuliert **unterschiedliche Positionen** zwischen den Experten. Die Experten gehen daraufhin auf die **Argumente der anderen Seite** ein.
3 In einer **Publikumsrunde** werden die Zuhörer aufgefordert, **Fragen** zu stellen oder **Anmerkungen** zu machen.
4 Die **Experten** bekommen Gelegenheit, auf die **Beiträge der Zuschauer einzugehen.**
5 Der **Moderator** versucht, mit den Experten einen **Kompromiss** zu den unterschiedlichen Positionen zu entwickeln.

## Teste dich!

| Auszug aus einer Podiumsdiskussion | Welche Satzfortsetzung trifft jeweils zu? |
|---|---|
| **Ein Vater:** Der Staat sollte mir nicht verbieten, meinem Kind eine Ohrfeige zu geben, denn es ist doch meine Entscheidung, wie ich mein Kind erziehe.<br>Wenn mein Sohn zum dritten Mal das tut, was er nicht soll, dann kann nicht der Staat entscheiden, wie ich Grenzen setze. | Der Vater formuliert seinen Standpunkt und ein passendes Argument. Im letzten Satz ...<br>**N** fügt er ein weiteres Argument hinzu.<br>**R** gibt er ein anschauliches Beispiel.<br>**M** entkräftet er einen Einwand. |
| **Eine Wissenschaftlerin:** Zwar klingt es nachvollziehbar, dass Sie als Eltern entscheiden wollen, wie Sie erziehen ... | Die Wissenschaftlerin will widersprechen und ...<br>**Z** nennt sofort ihr Gegenargument.<br>**W** stellt infrage, dass die Argumentation des Vaters schlüssig ist.<br>**T** gesteht dem Vater zunächst zu, dass seine Position berechtigt ist. |
| **Eine Wissenschaftlerin:** ..., allerdings wird dadurch Ihr Kind womöglich langfristig geschädigt. Genau das dürfen nicht Eltern entscheiden. | Sie stellt die Argumentation des Vaters in Frage, ...<br>**O** indem sie auf die Gesetzeslage verweist.<br>**U** indem sie diese als unlogisch darstellt.<br>**E** indem sie auf Werte verweist, die höher zu gewichten sind als das Erziehungsrecht. |
| **Ein Vater:** Kein Elternteil verfolgt bewusst eine Erziehung mit Gewalt.<br>Natürlich ist Gewalt nicht in Ordnung. Aber Eltern sind auch Menschen und sollten nicht bestraft werden, wenn ihnen mal die Hand ausrutscht. | Der Vater rückt von seiner vorherigen Position ein wenig ab, denn ...<br>**B** er rechtfertigt nun jede elterliche Gewalt als Erziehungsmittel.<br>**D** er fordert vom Staat, Gewalt als Erziehungsmittel in jedem Fall zu verhindern.<br>**C** er lehnt nun Gewalt grundsätzlich ab, findet aber, dass nicht jeder „Klaps" zu bestrafen ist. |
| **Eine Wissenschaftlerin:** Sie haben Recht: Gewaltfreie Erziehung ist für viele Eltern selbstverständlich. Aber es geht vor Gericht nicht um eine einmalige Ohrfeige, sondern um regelmäßige Gewalt. Vor dieser müssen Kinder geschützt werden. | Die Wissenschaftlerin ...<br>**L** will, dass auch einmalige Ohrfeigen bestraft werden.<br>**H** macht deutlich, dass das Gesetz vor dauerhafter Gewalt schützen will.<br>**P** ist sich nun mit dem Vater völlig einig. |

**1** Untersuche den Auszug aus der Podiumsdiskussion. Trage in dein Heft ein, welche Satzfortsetzungen jeweils zutreffen.
**Tipp:** Die Buchstaben ergeben sortiert ein Lösungswort.

**2** Gehe so vor, falls du das Lösungswort nicht gefunden hast:
Vergleiche dein Ergebnis mit einem Lernpartner, der die Lösung hat. Besprecht Fehler.

# 2.2 Vom Bildschirm zur Gewalt? – Argumentieren im Anschluss an einen Sachtext

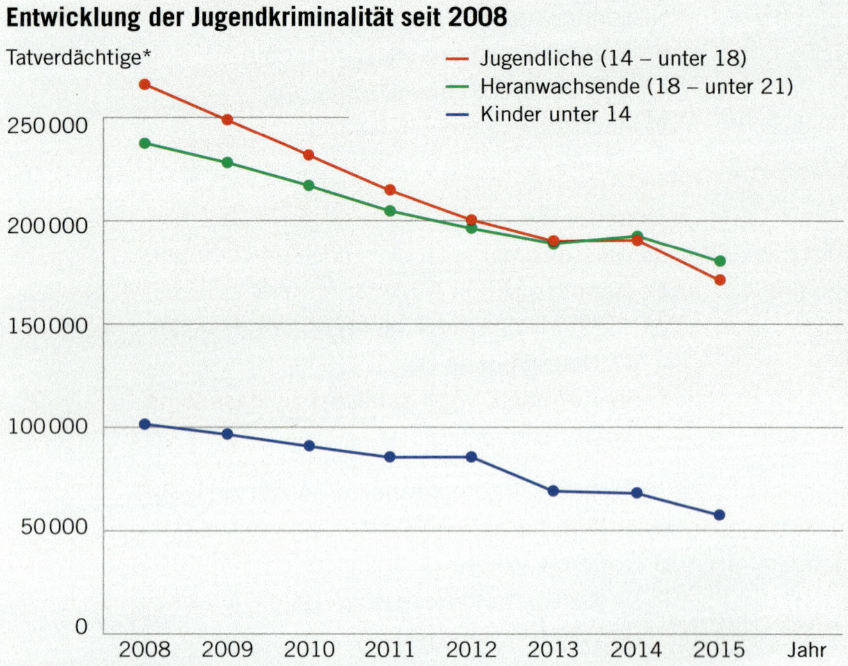


* Tatverdächtig ist jeder, der auf Grund des polizeilichen Ermittlungsergebnisses hinreichend verdächtig ist, eine rechtswidrige Tat begangen zu haben.

Quelle: Polizeiliche Kriminalstatistik (PKS 2015)

Eskalation: Zuspitzung, Steigerung, Erhöhung

**1** Gewalt von Jugendlichen ist ein Thema, das häufig in den Medien aufgegriffen wird. Stellt Vermutungen darüber an, warum das Thema häufig in den Medien vorkommt.

**2** a Formuliert mit Hilfe der Grafik, wie sich die Jugendkriminalität seit 2008 entwickelt hat.
b Laut „Spiegel“ von 2011 hat sich die Jugendgewalt deutlich verschärft. Diskutiert, ob diese Aussage im Widerspruch zur Grafik steht.

**3** a Der Spiegeltitel bildet eine U-Bahn-Situation ab: Ein Jugendlicher verletzt ohne erkennbaren Anlass einen anderen lebensgefährlich. Was könnten in euren Augen Gründe für eine solche Tat sein?
b Manche halten die Frage nach Gründen der Täter für den Versuch, die Tat zu rechtfertigen. Diskutiert, ob ihr es für richtig haltet, nach Gründen zu fragen.

**4** a „Killerspiele tragen dazu bei, dass manche Jugendliche massive Gewalt ausüben.“ Bildet eine Meinungslinie zu dieser Ansicht. Begründet euren Standpunkt.
*Ja, Killerspiele erhöhen die Gewaltbereitschaft.* ↔ *Nein, Gewalt ist unabhängig von Killerspielen am Computer.*
b Stärkt eure Begründung. Nutzt eine Aussage der folgenden Texte (▸ S. 43).
c Bestimmt, welchen Argumenttyp ihr genutzt habt (▸ Information, S. 43).

A **Medienwissenschaftler Jeffrey Wimmer:** Hinter dem Begriff „Killerspiele" steckt die Vermutung, Computerspiele könnten jemanden zu einem Killer oder Amokläufer machen. Aber das ist lediglich der Wunsch des Menschen, einfache Antworten zu finden. Die Kommunikationswissenschaft hat sich sehr lange damit auseinandergesetzt, ob Computerspiele jemanden zu einem Gewalttäter oder Verbrecher machen können. Das ist nicht der Fall. Ich glaube, es wird sich die Ansicht durchsetzen, dass Computerspiele ein Kulturgut wie Kino, Bücher und Fernsehen sind.

B In einer **Potsdamer Studie** mit 700 Schülerinnen und Schülern, die über fünf Jahre beobachtet wurden, zeigte sich zum Thema „Gewalt in den Medien" Folgendes:
- Aggressives Verhalten gilt eher als normal, wenn man sehr häufig mit Gewaltmedien umgeht.
- Die Bereitschaft, sich aggressiv zu verhalten, kann kurz- bis langfristig steigen.
- Der Umgang mit Gewaltmedien wirkt sich negativ auf Hilfsbereitschaft und Einfühlungsvermögen aus.
- Der Umgang mit Gewaltmedien ist nur ein Grund unter mehreren, der zur Gewaltbereitschaft führen kann.

C *Einige Studien belegen, dass Gewaltspiele die Nutzer aufputschen: Der Puls und der Blutdruck gehen hoch, das Mitgefühl lässt nach.*
**Psychologe Christopher Ferguson im „Spiegel":** Derlei Reaktionen sind manchmal messbar, manchmal nicht. Die Öffentlichkeit stürzt sich gern auf die Studien, die erwartete Effekte zeigen, das ist typisch für eine moralisch aufgeladene Debatte. Und leider tun Forscher oft so, als wären ihre Ergebnisse eindeutig, obwohl sie es nicht sind. Wahrscheinlich ist die Wirkung von brutalen Filmen und Spielen individuell sehr unterschiedlich.

**5** Untersucht die drei Positionen A bis C. Wählt Aufgabe a oder b. Vergleicht dann eure Ergebnisse.

●●● **a** Formuliert im Heft für alle drei Texte die Position in einem Satz. Nennt jeweils ein zentrales Argument aus dem Text.

●○○ **b** Ordnet im Heft zu, welcher Satz zu welcher Position passt: *1 = ..., 2 = ..., 3 = ...*

1 Killerspiele erhöhen die Möglichkeit, dass jemand aggressives Verhalten zeigt. Es gibt jedoch noch andere Gründe.
2 Ob Killerspiele zu Gewalt führen, ist je nach Spieler sehr verschieden.
3 Killerspiele machen niemanden zu einem Gewalttäter. Die Spiele gehören zu unserer Kultur.

**Information** **Argumenttypen unterscheiden**

| Argumenttyp | Beispiel | Erläuterung |
|---|---|---|
| **Faktenargument** | *Eine Studie der Universität Köln hat gezeigt, dass ...* | Es werden nachprüfbare Fakten, etwa Ergebnisse aus Studien, angeführt. |
| **Autoritätsargument** | *Der Neurobiologe ... vertritt die Ansicht, dass Medien ...* | Aussagen eines anerkannten Experten werden als Belege angeführt. |
| **Normatives Argument** | *Menschen zu ermorden, darf nicht Teil eines Spiels sein.* | Es wird auf einen allgemein anerkannten Wert verwiesen. |
| **Analogisierendes Argument** | *Krimizuschauer werden ja auch nicht zu Mördern.* | Ein Beispiel aus einem anderen Bereich wird als Vergleich angeführt. |

# Mit Informationen Argumente entkräften

**toge96** Computerspiele mit Gewalt führen beim Nutzer zu mehr Gewalt, denn man weiß aus Studien, dass solche Spiele die Nutzer gefühlsmäßig erregen und eine höhere Gewaltbereitschaft auslösen.

**Lina136** Das kann aber auch eine allgemeine Folge der Gefühlsaufwallung sein. Auch Sportübertragungen machen, wie man aus Studien weiß, aggressiver. Wohl aber führt die Gewalt, die wir im Fernsehen oder im Spiel erleben, zu einer Gewöhnung und Abstumpfung, sodass wir reale Gewalt weniger schlimm finden. Das erhöht die Gewaltbereitschaft.

**Gisbert** Es klingt nachvollziehbar, was ihr schreibt. Aber tatsächlich erhöht sich die Gewaltbereitschaft durch Computerspiele nicht. Es ist sogar umgekehrt: Die Gewalterlebnisse im Spiel führen dazu, dass man sie in der Realität nicht mehr ausleben muss. Das hat bereits der berühmte Psychoanalytiker Sigmund Freud so gesehen. Daher werden die Spielenden also nicht gewalttätiger, sondern weniger gewalttätig.

**1** In einem Forum diskutieren drei Nutzer, ob Gewaltspiele Nutzer gewalttätiger machen. Untersucht die Diskussion. Bearbeitet Aufgabe a/b oder c/d. Tauscht euch dann aus.

●○○ a Zwei der drei Nutzer gehen davon aus, dass Computerspiele die Gewaltbereitschaft erhöhen können. Nennt sie und gebt an, was die dritte Person meint.

●○○ b Im ersten und dritten Beitrag finden sich ein Autoritäts- und ein Faktenargument (▸ S. 43). Notiert diese im Heft.

●●● c Notiert: Was sieht Gisbert anders als toge96 und was anders als Lina136?

●●● d Gebt an, welche Argumenttypen (▸ S. 43) Gisbert verwendet.

**2** Formuliert einen Beitrag, in dem ihr einem der drei Nutzer widersprecht. Geht so vor:

a Schreibt aus den Texten auf S. 43 die Argumente stichpunktartig heraus, die ihr für euren Widerspruch nutzen könnt.

b Markiert ein oder zwei Argumente, die ihr besonders überzeugend findet.

c Formuliert euren Beitrag. Ihr könnt die Formulierungshilfen in der Methode nutzen.

**Methode** **Argumente entkräften**

Um andere Argumente überzeugend zu entkräften, nutzt man oft bestimmte **Formulierungen:**

| | |
|---|---|
| **1 Die andere Position wiedergeben** | ▪ *Du gehst wie viele andere davon aus, dass ...*<br>▪ *Deine Position ist, dass Gewalt ...* |
| **2 Die eigene Position formulieren** | ▪ *Das ist zwar nachvollziehbar, hat sich aber als falsch erwiesen.*<br>▪ *Das scheint naheliegend, tatsächlich aber ...* |
| **3 Argumente nennen, die die andere Position entkräften** | ▪ *Man weiß nämlich aus Studien ... / Aus einer Potsdamer Studie ...*<br>▪ *Der Medienwissenschaftler ... hat deutlich gemacht, dass ...*<br>▪ *Wenn das Argument zuträfe, dann wäre doch ...* |

# Einen Sachtext für eine Argumentation auswerten

Stefan Frerichs

## **Machen Fernsehen oder Computerspiele gewalttätig?** (2012)

*Gewalt in den Medien trifft auf besonderes Interesse, weil die Medien reale und fiktive Gewalt in einem Ausmaß darstellen, wie es in der Wirklichkeit nicht vorkommt. Diese konzentrierte Mediengewalt lässt befürchten, dass sie einen schlechten Einfluss auf die Einstellungen oder das Verhalten der Zuschauer oder Computernutzer haben könnte. Deshalb hat sich die Medienwirkungsforschung intensiv mit dem Thema Gewalt auseinandergesetzt – die Bandbreite der Untersuchungen reicht von Nachrichtensendungen über Fernsehfilme bis zu Computerspielen.*

Allgemein kann man die Theorien der Gewaltwirkungsforschung in zwei sich widersprechende Hauptrichtungen aufspalten: Laut der einen führt Gewalt in den Medien zu weniger Gewalt der Nutzer, nach der anderen Richtung wird mehr Gewalt der Mediennutzer erwartet.
Wissenschaftliche Untersuchungen zu den Theorien konnten aber zumindest etwas Klarheit bringen. So wurden jene Theorien verworfen, die vermuteten, dass Mediengewalt die Aggressivität und Gewaltbereitschaft der Zuschauer oder Computernutzer verringert. In der Gewaltwirkungsforschung überwiegt die Ansicht, dass niemand durch den Konsum von Gewaltdarstellungen friedfertiger wird.
Weitgehend unstrittig ist auch, dass mediale Gewalt in der Lage ist, die Nutzer gefühlsmäßig zu erregen. Außerdem wurde beobachtet, dass sich die Zuschauer und Computernutzer an Gewalt in den Medien gewöhnen, man kann daraus aber nicht auf eine Abstumpfung gegenüber realer Gewalt schließen. Allerdings werden aggressive Verhaltensmuster im Fernsehen oder in Computerspielen umso eher übernommen, wenn der Nutzer ohnehin zur Anwendung von Gewalt neigt. Zudem ähnelt dann seine wirkliche Lebenssituation dem Vorbild in den Medien.
Die Zusammenhänge zwischen dem Konsum von Mediengewalt und der persönlichen Veranlagung der Mediennutzer sind jedoch noch weitgehend ungeklärt. Es gibt Anhaltspunkte dafür, dass Menschen mit einer Neigung zu aggressivem Verhalten auch gern aggressive Filme oder Computerspiele konsumieren, die dann wiederum deren Aggressivität steigern. Allerdings kommen wissenschaftliche Untersuchungen zu dem Ergebnis, dass die durch Ge-

waltkonsum gesteigerte Aggression schnell wieder abflacht und keinen dauerhaften Einfluss auf die Nutzer hat.
Ein hoher Konsum von gewalttätigen Fernsehsendungen und Computerspielen durch Kinder und Jugendliche kann nach Ansicht verschiedener Wissenschaftler auch ein Anzeichen für Vereinsamung oder Vernachlässigung sein. In einem solchen Fall wäre der Gewaltkonsum nur ein sichtbares Merkmal für tiefer liegende soziale Probleme. Weitgehende Einigkeit besteht darin, dass das soziale Umfeld (wie Familie oder Freundeskreis) auf Menschen einen deutlich größeren Einfluss hat als die Medien. Dafür spricht auch, dass trotz der gestiegenen Verbreitung von gewalttätigen Filmen und Computerspielen in den letzten Jahrzehnten die Gewalt bei Jugendlichen in dieser Zeit gesunken ist.

**1** Erschließt in Partnerarbeit zentrale Aussagen des Textes auf den Seiten 45 bis 46.
Notiert im Heft, welche der folgenden Aussagen A bis E laut Text richtig sind, z. B.:
*Aussage … trifft zu (vgl. Z. …).* oder: *Aussage … trifft nicht zu. Richtig ist … (Z. …).*

**A** Es gibt zwei verschiedene Positionen:
Eine Gruppe behauptet, Gewalt in Medien führe zu mehr Gewalt der Nutzer.
Die andere Gruppe behauptet, die Gewalt der Nutzer gehe zurück.
**B** Eindeutig ist, dass Gewaltspiele die Gewalttätigkeit der Nutzer nicht herabsetzen.
**C** Eine weitere Position lautet, dass es neben der Gewalt in Medien zahlreiche andere Ursachen gibt, die Gewalt hervorrufen.
**D** Das Spielen von Gewaltspielen kann auch die Folge von Vereinsamung sein. Diese Vereinsamung kann Gewalt fördern. Das Computerspiel ist nur der Ausdruck davon.
**E** Gewaltspiele rufen auch langfristig eine höhere Gewaltbereitschaft hervor.

**2** Fasst eure bisherigen Ergebnisse zur Bewertung von Killerspielen zusammen.
Wählt Aufgabe a/b oder c/d. Vergleicht dann eure Ergebnisse.

●●● **a** Listet im Heft auf, welche Argumente oder Beispiele im Text auf den Seiten 45 bis 46 für die folgenden Positionen genannt werden:
- *Position 1: Gewaltspiele fördern Aggressivität.*
  → *Argumente/Beispiele für Position 1 laut Text: …*
- *Position 2: Gewaltkonsum ist abhängig von der Persönlichkeit oder ist ein Zeichen für tiefergehende Probleme.*
  → *Argumente/Beispiele für Position 2: …*

●●● **b** Notiert zu jedem Argument, ob es für ein Verbot von Killerspielen spricht.

●○○ **c** Notiert die Zeilen, in denen die folgenden vier Argumente im Text auf den Seiten 45 bis 46 stehen.
Schreibt ins Heft: *A = Z. …, B = Z. …, C = Z. …, D = Z. …*
**A** Computernutzer gewöhnen sich an Gewalt und stumpfen aber nicht gegen reale Gewalt ab.
**B** Nach dem Spielen von Gewaltspielen sind die Nutzer erregt und aggressiver.
**C** Es verhält sich umgekehrt: Wer schon vorher gewalttätig ist, ahmt Gewalt aus Spielen nach.
**D** Manche Menschen sind bereits aggressiv und greifen deshalb zu Gewaltspielen.

●○○ **d** Sortiert: Welche Argumente A bis D stützen Position 1, welche Position 2?
- Position 1: Gewaltspiele fördern Aggressivität.
- Position 2: Gewaltkonsum ist nicht die Ursache, sondern eine Folge von vorhandener Gewaltbereitschaft.

# Erörternd argumentieren im Anschluss an einen Sachtext

In den vergangenen Jahren sind in Deutschland einige Male grausame Gewalttaten geschehen. Jugendliche griffen anscheinend wahllos Menschen an und schlugen sie brutal zusammen. In einigen Fällen hieß es, dass die Täter begeisterte Nutzer so genannter Killerspiele seien. Eine Tageszeitung will deshalb einen Jugendlichen und einen Erwachsenen Stellung nehmen lassen zu der Frage: **Sollten Killerspiele verboten werden?**

## Eine Position entwickeln

**1** Plant diese Stellungnahme in Form einer erörternden Argumentation. Geht so vor:

a Sichtet erneut die Texte auf den Seiten 43 bis 44 und eure Aufzeichnungen dazu. Ordnet dann im Heft die Aussagen unten in die Tabelle ein. Ergänzt weitere.

| Für ein Verbot von Killerspielen spricht | Gegen ein Verbot von Killerspielen spricht |
|---|---|
| – *Abstumpfung: Gewöhnung an Gewalt im Spiel*<br>– … | – … |

- Computernutzer stumpfen gegen reale Gewalt ab.
- Nach Gewaltspielen sind die Nutzer aggressiver.
- Aggressivität, die durch Gewaltkonsum entsteht, ist nicht dauerhaft.
- Vor allem Menschen mit aggressivem Charakter nutzen Gewaltspiele. Spiele sind Folge, nicht Ursache der Gewaltbereitschaft.

b Recherchiert z. B. im Internet weitere Fakten, die helfen, sich eine Meinung zu bilden.
**Tipp:** Achtet darauf, dass eure Fakten aus einer verlässlichen Quelle stammen.

c Entscheidet, ob ihr für oder gegen ein Verbot von Killerspielen eintreten wollt.

## Den Text planen

**2** Plant euren Text, indem ihr diese Tabelle im Heft anlegt und ausfüllt:

| Meine Position | Killerspiele sollten / sollten nicht verboten werden |
|---|---|
| **Die wichtigsten Argumente:**<br>**Tipp:** Markiert die beiden besten Argumente. Nutzt sie für den Anfang und das Ende. | *1.* …<br>*2.* …<br>*3.* … |
| **Wichtige Gegenargumente:** | … |
| **Mögliche Entkräftung:** | … |
| **Ideen für die Texteinleitung:** | … |
| **Ideen für den Schluss:** | … |

## Den Text schreiben und überarbeiten

**3** Verfasst eine erste Fassung des Artikels zur Frage „Sollten Killerspiele verboten werden?".
Schreibt möglichst am Computer.

a Beginnt eure **Einleitung** für eine erörternde Argumentation z. B. so:
*In jüngster Vergangenheit haben einige brutale Übergriffe jugendlicher Täter nachdenklich gemacht. Oft hatten diese Jugendlichen gemeinsam, dass …*
*Daher stellt sich die Frage, ob …*

▷ Eine Hilfe zu Aufgabe 3 a findet ihr auf Seite 49.

b Schreibt euren **Hauptteil.**
- Beginnt mit eurer Position, z. B.:
  *Ein Verbot von Killerspielen wäre eine wichtige Maßnahme/wäre allerdings kein geeignetes Mittel, um …*
- Führt dann eure Argumente aus. Beginnt und endet mit einem starken Argument.
  **Tipp:** Geht auf Gegenargumente ein, nutzt die Sandwich-Methode, z. B.:

- **Erstes starkes Argument:**
  *Es ist erwiesen, dass …*
- **Zusätzliches Argument:**
  *Zudem …*
- **Gegenargument:**
  *Zwar könnte man einwenden, dass …*
- **Entkräftung:**
  *Allerdings …*
- **Zweites starkes Argument:**
  *Und schließlich …*

▷ Hilfe zu 3 b, Seite 49

c Formuliert zum **Schluss** eurer Stellungnahme eine Forderung, z. B.:
*Gewaltspiele am PC sollten daher (nicht) …*

▷ Hilfe zu 3 c, Seite 49

d Prüft und überarbeitet eure Texte mit Hilfe der Checkliste auf Seite 52.

**Methode** **Eine erörternde Argumentation aufbauen**

In einer erörternden Argumentation stellt ihr **eure Meinung zu einem Sachverhalt** dar.
Dabei geht ihr auf **Pro- und Kontra-Argumente** ein.
- **Die Einleitung** soll auf interessante Weise in das Thema einführen.
  Man nennt z. B. zum Problem ein aktuelles Ereignis oder schildert eine persönliche Erfahrung.
- **Im Hauptteil** müssen Argumente für (pro) und gegen (kontra) eure Position auftauchen.
  - **Am Anfang und am Ende** eures Textes sollten **starke Argumente für eure Position** stehen.
  - **Gegenargumente** nennt und entkräftet man am besten in der **Mitte,** sodass die eigenen Argumente am Anfang und am Ende wirken können (= Sandwich-Methode).
- **Der Schluss** rundet euren Text ab.
  Formuliert z. B. eine Forderung, die an das Beispiel aus der Einleitung anknüpft.

## Aufgabe 3 a mit Hilfe

Verfasst eine erste Fassung des Artikels zur Frage „Sollten Killerspiele verboten werden?“. Schreibt möglichst am Computer.

a Schreibt eine **Einleitung.** Wählt und ergänzt im Heft Anfang A oder B:

**A** Zwar geht die Zahl ... seit Jahren zurück, aber einige brutale Gewalttaten jugendlicher Täter machen nachdenklich. Die Tatsache, dass genau die Jugendlichen, die wehrlose Menschen ..., auch ... spielen, wirft die folgende Frage auf: ...

**B** Am Computer ist es ein Spiel: Wer andere verletzt oder ..., erhält Punkte. Er wird zum ... Nicht zufällig stehen daher Killerspiele im Verdacht, auch ... in der Realität zu verursachen: Was im Spiel gelernt wurde, wird vielleicht unmittelbar ... Wenn dies so wäre, müssten dann ... nicht verboten werden?

## Aufgabe 3 b mit Hilfe

Schreibt euren **Hauptteil.**

– Entscheidet euch für eine der beiden Positionen A oder B. Beginnt damit den Hauptteil:

**A** *Jn der Tat: Ein Verbot von Killerspielen wäre ein wichtiger Beitrag, um ...*

**B** *Die Vermutung, dass ein Verbot ... Gewalt mindern würde, liegt nah, ist jedoch weitgehend nicht zu begründen.*

– Beginnt euren Text mit einem ersten starken Argument. Nutzt folgende Formulierungen:
*Aus der Potsdamer Studie* (► S. 43) *weiß man, dass ...*
*Zudem haben Untersuchungen gezeigt ... / Außerdem weisen Forscher darauf hin ...*

– Nennt in der Mitte eures Textes ein Gegenargument und entkräftet es, z. B.:
*Zwar könnte man einwenden, dass ... / Zwar gibt es Hinweise darauf, dass ...*
*Allerdings sprechen fast alle Untersuchungen für ... / Dabei ist nur zu bedenken, ...*

– Beendet euren Hauptteil mit einem zweiten starken Argument, z. B.:
*Für das Verbot / Gegen das Verbot spricht insbesondere auch ...*
*Wichtig bleibt vor allem, dass ...*

## Aufgabe 3 c mit Hilfe

Formuliert zum **Schluss** eurer Stellungnahme eine Forderung.
Entscheidet euch je nach eurer Position für A oder B. Führt die Forderung im Heft aus.

**A** *Auch wenn es eine einfache Lösung wäre, so sollten Killerspiele nicht ..., denn sie sind nicht ...*

**B** *Auch wenn nicht ganz sicher ist, ob ..., so lassen die vielen Hinweise es doch ratsam erscheinen, ... zu verbieten, denn ...*

# 2.3 Fit in ...! – Eine Argumentation verfassen

Stellt euch vor, ihr bekommt in der nächsten Klassenarbeit die folgende Aufgabe gestellt:

**Aufgabe**
In einer Zeitung vertreten zwei Experten die folgenden Pro- und Kontra-Positionen zum Thema „Warnschussarrest“.
Schreibe zu diesem Thema einen erörternden Leserbrief.
Lege darin mit Argumenten deine Position dar und entkräfte Gegenargumente.

## Ist der Warnschuss ein vernünftiges Mittel?

*Als Mittel gegen Jugendgewalt gibt es seit 2013 in Deutschland die Möglichkeit, jugendliche Straftäter auch bei Bewährungsstrafen für eine kurze Zeit ins Gefängnis zu schicken. Durch diesen „Warnschussarrest“ sollen sie abgeschreckt werden, künftig weitere Straftaten zu begehen. Für denjenigen, der einmal beim Klauen erwischt wurde, gilt das nicht unbedingt. Täter jedoch, die öfter erwischt werden, können bis zu vier Wochen ins Gefängnis kommen, auch wenn sie nur eine Bewährungsstrafe erhalten haben.*

**PRO: Udo Nagel, Innensenator der Freien und Hansestadt Hamburg**
Wichtig: 90 bis 95 Prozent der Jugendlichen werden nicht straffällig. Aber bestimmte Jugendliche, bei denen sich erkennbar eine kriminelle Karriere abzeichnet, brauchen einen Schuss vor den Bug. Offensichtlich lassen sich manche jugendliche Intensivtäter durch Strafen, die zur Bewährung ausgesetzt werden, nicht beeindrucken. Dann muss es ein anderes Mittel geben, um sie zu ihrem eigenen Vorteil und zum Schutz der Allgemeinheit von ihrem Weg abzubringen: einen bis zu vierwöchigen Arrest, der neben einer Bewährungsstrafe verhängt wird.
Dieser soll nur ein letztes Mittel sein, um in Ausnahmefällen eine Verhaltensänderung herbeizuführen. Aber klare Grenzen müssen rechtzeitig gesetzt werden. In Fällen, in denen die Eltern dazu nicht in der Lage sind, muss der Staat diese Aufgabe übernehmen. Zu Recht erwartet die Gesellschaft, dass er dann die notwendigen erzieherischen Mittel einsetzt. Ich kann ja als Familienvater meinen Kindern auch nicht immer wieder Folgen für ihr Handeln androhen, ohne diese Folgen irgendwann zu vollziehen. Es darf nicht Normalität werden, dass Jugendliche andere Menschen zusammenschlagen und darauf so gut wie keine Konsequenzen folgen.

**KONTRA: Klaas Müllerhoff, Jugendrichter**
Das Jugendstrafrecht hat das Ziel, erneute Straftaten eines Jugendlichen zu verhindern. Im Interesse weiterer Opfer sollen Rückfälle in die Kriminalität vermieden werden. Nun glauben viele, dass mehr Härte im Jugendstrafrecht zu einer größeren Abschreckung führt und damit die Rückfallkriminalität sinken würde. Diesem Glauben an die Kraft von harten Strafen widersprechen allerdings

statistisch gesicherte Erkenntnisse. Gerade Jugendliche, die mit einer Gefängnisstrafe ohne Bewährung bestraft werden, haben eine besonders hohe Rückfallquote. 77,8 Prozent der Täter, die eingesperrt werden, werden später rückfällig.
Jene, die eine Bewährungsstrafe erhielten, werden dagegen nur zu 59,6 Prozent rückfällig. Wie man aus diesen Zahlen schlussfolgern kann, dass es grundsätzlich gut wäre, jugendliche Wiederholungstäter zur Abschreckung einzusperren, ist rätselhaft.
Auch die Vorstellung, mit dem Warnschussarrest ein schnelles Zeichen gegenüber den Tätern setzen zu können, ist unsinnig. So ist nach der Tat meist schon viel Zeit vergangen, bevor das Urteil erfolgt. Zudem dauert es oft nochmals Wochen, bis die Jugendlichen eine Ladung zum Gefängnisantritt erhalten.

## Die Aufgabe richtig verstehen

**1** Was verlangt die Aufgabe von euch? Notiert im Heft Antworten auf die folgenden Fragen:
- Welche Art von Text sollt ihr schreiben?
- Um welche Frage soll es in eurem Text gehen?
- Was müsst ihr beim Schreiben beachten?

## Planen: Argumente für beide Seiten suchen und ordnen

**2** a Findet auf Grundlage der Pro- und Kontra-Position (► S. 50 f.) Argumente für oder gegen den Warnschussarrest. Füllt die folgende Tabelle im Heft aus.
b Ergänzt weitere Argumente, die euch einfallen. Nutzt die Texte des gesamten Kapitels.

| Für den Warnschussarrest | Gegen den Warnschussarrest |
|---|---|
| – *Manche Jugendliche lassen sich durch Bewährungsstrafen nicht ...*<br>– *Die Jugendlichen erfahren, wie es ...* | – *Jugendliche mit Gefängnisstrafen (ohne Bewährung) werden häufiger ...* |

**3** a Entscheidet auf Grund eurer Tabelle, welche Position ihr vertreten wollt.
b Tragt in eine Tabelle wie folgt ein, wie ihr in eurem Leserbrief argumentieren wollt:

| | |
|---|---|
| **Einleitung: Hinführung zum Thema** | *Viele jugendliche Serientäter ...* |
| **Hauptteil: Mein Standpunkt**<br>– gute Argumente für meine Position<br>– Fakten/Zitate ..., die meine Argumente stützen<br>– Argumente, denen ich widersprechen will<br>– Entkräftung der Gegenargumente | ...<br>*1. ..., 2. ..., 3. ...*<br>...<br>...<br>... |
| **Schluss: Forderung/Appell** | ... |

## Schreiben und überarbeiten

**4** Formuliert den Leserbrief.

**Tipp:** Lasst nach jeder geschriebenen Zeile eine Zeile für die spätere Überarbeitung frei.

a Benennt das Thema. Beginnt z. B. so:
*Jugendliche Serientäter können ganze Stadtviertel mit ihren Gewalttaten verunsichern. Bewährungsstrafen schrecken sie oft nicht ab. Daher …*

b Formuliert dann eure Position, z. B.:
*In der Tat kann der … ein wirksames … / Die Vermutung, ein Warnschussarrest könnte …, liegt nah, ist aber nicht …*

c Begründet eure Position mit einem starken Argument, z. B.: *Aus den Kriminalstatistiken weiß man, …*

d Gebt an geeigneter Stelle ein Gegenargument aus einem der Artikel wieder, z. B.:
*Zwar ist es richtig, dass …*, und widerlegt es, z. B.: *Allerdings …*

e Fügt weitere Argumente an und stützt sie mit Fakten, z. B.: *Zudem gibt es …*

f Schließt euren Leserbrief mit einer Forderung ab, z. B.: *Wir sollten …*

**5** a Prüft euren Leserbrief zunächst allein mit der Checkliste.

b Setzt euch zu zweit zusammen. Prüft eure Texte gegenseitig.

c Überarbeitet eure Texte. Nutzt die freien Zeilen.

### Checkliste

**Erörternd argumentieren**

| | Habe ich … |
|---|---|
| **Einleitung** | … auf interessante Weise zum Thema hingeführt?<br>… die Streitfrage deutlich gemacht? |
| **Standpunkt** | … meine Meinung deutlich formuliert? |
| **Pro-Argumente** | … zwei bis drei gute Argumente für meine Meinung angeführt? |
| **Gegenargument** | … mindestens ein Gegenargument genannt? |
| **Entkräftung durch eigene Argumente** | … mit Argumenten das Gegenargument entkräftet? |
| **Aufbau (Sandwich-Methode)** | … am Anfang und am Ende die stärksten Argumente für meine Position angeführt und in der Mitte ein Gegenargument entkräftet? |
| **Materialnutzung** | … das vorhandene Material (Texte etc.) genutzt, um Argumente zu finden, z. B. Fakten- und Autoritätsargumente (► S. 43)? |
| **Schluss** | … meinen Standpunkt mit einer Forderung beendet? |
| **Rechtschreibung** | … fehlerfrei geschrieben? |
| **Satzzeichen Verknüpfungswörter** | … meine Argumente und die Entkräftung des Gegenarguments mit passenden Verknüpfungswörtern eingeleitet? |

**Schreibwörter** ► S. 321

| | | |
|---|---|---|
| die Pädagogin | die Aggression | widersprechen |
| der Psychologe | die Eskalation | erörtern |
| der Experte | die Studie | entkräften |

# 3 Die Welt der Zukunft – Recherchieren und präsentieren

**1** Äußert euch spontan zu dem Foto: Woran denkt ihr bei dem Begriff „Roboter"?

**2** a Tragt zusammen, was ihr bereits über Roboter wisst.
b In welchen Lebensbereichen könnten Roboter in der Zukunft eine große Rolle spielen? Begründet eure Vermutungen.

**3** a Für welche Zukunftstrends interessiert ihr euch? Formuliert Fragen, z. B.:
- *Mit welchen Mitteln werden wir uns in der Zukunft fortbewegen?*
- *Wie werden Städte in der Zukunft aussehen?*

b Tauscht euch aus, wo ihr nach Informationen dazu recherchieren könnt.

**In diesem Kapitel ...**

- recherchiert ihr zum Thema „Die Welt der Zukunft",
- bereitet ihr ein Referat vor,
- verfasst ihr eine kurze Rede,
- bewerbt ihr euch um Berufe der Zukunft.

# 3.1 Lächelnde Roboter – Referate vorbereiten und halten

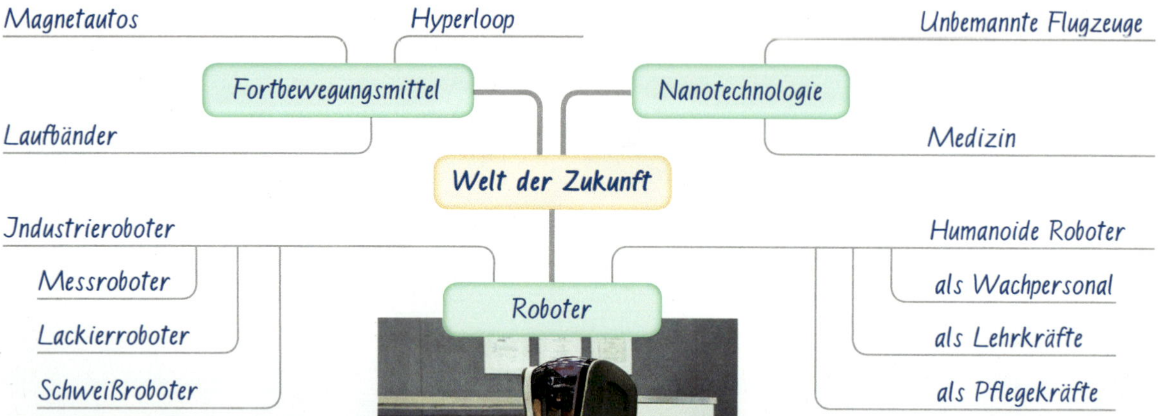

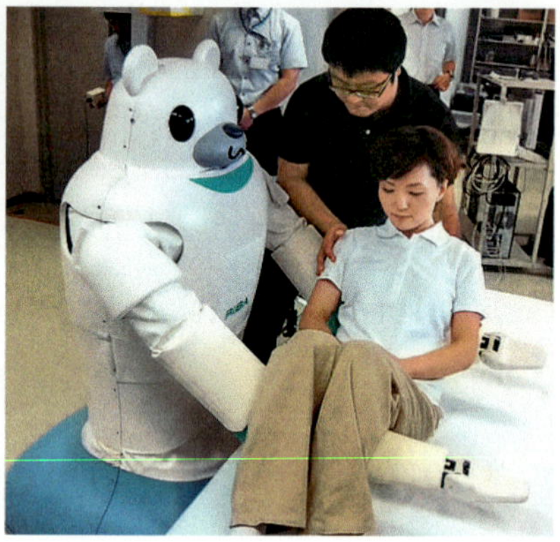

**1** „Welt der Zukunft" – In welchen Bereichen wird es große Veränderungen geben?

a Betrachtet die Mind-Map und beschreibt ihren Aufbau: Welche Oberthemen, Unterthemen und Beispiele werden dargestellt?

b Übertragt die Mind-Map auf ein Poster und ergänzt eure Ideen zur Welt der Zukunft mit weiteren Oberthemen, zugehörigen Unterthemen und Beispielen.

**2** Legt mit Hilfe der Mind-Map eine Gliederung für ein Referat zu einem der Oberthemen an. Wählt Aufgabe a oder b.

●●● a Wählt ein Oberthema aus der Mind-Map, zu dem ihr gern ein Referat halten würdet. Erstellt zu diesem Thema eine Gliederung: Ordnet die Unterthemen dazu im Heft untereinander an und nummeriert sie.

●○○ b Erstellt eine Gliederung zum Thema „Roboter". Ergänzt dafür das nebenstehende Beispiel im Heft.

c Stellt euch gegenseitig eure Gliederungen vor.

**Roboter**
**1. Jndustrieroboter**
- Messroboter
- Lackierroboter
- ...

**2. ... Roboter**
- ...

# In einem Online-Lexikon recherchieren

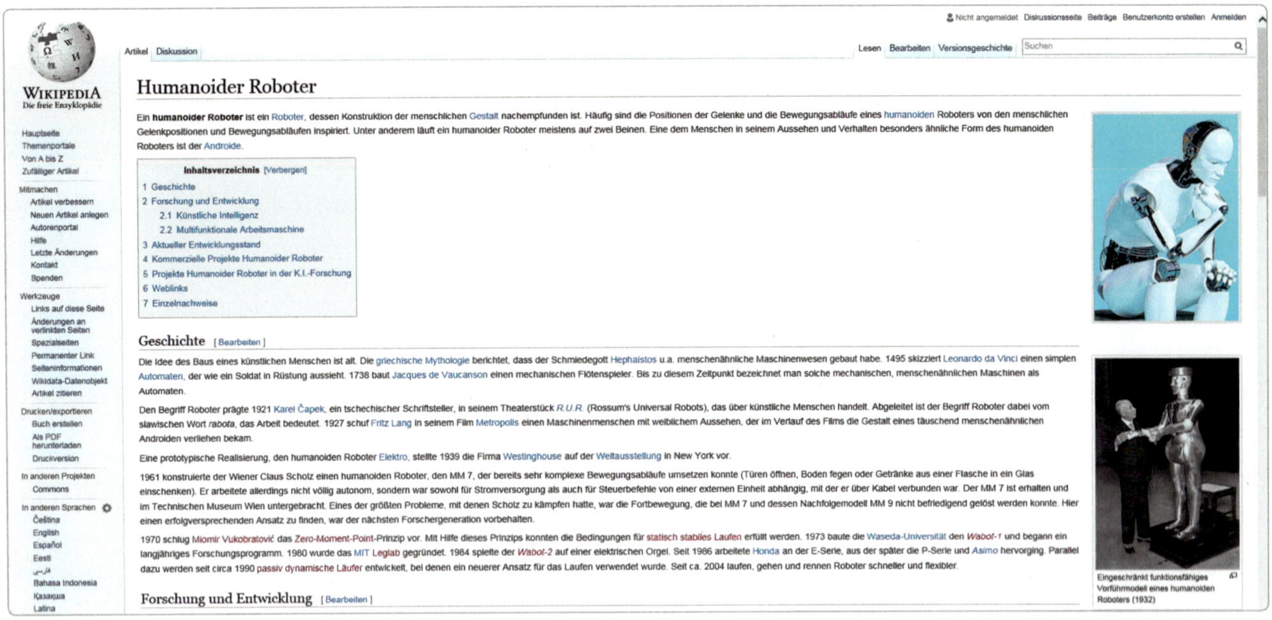

Nicht angemeldet Diskussionsseite Beiträge Benutzerkonto erstellen Anmelden

Artikel Diskussion Lesen Bearbeiten Versionsgeschichte Suchen

WIKIPEDIA
Die freie Enzyklopädie

Hauptseite
Themenportale
Von A bis Z
Zufälliger Artikel

Mitmachen
Artikel verbessern
Neuen Artikel anlegen
Autorenportal
Hilfe
Letzte Änderungen
Kontakt
Spenden

Werkzeuge
Links auf diese Seite
Änderungen an verlinkten Seiten
Spezialseiten
Permanenter Link
Seiteninformationen
Wikidata-Datenobjekt
Artikel zitieren

Drucken/exportieren
Buch erstellen
Als PDF herunterladen
Druckversion

In anderen Projekten
Commons

In anderen Sprachen
Čeština
English
Español
Eesti
فارسی
Bahasa Indonesia
Қазақша
Latina

## Humanoider Roboter

Ein **humanoider Roboter** ist ein Roboter, dessen Konstruktion der menschlichen Gestalt nachempfunden ist. Häufig sind die Positionen der Gelenke und die Bewegungsabläufe eines humanoiden Roboters von den menschlichen Gelenkpositionen und Bewegungsabläufen inspiriert. Unter anderem läuft ein humanoider Roboter meistens auf zwei Beinen. Eine dem Menschen in seinem Aussehen und Verhalten besonders ähnliche Form des humanoiden Roboters ist der Androide.

**Inhaltsverzeichnis** [Verbergen]



### Geschichte [Bearbeiten]

Die Idee des Baus eines künstlichen Menschen ist alt. Die griechische Mythologie berichtet, dass der Schmiedegott Hephaistos u.a. menschenähnliche Maschinenwesen gebaut habe. 1495 skizziert Leonardo da Vinci einen simplen Automaten, der wie ein Soldat in Rüstung aussieht. 1738 baut Jacques de Vaucanson einen mechanischen Flötenspieler. Bis zu diesem Zeitpunkt bezeichnet man solche mechanischen, menschenähnlichen Maschinen als Automaten.

Den Begriff Roboter prägte 1921 Karel Čapek, ein tschechischer Schriftsteller, in seinem Theaterstück *R.U.R.* (Rossum's Universal Robots), das über künstliche Menschen handelt. Abgeleitet ist der Begriff Roboter dabei vom slawischen Wort *rabota*, das Arbeit bedeutet. 1927 schuf Fritz Lang in seinem Film Metropolis einen Maschinenmenschen mit weiblichem Aussehen, der im Verlauf des Films die Gestalt eines täuschend menschenähnlichen Androiden verliehen bekam.

Eine prototypische Realisierung, den humanoiden Roboter Elektro, stellte 1939 die Firma Westinghouse auf der Weltausstellung in New York vor.

1961 konstruierte der Wiener Claus Scholz einen humanoiden Roboter, den MM 7, der bereits sehr komplexe Bewegungsabläufe umsetzen konnte (Türen öffnen, Boden fegen oder Getränke aus einer Flasche in ein Glas einschenken). Er arbeitete allerdings nicht völlig autonom, sondern war sowohl für Stromversorgung als auch für Steuerbefehle von einer externen Einheit abhängig, mit der er über Kabel verbunden war. Der MM 7 ist erhalten und im Technischen Museum Wien untergebracht. Eines der größten Probleme, mit denen Scholz zu kämpfen hatte, war die Fortbewegung, die bei MM 7 und dessen Nachfolgemodell MM 9 nicht befriedigend gelöst werden konnte. Hier einen erfolgversprechenden Ansatz zu finden, war der nächsten Forschergeneration vorbehalten.

1970 schlug Miomir Vukobratović das Zero-Moment-Point-Prinzip vor. Mit Hilfe dieses Prinzips konnten die Bedingungen für statisch stabiles Laufen erfüllt werden. 1973 baute die Waseda-Universität den *Wabot-1* und begann ein langjähriges Forschungsprogramm. 1980 wurde das MIT Leglab gegründet. 1984 spielte der *Wabot-2* auf einer elektrischen Orgel. Seit 1986 arbeitete Honda an der E-Serie, aus der später die P-Serie und *Asimo* hervorging. Parallel dazu werden seit circa 1990 passiv dynamische Läufer entwickelt, bei denen ein neuerer Ansatz für das Laufen verwendet wurde. Seit ca. 2004 laufen, gehen und rennen Roboter schneller und flexibler.

Eingeschränkt funktionsfähiges Vorführmodell eines humanoiden Roboters (1932)

### Forschung und Entwicklung [Bearbeiten]

### Literatur [Bearbeiten]

- Gero von Randow: *Roboter. Unsere nächsten Verwandten.* Rowohlt, Reinbek 1997, ISBN 3-498-05744-8.
- G. Lawitzky, M. Buss u. a. (Hrsg.): *Service Roboter.* Schwerpunktthemenheft der Zeitschrift *it – Information Technology.* Oldenbourg Verlag, München 49(2007)4
- Wolfgang Weber: *Industrieroboter. Methoden der Steuerung und Regelung. Mit 33 Übungsaufgaben.* Fachbuchverlag Leipzig, 2002, ISBN 3-446-21604-9.
- Bodo-Michael Baumunk: *Die Roboter kommen. Mensch, Maschine, Kommunikation.* Wachter Verlag, Heidelberg 2007, ISBN 978-3-89904-268-9 (Begleitband zur gleichnamigen Ausstellung in den Museen für Kommunikation).
- Anne Foerst: *Von Robotern, Mensch und Gott. Künstliche Intelligenz und die existentielle Dimension des Lebens.* Vandenhoeck & Ruprecht, Göttingen 2008, ISBN 978-3-525-56965-8 (Aus dem Englischen von Regine Kather).
- Daniel Ichbiah: *Roboter: Geschichte – Technik – Entwicklung.* Knesebeck, München 2005, ISBN 3-89660-276-4 (Aus dem Französischen von Monika Cyrol).

### Ausstellung [Bearbeiten]

- 2011: *Roboterträume*, Museum Tinguely, Basel und Kunsthaus Graz

### Weblinks [Bearbeiten]

**Wiktionary: Roboter** – Bedeutungserklärungen, Wortherkunft, Synonyme, Übersetzungen
**Commons: Roboter** – Sammlung von Bildern, Videos und Audiodateien

**1** Tauscht euch über eure bisherigen Erfahrungen mit dem Online-Lexikon „Wikipedia“ aus. Zu welchen Themen habt ihr schon bei Wikipedia recherchiert? Waren die Informationen hilfreich?

**2** Beschreibt die abgebildeten Wikipedia-Ausschnitte zu den Stichwörtern *Humanoider Roboter* und *Roboter*. Wählt Aufgabe a oder b und tauscht euch über eure Ergebnisse aus.

●○○ **a** Beschreibt den Aufbau der Seite und erklärt, welche Informationen die Seite bietet. Verwendet dazu Begriffe aus dem Kasten.

| | | | | |
|---|---|---|---|---|
| Schlagwörter | Inhaltsverzeichnis | Literaturangaben | Weblinks | Bilder |

●●● **b** Schreibt eine Gebrauchsanweisung zur Verwendung eines Onlinelexikons. Erläutert, wie man bei der Recherche zu einem Thema vorgeht, welche Informationen man auf einer Wikipedia-Seite erhält und wie man diese nutzen kann.

**3** Führt eine Wikipedia-Recherche zu eurem Referatsthema (► S. 54, Aufg. 2) durch.

# Eine Bibliotheksrecherche durchführen

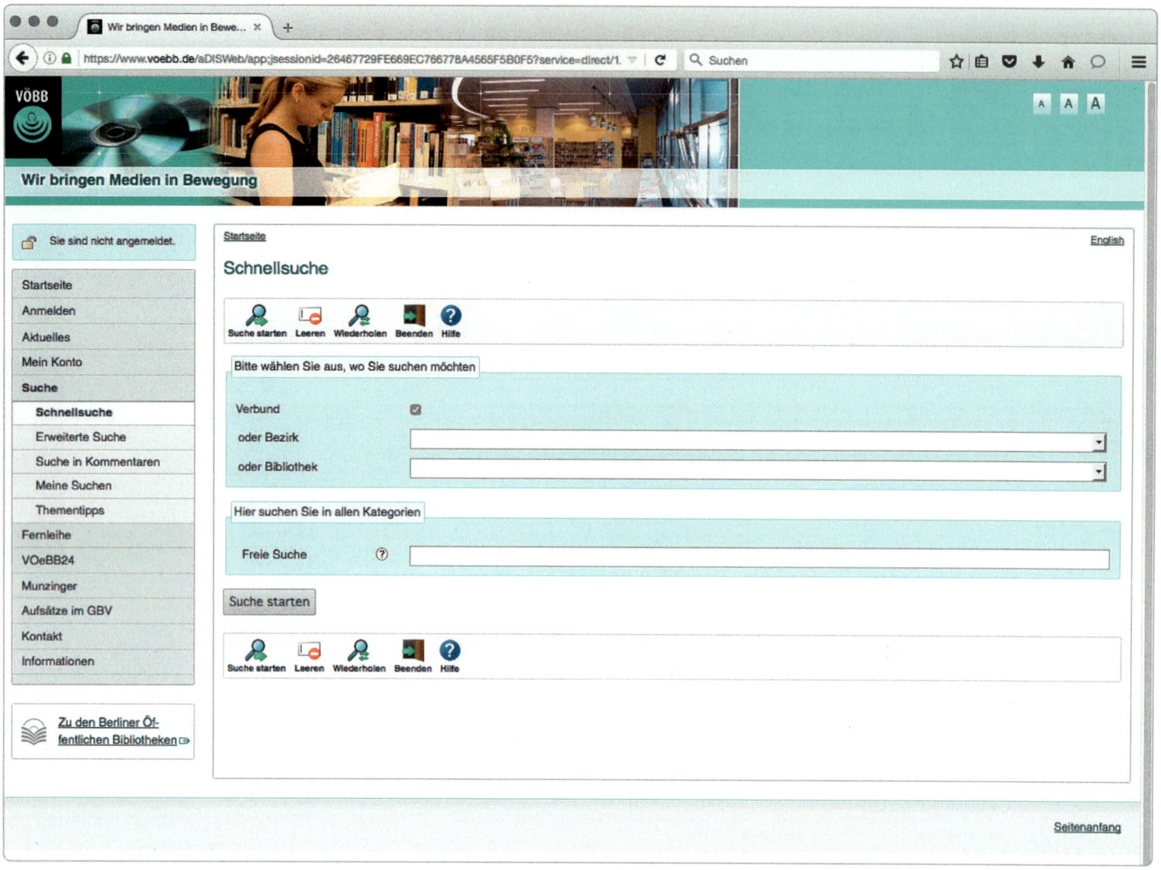


**1** Bei der Recherche zum Thema „Entwicklung der Roboter“ stößt man im Internet auf den Titel des Buchs „Roboter – Unsere nächsten Verwandten“ von Gero von Randow.
Wie kann man in der Bibliothek nach diesem Buch suchen? Bearbeitet Aufgabe a oder b.

●●● **a** Betrachtet die Suchmaske eines Bibliotheksverbunds und beschreibt die einzelnen Schritte, wie man bei der Suche nach dem Buch vorgeht.

●○○ **b** Betrachtet die Suchmaske und beschreibt die Suche mit Hilfe dieser Satzanfänge:
- *Man beginnt die Suche nach einem bestimmten Buch in einer Bibliothek damit, dass man ...*
- *Anschließend geht man auf den Menüpunkt ... und gibt ... in die Suchmaske ein.*
- *Dann erhält man Angaben dazu, ...*
- *Wenn man den richtigen Titel gefunden hat, notiert man sich ... damit man den Standort des Buchs in der Bibliothek finden oder das Buch vorbestellen kann.*
- *In der Bibliothek ...*

**c** Vergleicht eure Schritte und tauscht euch darüber aus, ob ihr so oder anders bei der Suche nach dem Buch vorgehen würdet.

**2** Ermittelt die Internetadresse einer Bibliothek in eurer Nähe und sucht mit Hilfe der Suchmaske nach Büchern und Fachzeitschriften zu eurem Thema. Gebt dafür Autorennamen, Buchtitel oder Schlagworte in die Suchmaske ein.

# Mit einer Suchmaschine im Internet recherchieren

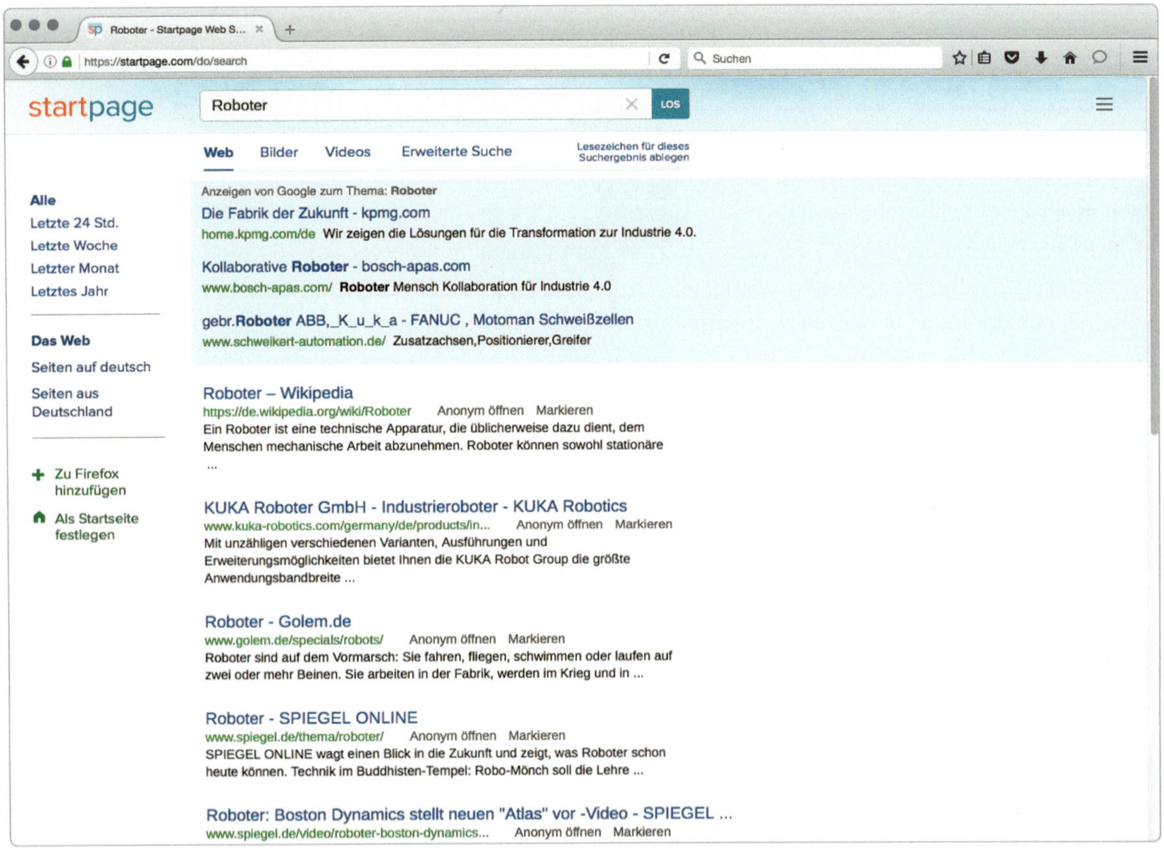


**1** Bei der Internetrecherche zum Thema „Roboter“ erscheinen diese Treffer.

a Seht euch die Treffer an und besprecht zu zweit, bei welchen Treffern ihr geeignete Informationen für ein Referat erwartet.

b Wie könnte man vorgehen, um die Suchergebnisse einzuschränken? Überlegt gemeinsam und notiert geeignete Maßnahmen.

**2** a Öffnet zu zweit verschiedene Suchmaschinen.
Prüft, wie ihr die Suche nach Informationen zu humanoiden Robotern eingrenzen könnt.
Probiert folgende Möglichkeiten aus:

**A** Auswahl von Seiten in deutscher Sprache
**B** Auswahl von Seiten aus Deutschland
**C** Eingrenzung des Erscheinungszeitraums
**D** Suche nach Bildern zum Thema

b Stellt eure Ergebnisse der Klasse vor.

**3** a Führt zu eurem Thema eine Recherche im Internet durch. Grenzt eure Suche durch Einstellungen zu Land, Sprache, Zeitraum und Medium ein.

b Notiert die Internetadressen der Seiten, die ihr besonders hilfreich findet.

# Quellen auswerten

www.hightechnachrichten.de/Artikel/Roboter

**Grimassenschneidende Roboter**

Werden wir schon bald von Robotern im Hotel empfangen oder am Flughafen eingecheckt? Wenn man auf die Global-Sources-Electronics-Messe in Hongkong blickt, wird man an dieser Entwicklung nicht mehr zweifeln.

Hanson Robotics stellt mit Han und Eva zwei Kommunikationsroboter vor, die menschliche Gesichtszüge nachbilden können. Dabei ist vom bösen Blick mit Stirnrunzeln über ein angeekeltes Verziehen der Mundwinkel bis zum empathischen Augenzwinkern alles dem menschlichen Gesicht nachempfunden. Gesteuert wird der Gesichtsausdruck des Roboters über eine Smartphone-App. Damit bewegt man beispielsweise den Kopf von oben nach unten oder von links nach rechts, lässt die künstlichen Augen rollen oder die Mundwinkel verziehen.

Die humanoiden Roboter bestehen aus einem lebensgroßen Kopf, der mit einer künstlichen Haut überzogen ist. Etwa vierzig Servomotoren sorgen dafür, dass Han sein Gesicht verzieht oder mit den Augen rollt. Mit Hilfe von Kameras und Mikrofonen kann er den Blickkontakt zu seinem menschlichen Gegenüber halten. Sogar kommunizieren und kleine Unterhaltungen führen kann man mit der humanoiden Maschine, denn Han erkennt sein Gegenüber und reagiert auf dessen Äußerungen.

Jong Lee, der Chef des vom US-Robotiker Hanson gegründeten Unternehmens, ist fest davon überzeugt, dass seine Roboter in verschiedenen Dienstleistungssektoren die in Japan schon bald fehlenden jungen Arbeitskräfte ersetzen könnten.

**1** Entscheidet, ob der Internetartikel für ein Referat zum Thema „Humanoide Roboter" hilfreich ist. Wählt Aufgabe a oder b und tauscht eure Ergebnisse aus.

●●● **a** Prüft und bewertet die Quelle, indem ihr erläutert, warum die Informationen für das Referat geeignet sind. Gebt auch an, welche Informationen man für das Referat nicht benötigt.

●○○ **b** Beantwortet folgende Fragen zu dem Artikel:

- Um welche Art von Information handelt es sich: Meinungsäußerung, wissenschaftliches Ergebnis, Nachricht oder persönlicher Erfahrungsbericht?
- Sind die Informationen aktuell und überzeugend, werden z. B. Quellen, Namen angegeben?
- Enthält der Artikel Informationen, die für ein Referat zu humanoiden Robotern sinnvoll sind?

**Methode** **Recherchieren und Quellen auswerten**

- **Internet:** Bedenkt, dass im Internet jeder etwas veröffentlichen kann. Prüft deshalb die gewählten Internetseiten genau. Öffentliche Einrichtungen wie Universitäten oder die Online-Angebote von Nachrichtenmagazinen, Zeitungen oder Fernseh- und Radiosendern bieten meistens vertrauenswürdige Informationen. Notiert eine Auswahl geeigneter Quellen.
- **Bücher und Fachzeitschriften:** Diese findet ihr in Bibliotheken in eurer Nähe.
- **Online-Lexika oder Online-Wörterbücher:** In diesen Datenbanken könnt ihr Wissen oder die Schreibweise von Wörtern schnell nachschlagen. Der Vorteil gegenüber gedruckten Nachschlagewerken liegt darin, dass man auch neue Begriffe, wie z. B. *Robotik*, darin findet.

# Das Referat vorbereiten

**Künftige Einsatzmöglichkeiten von Robotern** (Folie 8)

1. Im Dienstleistungssektor
- (z. B. am) Check-in-Schalter am Flughafen
- (oder am) Empfangsschalter im Hotel

(denn) spricht mehrere Sprachen

erkennt sofort alle Sonderwünsche des Gasts

(Ohröffner: Könnt ihr euch vorstellen, bei eurem nächsten Flug in den Urlaub von einem Roboter eingecheckt zu werden? Nicht? Der Chef von Hanson Robotics schon.) 7

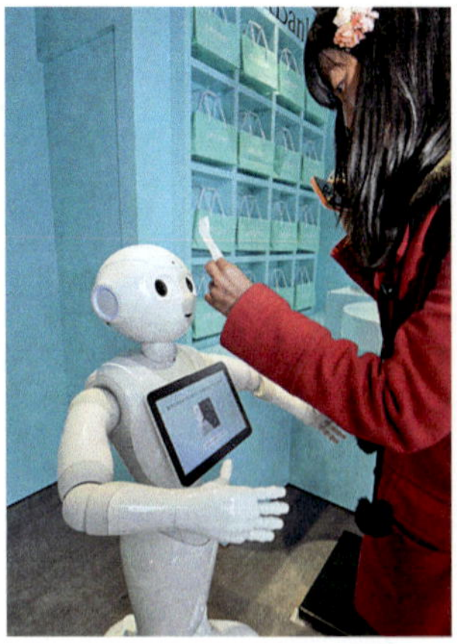

**1** Betrachtet die Moderationskarte zu einem Referat über die Bedeutung von Robotern in der Zukunft. Wählt Aufgabe a/b oder c/d und tauscht anschließend eure Ergebnisse aus.

●●● **a** Beschreibt den Aufbau und die Gestaltung der Moderationskarte: Welche Elemente wurden in welchen Farben geschrieben?

●●● **b** Erklärt die Funktion des Ohröffners. Wie wirkt er auf die Zuhörerinnen und Zuhörer?

●○○ **c** Prüft die folgenden Aussagen (A–E) zur Moderationskarte und notiert die richtigen:

**A** Die Zahl 7 rechts unten ergibt keinen Sinn.
**B** Auf der Moderationskarte steht zu wenig Text.
**C** Die Anordnung der Stichworte und die Nummerierung erscheinen hilfreich.
**D** Es wurden absichtlich verschiedene Farben und Markierungen eingesetzt.
**E** Die Angaben in Klammern helfen beim Vortrag.

●○○ **d** Welche Ohröffner (A–E) wurden für diese Stelle im Referat gewählt? Wählt aus.

**A** eine typische Handbewegung oder ein typischer Gegenstand
**B** eine persönliche Bemerkung
**C** eine überraschende Aussage
**D** eine Bemerkung über vermutete Reaktionen der Zuhörenden
**E** ein Fachbegriff aus dem Tätigkeitsbereich

**2** Erstellt Moderationskarten für euer Referat. Beachtet folgende Tipps:
- Schreibt Ohröffner auf, mit denen ihr die Zuhörenden einbeziehen könnt.
- Notiert die Einleitung, Überleitungen und den Schluss wörtlich in einer anderen Farbe.

**3** **a** Bildet Gruppen und einigt euch auf ein Thema und eine Moderationskarte dazu.

**b** Tragt den Inhalt der Karte vor und probiert reihum verschiedene Sprechweisen aus: laut – leise • mit Pausen – ohne Pausen • frei sprechend – von der Karte ablesend. Besprecht, wie die unterschiedlichen Sprechweisen auf die Zuhörenden wirken.

**c** Testet reihum verschiedene Formen der Mimik und Gestik und besprecht ihre Wirkung beim Vortrag: ruhende Hände – gestikulierend • stehend – sitzend • lockere Körperhaltung – verkrampfte Körperhaltung • ernste Miene – lächelnd.

**d** Notiert eure Ergebnisse aus den Aufgaben b und c als Tipps zum Vortrag auf ein Plakat.

# Informationen anschaulich präsentieren

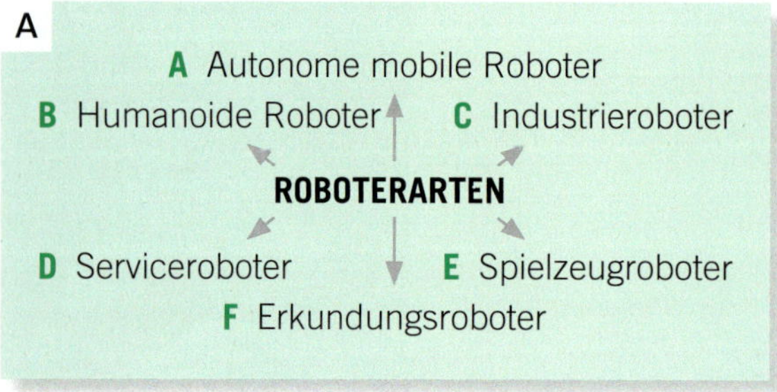

**1** Wie sollte eine gute Folienpräsentation gestaltet werden?
Berichtet von euren Erfahrungen beim Erstellen von Folien.

**2** Betrachtet zu zweit die beiden Folien A und B. Besprecht mit Hilfe des Methodenkastens unten, um welchen Folientyp es sich jeweils handelt.

**3** Bewertet die Gestaltung der Folien A und B. Wählt Aufgabe a oder b.

●●● **a** Untersucht beide Folien und bewertet vor allem folgende Aspekte:

Aufbau   Textmenge   Schriftgröße   Schriftart

●○○ **b** Untersucht beide Folien und bewertet folgende Aspekte:

Bilder   Grafiken   farbliche Gestaltung

**c** Tauscht euch über eure Ergebnisse aus und formuliert Tipps, worauf man bei der Gestaltung von Folien achten sollte.

**4** Erstellt am Computer Präsentationsfolien für euer Referat. Beachtet die Hinweise im Kasten.

**Methode** **Präsentationsfolien gestalten**

- Präsentationsfolien **unterstützen** den **Vortrag.** Sie dienen dazu, Informationen **anschaulich** zu vermitteln. Man unterscheidet folgende Folientypen:
  - Die **Einstiegsfolie** nennt das Thema und macht das Publikum auf den Vortrag neugierig.
  - **Auflockerungsfolien** enthalten herausfordernde Fragen, Aussagen oder Bilder, die immer wieder das Interesse des Publikums wecken.
  - **Gliederungsfolien** geben Aufbau und Inhalt des Vortrags wieder. Die Überschrift nennt jeweils das Unterthema. Stichworte fassen die wichtigen Informationen zusammen.
  - **Visualisierungsfolien** veranschaulichen Inhalte durch Bilder und Grafiken (z. B. Diagramme).
- Achtet bei der Foliengestaltung auf **Einheitlichkeit, Lesbarkeit** (Textmenge, Schriftfarbe, Schriftgröße) und **Abwechslung** (durch Symbole, Bilder, Grafiken, Videos oder Musikdateien).

Hannes Hausmann (10 a) Deutsch 03. 05. 20..

**Roboter**

**1. Definition**
Gerät mit mindestens drei frei beweglichen Achsen

**2. Roboterarten**
Es gibt unterschiedliche Roboter. Man unterscheidet sie beispielsweise nach:

**a) Konstruktionsweise:**
- *Autonome mobile Roboter:* bewegen sich in ihrer Umgebung selbstständig
- *Humanoide Roboter:* Konstruktion ist der menschlichen Gestalt nachempfunden

**b) Einsatzgebieten:**
- Spielzeugroboter, z. B. Nao, Aibo, Fußballroboter
- Serviceroboter, z. B. RoboKoch, der kochende Roboter
- Erkundungsroboter, z. B. Curiosity zur Erkundung des Mars
- Industrieroboter, z. B. Gelenkarmroboter in der Automobilindustrie

**3. Blick in die Zukunft**
- fahrerlose, miteinander kommunizierende Autos
- Roboter, die putzen, kochen, Rasen mähen und einkaufen gehen

Quellen:


- Randow, Gero von: Roboter. Reinbek bei Hamburg 1997
- https://de.wikipedia.org/wiki/Roboter [16. 04. 2016]
- www.golem.de/specials/robots [18. 04. 2016]


**5** Besprecht, welchen Nutzen ein Handout für die Zuhörerinnen und Zuhörer hat.

**6** Untersucht den Aufbau und die Gestaltung des Handouts oben. Wählt Aufgabe a oder b.

●●● **a** Beschreibt, wie das Handout gestaltet wurde. Geht dabei auf folgende Aspekte ein: *Aufbau, Textmenge, Textanordnung, Schriftgröße, Schriftart.*

●○○ **b** Listet auf, welche Elemente ein Handout enthält, z. B. Name, Datum.

**c** Tauscht euch über eure Ergebnisse aus und formuliert Tipps, worauf man bei der Gestaltung eines Handouts achten sollte.

**7** Erstellt ein Handout für euer Referat. Beachtet die Hinweise im Methodenkasten.

**Methode** **Ein Handout erstellen**

Ein Handout gibt den **Aufbau** und die wichtigen **Informationen** eines Vortrags **knapp und übersichtlich** wieder (eine DIN-A4-Seite).

- Nennt auf dem Handout die **Namen** der Referenten, das **Fach,** das **Datum,** das **Thema.**
- Formuliert **Stichworte** zu den wichtigen **Gliederungspunkten** des Vortrags.
- Gebt die **Quellen** zu den Informationen an:
  - bei Büchern: Autor/-in, Titel, Ort, Verlag, Erscheinungsjahr, Seitenangabe,
  - bei Internetquellen: Internetadresse und Datum des Seitenaufrufs (Download).

# Ein Protokoll zu einer Unterrichtsstunde verfassen

**Protokoll der Unterrichtsstunde vom 21. 04. 20..**
**zum Thema „Chancen und Risiken von Robotern“**

| | |
|---|---|
| Ort und Fach: | Fürst-Johann-Ludwig-Schule Hadamar, Raum A 102, Deutsch |
| Datum: | 21. 04. 20.., 9:30–10:15 Uhr |
| Anwesend: | Klasse 10 b, Herr Lustig (Deutschlehrer) |
| Moderation: | Emre Buyruk |
| Protokoll: | Lydia Werner |

**Tagesordnung**

TOP 1: Einführung
TOP 2: Referat „Chancen von Robotern“
TOP 3: Brainstorming zu „Risiken von Robotern“
TOP 4: Sammeln der Argumente

**Zu TOP 1:** Emre führt in das Thema ein und stellt sein Konzept der Stunde vor.

**Zu TOP 2:** In einem Referat präsentiert er die Chancen, die Roboter bieten.

**Zu TOP 3:** In einem Brainstorming denkt die gesamte Klasse über die Risiken und Nachteile von Robotern nach. Emre notiert die wichtigsten Ergebnisse auf einer OHP-Folie.

**Zu TOP 4:** Emre präsentiert Chancen und Risiken von Robotern per OHP, die Klasse nimmt dazu Stellung. Ergebnis der Stunde:

| Chancen: | Risiken: |
|---|---|
| hohe Lernfähigkeit, Effizienz, Schnelligkeit, keine Stimmungsschwankungen | ... |

Hadamar, den 21. 04. 20..

Lydia Werner

**1** Besprecht, welchen Nutzen ein Unterrichtsprotokoll hat.

**2** Beschreibt den Aufbau und die Gestaltung des Protokolls. Geht auf folgende Aspekte ein: *Elemente, Anordnung, Schriftart.*

**3** Bildet Gruppen und führt eine Debatte (▶ S. 282) zum Thema „Chancen und Risiken von Robotern“. Protokolliert das Ergebnis eurer Diskussion.

## Teste dich!

A

**Fußballroboter**
→ Ohröffner + Folie 1

1. Fußballroboter „Bruno"
– kann Fußball spielen
– Projekt der Universität Darmstadt
– spannend wie ein richtiges Fußballspiel

Ohröffner: Roboter werden bald Profifußballer, behaupten Computerwissenschaftler. Ob diese Einschätzung realistisch ist und was es mit dem Roboterfußball genau auf sich hat, erfahrt ihr gleich.

B

2. RoboCup: Roboterfußball-Weltmeisterschaften
– RoboCup steht für Robot Soccer World Cup.
– wurde 1995 erdacht, 1997 erstmals ausgetragen
– jährlich an wechselnden Orten, z. B. 2006 in Bremen oder 2016 wieder in Leipzig
– Dabei treffen sich ca. 2000 Wissenschaftler und Studenten aus der ganzen Welt, um ihre Teams gegeneinander antreten zu lassen.

C

3. Ligen der FIRA
(= Federation of International Robot-soccer Association) Sie trägt die Roboterfußball-Weltmeisterschaften und lokale Meisterschaften aus, z. B. European Championship.

3.1 Small Size League
– zwei Teams gegeneinander, per Funk gesteuert
3.2 Standard Platform League
– Naos (= autonom agierende, nett aussehende Roboter) werden benutzt
3.3 Humanoid League
– Roboter mit menschenähnlicher Körperform agieren autonom

D

4. Forschungen an den Fußballrobotern:
Während des RoboCups findet parallel ein Kongress statt, bei dem neue wissenschaftliche Erkenntnisse aus dem Bereich „Künstliche Intelligenz und Robotik" ausgetauscht werden.
Fußballroboter brauchen Planungsvermögen, Lernzuwachs, Sensorik (für die Objekterkennung), Motorik (für den Ballschuss und die Fortbewegung), reaktives Verhalten, Schwarmkoordination, d. h. Kommunikation mit anderen Robotern, Selbstlokalisierung (die eigene Position und die der anderen erkennen) und Pfadplanung (Weg zum Ziel planen).

**1** Überarbeitet die Moderationskarten A bis D für ein Referat zum Thema „Fußballroboter".
a Bildet Vierergruppen und verteilt die vier Karten in der Gruppe.
b Überarbeitet eure jeweilige Karte: Übertragt, was gut gelungen ist, auf eine Moderationskarte und verbessert, was noch nicht gelungen ist.
c Stellt den anderen Gruppenmitgliedern eure überarbeitete Moderationskarte vor und bittet sie um ein Feedback.
d Tauscht die Karten. Übt anschließend mit Hilfe einer Karte euren Teil des Referats ein.
e Präsentiert euer Gruppenreferat der Klasse und gebt euch gegenseitig Feedback zum Vortrag.

# 3.2 „Lasst uns Schule der Zukunft sein" – Eine kurze Rede halten

## Einen appellativen Text untersuchen und gestalten

Liebe Mitschülerinnen und Mitschüler,
ich möchte euch gern die Frage stellen, ob ihr mit unserer Schule zufrieden seid, ob ihr Wünsche habt und wie ihr euch die Schule der Zukunft vorstellt. Vermutlich gibt es auf diese Fragen so viele Antworten und Meinungen wie Schülerinnen und Schüler an dieser Schule. Dennoch wünsche ich mir, dass sich jeder von uns Gedanken darüber macht, wie eine ideale Schule in Zukunft aussehen könnte.
Nur zwei Gruppen von Menschen kennen die Schule wirklich, erleben sie von innen, denn sie arbeiten tagtäglich gemeinsam in dieser Lernfabrik. Ihr wisst, von wem ich spreche, oder? Logo! Ich spreche natürlich von uns Schülerinnen und Schülern und von den Lehrkräften. Wir sind die wahren Experten! Wir kennen den Laden! Wir wissen, was es heißt, tagaus, tagein in einem veralteten, miefigen und öden Trott zu pauken. Wir wissen aber auch, was zu tun ist, damit man gut lernt und sich dabei wohl fühlt. Und deshalb wissen wir am besten, wie eine gute, zukunftsfähige Schule aussieht, oder?
Einige von uns arbeiten bereits in der AG Zukunft mit. Nur wenn viele von euch Ideen einbringen, werden wir etwas verändern können. Zum Beispiel saßen bereits ein paar von uns mit einem Lehrer zusammen und haben überlegt, wie man moderne Medien wie Smartphone und Tablet sinnvoll im Unterricht nutzen kann. Der Förderverein hat signalisiert, dass er solche Projekte durchaus unterstützen würde.
Vielleicht fragt ihr euch jetzt: Was will der eigentlich von uns? Ich würde mir wünschen, dass sich jede und jeder von uns nur ein paar Minuten Gedanken macht und wir uns alle überlegen, wie unsere Schule der Zukunft aussehen soll. Bitte nehmt euch kurz die Zeit dafür! Bitte schreibt eure Ideen auf ein Blatt. Bitte steckt dieses in den SV-Briefkasten! Wir freuen uns über jeden konstruktiven Beitrag. Wir brauchen jede frische Idee. Also, lasst uns jeden Tag einen übervollen Briefkasten leeren! Denkt daran: Es geht um uns! Es geht um unsere Zukunft in dieser Schule!

Danke für eure Aufmerksamkeit!

**1** Wie wirkt diese Rede eines Schülers auf euch? Formuliert euren ersten Eindruck.

**2** Untersucht den Inhalt und den Aufbau der Rede. Beantwortet dazu die folgenden Fragen:
**A** Um welches Thema geht es in der Rede?
**B** An wen wendet sich die Rede?
**C** Welche Absicht hat der Redner?
**D** Welchen Appell richtet der Redner an die Zuhörenden? Was sollen sie tun?
**E** Wie beginnt der Redner seine Rede?
**F** Womit endet die Rede?

**3** Untersucht die Sprache und ihre Wirkung in der Rede (▶ S. 64). Wählt Aufgabe a oder b.

**a** Sucht in der Rede Beispiele für folgende Redestrategien. Notiert sie mit Zeilenangaben.

**A** Metaphern
**B** rhetorische Fragen
**C** besondere Wortwahl
**D** bewusster Einsatz von Personalpronomen

**b** Sucht in der Rede nach Auffälligkeiten bezüglich der folgenden Aspekte E bis H. Notiert Beispiele mit Zeilenangaben.

**E** Anrede des Publikums
**F** Wiederholung von Wörtern
**G** Satzarten (Aussagesätze, Ausrufesätze, Fragen)
**H** Satzbau (Länge der Sätze, parallel gebaute Sätze)

**c** Stellt euch die Beispiele vor und besprecht, welche Wirkung sie jeweils hervorrufen.

VORSICHT FEHLER!

Hi zusammen,
ich halte heute eine Rede, weil mir meine Freundin aus der Schule im Nachbarort erzählt hat, dass sie „Schule der Zukunft" geworden sind, und ich total interessant fand, welche Projekte und AGs sie dort machen, und so dachte ich mir, dass es doch cool wäre, wenn wir auch solche Projekte machen würden. Also, ich sage euch einfach mal, was mir meine Freundin erzählt hat: Zum Beispiel haben in einem Kartoffelprojekt alle Fünftklässler den nachhaltigen Anbau am eigenen Kartoffelbeet gelernt. Dann haben sie viele Kilo Plastikdeckel gesammelt und dafür einen Rollstuhl für ein behindertes Mädchen bekommen. Außerdem ging es in Politik wohl um fairen Handel und sie haben einen fairen Kiosk geplant. Also, ich finde, solche Sachen können wir auch machen, oder? Manche Sachen haben wir ja jetzt auch schon, z. B. Streitschlichter für ein besseres Miteinander, und die neue Lehrerin, Frau Emsig, hat in der Umwelt-AG ganz viel vor, aber wir waren neulich nur vier Leute. Das wäre echt schade, wenn die AG eingestellt werden müsste, weil zu wenig daran teilnehmen, oder? Das war's!

**4** Überarbeitet die Rede in Partnerarbeit. Geht so vor:

**a** Überlegt, welche Redeabsicht die Schülerin hat und wen sie mit ihrer Rede ansprechen will.

**b** Notiert alle vorgeschlagenen Projekte für eine Bewerbung um den Titel „Schule der Zukunft".

**c** Überarbeitet die Rede. Formuliert Appelle an die Zuhörenden und verwendet stilistische Mittel, um sie zu beeindrucken und zum Mitmachen zu überreden.

**d** Übt die überarbeitete Rede ein und tragt sie der Klasse vor. Achtet dabei auf Betonungen, Tempo, Lautstärke, Blickkontakt zum Publikum sowie auf Mimik und Gestik.

**Information** **Redestrategien und stilistische Mittel**

Um Zuhörer/-innen zu **beeinflussen,** kann man folgende **stilistische Mittel** verwenden:

- **persönliche Anrede** der Zuhörer/-innen (z. B. in der 2. Person Plural *ihr*)
- Wecken eines Gemeinschaftsgefühls durch die **Verwendung von *wir*** („Wir-Gefühl")
- **Imperative,** um zu einer Handlung aufzurufen
- **rhetorische Fragen** (Scheinfragen), die die Zuhörenden scheinbar einbeziehen
- **Schlagwörter** mit positiven oder negativen Konnotationen
- **anschauliche Formulierungen,** z. B. durch Vergleiche oder Metaphern
- auffällige **Wiederholungen** (Wörter, Satzanfänge)
- kurze, **parallel aufgebaute Sätze**

# Eine Rede verfassen und halten

**1** a Überlegt in Gruppen ein Thema für eine Rede. Notiert die Adressaten und den Appell, den ihr an die Zuhörenden richten möchtet.
b Stellt eure Idee kurz der Klasse vor.

*Thema: Handyfreier Montag*
*Adressaten: alle Schüler/-innen*
*Appell: Handys am Montag zu Hause lassen!*

**2** Erarbeitet mit Hilfe des folgenden Schemas die einzelnen Teile eurer Rede.

▷ Eine Hilfe zu Aufgabe 2 findet ihr auf Seite 67.

| **1. Einleitung** | → | **2. Hauptteil** | → | **3. Schluss** |
|---|---|---|---|---|
| Anrede des Publikums, Einführung in das Thema | | Darstellung der Kerngedanken und der Argumentation, Formulierung der Appelle | | Zusammenfassung des Anliegens, Wiederholung des Appells, Dank |

**3** Überarbeitet Inhalt und Sprache eurer Rede.
a Prüft den Inhalt der Rede: Habt ihr den Appell deutlich formuliert und Gründe dafür genannt?
b Überarbeitet die sprachliche Gestaltung eurer Rede. Verwendet Redestrategien und ergänzt stilistische Mittel, um die Zuhörenden zu beeinflussen und zu überzeugen (▶ S. 65).

▷ Hilfe zu 3 a und b, Seite 67

**4** Bildet Vierergruppen und tragt euch gegenseitig eure Reden vor. Die drei Zuhörenden achten jeweils auf einen Schwerpunkt (A, B oder C) des Feedbackbogens und geben anschließend der Rednerin oder dem Redner eine Rückmeldung.

| **Feedbackbogen für ...** | ☺ | 😐 | ☹ |
|---|---|---|---|
| **A Gliederung** | | | |
| – Wurde in das Thema eingeführt und das Interesse geweckt? | | | |
| – Wurden die Gedanken und Forderungen deutlich? | | | |
| – Ist die Rede schlüssig aufgebaut? | | | |
| **B Sprachlich-stilistische Gestaltung** | | | |
| – Waren die Aussagen verständlich? | | | |
| – Waren die Formulierungen abwechslungsreich? | | | |
| – Wurden stilistische Mittel verwendet? | | | |
| **C Kontakt zum Publikum** | | | |
| – Wurde frei gesprochen und das Publikum angeschaut? | | | |
| – Passten Betonung, Tempo, Lautstärke, Mimik, Gestik zum Inhalt der Rede? | | | |

**Methode** **Eine Rede halten**

- Sprecht **frei** und **schaut das Publikum an.**
- Steht **aufrecht** und kontrolliert beim Reden eure Arme, Hände und Beine.
- Sprecht **laut, langsam und deutlich** in einfachen Sätzen. Setzt **Pausen** bewusst ein.

## Aufgabe 2 mit Hilfe

Erarbeitet mit Hilfe des Schemas und der Formulierungen die einzelnen Teile eurer Rede.

**1. Einleitung**
Anrede des Publikums, Einführung in das Thema

- *Liebe Mitschülerinnen und Mitschüler …*
- *Was haltet ihr von …?*
- *Könnt ihr euch vorstellen, dass …?*
- *Leider gibt es im Moment an unserer Schule …, aber das muss ja nicht so bleiben! Wollt ihr nicht auch …?*

**2. Hauptteil**
Darstellung der Kerngedanken und der Argumentation, Formulierung der Appelle

*Darstellung der Kerngedanken:*
- *Zunächst möchte ich …*
- *Besonders wichtig ist mir …*

*Argumentation:*
- *Jch vertrete die Auffassung, dass …*
- *Ein wichtiges Argument für … ist, dass …*
- *Das sieht man daran, dass …*
- *Sicherlich könnte man einwenden, …*
- *Man sollte bedenken, …*
- *Ein Beispiel für … ist …*

*Appell:*
- *Gemeinsam können wir es schaffen! Doch dazu …*

**3. Schluss**
Zusammenfassung des Anliegens, Wiederholung des Appells, Dank

*Zusammenfassung:*
- *Jch würde mir wünschen, …*
- *Jch hoffe, dass die Rede bei euch Eindruck gemacht hat und …*
- *Wenn ich euch überzeugen konnte, dann …*

*Appell:*
- *Jch appelliere noch einmal an euch: …*
- *Helft alle mit, damit …*
- *Also, gebt euch einen Ruck und …*
- *Packen wir es an! / Lasst uns …! / Geht …!*

*Dank:*
- *Danke für euer Jnteresse!*

## Aufgabe 3 a, b mit Hilfe

Überarbeitet Inhalt und Sprache eurer Rede. Verwendet dazu die folgende Checkliste.

### Checkliste

**Eine Rede verfassen**

**Anrede und Einleitung:**
- Habe ich eine passende Anrede formuliert?
- Weckt meine Einleitung das Interesse der Zuhörenden?

**Hauptteil:**
- Werden Thema, Forderungen und klare Appelle formuliert?
- Passen meine Argumente dazu und werden sie mit Beispielen erläutert?

**Schluss:**
- Habe ich meine Kernideen und meinen Appell zusammengefasst?

**Aufbau:**
- Ist meine Rede klar gegliedert?

**Sprache und Stilmittel:**
- Spreche ich mein Publikum direkt an?
- Sind meine Sätze kurz und abwechslungsreich formuliert?
- Verwende ich stilistische Mittel, z. B. rhetorische Fragen, Imperative, Schlagwörter, Vergleiche, Metaphern und Wiederholungen?

# 3.3 Nostalgologin oder Roboterberater? – Sich für die Zukunft bewerben

## Ein Bewerbungsschreiben verfassen

A

**Nostalgologen**

... werden die Aufgabe haben, älteren, wohlhabenden Kunden ein Zuhause zu entwerfen, das deren Lieblingsjahrzehnt widerspiegelt. So bewahren Nostalgologen beispielsweise glückliche Kindheitserinnerungen ihrer Kundschaft, indem sie ein Badezimmer der 1960er oder eine Wohnküche der 1970er Jahre gestalten.

B

**Nanotechnologen**

... entwickeln neuartige Werkstoffe. Diese wiederum führen zu Produkten und Problemlösungen, die vor wenigen Jahren noch völlig undenkbar waren, z. B. in der Medizin oder in der Kommunikation. Nanotechnologen befassen sich mit der Herstellung feinster Strukturen und Materialien in einem Größenbereich von 1 bis 100 nm (1 nm = ein Millionstel Millimeter).

C

**Roboterberater**

... beraten Kunden beim Roboterkauf. Roboter werden in unserem Leben eine immer größere Rolle spielen, z. B. beim Putzen, Kochen oder Versorgen von Haustieren. Von einer leichteren Haushaltsführung werden vor allem berufstätige oder ältere Menschen profitieren.

D

**Urbane Bauern**

... werden ihre Nahrungsmittel nicht mehr auf Feldern im ländlichen Raum produzieren, sondern in als Hochhäusern angelegten städtischen Landwirtschaftsbetrieben. So können sie die Einwohner einer Großstadt direkt vor Ort mit Lebensmitteln versorgen.

**1** Durch Veränderungen in der Bevölkerung, Klimawandel, Digitalisierung und die Weiterentwicklung von Technologien werden in den nächsten Jahrzehnten neue Berufe entstehen.

a Lest die Berufsbezeichnungen A–D und formuliert Vermutungen, welche Tätigkeiten sich dahinter verbergen. Lest anschließend die Texte und prüft eure Vermutungen.

b Informiert euch im Internet über weitere „Berufe der Zukunft". Recherchiert zu einem Beruf, der euch besonders interessiert, und stellt ihn der Klasse vor.

**2** Wählt einen Zukunftsberuf aus und bereitet eine Bewerbung vor. Wählt Aufgabe a oder b.

●●● a Notiert stichwortartig eure Fähigkeiten und Stärken und wie ihr diese durch eure Aktivitäten nachweisen könnt. Markiert Angaben, die zum gewählten Zukunftsberuf passen.

●○○ b Wählt aus den Angaben diejenigen aus, die zu Nanotechnologie passen:
***Stärken:*** *gute Noten in Mathematik und in den Naturwissenschaften, kommunikativ, technisch begabt, Durchhaltevermögen, Kenntnisse in Word, Excel, Bildschirmpräsentationen*
***Interessen:*** *Pferde, Computerprogramme, Fußball, technische Neuerungen und Erfindungen*
***Aktivitäten:*** *Kino, Freunde treffen, Ausdauerlauf, Fitnesstraining, AG „Jugend forscht"*

**Mein Profil**

Hi! Ich heiße Alberta Vilader und habe am 05.02. mit einer coolen, elternfreien Party meinen 15. Geburtstag bei mir zu Hause in der Spittelgasse 5 in 67305 Darmstadt gefeiert. Ich liebe Computerspiele, vor allem X-Games! Deshalb ist auch Informatik mein absolutes Lieblingsfach, aber ich mag auch Mathe und Physik, da bin ich gut drin, die anderen Fächer: Na ja! ☹ Trotzdem werde ich wohl nächstes Jahr den mittleren Schulabschluss kriegen. Hoffentlich hab ich dann noch Zeit für meine Erfindungen. Bin letztes Jahr 2. Landesmeisterin „Jugend forscht" geworden! GRINS! Gerade wedelt unser Hund wild mit dem Schwanz. Ich muss Gassi gehen, meine liebste Nachmittagsbeschäftigung.

Alberta Vilader
...
Tel.: 0123 45678
...: AlVi0502@e-mail.de

Darmstadt, ...

New Technology Systems
Frau Lisa Schulz
Rabenstraße 44
68910 Unterstadt

**Bewerbung um einen Ausbildungsplatz zur Nanotechnologin**

Sehr geehrte ...,
Ihr Ausbildungsangebot im Darmstadter Boten hat mich auf Grund der interessanten Stellenbeschreibung sehr angesprochen.
Zurzeit besuche ich die 10. Klasse der Helene-Lange-Gesamtschule in Darmstadt, die ich voraussichtlich im Sommer 20.. mit dem ... verlassen werde.
Seit Jahren interessiere ich mich für neue Technologien und Entwicklungen. Aus diesem Grund nehme ich auch an der AG „ ... " unserer Schule teil. Mit einer Erfindung gewann ich im letzten Jahr im Landeswettbewerb „Jugend forscht" den ... Platz. In der Schule sind ..., ... und Informatik meine Lieblingsfächer.
Im März 20.. erhielt ich durch ein zweiwöchiges Praktikum bei der Firma Life Science Microsysteme erste Einblicke in das Tätigkeitsfeld einer Nanotechnologin. Besonders gut hat mir die ständige Konfrontation mit den neusten technischen Entwicklungen gefallen.
Über eine Einladung zu einem Vorstellungsgespräch würde ich mich sehr freuen.

Mit ...

Anlagen: Lebenslauf, Halbjahreszeugnis der ... Klasse

**3** a Ergänzt mit Hilfe des Profils oben das Bewerbungsschreiben.
b Erläutert, wie die Schülerin in ihrem Schreiben die ANDA-Methode (▶ S. 287) umsetzt.
c Verfasst zu dem von euch gewählten Zukunftsberuf ein Bewerbungsschreiben.

# Ein Bewerbungsgespräch vorbereiten

**1** Habt ihr schon einmal ein Bewerbungsgespräch durchgeführt? Berichtet davon.

**2** Wie könnt ihr zum Erfolg eines Bewerbungsgesprächs beitragen? Wählt Aufgabe a oder b.

●●● **a** Notiert, wie ihr euch auf ein Bewerbungsgespräch vorbereiten könnt.

●○○ **b** Notiert stichwortartig, wie ihr zum Bewerbungsgespräch erscheinen solltet und worauf ihr beim Gespräch achten solltet. Denkt dabei an die folgenden Aspekte:

Pünktlichkeit  Frisur  Kleidung  Parfüm  Unterlagen  Höflichkeit

**c** Stellt eure Ergebnisse vor und formuliert Tipps für ein erfolgreiches Bewerbungsgespräch.

**3** Wenn ihr wisst, welche Fragen bei Bewerbungsgesprächen üblich sind, und ihr die Absichten dahinter einschätzen könnt, fühlt ihr euch bei dem Gespräch sicherer.

**a** Erklärt, warum folgende Fragen gestellt werden. Was möchte man über euch herausfinden?
- **A** Können Sie mir zwei Ihrer Stärken und zwei Ihrer Schwächen nennen?
- **B** Wofür engagieren Sie sich in Ihrer Freizeit?
- **C** Haben Sie Hobbys?
- **D** Was können Sie mir über Ihren Freundeskreis sagen?

**b** Überlegt zu zweit, was ihr jeweils auf diese Fragen antworten würdet.

**4** Notiert weitere Fragen, die man euch in einem Gespräch stellen könnte. Wählt a oder b.

●●● **a** Formuliert Fragen, die Personalchefs stellen könnten, um herauszufinden, …
- **A** ob ihr euch über den Betrieb erkundigt habt,
- **B** ob ihr über den Beruf informiert seid,
- **C** ob ihr gut einschätzen könnt, dass der Beruf zu euch passt.

●○○ **b** Formuliert drei mögliche Fragen, die Personalchefs zum Thema „Schule“ stellen könnten.

**c** Stellt euch eure Fragen vor und überlegt gemeinsam, was man darauf antworten könnte.

**5** Überlegt zu zweit Fragen, die ihr selbst bei einem Bewerbungsgespräch stellen könntet.

**6** Bereitet in Gruppen ein Bewerbungsgespräch vor und spielt es durch:
- Wählt einen Beruf der Zukunft und formuliert passende Fragen und Antworten.
- Anschließend übernimmt einer die Rolle des Bewerbers und einer die Rolle der Personalleitung.
- Alle anderen beobachten das Gespräch und geben eine Rückmeldung:
  Waren das Auftreten, Mimik, Gestik angemessen?
  Wurden alle Aussagen höflich in vollständigen Sätzen formuliert?

**Schreibwörter** ► S. 321

| | | | | |
|---|---|---|---|---|
| das Online-Lexikon | die Chance | die Technologie | protokollieren | stilistisch |
| das Engagement | das Risiko | die Nachhaltigkeit | appellieren | rhetorisch |

# 4 „Freiheit, die ich meine“ – Sprache und ihren Gebrauch untersuchen

**1** a Begründet, ob das Bild eurer Meinung nach zum Begriff „Freiheit“ passt.
b Tauscht euch darüber aus, ob die folgenden beiden Sätze zum Bild passen. „Freiheit bedeutet Verantwortung. Deshalb wird sie so gefürchtet.“
c Freiheit und Verantwortung gelten als Wörter, die sehr wichtig sind und die zusammengehören. Tauscht euch darüber aus, warum das so ist.

**2** Was heißt Freiheit für euch? Legt gemeinsam ein Cluster an. Schreibt in die Mitte eines großen Plakats „Freiheit“ und notiert drumherum eure Gedanken, Ideen, Fragen und Antworten. Ergänzt das Plakat im Verlauf der Unterrichtsreihe.

### In diesem Kapitel …

- untersucht ihr, welche unterschiedlichen Bedeutungen ein Wort haben kann,
- analysiert ihr kritisch politische Reden und ihre Wirkung,
- übt ihr, eine vollständige Redeanalyse zu verfassen.

# 4.1 Was heißt Freiheit? – Begriffsbestimmungen

## Konnotation und Denotation unterscheiden

Die Freiheit beginnt, wo die Unwissenheit endet.
*Victor Hugo (1802–1885), französischer Schriftsteller*

Freiheit ist immer Freiheit des Andersdenkenden.
*Rosa Luxemburg (1871–1919), Vertreterin der europäischen Arbeiterbewegung*

Wenn ich Freiheit sage, dann meine ich damit die Freiheit des Einzelnen, seine Gedanken zu lenken und sein eigenes Leben so leben zu dürfen, wie er zu denken und zu leben wünscht. *John F. Kennedy (1917–1963), 35. US-Präsident*

**1** Setzt euch mit einem der drei Zitate auseinander. Wählt Aufgabe a oder b.

●○○ **a** Wählt ein Zitat aus, das ihr besonders einleuchtend findet. Begründet eure Wahl.

●●● **b** Erläutert, welches der drei Zitate euch am wenigsten zusagt.

**2** In den Zitaten wird der Begriff „Freiheit“ mit unterschiedlichen Bedeutungen verbunden. Ordnet zu: Welche der Vorstellungen (Konnotationen) A bis C passt zu welchem Zitat?

**A** Individualität/Selbstbestimmung **B** Toleranz/Akzeptanz **C** Wissen/Bildung

Xavier Naidoo

### Frei sein (1998)

Glaubst Du, dass der Wind weht,
weil irgendjemand sagt: „Wind, weh jetzt!“
Glaubst Du, dass die Sterne, die am Himmel stehen,
leuchten, weil irgendwer sie anknipst?
Glaubst Du das?
Glaubst Du, dass die Elemente tun, was sie sollen,
und nicht, was sie wollen? Glaubst Du das?
Glaubst Du das?
Wenn Du das glaubst, dann wirst Du nie sehen
und verstehen, was ich mein, wenn ich sag:

*Ich will frei sein,*
*frei wie der Wind, wenn er weht.*
*Ich will frei sein,*
*frei wie ein Stern, der am Himmel steht. […]*

Glaubst Du, dass Dein Leben
bereits geschrieben steht und dass irgendwo
ein Weiser für Dein Tun die Konsequenzen trägt?
Glaubst Du das?
Glaubst Du, dass von allen Leben auf der Welt
eins wertvoller ist als Deins? Glaubst Du das?
Glaubst Du das?
Wenn Du das glaubst, dann wirst Du nie sehen
und verstehen, was ich mein, wenn ich sag:

*Ich will frei sein, … [Refrain]*

**3** Kennt ihr andere Songs, in denen die Freiheit besungen wird?

**4** Führt zum Songtext eine stumme Schreibkonferenz zu euren Leseeindrücken durch.
a Besorgt vier Plakate und legt sie aus. Überschreibt jedes mit einem der folgenden Sätze:
**A** Freiheit in diesem Text verstehe ich so, dass …
**B** Diese Textstelle spricht mich besonders an, weil …
**C** Diese Textstelle verstehe ich nicht …
**D** Diese Frage würde ich dem lyrischen Ich gern stellen …
b Geht von Plakat zu Plakat. Ergänzt die jeweiligen Satzanfänge mit euren Leseeindrücken.
c Unternehmt einen zweiten Rundgang. Schreibt Kommentare zu den Leseeindrücken von anderen, die euch besonders angesprochen haben.

**5** a Bildet vier Gruppen. Setzt euch mit je einem Plakat aus Aufgabe 4 auseinander. Prüft, ob es gleiche, ähnliche oder widersprüchliche Aussagen gibt.
b Präsentiert eure Auswertung zu den Plakaten. Welche Erkenntnisse habt ihr aus eurer Beschäftigung mit dem Songtext zum Thema „Freiheit“ gewonnen?

**Freiheit** (lat. *libertas*) wird in der Regel verstanden als die Möglichkeit, ohne Zwang zwischen mehreren Möglichkeiten auswählen und entscheiden zu können. Man unterscheidet:
1. Zustand, in dem jemand von bestimmten persönlichen oder gesellschaftlichen, als Zwang oder Last empfundenen Bindungen oder Verpflichtungen frei ist und sich in seinen Entscheidungen o. Ä. nicht [mehr] eingeschränkt fühlt; Unabhängigkeit, Ungebundenheit.
2. Möglichkeit, sich frei und ungehindert zu bewegen; das Nichtgefangensein.
3. Recht, etwas zu tun; bestimmtes [Vor-]Recht, das jemandem zusteht oder das er bzw. sie sich nimmt.

**6** In einem Wörterbuch oder Lexikon wird in der Regel die grundsätzliche Bedeutung (Denotation) eines Begriffs bestimmt (definiert). Wählt Aufgabe a oder b.
●○○ a Was könnte im Text mit den Unterscheidungen 1 bis 3 gemeint sein? Ordnet mindestens einer von ihnen eines der folgenden Beispiele A bis C zu:
**A** Briefe öffnen, zur Wahl gehen, **B** Pressefreiheit, Meinungsfreiheit, **C** Reisefreiheit.
●●● b Deckt den Lexikonartikel ab. Erklärt euch gegenseitig in Partnerarbeit mit eigenen Worten Herkunft und Grundbedeutung des Begriffs „Freiheit“.
c Prüft, ob ihr auf Grund des Lexikontextes euer Plakat (► S. 71) ergänzen könnt.

**Information** **Die Denotation und die Konnotation eines Wortes**

- **Die Denotation** (lat. *denotare* = bezeichnen) ist die **klar definierte Grundbedeutung** eines Wortes. Man kann sie im **Wörterbuch** oder **Lexikon** nachlesen, z. B.: *reisen = unterwegs sein.*
- **Die Konnotation** (lat. *con* = mit, lat. *notatio* = Bezeichnung, Anmerkung) bezeichnet die **Nebenbedeutung** eines Wortes. Das sind **Vorstellungen, Erfahrungen und Empfindungen,** die wir mit einem Wort verbinden, z. B.: *reisen = sich erholen, Ferien am Strand.*

# Wörter und ihre Sprachgeschichte betrachten

**A Das Wort *vogelfrei* Ende des 19. Jh.s:**
„Kehre zu den Deinen zurück. Jetzt stehst du noch unter meinem Schutze, dann aber bist du vogelfrei!" Er verließ das Zelt und erhob den Arm.
*Karl May: Durchs wilde Kurdistan (1881–1888)*

**B Das Wort *vogelfrei* heute:**
Wenn die Sonne lacht. Sommerlaune stellt sich quasi von selbst ein, wenn man versonnen die vorbeischippernden Dampfer der ältesten Raddampferflotte der Welt bestaunt oder im Anblick der untergehenden Sonne über Dresden schwelgt. Riesige Bäume spenden Schatten, die überdachte Terrasse Schutz vor Wind und auf der grünen Wiese kann man ganz vogelfrei den lauen Sommerabend genießen.
*Stadtmagazin 2015*

**1** Bestimmt anhand der beiden Zitate, wie sich im Laufe der Zeit die Bedeutung des Wortes „vogelfrei" gewandelt hat. Wählt Aufgabe a oder b. Vergleicht danach eure Ergebnisse.

●●● **a** Erschließt aus Zitat A, ob das Wort „vogelfrei" Ende des 19. Jahrhunderts eine positive oder negative Bedeutung hatte.

●○○ **b** Ersetzt im Zitat B das Wort „vogelfrei" sinnvoll durch eines der folgenden: *ungeschützt, sorglos, ungebunden, entspannt, ohne Kosten.* Begründet eure Wahl.

**vogelfrei,** Adj. „frei von Herrschaftsdiensten, frei wie ein Vogel in der Luft" (Ende 15. Jh.), „rechtlos, ohne gesetzlichen Schutz, geächtet" (16. Jh.), eigentl. „den Vögeln (zum Fraße) freigegeben", da dem Körper eines Geächteten [Ausgestoßenen] das Grab versagt wurde.

**2** Ein Schüler behauptet auf Grund des Lexikonartikels zum Adjektiv „vogelfrei", die Bedeutung habe sich vom 15. zum 16. Jahrhundert hin gewandelt. Erläutert, ob das stimmt.

**3** **a** Recherchiert in einem Herkunftswörterbuch oder im Internet die Geschichte des Ausdrucks „frank und frei" und verwandter Wörter wie „freimachen".
**b** Stellt eure Ergebnisse mit möglichst eigenen Worten vor.

**Information** **Der Bedeutungswandel von Wörtern**

- Im Laufe der Zeit kann sich die **Bedeutung eines Wortes** in einer Sprache **verändern.** Man spricht dann von einem **Bedeutungswandel.**
- Will man wissen, welche **ursprüngliche Bedeutung** ein Wort hatte, so kann man insbesondere ein **Herkunftswörterbuch** (etymologisches Wörterbuch) zu Hilfe nehmen.

# Synonyme und Antonyme unterscheiden

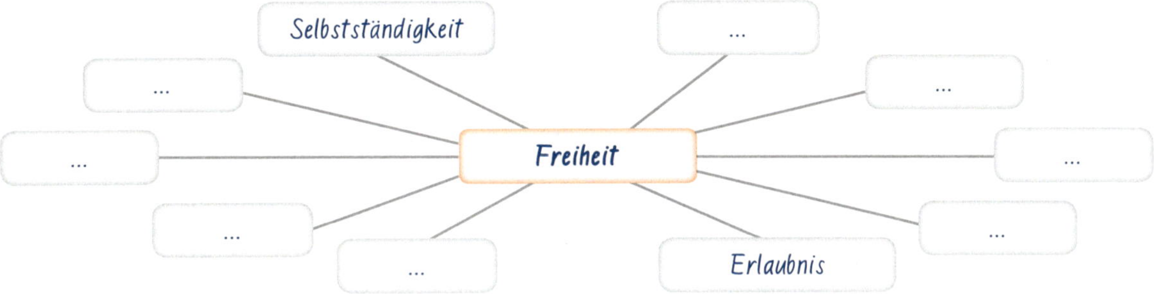


**1** Synonyme sind Wörter, die dieselbe oder eine ähnliche Bedeutung haben.
Im Wortstern findet ihr zwei Synonyme für das Wort „Freiheit“. Wählt Aufgabe a oder b.

●●● **a** Übertragt den Wortstern ins Heft ein. Ergänzt weitere Synonyme für „Freiheit“.

●○○ **b** Sucht aus den folgenden Wörtern nur die heraus, die dieselbe oder eine ähnliche Bedeutung wie „Freiheit“ haben. Notiert sie als Wortstern ins Heft.
*Eigenständigkeit, Unabhängigkeit, Bindung, Uneingeschränktheit, Regel, Zwanglosigkeit, Angestellter, Selbstbestimmung, Schulden, Glück, Ungezwungenheit, Befehl*

**c** Vergleicht eure Ergebnisse.

A Es sind noch Ausbildungsplätze frei.
B Der Eintritt ist frei.
C Ihre Rede hat sie frei gehalten.
D Wir haben die letzte Stunde frei.
E Die Mietwohnung ist ab morgen frei.
F Er darf seine Meinung frei äußern.

kostenlos gratis unbesetzt
nicht abgelesen ohne schriftliche Vorlage
leerstehend unausgefüllt unbewohnt
zwanglos offenherzig uneingeschränkt
ungehindert keinen Unterricht

**2** Formuliert die Sätze A bis F um.
Ersetzt mit Hilfe des Wortspeichers das Wort „frei“ durch ein Synonym, z. B.:
*Einige Ausbildungssplätze sind noch unbesetzt.*
**Tipp:** Nicht alle Synonyme im Wortspeicher passen.

**3** Antonyme sind Wörter, die das Gegenteil von einem anderen Wort bedeuten, z. B.: *Freiheit ↔ Zwang*.
Findet weitere Antonyme zum Wort „Freiheit“.

**Information** **Synonyme und Antonyme unterscheiden**

- **Synonyme** sind Wörter, die **dieselbe oder eine ähnliche Bedeutung** haben.
Zumeist weisen Synonyme zu einem Bezugswort einen kleinen Bedeutungsunterschied auf, sie sind also **meist ähnlich,** z. B.: *Freiheit ≈ Freiraum, Möglichkeit, Spielraum.*
- **Antonyme** (Gegenbegriffe) sind Wörter, die eine **gegensätzliche Bedeutung** zu einem anderen Begriff haben, z. B.: *Freiheit ↔ Zwang.*

# Modalverben als Begriffe der Notwendigkeit und Möglichkeit verstehen und anwenden lernen

Johannes Conrad (1929–2005)

Wenn ich nur darf, wenn ich soll,
aber nie kann, wenn ich will,
dann mag ich auch nicht, wenn ich muss.

Wenn ich aber darf, wenn ich will,
dann mag ich auch, wenn ich soll,
und dann kann ich auch, wenn ich muss.
Merke: Die können sollen, müssen wollen dürfen.

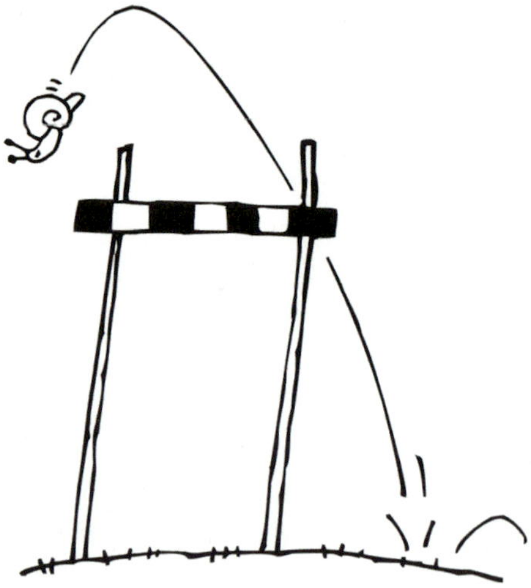

„Man muss nur wollen!“

**1** Lest das Gedicht laut vor.

**2** Wie versteht ihr das Gedicht? Wählt Aufgabe a oder b.

●○○ **a** Sucht euch einen Vers aus und beschreibt dazu eine passende Alltagssituation.

●●● **b** Stellt einen Zusammenhang zwischen dem Gedicht, der Kapitelüberschrift und dem Thema „Freiheit“ her. Erläutert diesen Zusammenhang.

**c** Tauscht euch über eure Ergebnisse aus.

**3** **a** Erprobt zu zweit verschiedene Gedichtaussagen. Ordnet den Modalverben *dürfen, können, mögen, müssen, sollen* und *wollen* verschiedene Vollverben zu, z. B.:
*Vers 1: Wenn ich nur reden/ausgehen/antworten/... darf, wenn ich soll, ...*

**b** Stellt euch gegenseitig eure Ergebnisse vor. Welche Freiheiten habt ihr jeweils thematisiert?

**4** Durch Modalverben kann man sprachlich Freiheiten zulassen oder verbieten.
Beschreibt die Verbotsschilder A bis E mit Hilfe von Modalverben. Wählt Aufgabe a oder b.

A  B  C  D  E 

●○○ **a** Benennt die Freiheiten, die durch sie eingeschränkt werden: *Man darf/soll ...*

●●● **b** Begründet, wo die Verbote sinnvoll sind: *D = In flachen Gewässern soll man ...*

Du sollst nicht töten!

Ich möchte Sie darauf hinweisen, dass es heute ... gibt.

**5** Bei Hinweisen oder in Gesetzen nutzt man Modalverben ganz bewusst.
Beschreibt, wie die Beispiele jeweils auf euch wirken, z. B.: *freundlich, bedingungslos, ...*

**6** Fasst zu zweit die Ergebnisse eurer Beschäftigung mit Modalverben zusammen.
a Ordnet im Heft in einer Tabelle wie folgt zu, was die jeweiligen Modalverben ausdrücken.
b Vergleicht in der Klasse eure Ergebnisse.

eine Erlaubnis  eine Fähigkeit
eine Möglichkeit  einen Wunsch
eine Absicht  eine Vorschrift / ein Gesetz
einen Zwang  eine Empfehlung

| Modalverb | drückt aus, verdeutlicht |
|---|---|
| *dürfen* | *eine Erlaubnis, eine Möglichkeit* |
| *sollen* | … |

**7** Gestaltet im Heft ein Schild oder einen Button für einen rücksichtsvollen Umgang mit Mitschülern und Lehrern. Verwendet bei der Formulierung Modalverben.

Wilhelm Vossenkuhl: **Freiheitsrechte**

Freiheit ist nichts Individuelles, nichts, was allein durch mich bestimmt wird. Ich brauche zwar mein eigenes Wollen und Können, aber eben auch den Freiraum, in dem ich mein Wollen und Können auch ausbreiten und entfalten kann. Freiheit ist auch etwa Soziales, etwas, das nicht nur die anderen Menschen angeht, sondern auch von ihnen und den Bedingungen, die eine Gesellschaft bietet, bestimmt wird. Wenn ein Staat keine Freiheitsrechte garantiert, wenn ich nicht den Beruf wählen kann, den ich will, dahin reisen darf, wohin ich will, kann ich nur von Freiheit träumen. Dann bin ich nicht wirklich frei. Deswegen ist Freiheit Bestandteil aller demokratischen Verfassungen. Die Freiheit der Person sei unverletzlich, heißt es in unserem Grundgesetz. Jeder soll sich im Rahmen der Rechtsverordnung frei entfalten können. Glaube, Gewissen, Meinung, Presse, Kunst, Wissenschaft und Forschung sind frei, sagt das Grundgesetz, natürlich immer im Rahmen der geltenden Rechtsordnung. Niemand darf seine Freiheit missbrauchen, um anderen zu schaden und deren Freiheit einzuschränken.

**8** Tauscht euch über die Definition des Freiheitsbegriffs aus. Wählt Aufgabe a oder b.
●●● a Erschließt aus dem Textzusammenhang die Bedeutung des Begriffs „Freiheitsrechte“, z. B.:
*Ein … Staat garantiert … in seiner … Das sind vor allem …*
●○○ b Erklärt, welche der folgenden Freiheiten ihr bei euch möglicherweise eingeschränkt seht:
*einen Beruf wählen können, die Meinung äußern dürfen, reisen dürfen, glauben dürfen, …*
c Tauscht euch über eure Ergebnisse aus.

**Information** **Modalverben**

**Modalverben** sind ***können, sollen, müssen, dürfen, wollen*** und ***mögen.***
Sie werden **meist zusammen mit anderen Verben** verwendet und drücken insbesondere eine **Möglichkeit,** eine **Fähigkeit,** eine **Erlaubnis,** einen **Zwang,** ein **Gesetz,** eine **Absicht** oder einen **Wunsch** aus, z. B.: *Ich **kann/will** meinen Beruf frei wählen.*

# Die Grenzen der Freiheit diskutieren

## Zweifelhafter Notanker – Videoüberwachung in Schulen

Trotz aller Vorbehalte breitet sich Videoüberwachung immer weiter aus.

Meist soll sie als letzter Notanker Symptome bekämpfen, deren Ursachen man nicht in den Griff bekommt. An einer Schule haben einige Jugendliche einen Mitschüler regelmäßig brutal gequält und ihre Taten gefilmt – niemand aus der Klasse benachrichtigte die Lehrer. Erst nach Monaten offenbarte sich das Opfer einer an der Schule beschäftigten Sozialpädagogin. Der niedersächsische Kultusminister Bernd Busemann nahm dies zum Anlass, von den niedersächsischen Schulen ein eigenes Sicherheitskonzept zu fordern. Zwar stünde der pädagogische Ansatz, insbesondere die Begleitung des Unterrichts durch Sozialarbeiter, auch weiterhin an erster Stelle, um Vertrauen zu schaffen und vorbeugend dafür zu sorgen, dass es zu Bandenbildung und Gewaltausbrüchen gar nicht erst komme. Bei 1,2 Millionen Schülerinnen und Schülern im Land und über 80 000 Lehrerinnen und Lehrern könne man aber keine hundertprozentige Sicherheit garantieren. „Wir können und wollen unsere Schulen nicht zu Hochsicherheitstrakten ausbauen“, erklärte Busemann. „Aber für bestimmte kritische Zonen in den Schulen kann ich mir durchaus gewisse Überwachungsmechanismen vorstellen. Die Lösung für die Probleme aber nur in der Technik zu sehen, halte ich für verfehlt.“

*Angela Meyer, Wolfgang Stieler*

**1** Sollte es an Schulen Überwachungskameras geben?

**a** Zeigt eure spontane Einstellung auf einer Positionslinie.

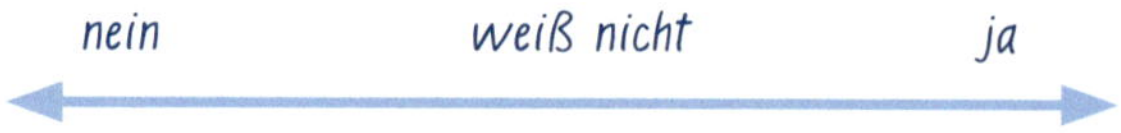


**b** Wertet die Positionslinie aus: Wie sind die Meinungen in eurer Klasse verteilt?

**2** Welche Meinungen A bis D könnt ihr nachvollziehen, welche seht ihr kritisch? Begründet.

**A** Jedes Jahr gibt unsere Schule Tausende Euro für Türen, Tische, Schließfächer oder Stühle aus, die mutwillig beschädigt wurden. Das ließe sich durch den Einsatz von Überwachungskameras vermeiden.

**B** Bei einer ständigen Überwachung würden mir meine Freiheit und Privatsphäre fehlen.

**C** Ich fühle mich durch die ständigen Prügeleien auf dem Schulhof in meiner Freiheit und Entfaltungsmöglichkeit stark eingeschränkt. Deshalb befürworte ich die Videoüberwachung.

**D** Das Geld, das man für eine Videoüberwachung ausgeben müsste, könnten wir dringender gebrauchen, z. B. für neue Medien oder eine Kletterwand.

**3** Sollte es an Schulen Überwachungskameras geben?
Führt zur Frage in der Klasse eine Pro-und-Kontra-Diskussion durch.

**a** Bildet Pro- und Kontra-Gruppen. Notiert Argumente und Beispiele für eure Meinung.

**b** Führt die Diskussion durch.

**4** Prüft: Hat sich nach der Diskussion (▸ Aufgabe 3) euer Meinungsbild verändert?
Stellt euch noch einmal auf eine Positionslinie (▸ Aufgabe 1).

# Fahnen- und Stigmawörter erkennen

**1** Werbeplakate sollen durch Bild und Sprache schnell auf den Betrachter wirken. Beschreibt die Bildlichkeit der politischen Werbeplakate. Wählt Aufgabe a oder b.

a Sucht euch in Partnerarbeit zwei Plakate aus. Beschreibt: Mit welchen Bildern und Farben wird gearbeitet? Wofür stehen diese Bilder und Farben?

b Welches Plakat sagt euch wegen seiner Gestaltung am meisten zu? Erklärt euch gegenseitig in Partnerarbeit eure Wahl.

c Tauscht euch in der Klasse über eure Ergebnisse aus.

**2** Untersucht die sprachliche Gestaltung der von euch in Aufgabe 1 gewählten Plakate. Bearbeitet Aufgabe a oder b.

a Erläutert, in welchen Zusammenhängen die Begriffe „Freiheit“ oder „-frei“ verwendet werden. Wofür sollen sie stehen oder wogegen richten sie sich?

b Erläutert: Wirkt der Begriff „Freiheit“ oder „-frei“ auf dem Plakat positiv auf euch?

c Tauscht euch in der Klasse über eure Ergebnisse aus.

**3** Wörter mit hoher positiver Bedeutung werden als Fahnenwörter bezeichnet. Wie unter einer Fahne sammelt man sich je nach politischer Überzeugung unter solchen Begriffen. Erklärt, welches der folgenden Wörter ihr euch auf die politische Fahne schreiben würdet: *Freiheit, Reichtum, Gleichberechtigung, Sicherheit, Frieden, Demokratie, ...*

**4** Das Gegenteil der positiven Fahnenwörter sind die negativen Stigmawörter. Welche Stigmawörter finden sich als Gegenbegriffe zu „Freiheit“ auf den Plakaten?

**Information** **Fahnen- und Stigmawörter**

- **Fahnenwörter** werden von vielen Menschen meist **sehr positiv** verstanden. Sie können dazu dienen, dass man sich **in der politischen Diskussion** unter ihnen sammelt. Oft stehen Fahnenwörter für Grundpositionen einer Partei, z. B.: *Freiheit, Demokratie, Naturschutz.*
- **Stigmawörter** (Feindwörter) sollen dagegen **negativ** verstanden werden. Sie dienen unter anderem dazu, den politischen Gegner bzw. dessen Standpunkte in ein schlechtes Licht zu rücken, z. B.: *Überwachungsstaat, Diktatur, Turbokapitalismus.*

## Fahnenwörter in der Werbung erkennen und verstehen

**1** a Äußert eure ersten Eindrücke zur Werbeanzeige.
b Erklärt, wofür mit dieser Anzeige geworben wird. An wen richtet sie sich?

**2** Untersucht den Aufbau und die Gestaltung der Anzeige. Wählt Aufgabe a/b oder c/d.
●○○ a Beschreibt das Foto. Wie wirkt es auf euch?
●○○ b Ordnet die folgenden Fachbegriffe der Anzeige zu. Erläutert ihren Zweck:
*Headline, Slogan, Logo, Kurzinformation, Fahnenwort.*
●●● c Erläutert, wofür der Begriff „Freiheit" in der Anzeige steht. Womit wird er hier konnotiert?
●●● d Formuliert eine Aussage dazu, was mit dem Slogan gemeint ist.
e Tragt eure Ergebnisse zusammen.

Die Freiheit nehme ich mir!
**Freiheit braucht Raum!**
FREIHEIT NACH DEINEM GESCHMACK!

**3** Auch diese Werbesprüche arbeiten mit dem Wort „Freiheit". Wählt Aufgabe a oder b.
●○○ a Erläutert, wofür die Sprüche werben könnten: *Telefon, Getränke, Reisen, …*
●●● b Begründet, warum das Fahnenwort „Freiheit" in der Werbung häufig verwendet wird.
c Tauscht euch über eure Zuordnung und Einschätzungen aus.

**Information** | **Fahnenwörter in der Werbung**

**Werbetexte** sind **appellative Texte.** Sie wollen den Betrachter **zu etwas auffordern,** meist zum Kauf eines Produkts. Werbeanzeigen bestehen in der Regel aus **Bild- und Textteilen** wie:
- **Fotos und Farbhintergründen,** die mit dem Produkt in Verbindung gebracht werden sollen,
- **Fahnenwörtern** im Werbespruch (Headline), deren hoher positiver Wert mit dem Produkt in Verbindung gebracht werden soll.

## Teste dich!

| Freiheitsentzug | Freiraum | Freibrief | Freizeit |
|---|---|---|---|
| ... | ... | ... | ... |

**1** Übertrage die Tabelle in dein Heft.
Ordne in die Spalten die folgenden Synonyme passend ein.

Spielraum Arrest Befugnis Zeitpuffer Bevollmächtigung Urlaub Gefängnis Ferien Haft Erlaubnis Platz Berechtigung Erholung

**2** a Schreibe die nachstehenden Sätze A bis F ab und setze die passenden Modalverben ein.
**Tipp:** Achte jeweils auf den Handlungszusammenhang.
b Notiere im Heft die Buchstaben vor den richtigen Aussagen.
Sie ergeben ein Lösungswort.
c Schreibe die Buchstaben der Sätze ins Heft, die eine Vorschrift verdeutlichen.

| | | | | |
|---|---|---|---|---|
| A | Mein Bruder hat sich den Fuß verstaucht. Er ... in den nächsten Tagen nicht Fußball spielen. | **AB** *muss* | **GL** *kann* | **GH** *möchte* |
| B | Nächste Woche hat Großvater Geburtstag. Ihr ... ihm schreiben. | **RO** *müsst* | **DA** *könntet* | **ÜC** *solltet* |
| C | Deine Mutter hat eben angerufen. Du ... dich in der nächsten halben Stunde mal bei ihr melden. | **WI** *darfst* | **LA** *kannst* | **KW** *sollst* |
| D | Gruppenfahrscheine gibt es erst ab 6 Personen. Da wir nur zu viert sind, ... wir keinen Gruppenfahrschein kaufen. | **TL** *müssen* | **ÜN** *dürfen* | **BA** *mögen* |
| E | Wir sind verpflichtet, beim Klettern die Sicherheitsvorschriften zu beachten, deshalb ... wir einen Helm tragen. | **ÄU** *sollen* | **SC** *müssen* | **SO** *dürfen* |
| F | Der Spieler erhält vom Schiedsrichter die Rote Karte, deshalb ... er das Spielfeld verlassen. | **HE** *muss* | **SD** *soll* | **MU** *kann* |

**3** Welche der folgenden Aussagen A bis E sind richtig, welche nicht?
a Notiere die Buchstaben für die richtigen Aussagen im Heft.
b Berichtige die falschen Aussagen im Heft.
**A** Ein Fahnenwort ist ein Begriff, den man auch Stigmawort nennt, z. B. *Gerechtigkeit*.
**B** Ein Fahnenwort ist ein Begriff, dem viele Menschen einen hohen Wert beimessen.
**C** Ein Fahnenwort ist ein Begriff, der in politischen Programmen vorkommt.
**D** Ein Fahnenwort ist ein Begriff, den nur politisch Eingeweihte kennen und schätzen.
**E** Ein Fahnenwort ist ein Begriff, der in der Werbung Slogan oder Headline ersetzt.

**4** Vergleicht in Partnerarbeit eure Lösungen.

# 4.2 Für oder gegen die Freiheit? – Politische Reden analysieren

Adolf Hitler auf dem Reichsparteitag 1935

Angela Merkel im Bundestag 2014

**1** Die beiden Bilder stellen Redesituationen zu verschiedenen Zeiten dar.

**a** Beschreibt wesentliche Unterschiede:
Wo steht der Redner / die Rednerin im Raum? Wo sitzt bzw. steht das Publikum?

**b** Begründet, welche Wirkung die jeweilige Redesituation wohl auf das Publikum hat:
*Es fühlt sich gleichberechtigt, eingeschüchtert, stolz, zugehörig, individuell, …*

Adolf Hitler

## Rede an die Hitlerjugend auf dem Reichsparteitag 1935

*Von 1933 an herrschte Hitler als Diktator über das Deutsche Reich. Unter seiner Regierung wurden Parteien verboten und Millionen Menschen wegen ihres Glaubens, ihrer Herkunft oder wegen ihrer geistigen und körperlichen Verschiedenheit verfolgt, ihrer Freiheit beraubt und ermordet. Hitler tötete sich 1945 selbst, nachdem er keine Möglichkeit mehr sah, den von ihm verursachten Zweiten Weltkrieg noch zu gewinnen.*
*Die folgende, auch im Radio übertragene Rede hielt er am 14. September 1935 in Nürnberg im Rahmen des „Reichsparteitags der Freiheit“. Darin wendet er sich an die Hitlerjugend (HJ), den Jugendverband seiner Partei NSDAP, dem bald 98% aller deutschen Jugendlichen mehr oder weniger freiwillig angehörten.*

Deutsche Jugend! Zum dritten Male seid Ihr zu diesem Appell angetreten, über 50 000 Vertreter einer Gemeinschaft, die von Jahr zu Jahr größer wurde. Das Gewicht derer, die Ihr in jedem Jahr hier verkörpert, ist immer schwerer geworden. Nicht nur zahlenmäßig, nein, wir sehen es: wertmäßig. Wenn ich mich an den ersten Appell zurückerinnere und an den zweiten und diesen heutigen damit vergleiche, dann sehe ich dieselbe Entwicklung, die wir im ganzen anderen deutschen Volksleben heute feststellen können: Unser Volk wird zusehends disziplinierter, straffer und strammer, und die Jugend beginnt damit. [...] Wir sehen heute nicht mehr im damaligen Bierspießer das Ideal des Deutschen Volkes, sondern in Männern und Mädchen, die kerngesund sind, die straff sind. Was wir von unserer deutschen Jugend wünschen, ist etwas anderes, als es die Vergangenheit gewünscht hat. In unseren Augen, da muss der deutsche Junge der Zukunft schlank und rank sein, flink wie Windhunde, zäh wie Leder und hart wie Kruppstahl. Wir müssen einen neuen Menschen erziehen, auf dass unser Volk nicht an den Degenerationserscheinungen[1] der Zeit zu Grunde geht. Wir reden nicht, sondern wir handeln. Wir haben es unternommen, dieses Volk durch eine neue Schule zu erziehen, ihm eine Erziehung zu geben, die schon mit der Jugend anfängt und nimmer enden soll. Von einer Schule wird in Zukunft der junge Mann in die andere gehoben werden. Beim Kind beginnt es, und beim alten Kämpfer der Bewegung wird es enden. Keiner soll sagen, dass es für ihn eine Zeit gibt, in der er sich ausschließlich selbst überlassen sein kann. Jeder ist verpflichtet, seinem Volke zu dienen, jeder ist verpflichtet, sich für diesen Dienst zu rüsten, körperlich zu stählen und geistig vorzubereiten und zu festigen. [...] Wir werden uns so stählen, dass jeder Sturm uns stark findet. Wir werden aber auch nie vergessen, dass die Gesamtsumme aller Tugenden und aller Kräfte nur dann wirksam werden kann, wenn sie einem Willen und einem Befehl untertan ist. Wir stehen jetzt hier, nicht durch Zufall gefügt, nicht weil jeder Einzelne tat, was er wollte, sondern weil Euch der Befehl Eures Reichsführers hierher gerufen hat. [...] Es ist der Ausdruck eines autoritären[2] Staates, nicht einer schwachen, schwätzenden Demokratie, eines autoritären Staates, bei dem jeder stolz ist, gehorchen zu dürfen, weil er weiß: Ich werde, wenn ich befehlen muss, genauso Gehorsam finden. Deutschland ist kein Hühnerstall, in dem alles durcheinanderläuft und jeder gackert und kräht, sondern wir sind ein Volk, das von klein auf lernt, diszipliniert zu sein. [...] Und Ihr, meine Jungens und meine Mädchen, Ihr seid nun lebendige Zeugen für das Gelingen dieses Werkes. Ihr seid die Zeugen, dass diese Idee im Deutschen Reich lebendig geworden ist. Und Ihr seid der Beweis, wie diese Idee nun diese Verwirklichung erfahren hat. Glaubt mir, es wird einmal eine Zeit kommen, da wird die deutsche Jugend ein wunderbar gesundes und strahlendes Antlitz besitzen, gesund, offen, aufrichtig, kühn und friedliebend. Wir sind keine Raufbolde. [...] Das ist der einzige Vorbehalt, den wir für unsere Friedensliebe aufstellen müssen. Keinem etwas zu Leide tun und von keinem ein Leid erdulden! [...] Nie aber wollen wir vergessen, dass Freundschaft nur der Starke verdient und der Starke gewährt. Und so wollen wir uns denn stark machen, das ist unsere Losung. Und dass dieser Wunsch in Erfüllung geht, dafür seid Ihr mir verantwortlich. Ihr seid die Zukunft der Nation, die Zukunft des Deutschen Reiches!

*Und in einer weiteren Rede an die Hitlerjugend am 4. Dezember 1938 ergänzte Hitler:*
Und sie [die Jugendlichen] werden nicht mehr frei ihr ganzes Leben und sie sind glücklich dabei.

---

1 Degenerationserscheinungen: Zeichen des Niedergangs
2 autoritär: bevormundend, beherrschend

**2** Besprecht in Partnerarbeit: Welche Gedanken und Gefühle lösen die Rede zum „Reichsparteitag der Freiheit" und das Zitat aus der Rede vom 4. Dezember 1938 bei euch aus?

**3** Um zu verstehen, wie es Hitler gelang, trotz seiner Aussagen sein Publikum für sich zu gewinnen, muss man die Rede schrittweise formal, inhaltlich und sprachlich untersuchen.
Bearbeitet für eine solche Redeanalyse die folgenden Aufgaben 4 bis 10 im Heft.

**4** Notiert die formale Redesituation. Ergänzt im Heft:
- *Redner: …*
- *Thema: …*
- *Adressaten: …*
- *Ort: …*
- *Zeitpunkt/Anlass: …*

**5** Beschreibt den inhaltlichen Aufbau der Rede. Wählt Aufgabe a oder b.

●●● **a** Gliedert die Rede in Sinnabschnitte. Formuliert Zwischenüberschriften, z. B.:
*1. Abschnitt, Z. 1–14: Entwicklung und Lob der Hitlerjugend*
*2. Abschnitt, Z. 15–…: …*

●○○ **b** Ordnet zu zweit im Heft die folgenden Zwischenüberschriften einzelnen Redeabschnitten zu. Nicht alle passen. Notiert so: *Z. 1–14 = …, Z. 15–… = …*

Wie die deutsche Jugend in Zukunft sein soll •
Was in der Vergangenheit alles schlecht war •
Rückblick auf die Hitlerjugend früher und heute •
Erinnerungen an die eigene Jugend •
Ein Appell an die Demokratie •
Jugend und Gehorsam in einem Befehlsstaat

**c** Vergleicht eure Ergebnisse.

**6** Fasst den Inhalt mit eigenen Worten zusammen. Nutzt die Zwischenüberschriften (▸ Aufgabe 5), z. B.:
*Hitler beginnt seine Rede mit einer kurzen Rückschau auf die Entwicklung …*

**7** Sucht drei bis vier Aussagen heraus, die deutlich machen, wie sich Hitler die „Deutsche Jugend“ vorstellt. Beschreibt mit eigenen Worten, was mit ihnen jeweils gemeint ist, z. B.:

| Aussage | Erklärung mit eigenen Worten |
|---|---|
| *„Jn unseren Augen, da muss der deutsche Junge der Zukunft schlank und rank sein“ (Z. 21–22).* | *Nach Hitler müsse ein Jugendlicher ein bestimmtes Aussehen haben. Er sollte …* |

**8** Welche sprachlichen Mittel nutzt Hitler, um sein Publikum zu beeinflussen?
Wählt Aufgabe a oder b.

●●● **a** Lest Punkt 3 in der Methode zur Redeanalyse auf Seite 85.
Ergänzt auf die folgende Weise weitere Beispiele:
- *Wortwahl und Sprachstil sind geprägt von bildhaften Elementen und anschaulichen Formulierungen, z. B. „flink wie Windhunde“ (Z. 22 f.), sowie der Verwendung von Paarbegriffen wie „schlank und rank“ (Z. 22).*
- *Durch den Einsatz von Possessiv- und Personalpronomen wie „unser Volk“ (Z. 25), „meine Jungens und meine Mädchen“ (Z. 59 f.) wird ein Gemeinschaftsgefühl geweckt.*

●○○ **b** Sucht aus der Rede zwei besonders wichtige sprachliche Mittel heraus:
- Schreibt Textstellen heraus, an denen das Publikum angesprochen und vereinnahmt werden soll, z. B. durch *wir* oder *unser*.
- Sucht zu dem Fahnenwort (▸ S. 79) „Freiheit“ solche heraus, die nicht zu ihm passen, z. B.: *„muss schlank sein“ (Z. 21 f.), „Befehl …“ (Z. 49), …*

**c** Tauscht euch über eure Ergebnisse in der Klasse aus.

**9** Entscheidet: Welche Intention (Wirkungsabsicht) A oder B verfolgt Hitler mit seiner Rede?

**A** Hitler will die Jugend mit seiner Rede auf eine bevorstehende Kriegssituation einstimmen.

**B** Die Rede dient dazu, das Publikum auf bedingungslosen Gehorsam einzuschwören.

**10** Formuliert und erläutert eure Analyseergebnisse in einem zusammenhängenden Text mit Einleitung, Hauptteil und Schluss. Nutzt die folgenden Formulierungshilfen:

| | |
|---|---|
| **Einleitung**<br>Redesituation | *Am … hielt … in … eine Rede … vor … Thematisch geht es …* |
| **Hauptteil**<br>Aufbau der Rede | *Zunächst stellt Hitler dar, wie die Hitlerjugend seit 1933 in seinen Augen an Größe und innerer Stärke …* |
| Hauptaussagen | *Im weiteren Verlauf der Rede führt er aus, was er von den Jugendlichen in … erwartet, und zwar: Pflichterfüllung im Dienste des …* |
| Sprachliche Mittel und ihre Wirkung | *Untersucht man die sprachliche Gestaltung der Rede, so fällt auf, dass Hitler oft bildhafte Elemente verwendet, z. B. „zäh wie Leder" (Z. 23). Dies soll den Jugendlichen …*<br>*Durch einseitige Auf- und Abwertungen soll ein Freund-Feind-Gefühl erzeugt werden, z. B.: „auf dass unser Volk nicht an den Degenerationserscheinungen der Zeit zu Grunde geht" (Z. 25–27).*<br>*Diese Schwarz-Weiß-Malerei findet sich auch …* |
| **Schluss** | *Zusammenfassend lässt sich feststellen, dass mit dieser Rede die Jugend auf die nicht freiheitlichen Erziehungsziele wie …* |

**Methode** — **Eine Rede analysieren**

Eine **Redeanalyse** sollte man wie folgt **aufbauen** und darin folgende **Fragen beantworten:**

**1 Redesituation**
Was ist Anlass der Rede? Welche Rolle spielen Ort und Zeit? Wer ist das Publikum?

**2 Thema, Hauptaussagen, Argumente**
Wie lautet das Thema der Rede? Was sind die Hauptaussagen?
Welche Argumente und Beispiele werden zu den Aussagen vorgebracht?

**3 Sprachliche Mittel**
Welche der folgenden sprachlichen Mittel fallen auf? Wie wirken sie?
- **Wortwahl und Sprachstil:** bildhafte Elemente, Vergleiche, Paarbegriffe, Wiederholungen
- **persönliche Anrede des Publikums:** Anredepronomen, Personalpronomen *wir*, um ein Gemeinschaftsgefühl zu erzeugen
- **Aufrufe und Appelle,** z. B. durch Modalverben wie *müssen, sollen, wollen*
- **Fahnen- und Stigmawörter** (► S. 79): Wörter mit einem hohen positiven oder negativen Wert
- **rhetorische Fragen** (Scheinfragen): Fragen, die die Zuhörer in die Überlegung einbeziehen, obwohl die Antwort klar ist, z. B.: *Wollt ihr wirklich Schwäche zeigen?*
- **auf- und abwertende Formulierungen,** z. B.: *gesund* ↔ *krank, gackernd* ↔ *diszipliniert*

**4 Redeabsicht (Intention)**
Soll mit der Rede das Publikum informiert, aufgeklärt oder zum Handeln bewegt werden?

# Üben: Eine Rede analysieren

Die folgende Rede hielt Bundeskanzlerin Angela Merkel am 26. Januar 2015 in Berlin. Anlass war eine Gedenkveranstaltung zum 70. Jahrestag der Befreiung des Konzentrationslagers Auschwitz-Birkenau.
In Auschwitz wurden unter Hitlers Regime zwischen 1940 und 1945 etwa 1,5 Millionen Menschen ermordet.

**1** Stellt Vermutungen darüber an, welche Bezüge die Bundeskanzlerin in ihrer Rede zwischen Auschwitz und einer freiheitlichen Zukunft herstellen könnte.

Angela Merkel (26.01.2015)

Es ist für mich eine große Ehre und erfüllt mich mit Dankbarkeit, heute hier bei Ihnen zu sein und zu Ihnen sprechen zu dürfen. [...] Auschwitz – dieses eine Wort steht für Millionen Einzelschicksale. Jedes Schicksal steht für sich. Jedes Schicksal erzählt auf seine Weise von unfassbarem Leid, von unsäglicher Quälerei bis hin zur systematischen Ermordung.
[...] Auschwitz ist eine Mahnung, was Menschen anderen Menschen antun können. Auschwitz ist eine grausame Zäsur in der Geschichte der Menschheit. Auschwitz steht für den von Deutschland begangenen Zivilisationsbruch der Shoa[1]. [...]
Wir erinnern an das grausame Schicksal der Sinti und Roma. Wir erinnern an das erbarmungslose Vorgehen gegen Gegner des Nationalsozialismus. Wir erinnern an die Menschen mit Behinderung, an Homosexuelle, an Zwangsarbeiter, an die leidgeprüften Menschen in den von Deutschland überfallenen Ländern. Wir erinnern an alle, die von Deutschland im Nationalsozialismus verfolgt, misshandelt, gequält, vertrieben und ermordet wurden. [...] Das Denken, das sich in Angriffen auf Juden offenbart, hat mit einem freiheitlichen und demokratischen Staatsverständnis nichts zu tun. Deshalb müssen wir Antisemitismus[2] und jeder anderen Form von Menschenfeindlichkeit von Anfang an die Stirn bieten. Jeder, dem eine gute Zukunft Deutschlands am Herzen liegt, ist sich der immer währenden Verantwortung nach dem Zivilisationsbruch der Shoa bewusst. Die Erinnerung an die grausamen Kapitel unserer Geschichte prägt unser Selbstverständnis als Nation. Bei uns muss jeder – unabhängig von Religion oder Herkunft – frei und sicher leben können. „Nie wieder!" – Diese Botschaft ist für unser demokratisches Land, das in Frieden mit seinen Nachbarn lebt, geradezu konstitutiv[3].
Unser Bekenntnis zu einem geeinten Europa ist ebenso wie das Bewusstsein der unermesslich hohen Bedeutung von Freiheit und Rechtsstaatlichkeit, Pluralität und Toleranz fest verankert. Doch so kostbar diese Werte auch sind, so

1 die Shoa (hebräisch = Katastrophe, großes Unglück): Bezeichnung für den nationalsozialistischen Völkermord an den Juden Europas (auch *Holocaust* genannt)
2 der Antisemitismus: Judenfeindlichkeit, Judenhass
3 konstitutiv: grundlegend

zerbrechlich sind sie zugleich. Freiheit, Demokratie und Rechtsstaatlichkeit verlangen stets unsere Aufmerksamkeit und unseren Einsatz. Das beginnt schon damit, alte und neue Vorurteile und Feindbilder als solche zu entlarven. [...] Wir wollen keine hasserfüllten Parolen gegen angeblich Ungläubige oder Andersgläubige. Wir wollen keine hasserfüllten Parolen gegen Juden. Wir wollen keine hasserfüllten Parolen gegen Menschen, die in Deutschland ein neues Zuhause gefunden haben oder bei uns Zuflucht vor Krieg und Verfolgung suchen. Uns gegen jedes Aufkeimen von Antisemitismus und Menschenfeindlichkeit zu wehren, ist unsere bürgerschaftliche, gesellschaftliche und staatliche Pflicht. Ich freue mich besonders über die jungen Menschen, die heute hier unter uns sind. Sie haben sich auf die dunkelsten Kapitel der Geschichte unseres Landes eingelassen. Sie wissen um die eindringliche Mahnung, die aus Vergangenem zu uns heute spricht. Daher wissen sie auch, wie wichtig es ist, Erinnerung wachzuhalten. Denn gerade wer sich mit Auschwitz, wer sich mit der Shoa und den Verbrechen Deutschlands im Nationalsozialismus auseinandersetzt, der kann ein feines Gespür und Warnsystem dafür entwickeln, wenn grundlegende Werte unseres Zusammenlebens in Frage gestellt werden.

Was geschehen ist, können wir nicht ungeschehen machen. Doch nur im Bewusstsein unserer immer währenden Verantwortung können wir eine gute Zukunft gestalten. Dieses Wissen lässt uns nicht ruhen und uns einfach darauf verlassen, dass sich schon andere finden werden, die sich um eine gute Zukunft kümmern.

Aus Erinnerung erwächst also ein Auftrag. Und so lautet die Botschaft des Gedenktags an die Opfer des Nationalsozialismus: Vergangenes wird nicht vergessen. Auschwitz fordert uns täglich heraus, unser Miteinander nach Maßstäben der Menschlichkeit zu gestalten. Auschwitz geht uns alle an – heute und morgen, nicht nur an Gedenktagen.

Ich danke Ihnen.

**2** Formuliert: Welche eurer Erwartungen an die Rede (► S. 86, Aufgabe 1) haben sich bestätigt?

**3** Notiert für eine Redeanalyse die Redesituation (► Seite 84, Aufgabe 4).

**4** ●●● Formuliert knapp, wie das Thema der Rede lautet.

▷ Eine Hilfe zu Aufgabe 4 findet ihr auf Seite 88.

**5** ●●● Notiert die wichtigsten Redeaussagen (Positionen, Forderungen), z. B.:
*Auschwitz ist eine Mahnung, was ...*
*Deshalb müssen wir ...*

▷ Hilfe zu 5, Seite 88

**6** ●●● Benennt auffällige sprachliche Mittel und beschreibt ihre Wirkung, z. B.:
*In ihrer Rede verwendet Angela Merkel sprachliche Besonderheiten wie ... Das bewirkt, dass ...*
*Häufig greift sie auf ... zurück, wie ... Das ... verstärkt ...*
*Sprachlich ist der Text gut verständlich, was daran liegt, dass ...*

▷ Hilfe zu 6, Seite 88

**7** ●●● Verfasst mit Hilfe der Methode (► S. 85) eine Analyse der Rede.
Formuliert am Ende, mit welcher Intention (Wirkungsabsicht) Angela Merkel ihre Rede hält, z. B.:
*Sie appelliert an ... / Sie warnt vor ... / Sie will verdeutlichen ... / Sie mahnt ...*

▷ Hilfe zu 7, Seite 88

●○○ **Aufgabe 4 mit Hilfe**
Formuliert knapp, wie das Thema der Rede lautet.
Ergänzt im Heft mit Hilfe folgender Begriffe den Satz, der das Thema am besten benennt:

diesem Verbrechen • Bedeutung von Auschwitz • Bundesrepublik • lernen können • das Gedenken an • Europa • ermordeten Menschen

**A** *In Angela Merkels Rede geht es um die ... für die ... und ...*
**B** *In Angela Merkels Rede geht es um ... die vielen in Auschwitz ... und was wir aus ...*

●○○ **Aufgabe 5 mit Hilfe**
Notiert die wichtigsten Redeaussagen (Positionen, Forderungen).
Ergänzt im Heft die folgenden Sätze.
Notiert davor, ob es sich jeweils um eine Position oder um eine Forderung handelt.
*Position/Forderung:*
*... ist eine Mahnung, was Menschen ... antun können.*
*Position/Forderung:*
*Deshalb müssen wir ... jeder Form von Menschenfeindlichkeit ...*
*Position/Forderung:*
*Bei uns muss jeder ... frei und sicher leben können.*
*Position/Forderung:*
*Dies verlangt unsere stete Aufmerksamkeit und unseren ...*

Koffer von Opfern des KZ Auschwitz

●○○ **Aufgabe 6 mit Hilfe**
Benennt auffällige sprachliche Mittel und beschreibt ihre Wirkung, z. B.:
- *Auffällig ist der Gebrauch von ... wie „Freiheit und Rechtsstaatlichkeit, Pluralität und Toleranz" ... (Z. 44–45). Die Verwendung dieser Wörter, die die meisten Menschen sehr ... verstehen, soll herausstreichen, für welche Werte ...*
- *Wortwiederholungen zu Beginn mancher Sätze stellen einen besonderen ... zwischen ihnen her. Zudem steigern sie die Bedeutung der Aussage, z. B.: „Auschwitz ist eine Mahnung ..." (Z. 9), „Auschwitz ist ..." (Z. 10 ff.), „..." (Z. 12 ff.).*

●○○ **Aufgabe 7 mit Hilfe**
Verfasst mit Hilfe der Methode (► S. 85) eine Analyse der Rede.
Formuliert am Ende, mit welcher Intention (Wirkungsabsicht) Angela Merkel ihre Rede hält.
Wählt A, B, C oder D aus.

**A** Sie möchte besonders in Deutschland vor den Gefahren des Rechtsextremismus warnen.
**B** Sie appelliert an ihr Publikum, sich gegen jede Form von Menschenfeindlichkeit einzusetzen.
**C** Sie will an diesem 70. Gedenktag an die Millionen Opfer von Auschwitz erinnern.
**D** Sie will erklären, weshalb solche Gedenktage besonders wichtig für die ältere Generation sind.

# 4.3 Fit in ...! – Eine Rede analysieren

Stellt euch vor, ihr bekommt in der nächsten Klassenarbeit folgende Aufgabe gestellt:

**Aufgabe**
Analysiere die im Internet veröffentlichte Rede des Bundespräsidenten Joachim Gauck in einem zusammenhängenden Text:
– Gib knapp ihren Inhalt wieder.
– Benenne die sprachlichen Mittel und ihre Wirkung.
– Formuliere zum Schluss die Intention (Wirkungsabsicht) seiner Rede.

Joachim Gauck

## Videobotschaft vom 19. 09. 2013

Liebe Bürgerinnen und Bürger!

Wir haben eine Wahl. Wir haben etwas, wovon Millionen Menschen in der Welt noch träumen.
Es gehört zur Freiheit in unserem Land, auf dieses Recht zu verzichten. Aber es gehört auch zur Freiheit, daran zu erinnern: Demokratie passiert nicht einfach, sie wird gemacht: von uns.
Demokratie, das ist gemeinsames Handeln von allen, die sich einbringen wollen. Und wie viel Kompetenz und Hingabe, wie viel Mut und Ehrlichkeit wir in der Politik vorfinden, ist kein Zufall, sondern Folge unserer Entscheidungen. Diejenigen, denen wir unsere Stimme geben, werden unser Land gestalten. Was wir aktiv beitragen, wird zum Programm. Was wir passiv hinnehmen, ebenso. Deshalb möchte ich Sie ermutigen: Überlassen Sie unsere parlamentarische Demokratie nicht der Beliebigkeit oder gar dem Verdruss.
Eigentlich ist uns das Wählen ja vertraut: Jeden Tag treffen wir unsere Wahl zwischen verschiedenen Möglichkeiten – in allen möglichen Lebensbereichen. Warum soll das für die Politik nicht gelten? Unsere Demokratie lebt davon, dass wir eine Stimme haben und diese Stimme nutzen. Sie lebt davon, dass Bürger andere Bürger auf Zeit damit beauftragen, die öffentlichen Dinge zu regeln. Und sie lebt davon, dass die Gewählten ihren Auftrag ernst nehmen. Unsere Demokratie ist nicht perfekt und ihre Ergebnisse überzeugen nicht jeden jederzeit. Aber sie ist vital, offen für Veränderung, lernfähig und damit die Ordnung, die das Kostbarste schützt, was wir haben: selbstbestimmt und eigenverantwortlich unser Leben, unsere Zukunft zu gestalten.
61,8 Millionen Bürgerinnen und Bürger sind in diesem Jahr wahlberechtigt. Jede und jeder Einzelne kann gewiss sein: Ihre Stimme – ja, auch Ihre Stimme – hat am Sonntag Gewicht, und zwar genauso viel wie die Stimme Ihres Nachbarn, Ihres Vorgesetzten oder die des Bundespräsidenten.
Wir alle haben die Wahl. Wollen wir abwarten, zuschauen oder mitwirken? Indem wir wählen, entscheiden wir uns für eine lebendige Demokratie.

## Die Aufgabenstellung verstehen

**1** Lest die Aufgabe mehrmals. Schlagt dann das Buch zu und erklärt euch gegenseitig in Partnerarbeit, was genau ihr tun sollt.

## Planen

**2** Untersucht die Rede formal und inhaltlich, bevor ihr schreibt.

**a** Notiert euer erstes Textverständnis zu Gaucks Thema: Warum soll man wählen gehen?

**b** Schreibt beim zweiten und dritten Lesen wichtige Aussagen heraus.
Formuliert mit eigenen Worten zu jeder Aussage, welche Intention hinter ihr steckt, z. B.:

| Abschnitt | Aussagen | Intention (Absicht) |
|---|---|---|
| *Z. 1–9* | ... | *Gauck verfolgt mit seiner Videobotschaft die Absicht ...* |

**c** Lest den Text erneut. Benennt auffällige sprachliche Mittel und deren Wirkung, z. B.:

| Abschnitt | sprachliche Mittel | Wirkung |
|---|---|---|
| *Z. 2–4* | *„Wir haben eine Wahl. Wir haben etwas ..."* | *= wiederholte persönliche Anrede des Publikums mit „wir". Es soll ein Gemeinschaftsgefühl ...* |

## Schreiben und überarbeiten

**3** Verfasst eine schriftliche Analyse der Rede mit Einleitung, Hauptteil und Schluss, z. B.:
*Am ... hielt ... eine Rede in Form einer ... Anlass war ... Gleich zu Beginn macht Gauck seine Position deutlich, dass das Wahlrecht ... Obwohl er einräumt, dass unsere ... nicht perfekt sei (Z. ...), appelliert er ...*
*Bei der sprachlichen Gestaltung der Rede fällt auf, dass Gauck häufig von „wir" spricht, z. B.: ... Damit soll ...*
*Somit verfolgt Gauck mit der Rede die Absicht, ...*

**4** Prüft euren Text anhand der Checkliste. Überarbeitet ihn gegebenenfalls.

**Checkliste**

### Eine Rede analysieren

- **Einleitung:** Habe ich Autor, Ort, Entstehungsjahr, Anlass und Thema benannt?
- **Hauptteil:** Habe ich die in der Aufgabenstellung geforderten Punkte ausführlich berücksichtigt: Position des Redners, Hauptaussagen, sprachliche Mittel, Redeabsicht? Habe ich meine Ergebnisse mit Zitaten belegt?
- **Schluss:** Habe ich die Intention der Rede deutlich formuliert?

**Schreibwörter** ▶ S. 321

| | | | |
|---|---|---|---|
| das Synonym | das Fahnenwort | die Intention | die Redesituation |
| das Antonym | das Stigmawort | der Appell | ursprünglich |

# 5 „Liebe geht durch alle Zeiten“ – Romane verschiedener Epochen vergleichen

**1** a Wie wirkt das Foto eines Liebespaars von vor etwa 100 Jahren auf euch? Beschreibt euren ersten Eindruck.
b Wie haben sich die beiden vielleicht kennen gelernt? Wie wird ihre Beziehung verlaufen? Erzählt eine Geschichte zu dem Foto.

**2** Welche Geschichten über Liebespaare kennt ihr? Tauscht euch darüber aus, welche Erwartungen an die Liebe die Figuren darin jeweils haben.

**3** Was macht eurer Meinung nach einen guten Liebesroman aus? Erstellt zu zweit eine Liste von Merkmalen, die er erfüllen sollte.

**In diesem Kapitel ...**

- lernt ihr verschiedene Vorstellungen von Liebe zu unterschiedlichen Zeiten kennen,
- erschließt ihr Texte zum Thema „Liebe“ aus verschiedenen Epochen,
- untersucht ihr Stilmittel der Satire,
- gestaltet und überarbeitet ihr selbst Texte zum Thema „Liebe“.

# 5.1 Vorstellungen von Liebe – Berühmte Liebesromane kennen lernen

## Einen Roman der *Gegenwart* untersuchen

Kerstin Gier

**Liebe geht durch alle Zeiten: Saphirblau** (2010) – Auszug

*„Saphirblau" ist der zweite Band der Romantrilogie „Liebe geht durch alle Zeiten". Die Hauptfigur der Trilogie, Gwendolyn Shepherd, ist 16 Jahre alt und geht in die 10. Klasse. Völlig unerwartet wird ihr eines Tages auf der Straße schwindelig und sie findet sich 100 Jahre zuvor an derselben Stelle wieder. Einige Minuten später ist sie wieder in ihrer gewohnten Umgebung in ihrer Zeit. Von diesem Moment an macht Gwendolyn ständig Zeitreisen, kann diese Reisen aber zunächst nicht kontrollieren. Bei den Reisen wird sie häufig begleitet von Gideon, einem jungen Mann.*

„Herrschaften, das ist eine Kirche! Hier küsst man sich nicht!"

Erschrocken riss ich meine Augen auf und fuhr hastig zurück, in Erwartung, einen altmodischen Pfarrer mit wehender Soutane[1] und empörter Miene auf mich zueilen zu sehen, bereit, eine Strafpredigt auf uns niederdonnern zu lassen. Aber es war nicht der Pfarrer, der unseren Kuss gestört hatte. Es war überhaupt kein Mensch. Es war ein kleiner Wasserspeier[2], der auf der Kirchenbank direkt neben dem Beichtstuhl hockte und mich genauso verblüfft anschaute wie ich ihn. Wobei das eigentlich schwer möglich war. Denn meinen Zustand konnte man im Grunde genommen nicht mehr mit Verblüffung umschreiben. Um ehrlich zu sein, hatte ich eher so etwas wie gewaltige denktechnische Aussetzer.

Angefangen hatte alles mit diesem Kuss. Gideon de Villiers hatte mich – Gwendolyn Shepherd – geküsst. Natürlich hätte ich mich fragen müssen, warum er so plötzlich auf die Idee gekommen war – in einem Beichtstuhl in einer Kirche irgendwo in Belgravia im Jahr 1912 – kurz nachdem wir eine atemberaubende Flucht mit allen Schikanen hingelegt hatten, bei der nicht nur mein knöchellanges, enges Kleid mit dem lächerlichen Matrosenkragen hinderlich gewesen war.

1 die Soutane: schwarzes Obergewand

2 der Wasserspeier: Figur an einem Gebäude, aus deren Mund Regenwasser abläuft, *hier:* Geist in Form eines Wasserspeiers

Ich hätte analytische Vergleiche anstellen können zu den Küssen, die ich von anderen Jungs bekommen hatte, und woran es lag, dass Gideon so viel besser küssen konnte. Mir hätte auch zu denken geben können, dass eine Wand mit einem Beichtstuhlfenster zwischen uns war, durch das Gideon seinen Kopf und seine Arme gezwängt hatte, und dass das keine idealen Bedingungen für einen Kuss waren, mal ganz abgesehen von dem Fakt, dass ich nicht noch mehr Chaos in meinem Leben brauchen konnte, nachdem ich gerade erst vor drei Tagen erfahren hatte, dass ich das Zeitreise-Gen von meiner Familie geerbt hatte. Tatsache allerdings war, dass ich überhaupt nichts dachte, außer vielleicht *Oh* und *Hmmmm* und *Mehr!*
Deswegen bekam ich auch das Ziehen im Bauch nicht richtig mit, und erst jetzt, als dieser kleine Wasserspeier nun seine Arme verschränkte und mich von seiner Kirchenbank anfunkelte, erst, als mein Blick auf den kackbraunen Vorhang des Beichtstuhls fiel, der eben noch samtgrün gewesen war, schwante mir, dass wir in der Zwischenzeit zurück in die Gegenwart gesprungen waren.
„Mist!" Gideon zog sich auf seine Seite vom Beichtstuhl zurück und rieb sich den Hinterkopf. *Mist?* Ich plumpste unsanft von meiner Wolke sieben und vergaß den Wasserspeier.
„So schlecht fand ich es nun auch wieder nicht", sagte ich, um einen möglichst lässigen Tonfall bemüht. Leider war ich etwas außer Atem, was den Gesamteindruck schmälerte. Ich konnte Gideon nicht in die Augen sehen, stattdessen starrte ich noch immer auf den braunen Polyestervorhang des Beichtstuhls.

**1** Ist die Figur Gwendolyn verliebt?
a Notiert stichwortartig alle Anzeichen für Gwendolyns Verliebtheit.
b Äußert Vermutungen dazu, wie sich die Figur die Liebe vorstellt.

**2** Was passiert in dem Romanauszug?
Versetzt euch in die Situation der Figuren und wählt Aufgabe a oder b.
●○○ a Formuliert eine kurze Nachricht, in der Gwendolyn einem Freund oder einer Freundin über das Ereignis berichtet.
●●● b Formuliert einen Brief von Gideon an einen Freund, in dem er über das Ereignis berichtet.
c Stellt euch eure Texte gegenseitig vor und prüft, ob die darin geschilderte Handlung übereinstimmt.

**3** Untersucht die Sprache in dem Romanauszug.
a Schreibt aus dem Text umgangssprachliche Ausdrücke heraus und formuliert sie in Standardsprache (► S. 319) um, z. B.:
*„eine Strafpredigt auf uns niederdonnern zu lassen" (Z. 7 f.) – uns auszuschimpfen und zu belehren*
b Vergleicht die Wirkung der beiden Sprachstile:
Welcher Stil wirkt vertrauter, sympathischer oder glaubwürdiger?

**4** Würdet ihr den Roman gern weiterlesen? Begründet eure Meinung.

**5** Kerstin Giers Edelstein-Trilogie (Teil 1 „Rubinrot", Teil 2 „Saphirblau", Teil 3 „Smaragdgrün") verkaufte sich in wenigen Jahren mehr als eine Million Mal, wurde in viele Sprachen übersetzt und verfilmt.
Diskutiert über die folgenden zwei Fragen:
**A** Welche Eigenschaften muss eurer Meinung nach eine Romanreihe haben, um erfolgreich sein zu können?
**B** Erfüllt „Saphirblau" eure Erwartungen an einen erfolgreichen Roman?

# Einen Romanauszug des *Realismus* erschließen

Theodor Fontane

## **Effi Briest** (1894–95) – Auszug 1

*Die siebzehnjährige adlige Effi von Briest hat sich auf Zureden ihrer Mutter mit dem wohlhabenden und hoch angesehenen 38-jährigen Baron Geert von Innstetten verlobt. Anschließend spricht Effi mit ihren Freundinnen über ihren Verlobten und ihre Heiratsabsichten.*

„Nun, Effi", sagte Hertha, während alle drei zwischen den rechts und links blühenden Studentenblumen auf und ab schritten, „nun, Effi, wie ist dir eigentlich?"

„Wie mir ist? Oh, ganz gut. Wir nennen uns auch schon du und bei Vornamen. Er heißt nämlich Geert, was ich euch, wie mir einfällt, auch schon gesagt habe."

„Ja, das hast du. Mir ist aber doch so bange dabei. Ist es denn auch der Richtige?"

„Gewiss ist es der Richtige. Das verstehst du nicht, Hertha. Jeder ist der Richtige. Natürlich muss er von Adel sein und eine Stellung haben und gut aussehen."

„Gott, Effi, wie du nur sprichst. Sonst sprachst du doch ganz anders."

„Ja, sonst."

„Und bist du auch schon ganz glücklich?"

„Wenn man zwei Stunden verlobt ist, ist man immer ganz glücklich. Wenigstens denk ich es mir so."

„Und ist es dir denn gar nicht, ja, wie sag ich nur, ein bisschen genant[1]?"

„Ja, ein bisschen genant ist es mir, aber doch nicht sehr. Und ich denke, ich werde darüber wegkommen."

1 genant: unangenehm, peinlich

**1** „Sonst sprachst du doch ganz anders." (▶ Z. 15 f.) – Wie hat die 17-jährige Effi vermutlich bisher über Liebe gesprochen? Entwerft ein mögliches Gespräch zwischen Effi und ihrer Freundin Hertha über die Liebe und „den Richtigen", in dem Effi „wie sonst" spricht.

**2** Effis Freundin Hertha „ist [...] bange dabei" (▶ Z. 9 f.). Notiert, was die Figur befürchtet, und begründet eure Aussagen mit Textstellen.

**3** Wie stellt sich Effi vermutlich ihre zukünftige Beziehung zu dem älteren Baron vor? Formuliert ihre Gedanken im Heft. So könnt ihr beginnen:
*Jetzt bin ich also verlobt und ich darf den Baron von Innstetten „Geert" nennen ...*

Theodor Fontane

## **Effi Briest** (1894–95) – Auszug 2

*Kurze Zeit nach der Verlobung erhält Effi einen Brief ihres Verlobten Geert. Sie liest ihn ihrer Mutter vor.*

„Das ist ein sehr hübscher Brief“, sagte Frau von Briest, „und dass er in allem das richtige Maß hält, das ist ein Vorzug mehr.“
„Ja, das rechte Maß, das hält er.“
„Meine liebe Effi, lass mich eine Frage tun; wünschtest du, dass der Brief nicht das richtige Maß hielte, wünschtest du, dass er zärtlicher wäre, vielleicht überschwänglich zärtlich?“
„Nein, nein, Mama. Wahr und wahrhaftig nicht, das wünsche ich nicht. Da ist es doch besser so.“
„Da ist es doch besser so. Wie das nun wieder klingt. Du bist so sonderbar. Und dass du vorhin weintest. Hast du was auf deinem Herzen? Noch ist es Zeit. Liebst du Geert nicht?“
„Warum soll ich ihn nicht lieben? Ich liebe Hulda, und ich liebe Bertha, und ich liebe Hertha. Und ich liebe auch den alten Niemeyer. Und dass ich euch liebe, davon spreche ich gar nicht erst. Ich liebe alle, die's gut mit mir meinen und gütig gegen mich sind und mich verwöhnen. Und Geert wird mich auch wohl verwöhnen. Natürlich auf seine Art. Er will mir ja schon Schmuck schenken in Venedig. Er hat keine Ahnung davon, dass ich mir nichts aus Schmuck mache. Ich klettre lieber, und ich schaukle mich lieber, und am liebsten immer in der Furcht, dass es irgendwo reißen oder brechen und ich niederstürzen könnte. Den Kopf wird es ja nicht gleich kosten.“
„Und liebst du vielleicht auch deinen Vetter[1] Briest?“
„Ja, sehr. Der erheitert mich immer.“
„Und hättest du Vetter Briest heiraten mögen?“
„Heiraten? Um Gottes willen nicht. Er ist ja noch ein halber Junge. Geert ist ein Mann, ein schöner Mann, ein Mann, mit dem ich Staat machen kann und aus dem was wird in der Welt. Wo denkst du hin, Mama.“
„Nun, das ist recht, Effi, das freut mich. Aber du hast noch was auf der Seele.“
„Vielleicht.“
„Nun, sprich.“
„Sieh, Mama, dass er älter ist als ich, das schadet nichts, das ist vielleicht recht gut: Er ist ja doch nicht alt und ist gesund und frisch und so soldatisch und so schneidig. Und ich könnte beinah sagen, ich wäre ganz und gar für ihn, wenn er nur ... ja, wenn er nur ein bisschen anders wäre.“
„Wie denn, Effi?“
„Ja, wie. Nun, du darfst mich nicht auslachen. Es ist etwas, was ich erst ganz vor Kurzem aufgehorcht habe, drüben im Pastorhause. Wir sprachen da von Innstetten, und mit einem Male zog der alte Niemeyer seine Stirn in Falten, aber in Respekts- und Bewunderungsfalten, und sagte: ‚Ja, der Baron! Das ist ein Mann von Charakter, ein Mann von Prinzipien.‘“
„Das ist er auch, Effi.“
„Gewiss. Und ich glaube, Niemeyer sagte nachher sogar, er sei auch ein Mann von Grundsätzen. Und das ist, glaub ich, noch etwas mehr. Ach, und ich ... ich habe keine. Sieh, Mama, da liegt etwas, was mich quält und ängstigt. Er ist so lieb und gut gegen mich und so nachsichtig, aber ... ich fürchte mich vor ihm.“

1 der Vetter: der Cousin

**1** Warum fürchtet sich Effi vor ihrem Verlobten Baron von Innstetten?
Formuliert Vermutungen und begründet sie mit Angaben aus dem Text.

**2** Welche Beziehung haben Effi und ihre Mutter?
Beschreibt das Verhältnis der Figuren und weist eure Aussagen mit Textstellen nach.

**3** In dem Romanauszug äußern Effi und ihre Mutter unterschiedliche Vorstellungen von Liebe und Partnerschaft. Wählt Aufgabe a oder b und tauscht eure Ergebnisse aus.

●○○ a Untersucht Effis Aussagen und beantwortet die folgenden beiden Fragen:
- Was versteht Effi unter Liebe?
- Was ist ihr an einem Partner wichtig? Was wünscht sie sich von ihm, was nicht?

●●● b Untersucht die Fragen und Äußerungen der Mutter und erläutert ihre Vorstellungen von Liebe.

**4** Die Vorstellungen der Figuren werden auch in ihrer Sprache deutlich.
Untersucht die Sprache der Figur Effi. Achtet auf Besonderheiten in der Wortwahl, auf Wiederholungen und Floskeln, z. B.:
- *Effi wirkt in ihren Vorstellungen über die Liebe noch unsicher. Das wird deutlich, wenn sie Aussagen der Mutter wiederholt, z. B. „...“*
- *Effi unterscheidet nicht zwischen Liebe zu Freunden, zur Familie und zum Partner. Sie verwendet ...*

**5** Fontanes Roman „Effi Briest“ ist ein wichtiges Werk des Realismus.
a Informiert euch im Informationskasten über diese literarische Epoche und ihre geschichtlichen Hintergründe.
b Welche Merkmale des Realismus findet ihr in den beiden Romanauszügen (▸ S. 94 f.) wieder? Listet sie auf und notiert beispielhafte Textstellen:

| Merkmale des Realismus (ca. 1848–1890) | Textbeispiele aus „Effi Briest“ |
|---|---|
| *1 Adel, Bürgertum und Arbeiterschaft bilden gesellschaftliche Schichten, aus deren ...*<br>*2 ...* | *1 „Natürlich muss er von Adel sein und eine Stellung haben und ...“ (S. 94, Z. 12–14)*<br>*2 ...* |

**Information** **Literarische Epoche: Der Realismus (ca. 1848–1890)**

- Als „Epoche“ bezeichnet man einen **Zeitraum,** in dem es bestimmte **Ähnlichkeiten in literarischen Texten** gibt. Solche Zeiträume können sich auch überschneiden.
- Die Epoche des **Realismus** folgte auf die gescheiterte deutsche Revolution von 1848. In dieser Zeit bildeten Adel, Bürgertum und Arbeiterschaft immer noch **gesellschaftliche Schichten,** aus deren Schranken man nicht ausbrechen durfte. Frauen und Männer mussten ihre **Rollen** einnehmen. **Konventionen** (gesellschaftliche Regeln) bestimmten das Leben. Gefühle spielten eine untergeordnete Rolle, sie wurden oft nicht benannt.
- In Texten des Realismus wurde versucht, die **Realität möglichst objektiv darzustellen.** Der Erzähler sollte **keine Wertungen** vornehmen. Der **sprachliche Stil** sollte **detailreich** sein. Viele Texte der Zeit enthalten **Naturschilderungen** als indirekte Darstellung innerer Handlungen und als Hinweise auf die Gefühlslage der Figuren.

# Die Merkmale eines Romans aus dem *Sturm und Drang* untersuchen

Johann Wolfgang Goethe

## **Die Leiden des jungen Werther** (1774) – Auszug 1

*Bei dem Roman „Die Leiden des jungen Werther" handelt es sich um einen Briefroman: Er besteht aus Briefen der Figur Werther an seinen Freund Wilhelm. Werther ist ein junger Jurist, der sich unsterblich in die schöne Lotte verliebt hat. In seinen Briefen erzählt er von seiner großen Liebe und beschreibt seine Gefühle. Er empfindet eine tiefe Seelenverwandtschaft zu Lotte. Lotte pflegt die Freundschaft zu ihm, lässt sich aber auf Werthers Liebesschwüre nicht ein, denn sie ist bereits mit Albert verlobt.*

**Am 13. Juli**

Nein, ich betrüge mich nicht! Ich lese in ihren schwarzen Augen wahre Teilnehmung an mir, und meinem Schicksale. Ja ich fühle, und darin darf ich meinem Herzen trauen, dass sie – O darf ich, kann ich den Himmel in diesen Worten aussprechen? – dass sie mich liebt.

Und ob das Vermessenheit ist oder Gefühl des wahren Verhältnisses: Ich kenne den Menschen nicht, von dem ich etwas in Lottens Herzen fürchtete. Und doch – wenn sie von ihrem Bräutigam spricht mit all der Wärme, all der Liebe, da ist mir's wie einem, der all seiner Ehren und Würden entsetzt, und dem der Degen genommen wird.

**Am 16. Juli**

Ach wie mir das durch alle Adern läuft, wenn mein Finger unversehns den ihrigen berührt, wenn unsere Füße sich unter dem Tische begegnen. Ich ziehe zurück wie vom Feuer, und eine geheime Kraft zieht mich wieder vorwärts, mir wird's so schwindlich vor allen Sinnen. O und ihre Unschuld, ihre unbefangene Seele fühlt nicht, wie sehr mich die kleinen Vertraulichkeiten peinigen. Wenn sie gar im Gespräch ihre Hand auf die meinige legt, und im Interesse der Unterredung näher zu mir rückt, dass der himmlische Atem ihres Mundes meine Lippen reichen kann. – Ich glaube zu versinken wie vom Wetter gerührt. Und Wilhelm, wenn ich mich jemals unterstehe, diesen Himmel, dieses Vertrauen – Du verstehst mich. Nein, mein Herz ist so verderbt nicht! Schwach! schwach genug! Und ist das nicht Verderben?

Sie ist mir heilig. Alle Begier schweigt in ihrer Gegenwart. Ich weiß nimmer wie mir ist, wenn ich bei ihr bin, es ist als wenn die Seele sich mir in allen Nerven umkehrte. [...]

**Am 30. August**

Unglücklicher! Bist du nicht ein Tor? Betrügst du dich nicht selbst? Was soll all diese tobende, endlose Leidenschaft? [...]

**1** In welcher Situation befindet sich der junge Werther, worüber schreibt er seinem Freund? Formuliert den Inhalt der Briefe mit euren eigenen Worten. Wählt Aufgabe a oder b.

●○○ **a** Übertragt den Inhalt des Briefs vom 13. Juli in die heutige Sprache. Ergänzt dazu die folgenden Sätze: *Nein, ich irre mich doch nicht. Ich sehe ihr an, dass ... Mein Gefühl sagt mir, dass ... Dadurch fühle ich mich so ... Dir darf ich das sagen, denn ... Ich kann mir nicht vorstellen, dass Lotte an jemand anderen denkt. Aber wenn sie so liebevoll von ihrem Verlobten spricht, ...*

●●● **b** Übertragt den Inhalt des Briefs vom 16. Juli in die heutige Sprache. So könnt ihr beginnen: *Wenn meine Finger aus Versehen ihre Finger berühren, ...*

**c** Stellt euch eure Übertragungen gegenseitig vor und besprecht anschließend, welche Zweifel Werther in seinem Brief vom 30. August formuliert.

**2** Die für die Briefe gewählte Sprache verdeutlicht die Einstellung und die Gefühle der Figur. Bildet Gruppen und untersucht die sprachliche Gestaltung der Briefe genauer.

**a** Verteilt die sechs Karten A bis F zu sprachlichen Gestaltungsmitteln in der Gruppe. Übertragt sie jeweils auf eine Karte und ergänzt Beispiele aus den drei Briefen.

**b** Stellt euch die Beispiele gegenseitig vor und besprecht, was sie bedeuten und wie sie wirken. Ergänzt anschließend Angaben dazu auf den Karten.

**A Direkte Anrede des Briefpartners**
Beispiele: ...
Wirkung: Ausdruck von Vertrautheit

**B Ausrufe**
Beispiele: ...
Wirkung: ...

**C Wiederholungen**
Beispiele: ...
Wirkung: ...

**D Satzabbrüche, Einschübe**
Beispiele: ...
Wirkung: ...

**E Rhetorische Fragen**
Beispiele: ...
Wirkung: ...

**F Bildliche Sprache** (Metaphern, Vergleiche, Adjektive)
Beispiele: ...
Bedeutung und Wirkung: ...

**3** Was bedeutet Liebe für Werther? Welche Vorstellung von Liebe vermitteln Inhalt und Sprache der Briefe? Wählt Aufgabe a oder b und stellt euch anschließend eure Ergebnisse vor.

●○○ **a** Legt einen Steckbrief für „Werther in Love" an. Notiert Angaben zu folgenden Aspekten:

Name | vermutliches Alter | Beruf | Eigenschaften | Wünsche und Träume bezüglich der Liebe

●●● **b** Verfasst einen erläuternden Text über Werthers Vorstellung von Liebe. Folgende Begriffe können euch helfen, die Bedeutung der Liebe für Werther zu beschreiben:

rosa Brille | Vertrauen | Verständnis | Begierde | Enttäuschung | Trauer | Angst | Verlangen | Selbstliebe | Glück | Leidenschaft | Leiden | Zuneigung | Machtlosigkeit | Liebestrunkenheit | Selbstaufgabe

So könnt ihr beginnen: *Liebe bedeutet für Werther, dass ...*

**4** Goethes Roman „Die Leiden des jungen Werther" ist ein wichtiges Werk des Sturm und Drang.
a Informiert euch im Informationskasten über diese literarische Epoche und ihre geschichtlichen Hintergründe.
b Welche Merkmale des Sturm und Drang findet ihr in dem Romanauszug wieder?
Formuliert dazu eine Aussage mit Textbelegen. So könnt ihr beginnen:
*Der Roman „Die Leiden des jungen Werther" von Johann Wolfgang Goethe enthält typische Merkmale der literarischen Epoche des Sturm und Drang. Beispielsweise ...*

**5** Fasst eure Ergebnisse der Aufgaben 1 bis 4 in einer Interpretation des Romanauszugs zusammen:
– Gebt den Inhalt der Briefe kurz wieder.
*Jn den Briefen schreibt die Hauptfigur Werther ...*
– Beschreibt die sprachliche Gestaltung der Briefe und ihre Wirkung.
  - *Die für die Briefe gewählte Sprache spiegelt den seelischen Zustand / den Gefühlszustand / die Haltung der Hauptfigur wider: ...*
  - *Die direkte Anrede des Freundes „..." (Z. ...) soll den Eindruck von ... vermitteln.*
  - *Ausrufe wie „..." (Z. ...) machen deutlich, wie sehr ...*
  - *Goethe verwendet Vergleiche wie „wie vom Wetter gerührt" (Z. ...), um ...*
– Leitet Aussagen zur Figur Werther und ihrer Vorstellung von Liebe ab.
– Geht zum Schluss darauf ein, welche Merkmale des Sturm und Drang sich in dem Romanauszug erkennen lassen.

**6** Stellt euch vor, ihr seid mit Werther eng befreundet und erhaltet diese Briefe von ihm. Antwortet ihm in eurer Sprache. Teilt ihm auch mit, was ihr von seinen Gedanken haltet und welchen Eindruck ihr von ihm habt.

**7** Wie wäre es, wenn Werther und Effi sich bei einer Zeitreise begegnen und sich ineinander verlieben würden? Hätte ihre Liebe eine Chance?
Formuliert eure Vermutung und begründet sie.

**Information** **Literarische Epoche: Der Sturm und Drang (ca. 1770–1785)**

- Als „Epoche" bezeichnet man einen **Zeitraum,** in dem es bestimmte **Ähnlichkeiten in literarischen Texten** gibt. Solche Zeiträume können sich auch überschneiden.
- Die Epoche des **Sturm und Drang (ca. 1770–1785)** ist eine Reaktion auf die Zeit der **Aufklärung** (ca. 1720–1780), die Vernunft, Verstand und Rechtegleichheit zu ihren Leitideen gemacht hatte. Entsprechend wurden Moral, Toleranz und Humanität gefordert.
- Texte des Sturm und Drang kritisierten die Überbetonung des Verstands und stellten **das Individuum, die Natur** und vor allem **die Gefühle** in den Vordergrund. Daraus ergaben sich **Schwärmerei** und **Leidenschaft** für die Natur, für die Freiheit und für die Freundschaft oder die Liebe über alle gesellschaftlichen Konventionen hinweg.
- Diese **Leidenschaft** wurde durch bestimmte **sprachliche Mittel** ausgedrückt, z. B. durch zahlreiche Ich-Aussagen, persönliche Anrede, Ausrufe, Wiederholungen, Satzabbrüche und Einschübe (als Zeichen für Spontanität), rhetorische Fragen sowie Verwendung von bildlicher Sprache (Metaphern, Vergleiche, Adjektive) und von Gefühlsbegriffen (wie *Liebe, Trauer, Freude*).

# Die Stilmittel eines Heftromans untersuchen

Stefanie Burgemeister

## **Heideland, wie bist du so schön** (2014) – Auszug 1

Elisabeth erhob sich und streckte ihm die Hand hin. „Dann komm“, sagte sie einfach und wusste selbst nicht, weshalb sie plötzlich so glücklich war. Ihr Herz stolperte regelrecht, als sie fühlte, wie er nun ebenfalls seine Hand in die ihre legte. Und plötzlich hatte sie das Gefühl, als sei es schon immer so gewesen. Forschend blickte sie von der Seite sein Gesicht an, und ein grenzenloses Vertrauen überkam sie. [...]

„Willst du noch lange hier bleiben, Andreas?“, fragte sie leise. Plötzlich fürchtete sie seine Antwort.

„Ich weiß es noch nicht, kleine Prinzessin.“ Seine Stimme klang unendlich zärtlich. „Hätte ich dich nicht getroffen, dann wäre ich vielleicht schon längst wieder verschwunden. Es ist nicht gut, wenn man nur für seine Erinnerungen lebt. Man muss die Gegenwart wiederfinden. Es war ein Fehler herzukommen.“

„Wie meinst du das?“ „Du wirst das nicht verstehen, Prinzesschen. Seit vielen Jahren schon geistert die Heide durch meine Träume. Ich habe keine ruhige Minute mehr gefunden, und jetzt, da ich hier bin, ist es noch viel schlimmer.“ [...] Unendlich traurig blickte er sie an. Dann ließ er ihre Hand los, um die seine an ihre Wange zu legen. Damit zwang er sie, ihm in die Augen zu sehen. „Manchmal denke ich, du bist ein Wesen aus einer anderen Welt. Bist du sicher, dass du nicht schon längst tot bist, um mir zu erscheinen?“

Elisabeth lachte leise. „Lieber Andreas“, sagte sie sanft. „In meinem ganzen Leben hat noch niemand solche Dinge zu mir gesagt. Doch ich versichere dir, dass ich aus Fleisch und Blut bin. Ich bin die Tochter des Schäfers und heiße Elisabeth.“ „Ich weiß, kleine Fee, ich weiß es. Und doch kann ich es nicht fassen. Du bist das schönste Mädchen, das mir je über den Weg gelaufen ist. Am liebsten würde ich in der Tiefe deiner blauen Augen ertrinken. Einfach alles um mich herum aufgeben und die dunklen Flecken in meiner Vergangenheit vergessen.“ Ganz langsam näherte sein Gesicht sich dem ihren, während seine Augen ihren Blick festhielten. „Meine kleine Heideprinzessin.“ Noch immer blickte er so verwundert drein, als könnte er alles einfach nicht glauben. Dann lagen seine Lippen auf den ihren. Sein Kuss war vorsichtig und unendlich zart, so als hätte er Angst, er könnte etwas zerbrechen.

Elisabeth schloss die Augen. Noch nie zuvor hatte ein Mann sie so geküsst, und noch keiner hatte es geschafft, solch einen Gefühlssturm in ihr auszulösen. Inständig hoffte sie, dieser Augenblick möge niemals vergehen. Sie spürte den Schlag seines Herzens an ihrer Brust, und seine Arme umfingen sie zunächst unendlich sanft und dann so fest, als wollte er sie nie wieder loslassen. Später hatte Elisabeth nicht zu sagen vermocht, ob Sekunden vergangen waren, Minuten oder gar Stunden. Sie wusste nur, dass sie enttäuscht war, weil er sie plötzlich wieder losließ. Stumm schaute sie ihn an.

**1** a Fasst den Inhalt des Romanauszugs mit euren eigenen Worten zusammen.
b Wird es ein Happy End geben? Formuliert Vermutungen zur Fortsetzung und begründet eure Aussagen.

**2** Wie wirkt die Sprache des Romans auf euch? Beschreibt euren ersten Eindruck und nennt beispielhafte Textstellen.

**3** Der Auszug enthält mehrere stehende Metaphern, die häufig in gleichen Zusammenhängen mit gleicher Bedeutung verwendet werden, z. B. *„Jhr Herz stolperte“ (Z. 4).*

a Sucht solche Metaphern im Text und notiert sie mit Zeilenangabe.

b Formuliert zu jeder Metapher eine Aussage dazu, wie sie zu verstehen ist, z. B.:
*Die Metapher „Jhr Herz stolperte“ (Z. 4) sagt aus, dass das Herz unruhig schlägt. Sie macht deutlich, dass eine Figur sehr aufgeregt und verwirrt ist. Dieses sprachliche Bild wird häufig verwendet, um die Aufregung der anfänglichen Verliebtheit zu beschreiben.*

**4** Vergleicht den Heftromanauszug mit den Auszügen aus Theodor Fontanes „Effi Briest“ (▶ S. 94, 95) oder Goethes „Die Leiden des jungen Werther“ (▶ S. 97).
Wählt Aufgabe a oder b und tauscht euch über eure Ergebnisse aus.

●●○ a Vergleicht die sprachliche Darstellung von Liebe in den Romanauszügen. Beantwortet folgende Leitfragen und nutzt die Formulierungshilfen:
- Welche Besonderheiten fallen in der Wortwahl auf?
- Welche Besonderheiten gibt es im Satzbau?
- Welche stilistischen Mittel enthält der Text?

*Die Sprache ist sachlich / neutral / gefühlsbetont / emotional. Das wird deutlich in Formulierungen wie „...“ (Z. ...).*

●●● b Vergleicht die unterschiedlichen Vorstellungen von Liebe in den Romanen. Beantwortet folgende Leitfragen und nutzt die Formulierungshilfen:
- Was bedeutet Liebe für die einzelnen Figuren?
- Welche Einstellung haben sie zu ihr?
- Was erwarten sie oder wünschen sie sich von ihren Partnerinnen oder Partnern?

*Für die Figur ... ist die Liebe bedrohlich / pures Gefühl / unausweichlich / lebensnotwendig / gesellschaftlich notwendig / zweitrangig.*

**5** Die drei Romane „Liebe geht durch alle Zeiten“, „Werther“ und „Effi Briest“ sind Bestseller.
Warum waren und sind sie so erfolgreich? Stellt Vermutungen an und begründet diese mit Hinweisen auf die Texte.

**Information** **Der Heftroman**

- Bei **Heftromanen** handelt es sich um leicht verständliche Romane in einem bestimmten Format (DIN A5), die meist als Serien oder Reihen preisgünstig in hohen Auflagen veröffentlicht werden. Literarisch ordnet man sie dem Genre der **Schemaliteratur** zu, weil ihr Inhalt und Aufbau einfachen, üblichen Mustern (Schemata) folgen.
- **Merkmale der Schemaliteratur** sind die Behandlung bestimmter **Themenbereiche** wie *Liebe, Tod, Abenteuer,* **einfache inhaltliche und sprachliche Strukturen, Schwarz-Weiß-Zeichnung** der Figuren, Darstellung weiblicher und männlicher Figuren in traditionellen **Rollenklischees,** Vermittlung eindeutiger **moralischer Ansichten** und Vortäuschung eines **klaren Weltbilds** sowie Verwendung von **stehenden Metaphern,** die in gleichen Zusammenhängen oft mit gleicher Bedeutung verwendet werden und deshalb wenig Deutungsspielraum lassen, z. B.: *die Zeit bleibt stehen, Herzen sprechen.*

## Teste dich!

Johann Wolfgang Goethe

### **Die Leiden des jungen Werther** (1774) – Auszug 2

Und, darf ich's sagen? Warum nicht, Wilhelm, sie wäre mit mir glücklicher geworden als mit ihm! O er ist nicht der Mensch, die Wünsche dieses Herzens alle zu füllen. Ein gewisser Mangel an Fühlbarkeit, ein Mangel – nimm's, wie du willst, dass sein Herz nicht sympathetisch schlägt bei – Oh! – bei der Stelle eines lieben Buchs, wo mein Herz und Lottens in einem zusammentreffen. In hundert andern Vorfällen, wenn's kommt, dass unsere Empfindungen über eine Handlung eines Dritten laut werden. Lieber Wilhelm! – Zwar liebt er sie von ganzer Seele, und so eine Liebe, was verdient die nicht –

**1** Untersuche die sprachliche Gestaltung des Romanauszugs. Schreibe die verwendeten stilistischen Mittel ins Heft und notiere jeweils eine Textstelle als Beispiel.

| | | | |
|---|---|---|---|
| **A** Ausrufe | **D** Satzabbrüche | **G** Ironie | **J** direkte Anrede |
| **B** Gefühlsausdrücke | **E** Ich-Aussagen | **H** Sprachbilder | **K** rhetorische Fragen |
| **C** Fachwörter | **F** einfache Sätze | **I** Wiederholungen | **L** Einschübe |

Theodor Fontane

### **Effi Briest** (1894–95) – Auszug 3

Effi lachte so herzlich, wie sie seit Langem nicht mehr gelacht hatte. Doch es war von keiner Dauer, und als Innstetten ging und sie allein ließ, setzte sie sich an die Wiege des Kindes, und ihre Tränen fielen auf die Kissen. Es brach wieder über sie herein, und sie fühlte, dass sie wie eine Gefangene sei und nicht mehr herauskönne. Sie litt schwer darunter und wollte sich befreien. Aber wiewohl sie starker Empfindungen fähig war, so war sie doch keine starke Natur; ihr fehlte die Nachhaltigkeit, und alle guten Anwandlungen gingen wieder vorüber. So trieb sie denn weiter, heute, weil sie's nicht ändern konnte, morgen, weil sie's nicht ändern wollte. Das Verbotene, das Geheimnisvolle hatte seine Macht über sie.

**2** Prüfe die folgenden Deutungsthesen zum Auszug aus dem Roman „Effi Briest“. Notiere die Buchstaben der passenden Aussagen ins Heft, sie ergeben rückwärtsgelesen ein Lösungswort.

**NED** Effi ist hin- und hergerissen zwischen zwei Ansprüchen an sich.
**REB** Effi ist erleichtert, dass ihr Ehemann Innstetten ihr vergeben hat.
**IEL** Effi ist eine Gefangene ihrer Sehnsucht nach dem Verbotenen.
**DNÄ** Effi ist traurig wegen ihres Kindes.

**3** Vergleiche deine Lösungen mit einer Lernpartnerin oder einem Lernpartner.

# 5.2 Satire und Parodie – Texte aus- und umgestalten

## Eine Satire erschließen und selbst schreiben

Kurt Tucholsky

### Lottchen beichtet 1 Geliebten (1931)

„Es ist ein fremder Hauch auf mir? Was soll das heißen – es ist ein fremder Hauch auf mir? Auf mir ist kein fremder Hauch. Gib mal 'n Kuss auf Lottchen. In den ganzen vier Wochen, wo du in der Schweiz gewesen bist, hat mir keiner einen Kuss gegeben. Hier war nichts. Nein – hier war wirklich nichts! Was hast du gleich gemerkt? Du hast gar nichts gleich gemerkt ... ach, Daddy! Ich bin dir so treu wie du mir. Nein, das heißt ... also, ich bin dir wirklich treu! Du verliebst dich ja schon in jeden Refrain, wenn ein Frauenname drin vorkommt ... ich bin dir treu ... Gott sei Dank! Hier war nichts. ... Nur ein paarmal im Theater. Nein, billige Plätze – na, das eine Mal in der Loge ... Woher weißt du denn das? Was? Wie? Wer hat dir das erzählt? Na ja, das waren Plätze ... durch Beziehungen ... Natürlich war ich da mit einem Mann. Na, soll ich vielleicht mit einer Krankenschwester ins Theater ... lieber Daddy, das war ganz harmlos, vollkommen harmlos, mach doch hier nicht in Kamorra oder Mafia oder was sie da in Korsika machen. In Sizilien – meinetwegen, in Sizilien! Jedenfalls war das harmlos. Was haben sie dir denn erzählt? Was? Hier war nichts. [...]

Nichts. Nichts war. Der Mann ... der Mann ist eben – ich hab ihn auch im Auto mitgenommen, weil er so nett neben einem im Auto sitzt, eine glänzende Begleitdogge [...] Der Mann sah glänzend aus. Doch, das ist wahr. Einen wunderbaren Mund, so einen harten Mund – gib mal 'n Kuss auf Lottchen, er war dumm. Es war nichts.

Direkt dumm war er eigentlich nicht. Das ist ja ... ich habe mich gar nicht in ihn verliebt; du weißt ganz genau, dass ich mich bloß verliebe, wenn du dabei bist – damit du auch eine Freude hast! Ein netter Mann ... aber ich will ja die Kerls gar nicht mehr. Ich nicht. Ich will das überhaupt alles nicht mehr. Daddy, so nett hat er ja gar nicht ausgesehn. Außerdem küsste er gut. Na so – es war jedenfalls weiter nichts.

Sag mal, was glaubst du eigentlich von mir? Glaubst du vielleicht von mir, was ich von dir glaube? Du – das verbitt ich mir! Ich bin treu. Daddy, der Mann ... das war doch nur so eine Art Laune. Na ja, erst lässt du einen hier allein, und dann schreibst du nicht richtig, und telefoniert hast du auch bloß einmal – und wenn eine Frau allein ist, dann ist sie viel alleiner als ihr Männer. Ich brauche gewiss keinen Mann ... ich nicht. Den hab ich auch nicht gebraucht; das soll er sich bloß nicht einbilden! Ich dachte nur: I, dachte ich – wie ich ihn gesehn habe ... Ich habe schon das erstemal gewusst, wie ich ihn gesehn habe – aber es war ja nichts.

Nach dem Theater. Dann noch zwei Wochen lang. Nein. Ja. Nur Rosen und zweimal Konfekt und den kleinen Löwen aus Speckstein. Nein. Ich ihm meinen Hausschlüssel? Bist wohl ...! Ich hab ihm meinen Hausschlüssel doch nicht gegeben! Ich werde doch einem fremden Mann meinen Hausschlüssel nicht geben ...! Da bring ich ihn lieber runter. Daddy, ich habe ja für den Mann gar nichts empfunden – und er für mich auch nicht – das weißt du doch. Weil er eben solch einen harten Mund hatte ... und ganz schmale Lippen. Weil er früher Seemann war. [...] Küsst aber gut. Daddy, wenn ich mich nicht so runter gefühlt hätte, dann wäre das auch gar nicht passiert ... Es ist ja auch eigentlich nichts passiert – das zählt doch nicht. [...] Es war überhaupt nichts.
Tätowiert! Der Mann ist doch nicht tätowiert! Der Mann hat eine ganz reine Haut, er hat ... Keine Details? Keine Details! Entweder ich soll erzählen, oder ich soll nicht erzählen. Von mir wirst du über den Mann kein Wort mehr hören. Daddy, hör doch – wenn er nicht Seemannsmaat gewesen wäre, oder wie das heißt ... Und ich wer[d] dir überhaupt was sagen: Erstens war überhaupt nichts, und zweitens kennst du den Mann nicht, und drittens weil er Seemann war, und ich hab ihm gar nichts geschenkt, und überhaupt, wie Paul Graetz immer sagt: Kaum hat man mal, dann ist man gleich – Daddy! Daddy! Lass mal ... was ist das hier? Was? Wie? Was ist das für ein Bild? Was ist das für eine Person? Wie? Was? Wo hast du die kennen gelernt? Wie? In Luzern? Was? Hast du mit der Frau Ausflüge gemacht? In der Schweiz machen sie immer Ausflüge. Erzähl mir doch nichts ... Was? Da war nichts?
Das ist ganz was andres. Na ja, mir gefällt schon manchmal ein Mann. Aber ihr –? *Ihr werft euch eben weg!"*

**1** a Lest den ersten Absatz gestaltend vor und beschreibt euren Leseeindruck.
b Lest weiter und tauscht euch aus: Wie würdet ihr auf ein solches Geständnis reagieren?

**2** Wie bewertet die Figur Lottchen ihre Affäre, und wie bewertet sie Affären von Männern? Formuliert eine Aussage dazu, wie ihr den Text versteht, z. B.:
*In dem Text hält die Figur Lottchen ihre Affäre für ..., während sie glaubt, dass Männer ...*

**3** Durch Satire werden Menschen oder Missstände indirekt kritisiert.
Welche menschlichen Eigenschaften und Verhaltensweisen werden in diesem Text kritisch dargestellt? Wählt Aufgabe a oder b.

●●● a Formuliert eine Deutungsthese dazu, welche menschlichen Eigenschaften und Verhaltensweisen im Text indirekt kritisiert werden.

●○○ b Wählt zutreffende Aussagen aus.
- **A** Der Autor Tucholsky kritisiert die Oberflächlichkeit von Liebesbeziehungen.
- **B** Tucholsky führt vor, wie leichtsinnig Aussagen über Liebe und Treue getroffen werden.
- **C** Im Text werden Frauen verurteilt, die während der Abwesenheit ihres Mannes Affären eingehen.
- **D** Der Text macht sich lustig über ungebildete oder geschwätzige Frauen.
- **E** Im Text werden Männer angeprangert, die eifersüchtig sind, während sie selbst nicht treu sind.
- **F** Der Autor führt im Text die ungleiche Bewertung von Frauen und Männern mit Affären vor.

c Tauscht euch über eure Ergebnisse aus und besprecht, wie ihr den letzten Satz „Ihr werft euch eben weg!" (▶ Z. 97) versteht.

**4** Untersucht den Aufbau und die Sprache des Textes. Notiert stichwortartig Besonderheiten und Auffälligkeiten und tauscht eure Ergebnisse aus.

**5** Durch welche stilistischen Mittel wird die Kritik im Text indirekt zum Ausdruck gebracht?

a Ordnet die markierten Textstellen folgenden satirischen Stilmitteln zu.

| |
|---|
| Übertreibungen   Untertreibungen   sprachliche Bilder (Metaphern)   Wortspiele<br>Neologismen (Wortneuschöpfungen)   Wiederholungen |

b Sucht im Text nach weiteren Beispielen für satirische Stilmittel und notiert sie.

c Beschreibt, wie die einzelnen Textbeispiele auf euch wirken: Was stellt ihr euch vor und was denkt ihr, wenn ihr sie lest?

**6** Schreibt selbst einen satirischen Text nach dem Muster von „Lottchen beichtet 1 Geliebten", in dem sich jemand für sein Verhalten rechtfertigt. Geht so vor:

a Entscheidet, welches Verhalten ihr kritisieren möchtet, z. B.:
*bei Klassenarbeiten schummeln / sich verspäten / eifersüchtig sein / etwas vergessen / lügen / Gerüchte verbreiten / etwas verlieren.*

b Überlegt euch eine konkrete Situation, in der eine Figur so gehandelt haben könnte, z. B.:
*Ein Schüler schreibt in der Klassenarbeit vom Banknachbarn ab und wird vom Lehrer dabei erwischt.*

c Sammelt zu dieser Situation mögliche Gründe, wie man sich rechtfertigen könnte, z. B.:
*Ich habe nur ganz kurz meinen Kopf bewegt, mein Nacken war schon ganz steif. /*
*Ich habe meinen Bleistift gesucht. /*
*Ich habe nur einmal kurz auf die Uhr gesehen. /*
*Ich hatte neben mir etwas gehört. Ich dachte, es wäre etwas runtergefallen.*

d Verfasst den satirischen Text.
Versucht, den Aufbau des Textes von Tucholsky nachzuahmen und verwendet satirische Stilmittel wie Übertreibungen oder Untertreibungen, sprachliche Bilder und Wiederholungen, z. B.:
- *Ich würde niemals, niemals in meinem Leben betrügen.*
- *Ich musste nicht eine Sekunde lang über die Lösung der Aufgabe nachdenken.*
- *Sie meinen den kurzen Blick auf die Uhr? Dabei habe ich doch kaum den Kopf bewegt.*
- *Die Lösungen sind mir nur so aus dem Füller geflossen.*
- *Ich habe wirklich gar nicht, nicht einen Moment nach rechts geschaut.*

**Information** **Die Satire**

- Die **Satire** bezeichnet eine bestimmte **Form, etwas darzustellen.** Sie kann in allen literarischen Gattungen verwendet werden.
- Satirische Texte kritisieren **menschliche Verhaltensweisen** oder **gesellschaftliche Missstände,** indem diese überspitzt oder verzerrt dargestellt werden.
- Die **Kritik** wird nicht direkt ausgesprochen, sondern **indirekt** zum Ausdruck gebracht durch die Verwendung **stilistischer Mittel,** z. B.:
  - **Übertreibungen, Untertreibungen, Euphemismen** (Beschönigungen) oder **Wiederholungen** zur Betonung kritikwürdigen Verhaltens oder der Missstände
  - **Vergleiche, Metaphern, Wortspiele** und **Neologismen** (Wortneuschöpfungen) zur Veranschaulichung
  - **Ironie,** bei der das Gegenteil dessen gesagt wird, was man meint
- Satiren sollen die Leser dazu bringen, das Dargestellte **kritisch zu betrachten.**

# Eine Parodie schreiben

Stefanie Burgemeister

**Heideland, wic bist du so schön** (2014) – Auszug 2

Das bildhübsche Mädchen saß am Ufer eines verträumt anmutenden winzig kleinen Sees auf dem alten Bootssteg und ließ die langen schlanken Beine ins Wasser baumeln. Auf seinen Knien hatte es ein Buch, in dem es selbstvergessen schmökerte. Der große zottelige Hund hatte es sich neben dem Mädchen bequem gemacht und den dicken Kopf auf seine ausgestreckten Vorderbeine gelegt. Immer wieder öffnete er die Augen und blinzelte verschlafen vor sich hin. Am anderen Ufer des kleinen Sees lag ein alter, morscher Holzkahn, der sich kaum merklich im Rhythmus der Wellen hin- und herbewegte. Verspielt plätscherte das Wasser am seichten Ufer und formte kleine Kreise, von einem lauen Frühsommerwind gestreichelt.

„Das ist wunderschön, Troll“, seufzte Elisabeth Bergen, die vierundzwanzigjährige Tochter des Schäfers von Wessendorf. „Ich glaube, das ist die schönste Sage, die ich jemals gelesen habe.“ Ein glückseliges Lächeln umspielte ihre natürlich roten Lippen. [...] Dann vertiefte sie sich wieder in ihre Geschichte. Schließlich wollte sie erfahren, ob die Liebe siegte oder, wie so oft, die Wirklichkeit. Halblaut las sie weiter. „[...] Er nahm sich keine neue Frau, da keine Sterbliche es mit der Schwanenfrau aufnehmen konnte, und obwohl er jahrelang Ausschau hielt und geduldig wartete, sah er die verzauberten Schwäne niemals wieder.“

Elisabeth hob ihr tränenüberströmtes Gesicht und ließ sich von dem lauen Wind streicheln. Die Geschichte hatte sie so beeindruckt, dass sie nur mit Mühe ein Schluchzen unterdrücken konnte. Die kleinen Blättchen der alten Weiden bewegten sich sanft und ließen ein leises Rascheln hören. Auch das dichte Schilfgras passte sich diesem Rhythmus an, und für eine Weile glaubte Elisabeth tatsächlich, sich in einer verwunschenen, einer verzauberten Welt zu befinden. Ein fast unerträgliches Glücksgefühl strömte zu ihrem Herzen. Das war ihre Welt. Ein kleines Reich unberührter Natur, abgeschirmt von allen schlimmen Dingen, die es nur anderswo gab und die ihr Angst machten. Hier konnte sie unbeschwert träumen, sich ihren Gedanken hingeben und nur für den Augenblick leben.

**1** Fasst den Inhalt des Romanauszugs in wenigen Sätzen zusammen. Gebt die handelnden Figuren, den Ort und die Zeit der Handlung sowie die wichtigsten Handlungsschritte an.

**2** Welche Wirkung soll dieser Heftroman vermutlich haben? Und wodurch wird diese Wirkung erzielt? Formuliert eine Deutungsthese und begründet eure Aussagen:
- *Der Heftroman „Heideland, wie bist du so schön“ bewirkt, dass die Leser ...*
- *Diese Wirkung erzielt der Roman durch ... / dadurch, dass ...*

**3** Die Wirkung eines Textes kann durch die Erzählform und den Schreibstil verändert werden.
Stellt euch vor, die Figur Elisabeth wäre eine Zeitgenossin Werthers und lebte in der Epoche des Sturm und Drang. Wie würde sie den Moment am See in einem Brief an eine Freundin oder einen Freund schildern?
Formuliert einen Brief im Stil von Goethes „Werther".
**Tipp:** Nicht jeder Satz muss umformuliert werden. Es reicht aus, nur die Handlung des Originaltextes wiederzugeben, z. B.:

**Stilmerkmale im „Werther"**
- Ich-Aussagen
- persönliche Anrede
- Ausrufe, Wiederholungen, Satzabbrüche und Einschübe
- rhetorische Fragen
- Verwendung von bildlicher Sprache und Gefühlsbegriffen

| Textauszug „Heideland, wie bist du so schön" | Brief im Stil von „Werther" |
|---|---|
| – „Das bildhübsche Mädchen saß am Ufer eines verträumt anmutenden winzig kleinen Sees" (▶ Z. 1 f.) | *Liebe/-r Freund/-in! Könntest du hier sein! An diesem verträumten, anmutigen kleinen See.* |
| – „Am anderen Ufer des kleinen Sees lag ein alter, morscher Holzkahn, der sich kaum merklich im Rhythmus der Wellen hin- und herbewegte." (▶ Z. 11 ff.) | *Ahnst du, wie wundervoll dieser See hier ist? Ach! Mich schaut vom anderen Ufer ein märchenhafter, alter Holzkahn an, als wollte er ...* |
| – „Elisabeth hob ihr tränenüberströmtes Gesicht und ließ sich von dem lauen Wind streicheln." (▶ Z. 32 f.) | *Ach! Jch musste so sehr weinen, mein wehes Herz war völlig ergriffen davon, wie ...* |

**4** Überprüft in euren Texten, wie ihr den Stil von Goethes „Werther" umgesetzt habt.
Wählt Aufgabe a oder b.

●○○ a Markiert in eurem Brief Textstellen, an denen der Werther-Stil erkennbar ist, z. B. Ich-Aussagen und Ausrufe.

●●● b Markiert in eurem Brief drei Textstellen und begründet eure Schreibentscheidungen an diesen Stellen. Bezieht euch dabei auf die typischen Stilmittel in Werthers Briefen, z. B.:
- *Die Anrede „Liebe Freundin!" bewirkt, dass ...*
- *Der Ausruf und Wunsch „Könntest du hier sein!" verstärkt die emotionale Wirkung ...*
- *Das Adjektiv „märchenhaft" löst die Vorstellung von ... aus.*

c Stellt euch eure Texte gegenseitig vor. Äußert euch spontan zur Wirkung und erläutert, welche Stilmerkmale ihr umgesetzt habt.

**Information** **Die Parodie**

- Eine **Parodie** ist eine verzerrende, übertreibende oder verspottende **Nachahmung eines Werks oder einer Person.**
- Dabei werden **charakteristische Eigenschaften** des Originals **übertrieben dargestellt.** Durch diese Verzerrung entsteht oft eine **komische Wirkung.**
- Eine Parodie wertet das Original (das Werk, die Person) nicht ab, denn sie bestätigt seine **Bedeutung.** Oft werden der Text oder die Person durch die Parodie sogar gewürdigt.

# Einen Brief an eine literarische Figur verfassen

Theodor Fontane

## Effi Briest (1894–95) – Auszug 4

*Effi hat mit ihrem Ehemann Innstetten eine Weihnachtsfeier besucht, zu der sie und einige andere Gäste mit mehreren Pferdeschlitten gefahren waren. Zu den Gästen gehörte auch Major Crampas, der während der Feier mit Effi geflirtet hat. Auf dem Rückweg am Abend besteht Innstetten auf einer Abenteuerfahrt durch schwieriges Gelände, die eine Umverteilung der Schlittenpassagiere erfordert. Effi sitzt plötzlich allein auf ihrem Schlitten und Crampas kommt auf sie zu.*

„Ich kann Sie nicht allein lassen, gnäd'ge Frau." Effi war einen Augenblick unschlüssig, rückte dann aber rasch von der einen Seite nach der anderen hinüber, und Crampas nahm links neben ihr Platz.

All dies hätte vielleicht missdeutet werden können, Crampas selbst aber war zu sehr Frauenkenner, um es sich bloß in Eitelkeit zurechtzulegen. Er sah deutlich, dass Effi nur tat, was, nach Lage der Sache, das einzig Richtige war. Es war unmöglich für sie, sich seine Gegenwart zu verbitten. Und so ging es denn im Fluge den beiden anderen Schlitten nach, immer dicht an dem Wasserlaufe hin, an dessen anderem Ufer dunkle Waldmassen aufragten. Effi sah hinüber und nahm an, dass schließlich an dem landeinwärts gelegenen Außenrande des Waldes hin die Weiterfahrt gehen würde, genau also den Weg entlang, auf dem man in früher Nachmittagsstunde gekommen war. Innstetten aber hatte sich inzwischen einen andern Plan gemacht, und im selben Augenblick, wo sein Schlitten die Bohlenbrücke passierte, bog er, statt den Außenweg zu wählen, in einen schmaleren Weg ein, der mitten durch die dichte Waldmasse hindurchführte. Effi schrak zusammen. Bis dahin waren Luft und Licht um sie her gewesen, aber jetzt war es damit vorbei, und die dunklen Kronen wölbten sich über ihr. Ein Zittern überkam sie, und sie schob die Finger fest ineinander, um sich einen Halt zu geben. Gedanken und Bilder jagten sich, und eines dieser Bilder war das Mütterchen in dem Gedichte, das „Die Gottesmauer" hieß, und wie das Mütterchen, so betete auch sie jetzt, dass Gott eine Mauer um sie her bauen möge. Zwei, drei Male kam es auch über ihre Lippen, aber mit einem Mal fühlte sie, dass es tote Worte waren. Sie fürchtete sich und war doch zugleich wie in einem Zauberbann und wollte auch nicht heraus.

**1** a Was passiert in diesem Romanauszug? Gebt die Handlung mit eigenen Worten wieder.
b Wie versteht ihr den letzten Satz? Formuliert eine Deutungsthese dazu, wie die Figur Effi sich in diesem Moment fühlt.

**2** ●●● Naturmetaphern schaffen im Romanauszug eine besondere Atmosphäre und geben Hinweise auf die weitere Entwicklung der Handlung und auf Effis innere Zustände.
a Sucht im Text Naturbeschreibungen. Schreibt sie ins Heft ab und lasst zwischen jedem Textzitat einige Zeilen frei.
b Untersucht die Beschreibungen und notiert unter jedem Zitat, welche Atmosphäre die Beschreibung vermittelt und was damit metaphorisch gemeint sein könnte:
– Welche Gefühle der Hauptfigur Effi werden durch die Naturbeschreibung angedeutet?
– Auf welche weitere Entwicklung könnten die Beschreibungen hinweisen? Z. B.:
*(1) „immer dicht an dem Wasserlauf hin, an dessen anderem Ufer dunkle Waldmassen aufragten" (Z. 13–15)*
*→ Die dunklen Waldmassen wirken bedrohlich. Der Bach oder Fluss könnte eine Grenze darstellen, die die Figuren noch von der Gefahr trennt. Aber es wird deutlich, dass die Gefahr sehr nah ist. Effi sieht den dunklen Wald und scheint besorgt zu sein.*

▷ Eine Hilfe zu Aufgabe 2 a, b findet ihr auf Seite 110.

**3** ●●○ Untersucht die Beschreibung der Hauptfigur Effi in diesem Auszug.
a Sucht Textstellen, die etwas über Effis inneren Zustand aussagen. Schreibt sie ins Heft ab und lasst zwischen jedem Textzitat einige Zeilen frei.
b Untersucht die Textstellen und notiert unter jedem Zitat, wie ihr die Aussage deutet, z. B.:
*(1) „Effi war einen Augenblick unschlüssig, rückte dann aber rasch von der einen Seite nach der anderen hinüber" (Z. 2–4)*
*→ Effi ist unsicher, wie sie auf Crampas Aussage reagieren soll. Gleichzeitig scheint sie Respekt oder vielleicht sogar Angst vor ihm zu haben. Deshalb macht sie ihm so schnell Platz, obwohl sie unsicher ist.*

**4** ●●● Wie würde Effi ihrer Freundin Hertha in einem Brief von der Schlittenfahrt erzählen?
a Schreibt einen Brief, in dem Effi Hertha von der Situation, der Atmosphäre, ihren Gedanken und Gefühlen erzählt. Achtet darauf, dass der Inhalt des Briefs zur Situation im Romanauszug und zu Effis Lebenslage passt.
b Begründet zwei eurer Schreibentscheidungen und bezieht euch dabei auf den Romanauszug. Warum beschreibt ihr die Atmosphäre und Effis Gefühle genau so?

▷ Hilfe zu 4 a, b, Seite 110

c Überprüft eure Briefe gegenseitig in einer Schreibkonferenz.

**Methode** **Eine Schreibkonferenz durchführen**

- Setzt euch in Gruppen zusammen und legt Kriterien fest, auf die ihr achten wollt, z. B. Berücksichtigung der Textvorlage, Verwendung von Stilmitteln, Angemessenheit der Sprache.
- Gebt eure Texte im Uhrzeigersinn herum. Jede/-r liest den jeweils vorliegenden Text genau und notiert am Rand oder darunter, was gelungen ist und was verbessert werden sollte. Dann werden die Texte weitergereicht, bis alle jeden Text gelesen haben.
- Am Ende verbessern die Verfasser mit Hilfe der Vorschläge ihre eigenen Texte.

## Aufgabe 2 a, b mit Hilfe

Naturmetaphern schaffen im Romanauszug eine besondere Atmosphäre und geben Hinweise auf die weitere Entwicklung der Handlung und auf Effis innere Zustände. Untersucht die folgenden Beschreibungen 1–4 und ordnet ihnen Aussagen zur Atmosphäre und Bedeutung zu.

**1** „immer dicht an dem Wasserlaufe hin, an dessen anderem Ufer dunkle Waldmassen aufragten" (▸ Z. 13–15)

**2** „in einen schmaleren Weg ein, der mitten durch die dichte Waldmasse hindurchführte" (▸ Z. 24–26)

**3** „Bis dahin waren Luft und Licht um sie her gewesen" (▸ Z. 27–28)

**4** „die dunklen Kronen wölbten sich über ihr" (▸ Z. 29–30)

**A** Die Beschreibung macht deutlich, dass die Figuren einen Weg nehmen, den nicht alle gehen, und somit etwas Unübliches tun.

**B** Die dunklen Baumkronen vermitteln eine düstere Stimmung. Sie nehmen das Licht und wirken bedrückend und beängstigend.

**C** Effi sieht den dunklen Wald und scheint besorgt zu sein.

**D** Die dunklen Waldmassen wirken bedrohlich.

**E** Bisher war in Effis Leben alles hell und luftig gewesen, das heißt, Effi hatte sich fröhlich, frei und sorglos gefühlt.

**F** Diese Aussage veranschaulicht den Wechsel in der Atmosphäre und damit vielleicht auch in Effis Leben.

**G** Die Figuren geraten in dichte Waldmassen, die Dunkelheit und Unübersichtlichkeit und damit Gefahr vermitteln. Man hat den Eindruck, dass etwas Schlimmes passieren wird.

**H** Effi fühlt sich nicht mehr frei, sie hat Angst.

**I** Der Bach oder Fluss könnte eine Grenze darstellen, die die Figuren noch von der Gefahr trennt. Aber es wird deutlich, dass die Gefahr sehr nah ist.

## Aufgabe 4 a, b mit Hilfe

Wie würde Effi ihrer Freundin Hertha in einem Brief von der Schlittenfahrt erzählen?

a Schreibt einen Brief, in dem Effi Hertha von der Situation, der Atmosphäre, ihren Gedanken und Gefühlen erzählt. Ergänzt dazu folgende Sätze:

*Liebe Hertha,*
*gestern war ich mit Geert auf einer Weihnachtsfeier. Auf dem Rückweg fuhren wir …*
*Es war dunkel und schwieriges Gelände, … Crampas saß neben mir. Er hatte sich schon auf der Feier um mich bemüht und dann …*
*Ich fühlte mich … Während der Fahrt … Ich dachte die ganze Zeit … Mir war …*
*Ich hätte mir eine Schutzmauer um mich herum gewünscht, aber …*
*Ich fühlte mich wie in einem Zauberbann: Ich wollte …, aber ich konnte …*
*Einerseits …, andererseits …*

b Begründet zwei eurer Schreibentscheidungen und bezieht euch dabei auf den Romanauszug. Warum beschreibt ihr die Atmosphäre und Effis Gefühle genau so?
Ihr könnt folgende Formulierungen verwenden:
- *Das Gefühl von … erschließe ich aus der Textstelle … (Z. …).*
- *Die Formulierung „…" bezieht sich auf die Aussage im Text … (Z. …).*
- *Diese Atmosphäre kann man aus der Beschreibung … ableiten (Z. …).*

# 5.3 Fit in ...! – Gestaltend schreiben

Stellt euch vor, ihr bekommt in der nächsten Klassenarbeit die folgende Aufgabe gestellt:

**Aufgabe**

1. Lies den Romanauszug und schreibe einen Brief von Werther an Innstetten, in dem er seine Haltung zu Innstettens Absicht formuliert. Es soll deutlich werden, welche unterschiedlichen Einstellungen zur Liebe und zu gesellschaftlichen Konventionen beide haben.
2. Begründe deine Schreibentscheidungen an zwei Stellen deines Briefs. Beziehe dich dabei auf die Textvorlage und auf dein Wissen über die Epochen der beiden Romane.

Theodor Fontane

## Effi Briest (1894–95) – Auszug 5

*Effi hatte mit Major Crampas eine heimliche Affäre. Diese ist seit Jahren vorbei, aber Innstetten hat erst jetzt davon erfahren. Er will Effi verlassen und Crampas zum Duell fordern, einem Zweikampf mit tödlichen Waffen. Wüllersdorf soll sein Helfer sein.*

„Es steht so, dass ich unendlich unglücklich bin; ich bin gekränkt, schändlich hintergangen, aber trotzdem, ich bin ohne jedes Gefühl von Hass oder gar von Durst nach Rache. [...] Und dann als Zweites: Ich liebe meine Frau, ja, seltsam zu sagen, ich liebe sie noch [...].“
Wüllersdorf nickte. „Kann ganz folgen [...] Aber wenn Sie so zu der Sache stehen und mir sagen: ‚Ich liebe diese Frau so sehr, dass ich ihr alles verzeihen kann‘, und wenn wir dann das andere hinzunehmen, dass alles weit, weit zurückliegt, wie ein Geschehnis auf einem andern Stern, [...] so frage ich, wozu die ganze Geschichte?“
„Weil es trotzdem sein muss. [...] Man ist nicht bloß ein einzelner Mensch, man gehört einem Ganzen an, und auf das Ganze haben wir beständig Rücksicht zu nehmen, wir sind durchaus abhängig von ihm. Ging’ es, in Einsamkeit zu leben, so könnt ich es gehen lassen; ich trüge dann die mir aufgepackte Last, das rechte Glück wäre hin, aber es müssen so viele leben ohne dies ‚rechte Glück‘, und ich würde es auch müssen und – auch können. Man braucht nicht glücklich zu sein, am allerwenigsten hat man einen Anspruch darauf, und den, der einem das Glück genommen hat, den braucht man nicht notwendig aus der Welt zu schaffen. Man kann ihn, wenn man weltabgewandt weiterexistieren will, auch laufen lassen. Aber im Zusammenleben mit den Menschen hat sich ein Etwas ausgebildet, das nun mal da ist und nach dessen Paragrafen wir uns gewöhnt haben alles zu beurteilen, die andern und uns selbst. Und dagegen zu verstoßen geht nicht; die Gesellschaft verachtet uns, und zuletzt tun wir es selbst und können es nicht aushalten und jagen uns die Kugel durch den Kopf. [...] Also noch einmal, nichts von Hass oder dergleichen, und um eines Glückes willen, das mir genommen wurde, mag ich nicht Blut an den Händen haben; aber jenes, wenn Sie wollen, uns tyrannisierende Gesellschafts-Etwas, das fragt nicht nach Charme und nicht nach Liebe und nicht nach Verjährung. Ich habe keine Wahl. Ich

muss. […] Vor sechs Stunden war noch ein Ausweg. Jetzt nicht mehr […]. Wenn Sie wollen, so bin ich selber schuld daran; ich hätte mich besser beherrschen und bewachen, alles in mir verbergen, alles im eignen Herzen auskämpfen sollen. Aber es kam mir zu plötzlich, zu stark, und so kann ich mir kaum einen Vorwurf machen, meine Nerven nicht geschickter in Ordnung gehalten zu haben. Ich ging zu Ihnen und schrieb Ihnen einen Zettel, und damit war das Spiel aus meiner Hand. Von dem Augenblicke an hatte mein Unglück und, was schwerer wiegt, der Fleck auf meiner Ehre einen halben Mitwisser, und nach den ersten Worten, die wir hier gewechselt, hat es einen ganzen. Und weil dieser Mitwisser da ist, kann ich nicht mehr zurück."

## Die Aufgabe richtig verstehen und planen

**1** Was verlangt die Aufgabe von euch? Erklärt euch in Partnerarbeit, was zu tun ist.

**2** a Lest den Romanauszug genau und macht euch Notizen zu folgenden Fragen:
- Warum ist Innstetten der Ansicht, dass er das Duell führen muss?
- Was würde Werther zu dieser Ansicht sagen?

b Macht euch die Unterschiede der beiden Epochen (*Realismus* und *Sturm und Drang*) und der beiden Figuren (Innstetten und Werther) bewusst und listet sie auf.

c Notiert stichwortartig Innstettens Gründe für das Duell und ergänzt daneben mögliche Einwände von Werther, z. B.:
*Innstetten: Abhängigkeit von der Gesellschaft ↔ Werther: Leidenschaft ist wichtiger als Konventionen*

## Schreiben und überarbeiten

**3** a Versetzt euch in die Figur Werther und verfasst den Brief an Innstetten, z. B.:
*Mein lieber Innstetten, was interessiert Sie das Ganze, die Gesellschaft, wenn Sie doch …*

b Kommentiert euren Text, indem ihr einzelne Schreibentscheidungen begründet, z. B.:
*Innstetten begründet seine Absicht damit, dass … Das kann Werther nur ablehnen, denn … Deshalb habe ich …*

**4** Überprüft eure Briefe mit Hilfe der Checkliste und verbessert sie gegebenenfalls.

### Checkliste

**Briefe aus der Sicht einer Figur verfassen**
- Habt ihr die **Briefform** eingehalten?
- Habt ihr **Werthers Perspektive** eingenommen und **Stilmerkmale** imitiert?
- Habt ihr **Merkmale der Epoche** beachtet?
- Habt ihr die **Unterschiede** zwischen Innstettens und Werthers Vorstellungen verdeutlicht?

**Schreibwörter** ► S. 321

die Parodie | die Satire | die Intention | die Konvention | subjektiv | objektiv

# 6 Begegnungen – Kurzprosa lesen und verstehen

1 Nehmt an, das Bild zeigt eine Situation aus einer Geschichte, die ihr in diesem Kapitel lesen werdet.
a Beschreibt die dargestellte Situation.
b Stellt Vermutungen darüber an, worum es in der Geschichte gehen könnte.
**Tipp:** Berücksichtigt auch die Kapitelüberschrift „Begegnungen".

2 Führt ein Partnerinterview zum Thema „Kurzgeschichten" durch. Notiert die Antworten zu folgenden Fragen:
- Was wisst ihr noch über die Gattung „Kurzgeschichte"?
- Kennt ihr Autoren, die Kurzgeschichten verfasst haben?
- Mit welchen Erwartungen lest ihr Kurzgeschichten?

3 Kennt ihr Kurzgeschichten, die davon handeln, wie sich zwei Menschen begegnen? Erzählt davon.

**In diesem Kapitel ...**

- vertieft ihr euer Wissen über Kurzgeschichten und ihre typischen Merkmale,
- trainiert ihr, Kurzgeschichten zu analysieren und zu deuten,
- untersucht ihr, wie Figuren in Geschichten kommunizieren und wie das wirkt,
- lernt ihr, Parabeln zu erkennen und zu verstehen.

# 6.1 Alltägliche Begebenheiten? – Kurze Geschichten analysieren und interpretieren

## Handlung, Figuren und Erzählperspektive untersuchen

Michaela Seul

### **Allmorgendlich** (1987)

Jeden Morgen sah ich sie. Ich glaube, sie fiel mir gleich bei der ersten Fahrt auf. Ich hatte meinen Arbeitsplatz gewechselt und fuhr vom Ersten des Monats an mit dem Bus um 8:11 Uhr.
Es war Winter. Jeden Morgen trug sie den kirschroten Mantel, weiße, pelzbesetzte Stiefel, weiße Handschuhe und ihr langes, dunkelbraunes, glattes Haar zu einem ungewöhnlichen, aber langweiligen Knoten aufgesteckt. Jeden Morgen stieg sie um 8:15 Uhr zu und ging mit hocherhobenem Kopf auf ihren Stammplatz, vorletzte Reihe rechts, zu.
Das Wort mürrisch passte gut zu ihr. Sie war mir sofort unsympathisch. So geht es mir oft: Ich sehe fremde Menschen, wechsle kein Wort mit ihnen und fühle Ablehnung und Ärger bei ihrem bloßen Anblick. Ich wusste nicht, was mich an ihr so störte, denn ich fand sie nicht schön; es war also kein Neid.
Sie stieg zu, setzte sich auf ihren seltsamerweise immer freien Platz, holte die Zeitung aus ihrer schwarzen Tasche und begann zu lesen. Jeden Morgen ab Seite drei. Nach der dritten Station griff sie erneut in die Tasche und holte – ohne den Blick von der Zeitung zu wenden – zwei Brote hervor. Einmal mit Salami und einmal mit Mettwurst. Lesend aß sie. Sie schmatzte nicht und trotzdem erfüllte mich ihr essender Anblick mit Ekel. Die Brote waren in einem Klarsichtbeutel aufbewahrt und ich fragte mich oft, ob sie einen neuen Beutel benutzte oder denselben mehrmals verwendete.
Ich beobachtete sie ungefähr zwei Wochen, als sie mir gegenüber ihre mürrische Gleichgültigkeit aufgab. Sie musterte mich prüfend. Ich wich ihr nicht aus. Unsere Feindschaft war besiegelt. Am nächsten Morgen setzte ich mich auf ihren Stammplatz. Sie ließ sich nichts anmerken, begann wie immer zu lesen. Die Stullen packte sie allerdings erst nach der sechsten Station aus. Jeden Morgen vergrämte sie mir den Tag. Gierig starrte ich zu ihr hinüber, saugte jede ihrer mich persönlich beleidigenden, sich Tag für Tag wiederholenden Hantierungen auf, ärgerte mich, weil ich vor ihr aussteigen musste und sie in den Vorteil der Kenntnis meines Arbeitsplatzes brachte.
Erst als sie einige Tage nicht im Bus saß und mich dies beunruhigte, erkannte ich die Notwendigkeit des allmorgendlichen Übels. Ich war erleichtert, als sie wieder erschien, ärgerte mich doppelt über sie, den Haarknoten, der ungewöhnlich und trotzdem langweilig war, den kirschroten Mantel, das griesgrämige Gesicht, die Salami, die Mettwurst und die Zeitung.
Es kam so weit, dass sie mir nicht nur während der Busfahrten gegenwärtig war, ich nahm sie mit nach Hause, erzählte meinen Bekannten von ihrem unmäßigen Schmatzen, dem Körpergeruch, der großporigen Haut, dem abstoßenden Gesicht. Herrlich war es mir, mich in meine Wut hineinzusteigern; ich fand immer neue Gründe, warum ihre bloße Gegenwart mich belästigte. Wurde ich belächelt, beschrieb ich ihre knarzende Stimme, die ich nie gehört

hatte, ärgerte mich, weil sie die primitivste Boulevardzeitung las und so fort. Man riet mir, einen Bus früher, also um 8:01 Uhr zu fahren, doch das hätte zehn Minuten weniger Schlaf bedeutet. Sie würde mich nicht um meinen wohlverdienten Schlaf bringen!
Vorgestern übernachtete meine Freundin Beate bei mir. Zusammen gingen wir zum Bus. SIE stieg wie immer um 8:15 Uhr zu und setzte sich auf ihren Platz. Beate, der ich nie von IHR erzählt hatte, lachte plötzlich, zupfte mich am Ärmel und flüsterte: „Schau mal, die mit dem roten Mantel, die jetzt das Brot isst, also ich kann mir nicht helfen, aber die erinnert mich unheimlich an dich. Wie sie isst und sitzt und wie sie schaut.“

**1** Viele Kurzgeschichten zeichnen sich durch einen überraschenden Wendepunkt aus.
Erläutert, ob das auch auf die Geschichte „Allmorgendlich“ zutrifft.
**Tipp:** Bezieht mit ein, was die Beobachtung der Freundin über die Erzählerin verrät.

**2** a Die meisten Kurzgeschichten erzählen von alltäglichen Situationen.
Beschreibt, in welcher Alltagssituation sich die Figuren begegnen, z. B.:
*In der Geschichte „Allmorgendlich“ geht es um ..., die auf dem Weg ...*
b Was geschieht? Fasst kurz die äußere Handlung zusammen.
c Was denkt, fühlt, empfindet die Ich-Erzählerin?
Stellt die äußere Handlung der inneren Handlung gegenüber.

**3** Ein wesentliches Kennzeichen von Kurzgeschichten ist, dass sie etwas Aussagekräftiges über eine Figur erzählen und sie damit charakterisieren. Wählt Aufgabe a oder b.
●○○ a Wie beschreibt die Ich-Erzählerin die fremde Frau im Bus? Beachtet:
– ihre äußere Erscheinung (Alter, Aussehen),
– ihre Eigenschaften und ihr Verhalten.
Notiert im Heft Textbelege mit Zeilenangabe, z. B.: *– Kleidung: „trug sie ...“ (Z. 5 f.), ...*
●●● b Charakterisiert die Ich-Erzählerin.
Notiert Textstellen, die das Verhalten und bestimmte Eigenschaften der Ich-Erzählerin näher beschreiben. Erläutert diese Textstellen anschließend, z. B.:
*– Z. 28 f.: „... und trotzdem erfüllte mich ihr essender Anblick mit Ekel.“*
*→ Die Fremde ist der Ich-Erzählerin so unsympathisch, dass sie es sogar nicht ertragen kann, dass ...*
c Stellt euch eure Ergebnisse gegenseitig vor.

**4** Für den Wendepunkt der Geschichte (▶ Aufgabe 1) ist es wichtig, aus welcher Perspektive (Blickwinkel) die Geschichte erzählt wird.
a Bestimmt, aus welcher Perspektive erzählt wird. Führt zum Beweis eine Textstelle an.
**A** aus der Sicht eines „neutralen“ Erzählers
**B** aus der Sicht der Fremden
**C** aus der Sicht der Erzählerin
**D** aus Sicht der Freundin Beate
b Schreibt die Zeilen 13–19 um. Erzählt das Geschehen aus der Sicht eines Er-/Sie-Erzählers, z. B.:
*Das Wort „mürrisch“ passte gut zu der Frau. Die Frau war ihr sofort unsympathisch ...*
c Vergleicht die Wirkung eurer Texte mit dem Original.
d Formuliert, was durch die Wahl einer Ich-Erzählerin bewirkt wird. Nutzt Begriffe wie:
*Identifikation, Nähe zum Geschehen, Ablehnung, Glaubwürdigkeit, Emotionalität, Distanz.*

**5** Verfasst einen Dialog zwischen Beate und der Ich-Erzählerin im Bus.
Bezieht eure Analyseergebnisse mit ein.

# Den Wendepunkt zu einer Kurzgeschichte verfassen

Selim Özdogan

## **Zuerst den Linken** (2003)

Es war ein gewohntes Geräusch, aber es ging mir auf die Nerven, vor allem nachts. Es hatte lange gedauert, bis ich herausgefunden habe, was die Ursache der Geräusche war, immer zwei, kurz nacheinander, manchmal dumpf, manchmal polternd, aber immer zwei und immer kurz nachdem sie nach Hause gekommen war, egal um welche Zeit.

Sie wohnte über mir, ich hatte einige Male versucht, zwei Meter fünfzig unter ihr den gleichen Weg durch meine Wohnung zu machen, um dahinterzukommen, was sie dort oben veranstaltete. Zuerst hörte man, wie sie die Tür aufschloss, dann das Klackern ihrer Absätze im Flur, das schnurstracks in die Küche führte, dort ein leises Knarren wie von einem alten Holzstuhl und schließlich die zwei polternden Geräusche wieder im Flur.

Sie schmiss ihre Schuhe von der Küche aus in den Flur. Tagsüber fiel es mir nicht immer auf, aber am späten Abend oder nachts rissen die Geräusche mich aus dem Schlaf. Wenn ich abends einschlief und sie war noch nicht zu Hause, wusste ich schon, dass sie mich wecken würde. Es nervte. Also sprach ich sie im Treppenhaus darauf an.

– Entschuldige, kann es sein, dass du deine Schuhe immer von der Küche aus in den Flur wirfst?
– Ja. Wie?
– Nun, man hört das unten, und nachts wache ich auf davon. Ich weiß, das mag jetzt kleinlich wirken, aber ich wache halt immer auf, wenn du vielleicht ...

Es schien ihr unangenehm zu sein.

– Natürlich, kein Problem. Wenn ich das gewusst hätte ... Und die Musik?
– Musik stört mich nicht.

Sie schien mich nicht spießig oder kleinkariert zu finden, sie hatte mich nicht angesehen, als hätte ich ihr eröffnet, in Wirklichkeit wäre ich die Prinzessin auf der Erbse, ich glaubte, sie hätte mich verstanden.

Noch in derselben Nacht wurde ich geweckt. Ich war entspannt eingeschlafen in dem Bewusstsein, dass ich durchschlafen würde, obwohl sie noch nicht zu Hause war. Ich wurde wach von dem Geräusch ihres Schuhs. Eines Schuhs. Ich wartete. Nichts geschah. Hatte ich den ersten etwa verschlafen? Das war noch nie passiert. Ich wartete, dass sie den zweiten Stiefel – das Geräusch war so laut gewesen, es mussten Stiefel sein –, ich wartete, dass sie den zweiten Stiefel auch in den Flur schleuderte. Was sie nicht tat. Vielleicht war sie völlig erledigt, kaum fähig, sich zu bewegen. Aber was ging mich das an. Ich hatte sie gebeten, nicht mehr diesen Lärm zu veranstalten, doch sie konnte wohl nicht anders. Ich wartete auf das zweite Poltern, damit ich weiterschlafen konnte. Zwei, drei, vier Minuten der Stille. Jetzt schmeiß schon, dachte ich, jetzt mach, damit ich schlafen kann, dumme Kuh, erst sagen, kein Problem, und sich dann einen Dreck scheren um das eigene Geschwätz von heute Mittag. Schmeiß!

Es blieb still. Es blieb still, und ich blieb wach. Ich blieb noch eine Viertelstunde wach, in der ich auf das zweite Poltern wartete, eine Viertelstunde, in der ich mich so über diese Frau aufregte, dass ich weitere zwei Stunden brauchte, um mich zu beruhigen und einzuschlafen. Hätte sie doch gleich sagen sollen, dass ich mich anstellte, anstatt so zu tun, als würde sie meiner Bitte nachgeben. [...]

**1** Benennt, worum es in dem bisherigen Teil der Kurzgeschichte geht, z. B.:
*In Selim Özdogans Geschichte „Zuerst den Linken" geht es um …*

**2** Lest erneut die Textstelle Z. 10–14. Sie beschreibt eine äußere Handlung. Wie könnte dazu die innere Handlung aussehen? Wählt Aufgabe a oder b. Stellt euch eure Ergebnisse anschließend vor.

●○○ a Notiert: Was geht in dem Ich-Erzähler vor, während er die Geräusche mitverfolgt? Welche Gedanken und Gefühle hat er?

●●● b Textstellen, die die Gefühle und Gedanken einer Figur in der Er-Form wiedergeben, nennt man erlebte Rede. Versetzt euch in die Rolle des Ich-Erzählers. Verfasst zur Textstelle in der Er-Form einen Text in der erlebten Rede.

**3** Am Ende der Kurzgeschichte trifft der Ich-Erzähler seine Nachbarin im Treppenhaus.

a Wie könnte er reagieren? Schreibt ins Heft einen Dialog mit Regieanweisungen, z. B.:
*Erzähler (aufbrausend / mit ruhiger Stimme / lauter werdend …): Ich habe doch …*

b Spielt euch eure Dialoge gegenseitig vor.

c Vergleicht eure Dialoge mit dem tatsächlichen Ende (▶ Ende der Seite). Worin besteht der Wendepunkt in der Originalgeschichte?

**4** Formuliert ein eigenes Ende für die Kurzgeschichte. Bezieht den Wendepunkt mit ein. Wählt Aufgabe a oder b.

●○○ a Stellt euch vor, der Ich-Erzähler ruft bei der Nachbarin an. Verfasst den Dialog.

●●● b Beschreibt aus der Sicht eines Nachbarn, wie er das Zusammentreffen erlebt.

c Lest euch eure Ergebnisse gegenseitig vor.

**Information** **Merkmale des Erzählens**

Ein **Erzähler ist eine Figur, die die Handlung einer Geschichte darstellt.**
Er darf nicht mit dem Autor oder der Autorin verwechselt werden.
Ein Erzähler hat insbesondere folgende Darstellungsmittel zu Verfügung:

- **Die Erzählform**
  - **Ich-Erzähler/-in:** Der Erzähler oder die Erzählerin ist **Teil der Geschichte.** Er/Sie kann **unmittelbar aus der Situation** heraus erzählen **oder mit einem zeitlichen Abstand** auf das Geschehen zurückblicken.
  - **Er-/Sie-Erzähler:** Der Erzähler tritt als **Figur** ganz **in den Hintergrund.** Er ist **nicht** direkt **am Geschehen beteiligt.** Er/Sie erzählt über andere Figuren in der Er-Form bzw. der Sie-Form.
- **Die erlebte Rede**
  - Ein Text in der erlebten Rede gibt **Gefühle und Gedanken einer Figur in der Er- oder Sie-Form** wieder, z. B.: *Kann sie nicht Hausschuhe anziehen,* ***dachte er*** *täglich.*
- **Die Erzählzeit und die erzählte Zeit**
  - Unter **Erzählzeit** versteht man die Zeitspanne, die Leser **zum Lesen** eines Textes benötigen.
  - Im Unterschied zur Erzählzeit umfasst die **erzählte Zeit** den **Zeitraum, über den sich die Geschichte inhaltlich erstreckt,** z. B. *über einen Tag, über mehrere Wochen oder über Jahre.*

Bist du gestern Nacht aufgewacht?, fragte sie mich am nächsten Tag im Treppenhaus. Ich hatte leider den linken Schuh so aus Gewohnheit schon in den Flur geschleudert, und erst dann fiel mir wieder ein, dass dich das stört, und so habe ich den rechten dann ganz leise danebengelegt.

# Eine Kurzgeschichte analysieren und interpretieren

Marlene Röder

## **Schiffe** (2011)

Ich sollte aufhören, Fisch zu essen. Dann würde ich jetzt nicht an dieser dämlichen Theke anstehen und so tun, als hätte ich dich nicht bemerkt. Wie lange ist es jetzt her? Acht Monate, neun? Die Linie deines Nackens. Deine Hände. Du bist der einzige Mensch, den ich kenne, der die Texte auf den Rückseiten von Verpackungen liest.

*Jch-Erzählform*
*wieso dämlich?*
*Charakterzug; gut gekannt!*

Du hast mich auch gesehen. Ich beobachte aus den Augenwinkeln, wie du zu mir rüberguckst. Ein kurzes Zögern. Dann kommst du geradewegs auf mich zu, den Kopf erhoben. Ich bin der Dritte in der Schlange an der Fischtheke. Mein Herz klopft, meine Hände sind feucht. Die toten Fische riechen nach Meer.

*nervös, unsicher*

„Hallo, Noah“, sagst du.

*Jch-Erzähler = Noah*

„Hallo, Sarah“, sage ich und dann ist da diese Stille. Nur durchbrochen vom tiefgekühlten Geklimper der Supermarktmusik.

*Sarah (Ex?)*
*Metapher für alte Beziehung?*

Vielleicht denkst du auch an das Ferienhaus auf der Insel. Fährst du immer noch hin? „Ist das nicht langweilig, jeden Sommer am selben Ort?“, habe ich dich damals gefragt.

Aber du hast gelächelt. „Nein. Es ist wie nach Hause kommen. Außerdem ist ja Jill da.“

Manchmal ist deine Cousine mitgekommen, wenn wir an den Strand gegangen sind. Jill hat es gemocht, ganz nahe an der Wasserlinie entlangzulaufen und im letzten Augenblick wegzuhüpfen, wenn die Wellen gekommen sind. Du hast den warmen Sand unter deinen Füßen gemocht.

Aber meistens sind wir zu zweit gewesen, wenn wir auf die Suche nach Strandgut gegangen sind: milchig geschliffene Glasscherben, verlassene Häuser von Einsiedlerkrebsen.

Einmal hast du ein Stück altes Fischernetz gefunden. Du hast es hochgehoben, durchgeguckt. „Hey, Noah-Fisch!“, hast du gesagt und gelacht. „Ich hab dich gefangen.“

Das Netz hat Schattenrauten auf dein Gesicht gezeichnet. Die kleine weiße Narbe an deinem Kinn. Ich habe jede Raute, jeden Quadratzentimeter von dir gekannt damals.

Inzwischen trägst du dein rotbraunes Haar kürzer. Es gefällt mir nicht, es ist nicht mehr meins.

Wir stehen jetzt zusammen an. Ich bin in der Schlange vorgerückt, nur noch ein alter Mann ist vor mir. Ich kann die Fische hinter der Glasscheibe der Theke sehen, gebettet zwischen Eiswürfeln. Ihre Augen sind blind.

Sind die Fensterbänke eures Ferienhauses immer noch mit Schiffen vollgestellt? Du hast sie mit deiner Familie gebaut. Und fünf sind von uns gewesen.

Fünf Schiffe in zwei Sommern.

Das schönste hatte einen vergessenen Schuh mit angeklebten Muscheln als Rumpf. Ein Stück Fischernetz als Segel. Zwei bemalte Korken als Passagiere.

„Wir beide“, hast du gesagt.

„Komm, wir probieren es aus und lassen es auf dem Meer schwimmen“, habe ich vorgeschlagen.

Diese kleine Falte ist zwischen deinen Augenbrauen erschienen. „Ach, lass mal. Wär doch schade, wenn es umkippt und sinkt.“

Ich habe etwas sagen wollen, doch nicht gewusst, was. Also habe ich nur die Achseln gezuckt und zum Fenster rausgeguckt. Draußen hat Jill auf einem Handtuch in der Sonne gelegen. Ihre Hände sind langsam über ihre gebräunte Haut gewandert, während sie sich die Beine eingecremt hat.

„Wie geht es dir?“, frage ich. Mir fällt nichts Besseres ein.

„Oh, ganz gut.“ Du lächelst. Ich weiß nicht, ob es Glück ist oder etwas anderes. „Ich bin jetzt seit einem halben Jahr wieder mit jemandem zusammen. Er heißt Jörg.“

„Schön“, sage ich, „schön für dich“, und würde am liebsten nach Jill fragen. Nur um dein Gesicht zu sehen. Aber dann lasse ich es, weil ich weiß, dass ich mir mies vorkommen würde.

„Und bei dir so?“, fragst du.

Die Antwort bleibt mir erspart.

„Ja, bitte?“ Die Frau hinter der Fischtheke sieht mich ungeduldig an. Sie trägt Plastikhandschuhe, keimfrei. Mir ist entfallen, was ich kaufen wollte, also zeige ich auf den nächstbesten Fisch. Er ist braun und sieht aus wie ein Tiefseemonster.

„Seeteufel?“, fragt die Fischfrau.

„Ja.“

Jörg heißt er also. Ich frage mich, ob er auch Schiffe mit dir baut und ob du ihm unsere gezeigt hast. Die gehen ihn nichts an. Schließlich sind es auch meine. Soll er eigene bauen, falls du ihn dazu kriegst.

„Neununddreißig Euro sechzig“, sagt die Fischfrau und verpackt den Fisch, den ich mir eigentlich gar nicht leisten kann, sorgfältig in eine Plastiktüte.

Ich zahle, du stehst daneben.

„War nett, dich mal wiederzusehen, Noah“, sagst du.

„Ja“, antworte ich. „Also dann ... ich muss jetzt mal wieder.“

Du nickst. „Ja, klar. Tschüss.“

Ich gehe. Ich gehe und nach fünf Schritten ruft mir die Fischfrau nach, dass ich meinen Fisch vergessen habe. Als ich zurücklaufe, die Schultern zucke, ach-kann-doch-mal-passieren, erhasche ich aus den Augenwinkeln deinen Blick.

Ich muss daran denken, wie du mich durch das Fischernetz angesehen hast, damals auf der Insel.

Einen Moment lang will ich dir sagen, dass du unsere alten Schiffe verbrennen sollst. Ein Feuer ist besser, als langsam auf dem Fensterbrett zu verstauben. Aber dann nehme ich nur meine Plastiktüte und gehe.

Lange laufe ich durch die Stadt. Irgendwann bleibe ich am Kanal stehen, einem trüben Wasserstreifen zwischen schnurgeraden Betonmauern.

Ich habe kein Schiff, aber ich habe einen Fisch, und das ist fast noch besser. Er ist schwer, ein totes Gewicht. Ich reiße die Plastiktüte auf.

Soll der Scheißseeteufel doch zurück zur Insel schwimmen oder sonst wohin!

In dem Moment, als ich ihn werfe, sieht er fast wieder lebendig aus.

Dann trifft er auf die Wasseroberfläche und sinkt wie ein Stein.

## Mit dem Text ins Gespräch kommen

**1** a Vollzieht Schritt für Schritt den Gedankengang des Lesers bis Zeile 12 nach.
b Kopiert den Text, damit ihr ihn besser bearbeiten könnt, oder legt eine Folie über ihn.
– Markiert wie im Beispiel zu Z. 1–12 nur Wörter oder Formulierungen, die Wesentliches aussagen.
– Notiert am Rand Fragen, Bemerkungen, Feststellungen.
– Markiert Wichtiges mit einem Ausrufezeichen und Fragwürdiges mit einem Fragezeichen.
c Vergleicht eure Ergebnisse. Welche Gemeinsamkeiten, welche Unterschiede stellt ihr fest?
d Tauscht euch darüber aus, welche Vorteile diese Vorgehensweise hat.

## Die Kurzgeschichte inhaltlich und formal verstehen

**2** Ein gutes Verständnis des Themas führt dazu, dass ihr einen Text besser deuten könnt.
Wählt zwei der Aussagen A bis D, die zusammen das Thema genau wiedergeben.
**A** Das zentrale Thema der Kurzgeschichte ist das Verhältnis zweier junger Leute nach gemeinsamen Urlauben am Meer.
**B** In der Kurzgeschichte geht es darum, wie Noah seine Gefühle nach der Trennung von Sarah endgültig verarbeiten kann.
**C** Im Mittelpunkt der Kurzgeschichte stehen Sarah und Noah, die sich ein halbes Jahr nach ihrer Trennung zufällig in einem Supermarkt begegnen.
**D** Thema der Kurzgeschichte ist Noahs Verhältnis zu Jill als Anlass der Trennung von Sarah.

**3** Wie wird der Leser durch die Kurzgeschichte geführt? Untersucht ihren Aufbau.
a Legt in eurem Heft eine Zeitleiste nach dem folgenden Muster an.
b Tragt die wichtigsten Handlungsschritte in Stichworten und mit den Zeilenangaben ein.

| **Vorgeschichte** (Rückblende) | **Gegenwart** (aktuelle Handlung) |
|---|---|
| … | *Begegnung an der Fischtheke im Supermarkt (Z. 1–12)* |
| *gemeinsame Sommer … (Z. 13–31)* | … |

**4** Sammelt Textbelege, um für die spätere schriftliche Analyse die Figuren der Kurzgeschichte charakterisieren zu können. Legt Figurenkarten an, z. B.:

*Noah*
- *ist noch nicht von Sarah losgekommen (vgl. Z. 1–3)*
- *kennt sie sehr gut (vgl. Z. 3–5)*
- *ist verwirrt bei ihrer unerwarteten …*
- …

*Sarah*
- *kleine Narbe am Kinn, kurzes, rotbraunes Haar (vgl. Z. 28–31)*
- *nun mit Jörg zusammen (vgl. Z. 50–51)*
- *liebt den Sandstrand (vgl. Z. 20–21)*
- …

**5** In Kurzgeschichten werden über Figuren aussagekräftige Momentaufnahmen dargestellt. Beschreibt auf Grundlage von Aufgabe 3 das Verhältnis von Erzählzeit und erzählter Zeit (▶ S. 117) in „Schiffe“.
– Was entsteht dadurch für den Leser? – Wie sieht er dadurch die Figuren?

## Die sprachlichen Mittel und deren Wirkung untersuchen

6 Untersucht die Sprache der Kurzgeschichte, um ihre Wirkung und Bedeutung zu verstehen. Wählt Aufgabe a/b oder c/d. Vergleicht danach eure Ergebnisse.

a Unterstreicht im Text die Wörter, die aus dem Wortfeld „Meer" stammen.

b Umrahmt in Partnerarbeit die Wörter, die sich auf die Rückblenden beziehen. Was fällt euch auf? Welche Konnotationen (Vorstellungen, Empfindungen) werden deutlich?

c Ein Schüler hat aus dem Wortfeld „Meer" einige Beispiele herausgeschrieben. Benennt sie im Heft mit Fachbegriffen und beschreibt die Wirkung der jeweiligen sprachlichen Mittel.

- *„Tiefseemonster" (Z. 59), ...*
- *„Fische riechen nach Meer" (Z. 9), Fisch „sinkt wie ein Stein" (Z. 85), ...*
- *„Ferienhaus auf der Insel" (Z. 13) ↔ „trüber Wasserstreifen", „Scheißseeteufel" (Z. 80 u. 83)*

d Ergänzt eigene Beispiele.

7 Erklärt mit Hilfe der Information zum Leitmotiv unten die Bedeutung der „Schiffe" und „Fische" für Marlene Röders Geschichte, z. B.:
*Der Einsatz des Leitmotivs „Fische" unterstreicht ... / So wie Schiffe ...*
*Das Leitmotiv ... macht deutlich ... / Ebenso wie Schiffe ..., symbolisieren ...*

## Die Analyse der Kurzgeschichte verfassen

8 Erklärt anhand des Schreibplans, wie eine Analyse einer Kurzgeschichte aufgebaut sein sollte.

9 Formuliert eine Einleitung: Nennt Autorin, Titel, Textsorte, Erscheinungsjahr und Thema.

10 Beschreibt im Hauptteil eurer Analyse zunächst den Aufbau des Textes und fasst kurz den Inhalt mit eigenen Worten zusammen, z. B.:
*Die Kurzgeschichte „Schiffe" lässt sich in fünf Textabschnitte gliedern, wovon abwechselnd zwei als Rückblenden angelegt sind. Zu Beginn (Z. ...–...) begegnen sich die beiden Figuren zufällig an der Fischtheke in einem Supermarkt. Seit ihrer Trennung ... Im Anschluss daran ...*

*Schreibplan: Analyse einer Kurzgeschichte*

1. *Einleitung*
2. *Hauptteil*
   - *Aufbau des Textes*
   - *Zusammenfassung des Inhalts*
   - *Untersuchung und Interpretation des Textes: Inhalt, Form, Sprache und Wirkung*
3. *Schluss*
   - *kurze Zusammenfassung der Ergebnisse*
   - *Stellungnahme*

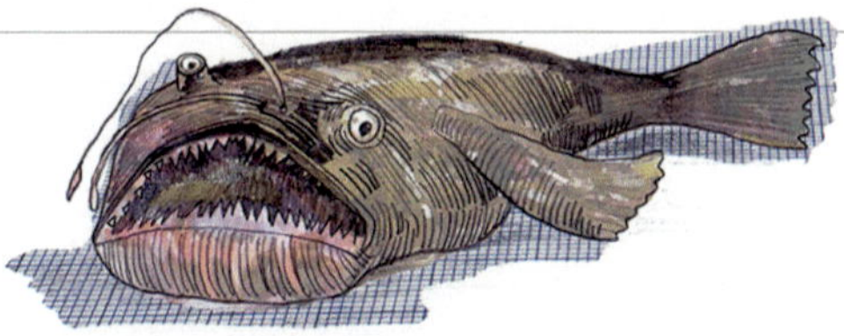

**Information** **Das Leitmotiv**

Leitmotiv: Ein Baustein, z. B. eine einprägsame Aussage, ein Ort, ein Gegenstand oder eine Farbe, **kommt im Text wiederholt vor.** Dadurch erhält er eine **besondere Bedeutung.**

**11** Stellt im weiteren Verlauf eures Hauptteils die Ergebnisse eurer sprachlichen Untersuchung dar (▸ S. 121, Aufgabe 6 u. 7). Nennt die sprachlichen Mittel, belegt sie mit Zitaten und erläutert ihre Bedeutung und Wirkung, z. B.:
*In der Kurzgeschichte stammen sehr viele Begriffe aus dem Wortfeld „Meer". Dabei fällt auf, dass das Meer in den Rückblenden eher positiv und angenehm beschrieben wird (z. B. Insel, warmer Sand, Muscheln usw.; vgl. Z. 13, 21, 38). Im Unterschied dazu tauchen in den Abschnitten, die ... spielen, eher ... Begriffe auf wie „tote Fische, blinde Augen, trüber Wasserstreifen" (vgl. Z. 9, 34, 80). So wird der Bruch der Beziehung zwischen Noah und Sarah ... Darüber hinaus ...*

**weitere Formulierungshilfen**
Im Text werden mehrere Vergleiche angeführt, die ... •
Um Noahs Innenleben darzustellen, ...

**12** Fertigt einen Schlussteil für eure Analyse an.
Wie versteht ihr den Text? Wie wirkt er auf euch?
*Meiner Ansicht nach ... / Ich verstehe die Geschichte als ... / Auf mich wirken die beiden Handlungsstränge ... / Dies kann ich durch eigene Erfahrungen ...*

## Die Analyse der Kurzgeschichte überarbeiten

**13** a Prüft eure Analyse zunächst allein mit Hilfe der Methode.
b Überarbeitet sie in Partnerarbeit oder in einer Schreibkonferenz (▸ S. 321).

**Methode** **Eine Kurzgeschichte analysieren**

1 **Thema/Inhalt**
- Was ist das Thema des Textes? Gibt es **Leitmotive?**

2 **Aufbau der Handlung**
- Wie sind Ausgangssituation und Schluss gestaltet: **offen/geschlossen?**
- Gibt es einen **Höhe- bzw. Wendepunkt** (Pointe)?
- Wird linear erzählt oder gibt es **Rückblenden und/oder Vorausdeutungen** (Zeitgestaltung)?

3 **Figuren**
- Welche Figuren werden wie **charakterisiert?** In welcher **Beziehung** stehen sie zueinander?
- Wird die **innere Handlung** (Gedanken und Gefühle) der Figuren wiedergegeben oder liegt der Schwerpunkt auf der Darstellung der **äußeren Handlung?**

4 **Sprachlich-stilistische Auffälligkeiten und ihre Wirkung**
- Gibt es Besonderheiten im **Satzbau,** z. B. einfache, kurze Sätze (Parataxe) oder längere Satzgefüge (Hypotaxe)? Wie passen sie zum Inhalt?
- Gibt es Besonderheiten bei der **Wortwahl,** z. B. Jugendsprache, sachliche Sprache?
- Werden **sprachliche Bilder** eingesetzt, z. B. Personifikationen, Metaphern, Vergleiche?

5 **Interpretation (Deutung)**
- Wie kann man die Geschichte auf Grund der Analyseergebnisse verstehen? Was ist ihr Sinn?

# Gesagtes und Gemeintes – Parabeln verstehen

Franz Kafka (1883–1924)

## Gibs auf! (1922)

Es war sehr früh am Morgen, die Straßen rein und leer, ich ging zum Bahnhof. Als ich eine Turmuhr mit meiner Uhr verglich, sah ich, dass es schon viel später war, als ich geglaubt hatte, ich musste mich sehr beeilen, der Schrecken über diese Entdeckung ließ mich im Weg unsicher werden, ich kannte mich in dieser Stadt noch nicht sehr gut aus, glücklicherweise war ein Schutzmann in der Nähe, ich lief zu ihm und fragte ihn atemlos nach dem Weg. Er lächelte und sagte: „Von mir willst du den Weg erfahren?“ „Ja“, sagte ich, „da ich ihn selbst nicht finden kann.“ „Gibs auf, gibs auf“, sagte er und wandte sich mit einem großen Schwunge ab, so wie Leute, die mit ihrem Lachen allein sein wollen.

**1** a Lest die Parabel „Gibs auf!“. Formuliert euren ersten Leseeindruck.
b Beschreibt die Figuren: Was für Menschen sind das? Wie verhalten sie sich?

**2** a Schlüpft in die Rolle der Figuren.
Tragt zu zweit den Dialog (▸ Z. 10–16) mit verteilten Rollen vor.
**Tipp:** Überlegt genau, wie ihr betonen wollt und wie eure Stimmführung sein soll.
b Stellt euch gegenseitig eure Ergebnisse vor. Gebt euch ein Feedback zum Vortrag.

**3** Eine Parabel ähnelt einem Gleichnis. Hinter dem Gesagten verbirgt sich das Gemeinte. Das heißt, man muss sich fragen, wofür das dargestellte Bild steht bzw. was es bedeutet.
a Übertragt die folgende Abbildung zur Parabel „Gibs auf!“ ins Heft.
b Sortiert die folgenden Begriffe dem Gesagten und Gemeinten zu.
c Vergleicht eure Ergebnisse.

- Suche nach dem Weg zum Bahnhof
- Herrschaft, Macht, staatliche Instanz
- Verweigerung einer Hilfe/Unterstützung
- sich mit großem Schwung abwenden
- Suche nach einem Ziel
- der Schutzmann (= Polizist)

| **Gesagtes** (Dargestelltes = Bildteil) | **Gemeintes** (allgemeine Bedeutung) |
|---|---|
| der Ich-Erzähler | = jeder Mensch |
| … | … |
| … | … |
| … | … |

**4** a Formuliert auf Grund eurer Ergebnisse aus Aufgabe 3 einen zusammenhängenden Text. Erläutert dabei, was die einzelnen Bildteile der Parabel allgemein bedeuten, z. B.:

*Um eine Parabel zu verstehen, muss das Gesagte bzw. bildlich Dargestellte in eine allgemeine Bedeutung übersetzt werden.*
*So steht der Ich-Erzähler der Parabel „Gibs auf!" für …*
*…*
*Dass der Polizist sich mit großem Schwung abwendet, kann … gedeutet werden.*

b Wofür könnte die Parabel insgesamt lehrhaft stehen?
Entscheidet euch für eine der folgenden Deutungen A bis D. Begründet eure Wahl.

**A** Die Parabel will deutlich machen, dass die Suche nach dem Weg zum Bahnhof oft aussichtslos ist, wenn man zu spät dran ist.

**B** Die Parabel will deutlich machen, dass von einer übergeordneten Macht, z. B. dem Staat, keine eigentliche Orientierung für das Leben zu erwarten ist.

**C** Die Parabel will deutlich machen, dass auch Polizisten als Vertreter der übergeordneten Macht orientierungslos sein können.

**D** Die Parabel will deutlich machen, dass es manchmal besser ist, sein Ziel aufzugeben, bevor man sich an jemanden wendet, der es auch nicht weiß.

**5** Wie hättet ihr auf den Polizisten reagiert? Versetzt euch in den Ich-Erzähler.
a Schreibt die Situation aus eurer Sicht auf.
**Tipp:** Ihr könnt auch direkt formulieren, welche Lehre ihr aus der Situation zieht.
b Spielt euch gegenseitig die Situationen vor.
c Gebt euch ein Feedback.

**Information** **Die Parabel**

- Eine Parabel ist eine **kurze, lehrhafte Erzählung,** die verschlüsselt eine allgemeine Erkenntnis oder **Lebensweisheit** ausdrückt.
- Die **Lehre** wird oft nicht mitformuliert. Der Leser muss sich diese selbst erschließen. So wird eine **Situation dargestellt (Gesagtes = Bildteil),** die auf eine **allgemeinere Bedeutung** des Textes **(Gemeintes = Sachteil)** verweist.
- Manchmal fordert die Parabel auch zum Handeln auf.
- Die Parabel ist **mit** der lehrhaften Gattung **Fabel verwandt.** Im Unterschied zur Fabel sind die Handlungsträger in der **Parabel** jedoch **meist Menschen.** Zudem endet eine Fabel meist mit einer direkt formulierten Lehre.

Botho Strauß

## Rückkehr (2009)

Da gab es den Bäckermeister Alwin, der eines Morgens nicht mehr in seine Backstube kam, seine Frau Myriam verließ und nach Mexiko auswanderte. Dort kaufte er sich in eine Papierfabrik ein und wurde ein erfolgreicher Fabrikant. Schließlich gehörten ihm zwölf Papierfabriken in ganz Lateinamerika. Nach fünfundzwanzig Jahren kehrte er nach Hannover zurück. Dort lebte seine Frau immer noch in der kleinen Wohnung am Rande der Eilenriede[1]. Sie war inzwischen fünfzig Jahre alt und litt eine bittere Armut. Als ihr Mann davon erfuhr, nahm er sich ein Herz und besuchte seine Frau in ihrer beider alten Bleibe. Die Frau saß bei einem Glas Pfirsichlikör an ihrem Tisch, an dem sie immer gesessen hatte, wenn die Küchenarbeit beendet war. Sie blickte auf, als ihr Mann plötzlich wieder neben ihr stand, und sah dann zurück auf die Tischplatte. Sie hörte, welch ein Angebot er ihr machte und welche Unterstützung er ihr versprach. Doch sie schüttelte den Kopf und bat ihn, sie wieder mit ihm allein zu lassen.

1 Eilenriede: Name des Stadtwaldes von Hannover

**1** Lest die Parabel gemeinsam. Tauscht in einem Kreisgespräch eure ersten Eindrücke aus.

**2** Beschreibt die Verhaltensweisen der beiden Figuren:
Welche könnt ihr nachvollziehen? Welche findet ihr merkwürdig?

**3** Vergleicht mit Hilfe des folgenden Schnittmengendiagramms die beiden Figuren.
- a Übertragt das Diagramm quer in euer Heft.
- b Ergänzt zunächst die Teile für Alwin und Myriam anhand von Informationen aus der Parabel.
- c Überlegt für die Schnittmenge, was die beiden noch verbindet.

**4** a Ordnet im Heft das in der Parabel Markierte (Gesagtes = Bildteil) den nebenstehenden Begriffen (Gemeintes = Sachteil) sinnvoll zu.

Stillstand | ein Paar | zurücklassen/verlassen | Erinnerung/Sehnsucht/Illusion | Reichtum/Erfolg

**Tipp:** Stellt das Gesagte und Gemeinte wie auf Seite 123 bildlich einander gegenüber.

b Begründet eure Entscheidungen. Formuliert für jede Zuordnung einen Satz, z. B.:
*Mit Alwin und seiner Frau Myriam kann jedes beliebige Paar gemeint sein.*
*Wenn die Formulierung „nach Mexiko auswanderte" durch „..." ersetzt wird, ...*

**5** Diskutiert, wie das Pronomen „ihm" in der letzten Zeile zu verstehen ist.
- **A** Bezieht es sich auf den „Pfirsichlikör" (▶ Z. 15)?
- **B** Bezieht es sich auf die vergangene Erinnerung an Alwin?
- **C** Bezieht es sich auf Alwins bloße Gegenwart ohne seinen Reichtum?

## Teste dich!

**BI** Ich will nicht wortwörtlich verstanden werden.
**LD** Ich bin mit der Gattung der Fabel verwandt. Meine Handlungsträger sind jedoch meist Menschen.
**TK** Ich setze unvermittelt ein und beleuchte ein besonderes Ereignis aus dem Alltag einer Figur.
**NU** Da ich das Ende der Handlung oft nicht erzähle, wird mein Schluss offen genannt. Er regt zum weiteren Nachdenken über das mögliche Folgegeschehen an.
**TE** Ich beleuchte kurz und verschlüsselt eine allgemeine Erkenntnis oder Lebensweisheit.
**PE** Ich erzähle von einem besonderen Ereignis, das Menschen in ihrem Alltag jederzeit widerfahren kann.
**IL** Bei mir muss man hinter die Geschichte schauen, um das Erzählte mit dem Gemeinten zu verknüpfen.
**DN** Ich enthalte meist ein Leitmotiv.
**EW** Ich stelle eine Handlung dar, die häufig einen überraschenden Wendepunkt erfährt.

**1** a Die Kurzgeschichte und die Parabel stellen sich dir jeweils mit „Ich" vor. Notiere im Heft: Welche Aussagen gehören zur Kurzgeschichte und welche zur Parabel?
b Prüfe mit einer Lernpartnerin oder einem Lernpartner deine Antworten.
**Tipp:** Die Doppelbuchstaben vor den Aussagen ergeben rückwärts und vorwärts zwei Lösungswörter.

Bertolt Brecht (1898–1956)

### Herr Keuner und die Flut (1926)

Herr Keuner ging durch ein Tal, als er plötzlich bemerkte, daß seine Füße in Wasser gingen. Da erkannte er, daß sein Tal in Wirklichkeit ein Meeresarm war und daß die Zeit der Flut herannahte. Er blieb sofort stehen, um sich nach einem Kahn umzusehen, und solange er auf einen Kahn hoffte, blieb er stehen. Als aber kein Kahn in Sicht kam, gab er diese Hoffnung auf und hoffte, daß das Wasser nicht mehr steigen möchte. Erst als ihm das Wasser bis ans Kinn ging, gab er auch diese Hoffnung auf und schwamm. Er hatte erkannt, daß er selber ein Kahn war. R

**2** a Bestimme mit Hilfe der Lösungen aus Aufgabe 1, ob es sich bei dem Text um eine Parabel oder eine Kurzgeschichte handelt.
b Tausche dich über deine Ergebnisse mit einem Lernpartner aus.

# 6.2 Unerwartete Begebenheiten – Kommunikation in einer kurzen Geschichte untersuchen

Selim Özdogan

## Geblümtes Klopapier (2010)

Du hast ja geblümtes Klopapier gekauft.
Ja?
Wir kaufen nie geblümtes Klopapier.
Ist das so?
Hast du schon mal gesehen, dass ich geblümtes Klopapier gekauft hätte?
Weiß nicht.
Siehst du, du achtest nicht darauf.
Kann sein.
Das ist immer so, du interessierst dich einfach nicht dafür. Wir leben hier zusammen, aber du machst immer nur deinen eigenen Kram.
Wir brauchten doch Klopapier.
Ja, aber kein geblümtes.
Was ist denn so schlimm daran, dass es geblümt ist?
Nichts.
Ja, und?
Es macht mich wahnsinnig, dass du noch nie bemerkt hast, dass ich nie geblümtes Klopapier kaufe. Hauptsache, du kannst im Netz surfen und hast genug Eistee gekauft, sonst interessiert dich einfach gar nichts. Du verstehst nicht, was *gemeinsam* bedeutet.
Schau mal, es war kein Klopapier mehr da und ich habe einfach neues gekauft, okay?
Aber das falsche.
Nächstes Mal kaufe ich ungeblümtes, in Ordnung?
Es geht nicht ums nächste Mal, es geht darum, dass du nicht darauf geachtet hast.
Das kann ich jetzt aber nicht mehr rückgängig machen.
Du willst es nicht verstehen.
Sie wütend ab. Er macht den Rechner an.

**1** a Lest die kurze Geschichte zunächst leise. Versetzt euch in die Situation.
b Übt in Partnerarbeit einen Lesevortrag. Überlegt:
Wer soll einzelne Wörter oder Sätze wie betonen? Wer spricht wann leise oder laut?
c Spielt die Szene der Klasse vor. Gebt euch jeweils ein Feedback.

**2** a An welcher Stelle hätte das Gespräch eine andere Wendung erfahren können?
Formuliert Beispielsätze, um den Dialog in eine andere Richtung zu lenken.
Lasst die Frau und den Mann Ich-Botschaften formulieren, z. B.:
*zu Zeile 1: Ich mag doch kein geblümtes Klopapier. Das stört mich immer so!*
*zu Zeile 2: Ich habe das bisher nicht gewusst. Und ich war so ...*
b Haltet ihr die originale Kommunikation für gelungen oder misslungen? Begründet.

**3** Untersucht die Beziehung der beiden Dialogpartner. Wählt Aufgabe a oder b.
●○○ a Sammelt Textstellen, aus denen Vorwürfe abgeleitet werden können.
●●● b Auch Satzbau und Satzart bestimmen die Kommunikation.
Belegt diese Aussage an Beispielen, z. B.: *Er reagiert fast nur mit ... Sätzen, z. B. ...*
*Das wirkt ... Interesse ... Sie formuliert vor allem ..., z. B. ...*
c Tauscht eure Ergebnisse aus. Was sagt der Dialog über die Beziehung der beiden aus?

**4** „**Er** wütend ab. **Sie** macht den Rechner an.“ Was ändert sich, wenn dies das Ende wäre?

**5** In Gesprächen geht es sowohl um den Inhalt, der besprochen wird **(Sachebene),** als auch um die Beziehung der Kommunikationspartner zueinander **(Beziehungsebene).**
Erschließt aus den folgenden Beispielen die Sachebene, die Beziehungsebene und die Erwartungen, die aus dem Dialog herausgelesen werden können. Wählt Aufgabe a oder b.

●○○ a Übertragt Satz B ins Heft.
Ergänzt wie im Beispiel A die Sachebene, die Beziehungsebene und den gewünschten Appell.

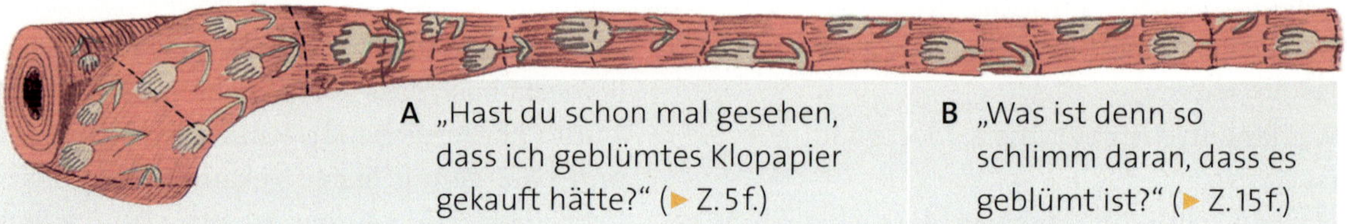

| | **A** „Hast du schon mal gesehen, dass ich geblümtes Klopapier gekauft hätte?“ (▸ Z. 5 f.) | **B** „Was ist denn so schlimm daran, dass es geblümt ist?“ (▸ Z. 15 f.) |
|---|---|---|
| **Sachebene (Informationen)** | *Die Frau teilt mit, dass sie niemals geblümtes Klopapier kaufen würde.* | *Er sagt, dass er ...* |
| **Beziehungsebene** | *Sie denkt, er interessiere sich gar nicht dafür, was sie macht. Sie meint, sie sei ihm gleichgültig.* | *Er denkt, dass er für sie ...* |
| **Erwartung (Appell)** | *Sie erwartet, dass er sich mehr um ihre Bedürfnisse kümmert und mitdenkt.* | *Er erwartet, dass ...* |

●●● b Schreibt wie im Beispiel A weitere Äußerungen der Dialogpartner heraus.
Erschließt aus den Beispielen jeweils die Sach- und die Beziehungsebene sowie daran geknüpfte Erwartungen.

c Tauscht eure Ergebnisse aus.

**6** Wählt eine Dialogstelle und formuliert sie so um, dass der andere unmittelbar erfährt, was sie/er fühlt, denkt und erwartet.
**Tipp:** Nutzt Ich-Botschaften, z. B.: *Es kränkt mich sehr, wenn ich das Gefühl habe, ...*

**Information** **Die Kommunikation zwischen Figuren untersuchen**

- In **Kommunikationssituationen** werden bestimmte **Signale übermittelt.**
- Diese können **sprachlich (verbal)** erfolgen oder auch **ohne Worte (nonverbal).**
- Dabei werden **Informationen** sowie **Gedanken und Gefühle** mit zumeist daran geknüpften unausgesprochenen **Erwartungen/Aufforderungen (Appellen)** mitgeteilt.
  - **Sachebene:** Man teilt eine **Information** mit, z. B.: *„Wir brauchen Toilettenpapier.“*
  - **Beziehungsebene:** Man setzt eine Beziehung voraus bzw. wünscht sie sich, z. B.: *„Du verstehst nicht, was es bedeutet, zusammenzuleben.“*
  - Erwartung **(Appell):** *„Das kann ich jetzt nicht mehr rückgängig machen. Akzeptiere es!“*
- **Kommunikation** kann manchmal **gelingen** und manchmal **misslingen.**
- Es ist hilfreich, dem Gesprächspartner zu **sagen, wie man sich** bei dem, was er sagt, **fühlt.** Solche **Ich-Botschaften** können Missverständnisse verhindern und Vorwürfe stark abmildern.

Gertrud Schneller

## Das Wiedersehen

Peters Hand zittert leicht, als er sie auf die Türklinke legt. Rascher als nötig geht er auf den hintersten, in der rechten Ecke des Cafés stehenden Tisch zu. Dann bleibt er stehen und sagt: „Ich wusste, dass ich dich hier finden werde."
Der Angeredete blickt überrascht hinter dem großen Zeitungsblatt hervor. Als er Peter sieht, lässt er das Blatt fallen und ruft: „Du! Bist du schon wieder ..."
Das letzte Wort lässt er unausgesprochen. Aus Pietätsgründen[1], wie der andere vermutet.
„Drei Jahre sind lange genug", meint Peter leise.
Jean nickt, rückt den Stuhl zurecht und heißt ihn Platz nehmen.
„Trinkst du einen Schwarzen[2]?"
„Gerne."
Der Kellner kommt. Sein Blick richtet sich suchend auf den Gast. Dann plötzlich scheint ein Erinnern auf sein Gesicht zu kommen.
„Der wusste es auch, nicht wahr?", sagt Peter.
„Ach", erwidert Jean, „Kellner wissen alles. Mach dir nichts daraus."
Sie schweigen. Dann sagt Peter leise: „Bist du noch immer auf der Bank?"
„Ja."
„Ich wusste es. So sicher, wie ich wusste, dich zu dieser Tageszeit hier beim Lesen der Zeitung antreffen zu können."
„Hast du schon Arbeit?", fragt der andere.
„Ja, ja. Dafür hat man gesorgt. Morgen kann ich bereits anfangen. Und du, du bist Prokurist[3] geworden, nicht wahr?"
Jean nickt.
„Ich würde es nie mehr tun", sagt Peter leise. „Nie mehr."
Jean nickt wieder.
„Wirst du wieder bei Frau Ruegg wohnen?"
„Nein. Ich wollte. Aber sie hatte alle möglichen Ausreden, als ich heute Morgen bei ihr vorbeiging. Die wirkliche Strafe, weißt du, die kommt erst jetzt."
„Nein, nein. Das ist es sicher nicht", sagt Jean rasch. „Bedenke, es herrscht ein großer Zimmermangel."
Sie schweigen wieder. Jean zündet eine Zigarette an und spielt mit dem Blatt der Zeitung, während Peter nachdenklich in seinem Schwarzen rührt. Plötzlich blickt Jean auf die Uhr, ruft den Kellner und zahlt.
„Ich muss jetzt gehen. Verzeih, bitte. Mein Zug fährt in einer halben Stunde. Ich fahre für drei Wochen aufs Land. Meine langweilige Bronchitis, du weißt ja."
Peter wird blass. Auch der, denkt er bitter, auch der hat Ausreden. Mein einziger Freund. Er

1 Pietät: Rücksichtnahme, Respekt

2 einen Schwarzen: Kaffee ohne Milch und Zucker

3 Prokurist: Firmenmitarbeiter mit umfangreichen geschäftlichen Handlungsvollmachten

gibt Jean die Hand und wünscht ihm gute Erholung. Obwohl er nicht an diese Reise und nicht an seine Erholung glaubt.

Peter sitzt nun allein am Tisch. Seine Rechte spielt zitternd auf dem Blatt der Tageszeitung. Sein Blick ist gesenkt. Er sieht deshalb nicht, wie Jean sich bei der Tür entschlossen umwendet und auf den hintersten, in der rechten Ecke stehenden Tisch zusteuert. Erst als er dicht vor ihm steht, blickt er überrascht auf.

„Hast du etwas vergessen?“, fragt Peter.

„Ja. Ich habe vergessen, dir den Schlüssel zu geben.“

„Den Schlüssel. Welchen Schlüssel?“

„Den Schlüssel zu meiner Wohnung. Du kannst, solange ich weg bin, bei mir wohnen.“

**1** Benennt das Thema der Kurzgeschichte. Begründet, welche Aussage A oder B passt:

**A** Die Geschichte handelt von zwei Freunden, die gemeinsam eine Straftat begangen haben.

**B** Die Geschichte behandelt den schwierigen Neubeginn draußen für einen ehemaligen Häftling.

**2** Der Schwerpunkt der Geschichte ist die Beziehung der beiden Figuren. Untersucht und erläutert sie. Wählt Aufgabe a, b oder c. Tauscht danach eure Ergebnisse aus.

●○○ a Schlüpft in Peters Rolle. Mit welchen Erwartungen ist er ins Café gegangen?

●●○ b Wie werden Peters Unsicherheit und Angst sprachlich dargestellt? Erläutert Textbeispiele, z. B.:
*In Zeile 1 wird durch das Verb „...“ ... In Zeile ... steht das Adjektiv „...“ ...*

●●● c Schlüpft in Jeans Rolle. Stellt in einer Tabelle gegenüber, was er sagt, macht und was er vermutlich dabei denkt, z. B.:

| Was Jean sagt und macht | Was Jean vermutlich denkt |
|---|---|
| *Z. 13 f.: Jean nickt, rückt den Stuhl zurecht und heißt ihn Platz nehmen.* | *Nur nicht über das Gefängnis reden. Mal sehen, warum er mich sehen will.* |

**3** Kurz vor Ende wendet sich die Geschichte und setzt die Beziehung in ein neues Licht.

a Beschreibt die innere Verfassung der beiden Figuren gegen Ende des Gesprächs.
Sucht Textbelege (verbal/nonverbal) und erläutert, wie die Äußerungen und Verhaltensweisen auf den anderen jeweils wirken.

b Vergleicht Anfang und Ende der Kurzgeschichte.
Wer geht jeweils auf wen zu? Welche Deutung lässt sich daraus ableiten?

**4** Erläutert anhand der markierten Textstelle die Kommunikation der beiden.

●●● a Unterscheidet zwischen Sachinformation, Beziehungsebene sowie Erwartung (Appell), z. B.:
*Jean bricht plötzlich auf, weil er ...*
*Im Hinblick auf die Beziehung heißt das ... Der Appell an Jean könnte lauten: ...*

b Ein Missverständnis in der Kommunikation zwischen Jean und Peter deutet sich bereits vor dem Wendepunkt an. Erläutert, ab wann.

c Erklärt die metaphorische Bedeutung des Schlüssels (▸ Z. 67 f.).

▷ Eine Hilfe zu Aufgabe 4 findet ihr auf Seite 131.

**5** Was wäre, wenn Jean den Schlüssel zu seiner Wohnung Peter nicht überlassen hätte?

●●● a Beschreibt in der Ich-Form Peters Sicht, Gedanken und Gefühle.

b Was zeigt die Geschichte den Lesern dadurch, dass Jean am Ende entschlossen umschwenkt?

▷ Hilfe zu 5, Seite 131

## Aufgabe 4 mit Hilfe

Erläutert am Beispiel der markierten Textstelle die Kommunikation der beiden.

a Unterscheidet zwischen **Sachinformation, Beziehungsebene** sowie **Erwartung (Appell).** Schreibt die fett gedruckten Begriffe als Überschriften ins Heft. Ordnet ihnen die folgenden Aussagen A bis E richtig zu.

**A** Jean bricht heute in einen Erholungsurlaub auf.
**B** Er will nicht seinen Zug verpassen, deshalb hat er es eilig.
**C** Peter ist überrascht vom Aufbruch. Er glaubt, dass Jean die Reise vorgibt, um ihn loszuwerden.
**D** Jean appelliert an Peters Verständnis wegen seiner schon chronischen Erkrankung.
**E** Jean ist froh, ein passendes Argument für einen Aufbruch zu haben.

b Ein Missverständnis in der Kommunikation zwischen Jean und Peter deutet sich bereits vor dem Wendepunkt an. Erläutert, ab wann.
– Lest dazu noch einmal die markierten Zeilen.
– Erläutert aus Peters Sicht, z. B.: *Jetzt weiß er, dass ich ... suche, aber er ...*

c Erklärt die metaphorische (bildhafte, symbolische) Bedeutung des Schlüssels (▸ Z. 67 f.). Vervollständigt im Heft die folgenden Sätze A und B:
**A** Einen wirklichen Schlüssel nutzt man, um eine ...
**B** Im übertragenen Sinn kann der Schlüssel so verstanden werden, dass Peter ...

## Aufgabe 5 mit Hilfe

Was wäre, wenn Jean den Schlüssel zu seiner Wohnung Peter nicht überlassen hätte?

a Beschreibt in der Ich-Form Peters Sicht, Gedanken und Gefühle, z. B.:

b Was zeigt die Geschichte den Lesern dadurch, dass Jean am Ende entschlossen umschwenkt? Formuliert mit Hilfe der folgenden Satzanfänge:

Entlassene Straftäter haben es nicht leicht, in Freiheit wieder ...

Sie fühlen sich oft abgelehnt und ausgegrenzt. Gerade dann sollten Freunde ...

Wäre Jean einfach weggegangen, dann wäre Peter vielleicht ...

Die eigentliche Strafe ist zwar abgesessen, doch psychisch (seelisch) ...

# 6.3 Fit in ...! – Eine Kurzgeschichte analysieren und interpretieren

Stellt euch vor, ihr bekommt in der nächsten Klassenarbeit die folgenden Aufgaben gestellt:

**Aufgaben**

1. Analysiere Rainer Jeroschs Kurzgeschichte „Lächeln im Regen".
   a Fasse den Inhalt kurz zusammen.
   b Untersuche die Figuren und ihr Verhältnis zueinander. Beachte besonders, wie sie verbal und nonverbal miteinander kommunizieren und was dies über ihre Beziehung aussagt.
2. Begründe, inwiefern der Titel „Lächeln im Regen" zur Kurzgeschichte passt. Bedenke dazu die typischen Merkmale einer Kurzgeschichte.

Rainer Jerosch

## Lächeln im Regen (1964)

Regen fiel und die Luft war voller warmer Feuchtigkeit. Lächeln müsstest du, sagte er zu sich, während er die Allee entlangging, lächeln, wie die Weisen im Orient es tun. Es ist nicht wert, dass du mehr tust als lächeln. Und er lächelte auch, ein gezwungenes Lächeln, aber er lächelte. Vor zehn Minuten hatte er sie noch gesehen. Es hatte schon zu regnen begonnen.

„Wirklich nicht?", fragte er.

„Nein", sagte sie.

Ihre Augen hatten keinen Ausdruck. Es war, als sähe sie ihn am anderen Ende der Straße, und als wäre er dort und nicht neben ihr.

„Du bist so merkwürdig", sagte er. „Ich weiß nicht, was los ist."

„Es ist gar nichts los", entgegnete sie widerwillig.

Sie sah die Straße hinunter und ihre Augen waren stumpf und ohne Glanz. An beiden Seiten der Straße standen Bäume, und der Regen fiel, und die Blätter glänzten.

„Was ist nur mit dir los?", sagte er. „Du bist schon voriges Mal so komisch gewesen."

„Ich weiß gar nicht, wovon du sprichst", sagte sie. Sie stand am Hauseingang an die Tür gelehnt. Er stand zwei Stufen tiefer auf den nassen Fliesen vor dem Haus.

„Ich möchte jetzt wissen, was dich so verändert", sagte er. „Ich möchte das endlich mal rauskriegen. Willst du mir nicht sagen, was los ist?"

„Nein", sagte sie. „Ich weiß nicht, wovon du redest."

„Das weißt du sehr genau", sagte er.

Sie antwortete nicht, und es entstand eine Pause. Es regnete, und sie blickte die Straße hinunter auf die Blätter, und es war ein geheimnisvolles Rauschen in der Luft.

„Ich verstehe dich nicht", sagte er. „Bin ich dir zu langweilig geworden, oder was ist los?"

„Ich weiß nicht, was du immer hast!" Sie war sehr ungeduldig.

„Ich habe überhaupt nichts", sagte er, „aber du tust so, als wäre ich Luft und als langweilte ich dich."

Sie sagte nichts und blickte an ihm vorbei. Der Asphalt auf der Straße spiegelte den Regenhimmel und die Erde zwischen Kantstein und Fußgängerweg war weich und moorig.

„Und morgen?", fragte er.

„Ich sage dir doch, ich kann nicht!" Sie sah auf die Häuser, die hinter den Bäumen hervorblickten und in großen, grünen Gärten standen.
„Gut", sagte er und fühlte sich elend. „Gut, dann also nicht. Ich gebe die Theaterkarten zurück."
Sie rührte sich nicht und er fühlte sich scheußlich elend.
„Auf Wiedersehn!", sagte er.
„Leb wohl", entgegnete sie.
Dann klappte die Tür und er wusste, dass er jetzt fortgehen musste. Er drehte sich langsam um und ging die Straße hinunter.
Du solltest es nicht so ernst nehmen, sagte er sich. Es lohnt sich nicht. Es lohnt sich wirklich nicht. Man müsste darüber lächeln können, wirklich nur lächeln. Und er lächelte das gezwungene Lächeln, und es regnete durch die Bäume vom grauen Himmel.

## Die Aufgabe richtig verstehen

**1** Was verlangt die Aufgabe im Einzelnen von euch?
Notiert im Heft die Buchstaben der richtigen Aussagen. Sie ergeben ein Lösungswort.

Wir sollen ...
**NU** ... ganz genau nacherzählen, was in der Kurzgeschichte passiert.
**GR** ... das Ende der Kurzgeschichte erfinden.
**LA** ... den wesentlichen Inhalt der Geschichte kurz zusammenfassen.
**BA** ... uns eine Vorgeschichte ausdenken.
**EC** ... die Beziehung der Figuren zueinander genau untersuchen.
**HE** ... auch nonverbale Ausdrucksmittel beachten.
**TO** ... Leerstellen der Geschichte mit Inhalt füllen.
**LN** ... den Titel auf Inhalt und Merkmale der Kurzgeschichte beziehen.
**DE** ... einen Vergleich mit anderen bekannten Kurzgeschichten vornehmen.

## Planen

**2** Haltet fest, was ihr über die Figuren „Sie" und „Er" je Textabschnitt erfahrt.
a Legt im Heft eine Liste wie folgt an. Notiert mit Zeilenangaben Stichworte zu den Gefühlen, Aussagen und dem (nonverbalen) Verhalten der Figuren.
b Notiert unter der Tabelle, was die Stichworte über die Beziehung der beiden aussagen.

| | **Abschnitt 1** (▸ Z. 1–9) **und 3** (▸ Z. 64–72) | **Abschnitt 2** (▸ Z. 10–63) |
|---|---|---|
| **Er** | – *lächelt gezwungen (Z. 6)*<br>– *grübelt (Z. 67 ff.)*<br>– *emotional aufgewühlt (Z. 70 ff.)* | – *„Auf Wiedersehn!" (Z. 62)* |
| **Sie** | – ... | – *nicht gesprächig (Z. 17 f.)*<br>– *„Leb wohl" (Z. 63)* |

**3** Sammelt Ideen, was der Regen im Titel und im Verlauf der Kurzgeschichte bedeutet.

## Schreiben und überarbeiten

**4** Formuliert im Heft einen Einleitungssatz. Beachtet Textart, Autor, Titel, Erscheinungsjahr und Thema, z. B.: *Jn … Kurzgeschichte „…“ aus dem Jahr … geht es um …*

**5** a Fasst nach dem Einleitungssatz den Inhalt der Geschichte knapp zusammen. Macht Angaben zum Aufbau des Textes. Nutzt Folgendes:

**Satzbausteine**

*Das Geschehen wird eingerahmt von … Anfangs/Zunächst … beschreibt der Erzähler … Jm zentralen Teil der Kurzgeschichte … Am Ende …*

**Schreibhinweise**

– Verwendet Verben im Präsens.
– Schreibt knapp und sachlich.
– Gebt keine wörtliche Rede wieder.
– Wählt Satzanfänge, die die zeitliche Reihenfolge der Ereignisse verdeutlichen.

b Beschreibt und deutet ausführlich die Kommunikation der beiden Figuren. Nutzt eure Planungsergebnisse (▸ S. 133, Aufgabe 2, 3) sowie folgende Sätze und Begriffe: *Jm Gespräch zwischen der Frau und dem Mann wird deutlich, dass die Beziehung der beiden … / Er versucht herauszufinden … Sie verleugnet aber … / Auch im nonverbalen Verhalten zeigt sich … / Das Verhältnis der beiden wird bestimmt durch … Dies wird deutlich an … / Die Aussagen am Ende des Dialogs weisen deutlich auf … hin.*

**6** Erklärt, welcher Schüler in der zweiten Teilaufgabe der Klassenarbeit sinnvoller begründet.

**A** *Der Titel passt gut zu der Geschichte, weil der Mann sich zu einem Lächeln zwingt, auch wenn es regnet.*

**B** *Der Regen zieht sich als Leitmotiv durch die Geschichte und könnte auch für Traurigkeit und Tränen stehen.*

**7** Prüft und verbessert in Partnerarbeit eure Ausarbeitungen. Nutzt die Checkliste.

## Checkliste

### Eine Kurzgeschichte analysieren

Habt ihr …

- alle **Anforderungen der Aufgabe** (▸ S. 132) beachtet und bearbeitet?
- eine **Einleitung** mit Angaben zu Textart, Autor, Titel, Erscheinungsjahr und Thema formuliert?
- kurz und sachlich den **Inhalt** der Geschichte **zusammengefasst?**
- den **Aufbau** des Textes beschrieben?
- die **Kommunikation** und **Beziehung der Figuren** untersucht und beschrieben?
- bei eurer Untersuchung der Beziehung auch nonverbale Ausdrucksmittel mit einbezogen?
- am Schluss kurz **Stellung zum Text** (Inhalt, Problem) **genommen?**
- alle eure Aussagen zur Geschichte **mit** geeigneten **Textstellen belegt** und im Präsens verfasst?

**Schreibwörter** ▸ S. 321

| | | | |
|---|---|---|---|
| die Kurzgeschichte | misslingen | charakterisieren | die Erzählzeit |
| die Interpretation | übermitteln | markieren | der Ausdruck |

# 7 „... lass sie deine Stimme hören“ – Politische Gedichte analysieren

Die Ärzte

**Deine Schuld** (Songtext 2004)

Hast du dich heute schon geärgert, war es heute wieder schlimm
Hast du dich wieder gefragt, warum kein Mensch was unternimmt
Du musst nichts akzeptieren, was dir überhaupt nicht passt
Wenn du deinen Kopf nicht nur zum Tragen einer Mütze hast

Es ist nicht deine Schuld, dass die Welt ist, wie sie ist
Es wär nur deine Schuld, wenn sie so bleibt [...]

Nein geh mal wieder auf die Straße, geh mal wieder demonstrieren
Denn wer nicht mehr versucht zu kämpfen, kann nur verlieren
Die, die dich verarschen, die hast du selbst gewählt
Darum lass sie deine Stimme hören, weil jede Stimme zählt [...]

**1** Lest den Auszug aus dem Song „Deine Schuld“ und erklärt mit eigenen Worten, wozu in dem Song aufgerufen wird.

**2** Worüber ärgert ihr euch? Wofür oder wogegen würdet ihr demonstrieren?
- a Tauscht euch zu zweit über eure Protestthemen aus.
- b Schreibt den Refrain um und setzt eure Themen ein, z. B.:
  *Es ist nicht deine Schuld, dass man Tiere quält,*
  *es wär nur deine Schuld, wenn das so bleibt ...*
- c Lest euren Refrain vor und erklärt, was ihr gern verändern würdet.

**3** Stellt Vermutungen dazu an, wogegen in politischer Lyrik früher und heute protestiert wurde und wird.

### In diesem Kapitel ...

- tragt ihr bei einem Poetry-Slam eigene Gedichte vor,
- untersucht ihr politische Lieder und Gedichte aus verschiedenen Epochen,
- schreibt ihr Schritt für Schritt eine Gedichtanalyse.

# 7.1 Protest – Motive politischer Lyrik erkennen

## Poetry-Slam – Nachrichten in Verse übersetzen

Etwa 15000 Erzieherinnen und Erzieher haben vor dem Rathaus für höhere Löhne demonstriert. Wegen des Erzieherstreiks sind seit mehreren Wochen viele Kitas geschlossen.

Moritz Neumeier (2015)

Da ist einer, der überwacht Tabellen. Mit Kurven und
Kursen und Daten. Und wenn da was schwankt,
greift er hektisch zum Hörer, brüllt „VERKAUFEN!“.
Und bekommt viel Geld dafür. Das nennt man Wirtschaft.

Da ist einer, der überwacht Spielzüge. Mit Dribbeln und
Flanken und Decken. Und wenn da was schwankt,
greift er hektisch zum Himmel, brüllt „ANGRIFF!“.
Und bekommt viel Geld dafür. Das nennt man Fußball.

Da ist eine, die überwacht Kinder. Mit Stolpern und
Toben und Schubsen. Und wenn da was schwankt,
greift sie hektisch zum Halten, brüllt „VORSICHT!“.
Und bekommt kaum Geld dafür. Das nennt man ungerecht.

**1** a Lest die Zeitungsmeldung und das Gedicht zunächst still und tragt sie anschließend vor.
b Beschreibt, wie die beiden Texte auf euch wirken.

**2** Das Gedicht ist ein Beitrag zu einem Poetry-Slam. Bei diesem tragen Dichterinnen und Dichter ihre eigenen Texte einem Publikum vor.
a Vergleicht den Inhalt der Meldung und des Gedichts.
*Jn beiden Texten geht es darum, dass ...*
b Was möchte Moritz Neumeier mit seinem Gedicht zur Zeitungsmeldung deutlich machen? Formuliert eine Aussage dazu.
*Jn der Meldung wird nur darauf hingewiesen, dass ...*
*Moritz Neumeier verdeutlicht in seinem Gedicht, wie ungerecht ... ist, indem er die Tätigkeit und die Bezahlung der Erzieherinnen und Erzieher mit ... vergleicht.*

**3** Untersucht die Form des Gedichts. Wählt Aufgabe a oder b.
●○○ a Die drei Strophen des Gedichts sind gleich aufgebaut. Beschreibt diesen Aufbau.
*Alle Strophen beginnen mit ... Jn jeder Strophe brüllt ... Jm letzten Vers ...*
●●● b Erklärt, welche Wirkung der einheitliche Aufbau der drei Strophen hat.
*Durch den einheitlichen Aufbau der drei Strophen wird deutlich, dass ...*
c Tauscht eure Ergebnisse aus.

**4** Untersucht die Sätze in den drei Strophen genauer.
Schreibt folgende Aussagen mit den zutreffenden Wörtern ins Heft und ergänzt den letzten Satz.
*Die Sätze in dem Gedicht sind eher lang/kurz. Im ersten/zweiten Satz jeder Strophe fehlen das Subjekt und das Prädikat. Im vorletzten Satz jeder Strophe fehlt das Subjekt/Prädikat.*
*Mehrere Sätze beginnen mit der Konjunktion „und"/„weil". Durch diese Besonderheiten wirkt das Gedicht …*

**5** Übt den Vortrag des Gedichts ein. Probiert aus, was sich ändert, wenn ihr bestimmte Wörter betont oder während des Vortrags immer schneller lest.

**6** Zu welchem politischen oder gesellschaftlichen Thema würdet ihr ein Gedicht schreiben? Lest Meldungen in Zeitungen und im Internet und entscheidet euch für ein Thema.

**7** Schreibt ein Gedicht für einen Poetry-Slam. Wählt dafür Aufgabe a, b oder c.

●○○ a Schneidet oder druckt Schlagzeilen zu eurem Thema aus Zeitungen und aus dem Internet aus. Stellt diese zu einem Gedicht zusammen.

●●○ b Schreibt Verse zu eurem Thema und spielt darin mit der Sprache:
- Verwendet mehrere Wörter mit demselben Anfangsvokal, z. B.:
  *Angeblich bekommen alle Arbeit, aber Anna hat andere, wenig angenehme …*
- Erfindet neue Wörter (Neologismen), z. B.: *Hartzweh, Sparminator, Kaufregung.*

●●● c Verfasst ein Gedicht, in dem am Ende jeder Strophe die Aussagen verneint werden, z. B.:
*Nichts von dem ist so gemeint; nichts ist so, wie es erscheint.*

**8** a Tauscht eure Gedichte in der Gruppe aus und gebt euch Tipps zur Überarbeitung.
b Tragt euch die Gedichte mehrmals gegenseitig vor. Erprobt dabei verschiedene Vortragsweisen und achtet auch auf passende Gesten.

**9** Organisiert einen Poetry-Slam.
a Besprecht, welche Regeln für alle Vortragenden gelten sollen (▸ Information).
b Verteilt die folgenden Aufgaben:
- Vortragsraum organisieren, dekorieren und die notwendige Technik bereitstellen
- für den Slam werben, z. B. mit Plakaten, Flyern, in der Schülerzeitung, auf der Schulwebseite
- einen Preis für den Sieger besorgen
- den Poetry-Slam moderieren
- die Gedichtbeiträge in einem Lyrikbuch zusammenfassen und dieses vervielfältigen

**Information** **Poetry-Slam**

Ein **Poetry-Slam** (engl. *to slam:* zuknallen, schlagen) ist ein Wettstreit zwischen Dichterinnen und Dichtern, die ihre eigenen Texte einem Publikum vortragen.
- Bei dem Wettstreit gelten normalerweise die folgenden **Regeln:**
  - Die Slam-Poeten können ihre **eigenen Texte** vorlesen, auswendig vortragen, performen oder rappen, jedoch **ohne Einsatz von Musik, Kostümen** oder **Requisiten.**
  - Alle bekommen für ihren Vortrag **dieselbe Zeit,** z. B. fünf Minuten.
- Das **Publikum oder eine Jury bewertet** den Vortrag, z. B. mit Stimmkarten.
  Mögliche **Bewertungskriterien** sind Inhalt, Sprache, Vortragsweise und Körpersprache.

# Gedichte zu Unrecht heute und im *Sturm und Drang*

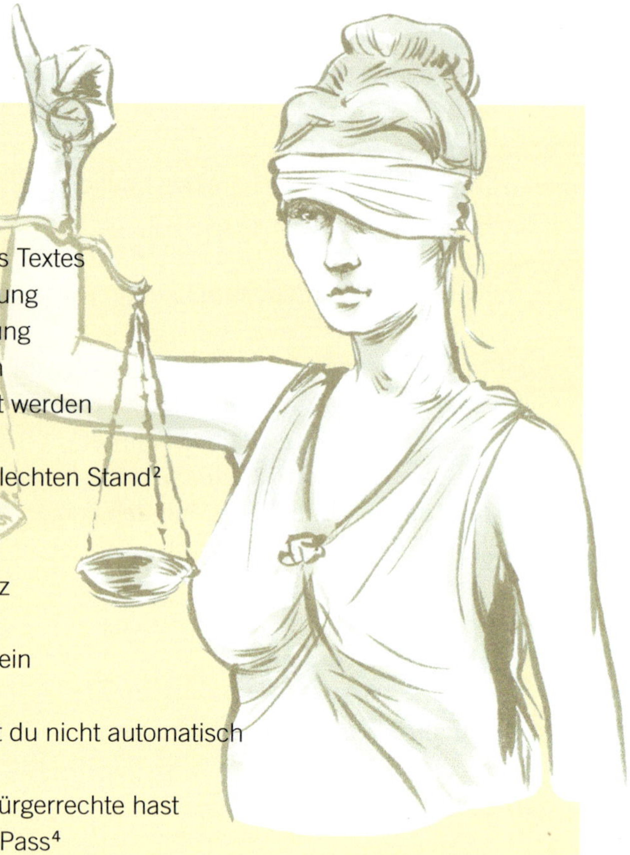

Advanced Chemistry

**Operation Art. 3** (Songtext 1995)

Gleichheit vor dem Gesetz, hier geb ich kund des Textes
Niemand darf wegen Geschlecht oder Abstammung
Sprache, Herkunft, des Glaubens, der Anschauung
Diskriminiert, sein Leben nicht erschwert werden
Dass dies nicht stimmt, kann von mir jetzt erklärt werden
Wie kommt es sonst, dass du als Immigrant
Sogenannter Ausländer konstant[1] hast einen schlechten Stand[2]
Zum Beispiel Artikel 12 Bundeswahlgesetz
Sorgt dafür, dass du bei der Wahl zu Hause sitzt
Zum Beispiel Artikel 3 Staatsangehörigkeitsgesetz
Der deine Rechte genauso verletzt
Denn du kannst hier geboren sein, aufgezogen sein
Oder, warst du noch klein, hergezogen sein
Nichts zu machen, einen deutschen Pass kriegst du nicht automatisch
Das Blut in deinen Adern ist nicht arisch[3]
Bist Mitbürger mit Steuerlast, obwohl du keine Bürgerrechte hast
Und der Arbeitgeber scheißt auf meinen grünen Pass[4]
Wenn ich nach Arbeit frag, er meine Hautfarbe nicht mag
Macht sich für mich kein Gesetz stark
Dass wir in schlechten Wohnvierteln leben – ist kein Zufall
Unsere Kinder die Schule aufgeben – ist kein Zufall
Wir als Erste die Arbeit verlieren – ist kein Zufall [...]

1 konstant: immer
2 einen schlechten Stand haben: in einer schlechten Situation sein
3 arisch: *hier:* deutsch
4 der grüne Pass: vorläufiger Pass

**1**
a Lest den Songtext zunächst still und tragt ihn anschließend vor.
b Äußert euch in einer „Blitzlicht“-Runde zu dem Song: Jeder formuliert einen Satz zum Text.

**2** Welche Ungerechtigkeiten führt das lyrische Ich im Songtext an? Wählt Aufgabe a oder b.
a Formuliert die Beispiele für ungerechte Behandlung im Song mit eigenen Worten:
*Das lyrische Ich kritisiert, dass ... / Es protestiert dagegen, dass ...*
b Formuliert die Forderungen, die das lyrische Ich indirekt stellt, z. B.:
*Das lyrische Ich fordert, dass man als Ausländer wählen darf.*
c Tauscht eure Ergebnisse aus. Prüft dabei, ob die Beispiele (▸ Aufg. 2 a) und Forderungen (▸ Aufg. 2 b) zusammenpassen.

**3** Der Songtext soll Zuhörerinnen und Zuhörer provozieren. Welche Aussagen im Song wirken provozierend? Begründet eure Angaben.

Gottfried August Bürger

## Der Bauer an seinen Durchlauchtigen[1] Tyrannen (1776)

Wer bist du, Fürst, dass ohne Scheu
Zerrollen mich dein Wagenrad,
Zerschlagen darf dein Ross[2]?

Wer bist du, Fürst, dass in mein Fleisch
Dein Freund, dein Jagdhund, ungebleut[3]
Darf Klau und Rachen[4] haun?

Wer bist du, dass durch Saat und Forst
Das Hurra deiner Jagd mich treibt,
Entatmet[5] wie das Wild? –

Die Saat, so deine Jagd zertritt,
Was Ross und Hund und du verschlingst,
Das Brot, du Fürst, ist mein.

Du Fürst hast nicht bei Egg und Pflug[6],
Hast nicht den Erntetag durchschwitzt.
Mein, mein ist Fleiß und Brot! –

Ha!, du wärst Obrigkeit von Gott?
Gott spendet Segen aus; du raubst!
Du nicht von Gott, Tyrann!

1 Durchlaucht: Titel und Anrede für hohe Adlige
2 das Ross: das Pferd
3 ungebleut: ungestraft
4 Klau und Rachen: Pfoten und Maul
5 entatmet: atemlos
6 Egg und Pflug: Arbeitsgeräte der Bauern auf dem Feld

**4** a Lest den Titel des Gedichts und klärt, wer mit „Durchlauchtiger Tyrann" gemeint ist.
b Äußert Vermutungen zum Inhalt des Gedichts. Beachtet dabei auch seine Entstehungszeit.

**5** Lest das Gedicht und untersucht den Inhalt.
a Notiert mit eigenen Worten, was der Bauer dem Fürsten in den einzelnen Strophen vorwirft:
*1. Strophe: Der Bauer wirft dem Fürsten vor, dass er keine Rücksicht auf ihn nimmt. Er zerstört …*
b Als das Gedicht entstand, glaubten die Menschen, dass Herrscher durch Gott eingesetzt werden. Erklärt vor diesem Hintergrund die Aussage der letzten Strophe.

**6** Untersucht die sprachliche Gestaltung des Gedichts. Wählt Aufgabe a oder b.
●○○ a Sucht aus dem Gedicht Personalpronomen (▸ S. 304) und Possessivpronomen (▸ S. 304) heraus. Erklärt, warum der Dichter diese Pronomen so häufig verwendet hat.
**Tipp:** Überlegt auch, wie man einen Fürsten damals normalerweise angesprochen hat.
●●● b Untersucht die Satzarten und Wiederholungen im Gedicht. Erläutert ihre Wirkung.
c Tauscht eure Ergebnisse aus.

**7** a Formuliert eine Aussage zum Reim (▸ S. 294) und zum Versmaß (▸ S. 294) im Gedicht.
b Prüft, welche der folgenden Aussagen zutreffen. Begründet eure Einschätzung.
**A** Die unregelmäßige Form zeigt, dass der Sprecher im Gedicht nicht sehr gebildet ist.
**B** Es wird betont, dass der Sprecher wütend ist und gegen die Zustände protestieren möchte.
**C** Durch die Form wird verdeutlicht, dass der Sprecher geltende Regeln ablehnt.

**8** Informiert euch im Merkkasten (▸ S. 143) über die literarische Epoche des *Sturm und Drang.* Erklärt, warum man das Gedicht dieser Epoche zuordnen kann.

**9** Vergleicht, welche Ungerechtigkeiten in den beiden Gedichten auf Seite 138 und auf Seite 139 kritisiert werden.

# Das Kriegsmotiv in *Barock* und *Expressionismus*

Andreas Gryphius

## Tränen des Vaterlandes (1636)

Wir sind doch nunmehr ganz, ja mehr denn ganz verheeret[1]!
Der frechen Völker Schar, die rasende Posaun
Das vom Blut fette Schwert, die donnernde Karthaun[2]
Hat aller Schweiß, und Fleiß, und Vorrat aufgezehret.

Die Türme stehn in Glut, die Kirch ist umgekehret
Das Rathaus liegt im Graus[3], die Starken sind zerhaun.
Die Jungfraun sind geschänd't, und wo wir hin nur schaun
Ist Feuer, Pest, und Tod, der Herz und Geist durchfähret.

Hier durch die Schanz und Stadt, rinnt allzeit frisches Blut.
Dreimal sind schon sechs Jahr als unser Ströme Flut
Von so viel Leichen schwer, sich langsam fortgedrungen.

Doch schweig ich noch von dem, was ärger als der Tod.
Was grimmer denn[4] die Pest, und Glut und Hungersnot,
Dass auch der Seelen Schatz[5], so vielen abgezwungen[6].

Pieter Bruegel d. Ä.: Triumph des Todes, um 1560 (Ausschnitt)

1 verheeret: vernichtet, zerstört
2 die Karthaun: die Kanone
3 im Graus: in Staub
4 grimmer denn: schlimmer als
5 der Seelen Schatz: der Glaube
6 abgezwungen: weggenommen

**1** a Beschreibt das Gemälde: Was ist auf dem Ausschnitt erkennbar?
b Erklärt, welches sprachliche Bild im Titel des Gedichts verwendet wird und was es bedeutet.

**2** a Wie werden der Krieg und seine Auswirkungen im Gedicht dargestellt?
Notiert mit eigenen Worten, was ihr beim Lesen vor eurem inneren Auge seht, z. B.:
*blutige Schwerter, schwere Kanonen, hungrige Menschen, brennende Türme ...*
b Erklärt, welche besonderen Folgen des Krieges in der letzten Strophe beschrieben werden.

**3** Bei dem Gedicht handelt es sich um ein Sonett. Beschreibt Aufbau, Reim und Versmaß:

**Quartett:** Strophe aus vier Versen

**Terzett:** Strophe aus drei Versen

**Umarmender Reim:** abba

**Paarreim:** aa

**Jambus:** unbetont (x) – betont (X)

**4** Untersucht die sprachliche Gestaltung. Wählt Aufgabe a oder b und tauscht euch aus.
●●○ a Benennt die im Gedicht markierten sprachlichen Bilder (▶ S. 295). Erklärt, was mit Hilfe dieser Bilder jeweils verdeutlicht werden soll.
●●● b Sucht im Text Übertreibungen (Hyperbeln) und erläutert deren Wirkung.

**5** Informiert euch im Merkkasten (▶ S. 143) über die literarische Epoche des *Barock*.
Beschreibt den geschichtlichen Hintergrund des Gedichts.

Wilhelm Klemm

**Schlachtenhimmel** (1914)

Jeden Morgen hebt der Tag die Sonne,
Ein blutiges Kind, empor zum Himmel.
Das Heer schüttelt sich wie ein großer Vogel.
Ins Gelände geduckt, irgendwo südwärts, ist – der Feind.

In der Ferne räuspert Gewehrfeuer.
Und jetzt zersprengen die Kanonen den Horizont.
Unsichtbare Kolosse der Luft
Heulen auf, kreischen verzweifelt, platzen.

Die Schrapnelle[1] flecken den Himmel
Wie einen Panther. Riesiges Raubtier,
Lauert er über uns, und verspricht doch
Wie immer und je die ewige Ruhe.

1 das Schrappnell: die Granate

August Stramm

**Sturmangriff** (1914)

Aus allen Winkeln gellen Fürchte Wollen
kreisch
peitscht
das Leben
vor
sich
her
den keuchen Tod
die Himmel fetzen
blinde schlächtert wildum das Entsetzen

**6** a Was beschreibt Wilhelm Klemm in seinem Gedicht „Schlachtenhimmel"? Gebt die Situation mit eigenen Worten wieder.
b Notiert die Verben, die im Gedicht verwendet werden. Welche Wirkung erzeugen sie?
c Untersucht die sprachlichen Bilder. Schreibt sie heraus und notiert stichwortartig, wie sie wirken:
*„blutiges Kind" (Vers 2) – Sprachbild: Metapher – Wirkung: Sonne erinnert an ..., wirkt ...*

**7** a Wie wirkt das Gedicht „Sturmangriff" von August Stramm? Beschreibt euren ersten Eindruck.
b Erklärt, durch welche sprachlichen Besonderheiten dieser Eindruck entsteht:
*Neologismen (Wortneuschöpfungen) wie „..." bewirken beim Leser ... / Der Aufbau ... / Der Satzbau ...*
c Welche der Aussagen zum Gedicht findet ihr passend? Begründet eure Entscheidung.
**A** In dem Gedicht wird deutlich, dass man Kriegserlebnisse kaum in Worte fassen kann.
**B** Stramm verstümmelt Wörter und Sätze so, wie der Krieg Menschen verstümmelt.
**C** Stramm will die Leser des Gedichts so verunsichern, wie ihn der Krieg verunsichert hat.

**8** Auf welchen Krieg beziehen sich die beiden Gedichte?
Informiert euch im Merkkasten (▸ S. 143) über die literarische Epoche des *Expressionismus* und erklärt den geschichtlichen Hintergrund der Gedichte.

**9** Vergleicht, wie in den drei Gedichten (▸ S. 140–141) das Motiv des Kriegs verstanden wird.

**Information** **Das Motiv**

- Ein Motiv ist ein **thematisches Element,** das wiederholt in Texten auftritt.
- Es kann sich dabei um **Personen, Handlungen, Situationen oder Ideen** handeln, z. B. das Motiv des Tyrannen, der Heimkehr, des Krieges, der Vergänglichkeit.
- Motive können **zu verschiedenen Zeiten unterschiedlich verstanden** werden.

# Kritik an der sozialen Situation im *Vormärz*

Gustave Courbet: Die Steinklopfer (um 1849)

Georg Weerth

## **Arbeite** (um 1844)

Du Mann im schlechten blauen Kittel,
Arbeite! Schaffe Salz und Brot!
Arbeite! Arbeit ist ein Mittel,
Probat[1] für Pestilenz[2] und Not.

Arbeite! Rühre deine Arme!
Arbeite sechzehn Stunden so!
Arbeite! Nachts ja lacht das warme,
Das Lager dir von faulem Stroh.

Arbeite! Hast ja straffe Sehnen.
Arbeite! Denk, mit schwangerem Leib
Harrt[3] in der Hütte dein mit Tränen
Ein schönes leichenbleiches Weib.

Arbeite! Gleich der Stirn der Rinder
Ist ja die deine breit und dick.
Arbeite! Deine nackten Kinder,
Die küssen dich, kehrst du zurück.

Arbeite, bis die Adern klopfen!
Arbeite, bis die Rippe kracht!
Arbeite, bis die Schläfen tropfen –
Du bist zur Arbeit ja gemacht!

Arbeite, bis die Sinne schwinden!
Arbeite, bis die Kraft versiegt!
Arbeite! – Wirst ja Ruhe finden,
Wenn dein Gebein im Grabe liegt.

1 probat: bewährt, wirksam
2 die Pestilenz: die Krankheit
3 harrt: wartet

**1** a Betrachtet das Gemälde „Die Steinklopfer" und schildert die Situation und die Atmosphäre: Was würdet ihr wahrnehmen, wenn ihr mit den Arbeitern zusammen Steine klopfen würdet?
*Wir hocken am Boden, und ich sehe um mich herum nur … Ich höre/rieche/spüre …*

b Wie würden sich die beiden Steinklopfer über ihre Arbeit äußern? Formuliert mögliche Aussagen, z. B.: *„Die Arbeit als Steinklopfer ist sehr mühsam. Jeden Morgen …"*

**2** a Lest das Gedicht „Arbeite" still und begründet folgende Aussage zum Gedicht: „In dem Gedicht ‚Arbeite' ist eine Steigerung von der ersten bis zur letzten Strophe erkennbar."

b Was erwartet den Arbeiter zu Hause? Nennt positive und negative Aspekte, die im Gedicht angesprochen werden.

**3** a Untersucht das Versmaß (▸ S. 294) im Gedicht. Vergleicht die Verse und prüft, bei welchem Wort sich das Versmaß jedes Mal ändert.
b Stellt einen Zusammenhang zwischen Auffälligkeiten im Versmaß und Inhalt des Gedichts her.

**4** Übt den Vortrag des Gedichts ein. Wählt Aufgabe a oder b.
●○○ a Tragt das Gedicht so vor, als würde ein Fabrikdirektor den Arbeiter ansprechen.
●●● b Tragt das Gedicht so vor, als würde der Arbeiter ein Selbstgespräch führen.
c Besprecht, wie sich die Aussage des Gedichts durch die unterschiedlichen Sprecher ändert.

**5** Lest die Information unten und erklärt, warum man das Gedicht der literarischen Epoche des *Vormärz* zuordnen kann.

**Information** **Motive politischer Lyrik in verschiedenen Epochen**

Eine **Epoche** ist ein Zeitraum, in dem es bestimmte Ähnlichkeiten in der Literatur gab.

In der Epoche des **Barock (ca. 1600–1750)** bestimmte der Dreißigjährige Krieg (1618–1648) das Lebensgefühl der Menschen. Erfahrungen wie Verwüstung, Missernten, Seuchen, Hunger sowie Tod und Vergänglichkeit werden daher häufig in der Lyrik verarbeitet. Als Gedichtform nutzen die Barockdichter u. a. das Sonett, das aus zwei Quartetten (vier Verse) und zwei Terzetten (drei Verse) besteht.

In der Zeit des **Sturm und Drang (ca. 1770–1785)** wird die Unterteilung der Bevölkerung in die drei Stände Adel, Klerus (Kirchenvertreter) und dritter Stand (Bürger, Bauern, Arbeiter) zunehmend in Frage gestellt. Daher steht in der politischen Lyrik dieser Zeit die Kritik an Unterdrückung und Machtmissbrauch durch den Adel im Vordergrund. Der Wunsch nach Veränderung wird häufig durch Ausrufe und liedhafte, einfache Strophen ohne festes Versmaß und Reim zum Ausdruck gebracht.

In der Epoche des **Vormärz (ca. 1830–1848)** wurden den Menschen die Hoffnungen auf eine nationale Einheit und mehr Freiheitsrechte genommen, die mit der Französischen Revolution (1789) aufgekommen waren. Die fortschreitende Industrialisierung brachte Armut und unzumutbare Arbeitsbedingungen mit sich. Die Unzufriedenheit mit dieser Situation wird in der politischen Lyrik dieser Zeit thematisiert.

In der Zeit des **Expressionismus (ca. 1910–1925)** erscheint die Gesellschaft vielen als hinfällig und vom Untergang bedroht. Der Erste Weltkrieg (1914–1918) bestätigt die Erwartung einer Katastrophe. Die Dichtung thematisiert vor allem Ängste, die Erfahrung von Leid und Gewalt sowie das Gefühl der Verlorenheit. Der „Ausdruck“ (= Expression) dieser Gefühle steht dabei im Vordergrund. Dichterinnen und Dichter experimentieren dafür mit Sprache und Form. Neologismen, ungewöhnliche Bildlichkeit, ausdrucksstarke Wortwahl, verkürzte Sprache und Formlosigkeit kennzeichnen die Lyrik dieser Zeit.

## Teste dich!

Georg Herwegh

**Die Freiheit** (1841–1843)

Die Freiheit wohnt an Don[1] und Belt[2],
sie trinkt aus unserem Rhein,
die Freiheit schläft im Wüstenzelt
und glänzt im Sternenschein;
doch muss man um sie werben,
wo's immer sei.
Doch muss man für sie sterben,
dann wird man frei.

1 Don: Fluss im Südwesten Russlands

2 Belt: Meerenge in Dänemark

Jörn Pfennig

**Freiheit** (2011)

Eines Tages zog es sie plötzlich
unwiderstehlich in die Freiheit
irgendwohin, vielleicht ans Meer.
Sie packte die Dinge
die man auch in der Freiheit braucht
und ging mit hastigen Schritten
aus dem Haus –
Als sie die Straßenbahn verpasste
kehrte sie um.

**1** Welche Aussage trifft auf welches Gedicht zu? Schreibe die Namen der Autoren ins Heft und notiere die jeweiligen Buchstaben darunter. Sie ergeben zwei Lösungswörter.

- **G** Die Figur im Gedicht möchte scheinbar frei sein, entscheidet sich letztlich aber aus Bequemlichkeit gegen die Freiheit.
- **PO** Der Sprecher des Gedichts erklärt, dass Freiheit grundsätzlich überall vorhanden ist, man sich für diese aber mit seinem Leben einsetzen muss.
- **E** Das Gedicht reimt sich nicht und weist kein regelmäßiges Versmaß auf.
- **LI** Das Gedicht besteht aus zwei Kreuzreimen, das Versmaß ist ein Jambus.
- **TI** Das Reimschema teilt das Gedicht formal in zwei Teile, was sich auch im Inhalt spiegelt.
- **D** Zu den formalen Auffälligkeiten passt, dass die Figur spontan und unüberlegt handelt.
- **I** Der Gedankenstrich „–" betont den inhaltlichen Bruch im Gedicht.
- **SCH** In dem Gedicht wird die Freiheit personifiziert. Sie wird dadurch mit einem Menschen verglichen, der überall lebt, um dessen Zuneigung man sich aber bemühen muss.
- **CH** Die Alltagssprache im Gedicht unterstreicht das Alltägliche der Situation.
- **TE** Das Gedicht zeigt, dass das Motiv der Freiheit heute noch eine wichtige Rolle spielt.
- **E** Das Gedicht ist typisch für die Zeit des *Vormärz*, in der die Menschen sich mehr Freiheitsrechte wünschten.

**2** Vergleiche deine Ergebnisse mit einem Lernpartner. Wie lauten die Lösungswörter?

# 7.2 Krieg – Eine Gedichtanalyse schreiben

Georg Heym

**Der Krieg** (1911)

Hingeworfen weit in das brennende Land,
Über Schluchten und Hügel die Leiber gemäht,
In verlassener Felder Furchen gesät
Unter regnenden Himmeln und dunkelndem Brand,

Fernen Abends über den Winden kalt,
Der leuchtet in ihr zerschlagenes Haus,
Sie zittern noch einmal und strecken sich aus;
Ihre Augen werden sonderbar alt.

Die Nebel in frierende Bäume zerstreut,
In herbstlichen Wäldern irren die Seelen allein
Tief in die Wildnis und kühles Dunkel hinein,
Sich zu verbergen vor dem Lebenden weit.

Aber riesig schreitet über dem Untergang
Blutiger Tage groß wie ein Schatten der Tod,
Und feurig tönet aus fernen Ebenen rot
Noch der Sterbenden Schreien und Lobgesang.

Ludwig Meidner:
Apokalyptische Landschaft (1912)

## Erste Ideen zum Gedicht entwickeln

**1** a Lest das Gedicht mehrmals still und tragt es anschließend vor.

b Notiert eure ersten Gedanken beim Lesen und stellt Fragen an das Gedicht. Ergänzt dazu einige der folgenden Satzanfänge:

- *Mir ist beim Lesen als Erstes aufgefallen, dass ...*
- *Beim ersten Lesen wirkt das Gedicht auf mich ...*
- *Schon der Titel des Gedichts macht deutlich, dass es in dem Gedicht um ... geht.*
- *Die Stimmung des Gedichts ist ...*
- *Die Beschreibung der Natur wirkt ...*
- *Jch weiß, dass um 1911 ...*
- *Beim Lesen des Gedichts frage ich mich ...*
- *Warum ...?*
- *Was bedeutet ...?*

c Tauscht euch über eure Gedanken und Fragen zum Gedicht aus. Welche Gemeinsamkeiten und Unterschiede entdeckt ihr?

## Inhalt, Form und Sprache des Gedichts untersuchen

Form:
4 Strophen,
je 4 Verse

Georg Heym

**Der Krieg** (1911)

Titel:
Thema Krieg

Sprache:
auffällige
Wortwahl,
Neologismen

Hingeworfen weit in das brennende Land,
Über Schluchten und Hügel die Leiber gemäht,
In verlassener Felder Furchen gesät
Unter regnenden Himmeln und dunkelndem Brand,

1. Strophe:
Leichen sind in
der Landschaft
verstreut

Fernen Abends über den Winden kalt,
Der leuchtet in ihr zerschlagenes Haus,
Sie zittern noch einmal und strecken sich aus;
Ihre Augen werden sonderbar alt.

Metapher

2. Strophe:
Häuser sind
zerstört

Die Nebel in frierende Bäume zerstreut,
In herbstlichen Wäldern irren die Seelen allein
Tief in die Wildnis und kühles Dunkel hinein,
Sich zu verbergen vor dem Lebenden weit.

Personifikation →
selbst die Natur
leidet unter dem
Krieg

3. Strophe:
...

Aber riesig schreitet über dem Untergang
Blutiger Tage groß wie ein Schatten der Tod,
Und feurig tönet aus fernen Ebenen rot
Noch der Sterbenden Schreien und Lobgesang.

4. Strophe:
...

**2** Um das Gedicht genauer zu analysieren, solltet ihr auf einer Kopie des Gedichts alle Auffälligkeiten markieren und Notizen dazu an den Rand schreiben.

a Betrachtet, wie bei der Analyse oben vorgegangen wurde. Erklärt, was die Markierungen, Anmerkungen und die verschiedenen Farben bedeuten.

b Nennt Aspekte, zu denen noch Markierungen oder Anmerkungen fehlen.

**3** Bereitet auf einer Kopie des Gedichts eure eigene Analyse vor.
Notiert rechts neben dem Gedicht Stichpunkte zum **Inhalt.** Verwendet folgende Notizen:

Tod sucht Menschen überall • Menschen sind durch den Krieg gealtert •
Schreien und Gesang sterbender Menschen •
Seelen der Toten „irren" durch die düstere, neblige Wildnis •
durch den Krieg gealterte Menschen ringen mit dem Tod • trotz Regen brennende Landschaft

**4** Untersucht die **Form** des Gedichts. Wählt Aufgabe a oder b.

●○○ a Notiert hinter die Verse, die sich reimen, jeweils dieselben Buchstaben (a, b, c etc.) und bestimmt anschließend das Reimschema (▸ S. 294).

●●● b Prüft, ob das Metrum (▸ S. 294) regelmäßig oder unregelmäßig ist.

c Tauscht eure Ergebnisse aus und vervollständigt eure Notizen auf der Kopie.

**5** Untersucht in Partnerarbeit die **Sprache** des Gedichts. Wählt Aufgabe a oder b.

●●● a Notiert für die 1. bis 3. Strophe am linken Rand alle sprachlichen Auffälligkeiten und deren Wirkung.

●○○ b Untersucht in der letzten Strophe die Verse 13–14. Notiert links neben dem Gedicht, welche sprachlichen Bilder sie enthalten, und erklärt deren Bedeutung und Wirkung.

c Tauscht eure Ergebnisse aus und vervollständigt eure Notizen auf der Kopie.

**6** Überlegt, welcher **literarischen Epoche** man das Gedicht zuordnen kann (▸ S. 143). Notiert den Namen der Epoche und eine Begründung der Zuordnung ebenfalls auf die Kopie.

## Eine Stoffsammlung anlegen

**7** Legt eine Stoffsammlung für die Gedichtanalyse an. Ordnet dazu eure Untersuchungsergebnisse und fasst sie stichwortartig zusammen:

*Stoffsammlung zur Gedichtanalyse „Der Krieg" von Georg Heym (1911)*

*(1) Inhalt/Thema/Sprecher:*
- *1. Strophe: ...*
- *Sprecher: ...*

*(2) Formaler Aufbau:*
- *regelmäßiger Strophenaufbau: ...*
- *Reim: ... → steht im Gegensatz zum Inhalt*
- *Metrum: ... → unterstreicht chaotische Situation des Kriegs*

*(3) Sprachliche Mittel:*
- *Satzbau: ...*
- *Metapher: „..." (Vers ...) → verdeutlicht ...*

*(4) Epoche:*
- *Name der Epoche: ...*
- *Situation in dieser Zeit: ...*
- *typische Merkmale: ...*

**Methode** | **Leitfragen für die Gedichtanalyse**

**1 Inhalt/Thema/Sprecher(in)**
- Welche Situation oder Handlung wird beschrieben?
- Was bedeutet der Titel des Gedichts? Welchen Bezug hat er zum Inhalt?
- Gibt es ein lyrisches Ich oder einen Sprecher, der im Gedicht nicht direkt erkennbar ist?
- Welche Haltung hat das lyrische Ich? Gibt es einen Adressaten, an den es sich wendet?

**2 Formaler Aufbau**
- Ist das Gedicht in Strophen gegliedert? Liegt eine besondere Form vor (z. B. Sonett)?
- Verfügt das Gedicht über einen Reim? Liegt eine besondere Reimform vor?
- Ist ein bestimmtes Metrum (Versmaß) erkennbar? Gibt es Abweichungen?

**3 Sprachliche Mittel**
- Welche sprachlichen Bilder (Metaphern, Personifikationen etc.) werden verwendet?
- Was fällt bezüglich des Satzbaus auf, z. B. Wiederholung von Wörtern am Versanfang?
- Welche Wörter fallen auf? Gibt es Neologismen (Wortneuschöpfungen)?

**4 Epoche**
- Welcher Epoche kann man das Gedicht zuordnen?
- Welche epochentypischen Merkmale weist der Text auf?

# Üben: Die Gedichtanalyse schreiben

1 Verfasst mit Hilfe eurer Stoffsammlung (► S. 147, Aufgabe 7) die Gedichtanalyse.

a Formuliert eine **Einleitung:** Gebt darin Verfasser/-in, Textart, Titel, Erscheinungsjahr und Thema an. **Tipp:** Nennt bei der Themenformulierung möglichst Motive, z. B. *Krieg, Tod.*

b Stellt im **Hauptteil** die Ergebnisse eurer Gedichtanalyse dar. Belegt eure Aussagen mit Zitaten aus dem Gedicht. Folgende Formulierungen könnt ihr verwenden:

| | |
|---|---|
| **Inhalt** | – *Das Gedicht beginnt mit ...*<br>– *Auch in der zweiten Strophe ...*<br>– *In der letzten Strophe ...* |
| **Formaler Aufbau** | – *Das Gedicht besteht aus ... Strophen mit jeweils ... Reimen.*<br>– *Die Reimform (...) ist in jeder Strophe ... Dies steht im Gegensatz zu ...*<br>– *Das Metrum ...* |
| **Sprachliche Gestaltung und Wirkung in Bezug zum Inhalt** | – *Die Metapher/Personifikation in Vers ... veranschaulicht/unterstreicht/verdeutlicht/wirkt/betont ...*<br>– *Durch ... kann man sich vorstellen, ...*<br>– *Es entsteht der Eindruck, dass ...* |
| **Zuordnung zu einer Epoche / Bezug zur Entstehungszeit** | – *Das Gedicht kann man der Epoche der/des ... zuordnen.*<br>– *Typisch für diese Epoche ist/sind ...*<br>– *In der damaligen Zeit ...* |

c Formuliert am **Schluss** eine zusammenfassende Aussage zum Gedicht.

▷ Hilfen zu Aufgabe 1 a, b, c findet ihr auf Seite 149.

2 a Tauscht eure Texte und gebt euch mit Hilfe des Methodenkastens eine Rückmeldung.

b Überarbeitet euren eigenen Text mit Hilfe der Hinweise eures Lernpartners.

**Methode** **Eine Gedichtanalyse schreiben**

- Nennt in der **Einleitung** Verfasser/-in, Textart, Titel, Erscheinungsjahr und Thema.
- Fasst im **Hauptteil** die wichtigen Ergebnisse eurer Analyse zusammen:
  – Beginnt mit einer kurzen **Inhaltsangabe.** Geht Strophe für Strophe vor.
  – Beschreibt dann den **formalen Aufbau** (Strophen, Verse, Reimschema, Metrum) und die **sprachlichen Gestaltungsmittel.**
  – Erläutert die **Funktion und die Wirkung** der Gestaltungsmittel und stellt einen Bezug zum Inhalt und zur Aussage des Gedichts her.
  – Ordnet das Gedicht wenn möglich einer **literarischen Epoche** zu oder stellt Bezüge zur Entstehungszeit her.
  – Belegt eure Aussagen mit **Zitaten:** Kennzeichnet wörtliche Übernahmen durch **Anführungszeichen.** Gebt die Fundstelle durch Nennung der **Verse** an und kennzeichnet Auslassungen oder Änderungen durch **[...]**, z. B. *die „frierende[n] Bäume“ (Vers 9).*
- Fasst zum **Schluss** die **wichtigsten Ergebnisse** noch einmal knapp zusammen.

## Aufgabe 1a mit Hilfe

Formuliert eine **Einleitung:** Gebt darin Verfasser/-in, Textart, Titel, Erscheinungsjahr und Thema an. Vervollständigt dafür den folgenden Satz:
*In dem Gedicht „...“ von ... aus dem Jahr ... geht es um ...*

## Aufgabe 1b mit Hilfe

Stellt im **Hauptteil** die Ergebnisse eurer Gedichtanalyse dar. Belegt eure Aussagen mit Zitaten aus dem Gedicht. Folgende Textbausteine könnt ihr verwenden:

| | |
|---|---|
| **Inhalt** | – *Das Gedicht beginnt mit der Schilderung der ...*<br>– *Auch in der zweiten Strophe ...*<br>– *In der letzten Strophe verändert sich ...* |
| **Formaler Aufbau** | – *Das Gedicht besteht aus ... Strophen mit jeweils ... Versen.*<br>– *Die Reimform (...) ist in jeder Strophe ...*<br>*Dies steht im Kontrast zum Inhalt des Gedichts, in dem eher ...*<br>– *Das ... Metrum unterstreicht die im Gedicht beschriebene Situation: ...* |
| **Sprachliche Gestaltung und Wirkung in Bezug zum Inhalt** | – *Bereits in der ersten Strophe wird die düstere Situation des Krieges geschildert. Dabei werden die regennasse und dennoch brennende Landschaft und die umherliegenden Leichen beschrieben. Dieses negative Bild wird durch Wörter wie „...“ (Vers ...) und durch den Neologismus „...“ (Vers ...) noch verstärkt.*<br>– *In der zweiten Strophe wird beschrieben, dass durch den Krieg die Häuser ... und die Menschen ...*<br>*Die Metapher „strecken sich aus“ (Vers 7) steht hier dafür, dass ...*<br>– *In der dritten Strophe geht es um ... Durch die Personifikation „frierende Bäume“ (Vers 9) wird unterstrichen ...*<br>– *Die letzte Strophe wird mit ... eingeleitet. Dadurch wird deutlich, dass ...*<br>– *Durch die Personifikation ... wird betont, dass ...*<br>– *Der Vergleich des Todes mit ... lässt diesen ... wirken.* |
| **Zuordnung zu einer Epoche/Bezug zur Entstehungszeit** | – *Bei dem Gedicht handelt es sich um ein typisches Gedicht aus der Epoche des Expressionismus, denn ...*<br>– *Typisch für diese Epoche sind die Motive ...*<br>– *In der damaligen Zeit ...* |

## Aufgabe 1c mit Hilfe

Formuliert am **Schluss** eine zusammenfassende Aussage zum Gedicht. Verwendet folgende Formulierungen:

- *Zusammenfassend kann man sagen, dass das Gedicht ...*
- *Insgesamt wirkt das Gedicht ...*
- *Durch ... hat man den Eindruck, ...*

# 7.3 Fit in ...! – Gedichte analysieren

Stellt euch vor, ihr bekommt in der nächsten Klassenarbeit die folgende Aufgabe gestellt:

**Aufgabe**
Analysiere und interpretiere Weerths Gedicht „Das Hungerlied". Berücksichtige folgende Fragen:
– Worum geht es in dem Gedicht?
– Wie ist das Gedicht formal gestaltet?
– Welche sprachlichen Bilder kommen in dem Gedicht vor? Wie wirken sie?
– Welcher Epoche kann man das Gedicht zuordnen?

Georg Weerth

**Das Hungerlied** (1846)

Verehrter Herr und König,
Weißt du die schlimme Geschicht'?
Am Montag aßen wir wenig
Und am Dienstag aßen wir nicht.

Und am Mittwoch mussten wir darben
Und am Donnerstag litten wir Not;
Und ach, am Freitag starben
Wir fast den Hungertod!

Drum lass am Samstag backen
Das Brot, fein säuberlich –
Sonst werden wir sonntags packen
Und fressen, o König, dich!

Käthe Kollwitz: Brot! (1924)

## Die Aufgabe richtig verstehen

**1** Entscheidet, was die Aufgabe von euch verlangt. Schreibt die Buchstaben in euer Heft.
**Tipp:** Rückwärtsgelesen ergeben die richtigen Lösungsbuchstaben ein Lösungswort.
**R** Ich nenne in der Einleitung Verfasser, Textart, Titel.
**A** Ich beschreibe, was ich in dem Gedicht nicht verstanden habe.
**E** Ich gebe den Inhalt des Gedichts mit eigenen Worten wieder.
**G** Ich beschreibe den Aufbau, den Reim und das Metrum des Gedichts.
**N** Ich benenne und erläutere wichtige Sprachbilder.
**U** Ich belege wichtige Aussagen mit Zitaten.
**A** Ich vergleiche das Gedicht mit allen anderen Gedichten, die ich kenne.
**H** Ich begründe, welcher Epoche man das Gedicht zuordnen kann.
**G** Ich betone am Schluss, dass mir das Gedicht sehr gut gefällt.

## Das Gedicht untersuchen und eine Stoffsammlung anlegen

**2** Überlegt, worum es in dem Gedicht geht. Beantwortet dazu die folgenden Fragen:

**A** Was bedeutet der Titel? Was fällt euch dazu ein?
*Jn dem Gedicht geht es vermutlich um ... Das Gedicht wird als Lied bezeichnet, deshalb ...*

**B** Was wird in dem Gedicht beschrieben oder dargestellt?
*Das Gedicht handelt von ... Sie kritisieren, dass ... Sie fordern von dem König ... Sie drohen ...*

**3** Untersucht das Gedicht mit der „Brille der Aufgabe“.

a Übertragt folgende Markierungen und Anmerkungen auf eine Kopie des Gedichts und ergänzt Informationen mit verschiedenen Farben.

**Das Hungerlied** (1846)

*Titel: benennt das Thema, Textsorte Lied (naiv?)*

*Sprache:*

Verehrter Herr und König, *a*
Weißt du die schlimme Geschicht'? *...*
Am Montag aßen wir wenig *...*
Und am Dienstag aßen wir nicht. *...*

*rhetorische Frage: König wird ...*

*... Versanfänge → verdeutlichen ...*

*Zuerst höfliche Anrede des Königs, ABER: er wird ab dem 2. Vers ... → Jronie*

Und am Mittwoch mussten wir darben,
Und am Donnerstag litten wir Not;
Und ach, am Freitag starben
Wir fast den Hungertod!

*Verben: ...*

*Satzart: ... → betont, dass ...*

*1. und 2. Strophe: Schilderung der Situation der ... von Montag bis Freitag: ... → Steigerung*

*am Freitag sogar beinahe ... → Höhepunkt*

Drum lass am Samstag backen
Das Brot, fein säuberlich –
Sonst werden wir sonntags packen
Und fressen, o König, dich!

*3. Strophe: Wende, Forderung, ...*

*Satzart: ... → ...*
*Sprachliches Bild: ... → Drohung wirkt ...*

*Drohung, den König ...*

*Form: ... Strophen, ... Verse, Metrum: unregelmäßig, Reim: ...*
*Liedform → wirkt auf den ersten Blick harmlos, naiv*

*Epoche: ... → Begründung: typischer Jnhalt: ..., Erscheinungsjahr ...*

b Legt eine Stoffsammlung für die Gedichtanalyse an. Ordnet dazu eure Untersuchungsergebnisse nach (1) Inhalt, (2) Aufbau, (3) Sprache und (4) Angaben zur Epoche.

## Schreiben und überarbeiten

**4** Formuliert mit Hilfe eurer Stoffsammlung die Gedichtanalyse.

a Schreibt eine Einleitung: *Das ... „Das Hungerlied“ von ... aus dem Jahr ... thematisiert ...*

b Nutzt für den Hauptteil die folgenden Formulierungen.
Setzt die Ergebnisse miteinander in Beziehung und zitiert Textstellen (▶ S. 148), um eure Aussagen zu belegen. Achtet darauf, dass der Text für die Leser nachvollziehbar ist.

| | |
|---|---|
| **Inhalt** | – *Der Sprecher als lyrisches Wir spricht den König direkt an und schildert ...*<br>– *Abschließend fordert er ... und droht ihm ...* |
| **Formaler Aufbau** | – *Das Gedicht besteht aus ... Strophen mit jeweils ... Versen.*<br>– *Das Reimschema ...*<br>– *Das Metrum ist ...*<br>– *Durch die Liedform wirkt das Gedicht auf den ersten Blick ... Aber ...* |
| **Sprachliche Gestaltung in Bezug zum Inhalt** | – *Bereits der Titel macht deutlich, dass ...*<br>– *In den ersten beiden Versen wird der König ... Dass er geduzt wird, zeigt, dass ...*<br>– *Die rhetorische Frage „Weißt du die schlimme Geschicht'?“ (V. 2) ...*<br>– *In der ersten und zweiten Strophe wird beschrieben, wie ...*<br>– *Die einheitlichen Satzanfänge mit „Und“ (V. 4, 5, 6, 7) unterstreichen, ...* |

c Fasst am Schluss die Gesamtaussage des Gedichts noch einmal zusammen:
*Insgesamt wirkt das Gedicht ... Durch ... wird deutlich, dass ...*

**5** a Tauscht eure Texte aus und gebt euch mit Hilfe der Checkliste eine Rückmeldung.

b Erstellt die Endfassung eurer Gedichtanalyse.

**Checkliste**

### Eine Gedichtanalyse schreiben

Habe ich ...

- eine **Einleitung** formuliert (Verfasser/-in, Textart, Titel, Erscheinungsjahr, Thema)?
- den **Gedichtinhalt mit eigenen Worten** wiedergegeben?
- das **Gedicht formal beschrieben** (Strophen, Verse, Reimschema, Metrum) und **mit** dem **Inhalt in Beziehung gesetzt?**
- bei der formalen Analyse auf **Auffälligkeiten** wie Abweichungen vom Metrum **geachtet?**
- die **sprachliche Gestaltung** beschrieben (Wortwahl, Satzzeichen, Satzbau, Sprachbilder)?
- wichtige Aussagen mit **Textstellen** bewiesen?
- die **Perspektive des Lesers** eingenommen, damit mein Text nachvollziehbar wird?
- zum **Schluss** die **wichtigsten Aussagen** noch einmal zusammengefasst?
- meinen Text deutlich **gegliedert** und **leserlich** geschrieben?

**Schreibwörter** ▶ S. 321

| | | | |
|---|---|---|---|
| die Analyse | das Sonett | der Barock | typisch |
| das Motiv | die Hyperbel | der Expressionismus | regelmäßig |

# 8 „Mutter Courage und ihre Kinder" – Ein Drama analysieren

Tilo Nest als Koch und Maria Happel als Mutter Courage in einer Aufführung des Burgtheaters Wien, November 2013

**1** Betrachtet das Foto von einer Aufführung des Dramas „Mutter Courage und ihre Kinder".

a Beschreibt das Bühnenbild und die Darsteller:
- Wie sind die Bühne, die Requisiten und die Kostüme gestaltet?
- Welche Gestik und Mimik zeigen die Schauspieler?

b Stellt Vermutungen zum Ort und zur Zeit der Handlung an. Begründet eure Aussagen.

**2** Was könnten die beiden Figuren in dieser Szene zueinander sagen? Schreibt einen kurzen Dialog zu dem Foto und tragt ihn vor.

**In diesem Kapitel ...**

- lernt ihr ein modernes Drama kennen,
- spielt ihr Szenen aus dem Drama „Mutter Courage",
- denkt ihr über die Handlung und die Figuren nach,
- analysiert ihr Schritt für Schritt einzelne Dramenszenen.

# 8.1 Im Krieg – Szenen untersuchen und spielen

## „Mutter Courage“ – Ein Drama über die kleinen Leute im Krieg

Das 1949 erschienene Drama „Mutter Courage und ihre Kinder“ von Bertolt Brecht spielt zur Zeit des Dreißigjährigen Krieges. Dieser Krieg wurde im Zeitraum 1618–1648 zwischen Anhängern der christlichen Glaubensrichtungen Katholizismus und Protestantismus ausgetragen, es ging jedoch weniger um den „richtigen Glauben“ als um die Vormachtstellung der einzelnen Länder in Europa. Der Krieg wütete im gesamten nord- und mitteleuropäischen Raum, Kriegs- und Friedenszeiten wechselten sich ab. Die Bevölkerung litt schwer. Weite Landstriche wurden verwüstet und mehrere Millionen Menschen starben. Die Soldatenheere plünderten Städte und Dörfer und legten Brände. Hungersnöte und Seuchen waren an der Tagesordnung.

In dieser menschenverachtenden Zeit ist Mutter Courage mit ihren drei Kindern Eilif, Schweizerkas und Kattrin in einem Planwagen unterwegs. Sie verkauft Waren an die Soldaten und ernährt auf diese Weise sich und ihre Kinder. Dabei schließt sie sich je nach Kriegslage mal dem protestantischen und mal dem katholischen Heer an. Als ihre zwei Söhne Eilif und Schweizerkas als Soldaten eingezogen werden sollen, prophezeit Mutter Courage, dass alle ihre Kinder in diesem Krieg sterben werden.

Mit ihrer Tochter Kattrin und einem Feldprediger zieht sie trotzdem weiter durch das vom Krieg verwüstete Land und versucht, ihr Geld zu verdienen. Zuerst wird ihr jüngerer Sohn Schweizerkas von feindlichen Truppen gefangen genommen und erschossen. Zu spät stellt Mutter Courage das nötige Lösegeld für ihn bereit. Später wird der ältere Sohn Eilif bei einem Kriegsverbrechen erwischt und geköpft. Als ihre stumme Tochter Kattrin ein Dorf vor einem Soldatenansturm warnen will, wird sie ebenfalls von den Soldaten erschossen. Am Ende hat Mutter Courage ihre drei Kinder verloren – so, wie sie es zu Anfang prophezeit hatte.

Bertolt Brecht schrieb das Drama zu Beginn des Zweiten Weltkriegs 1938/39, nachdem er vor der Naziherrschaft aus Deutschland nach Schweden geflüchtet war.

**1** Was erfahrt ihr in dem Text über das Drama „Mutter Courage“?
Notiert stichwortartig wichtige Informationen zu den folgenden Punkten:

*Autor und Entstehungszeit*
- Bertolt Brecht
- ...

*Ort der Handlung*

*Zeit der Handlung*

*Figuren*

**2** Was interessiert euch beim Lesen des Dramas?
Wählt eines der folgenden Themen und formuliert Fragen dazu.

Darstellung des Kriegsverlaufs • Beschreibung des Alltagslebens im Krieg • Figur der Mutter Courage • Beziehung zwischen der Mutter und ihren Kindern • Schicksal der drei Kinder

Bertolt Brecht

## Mutter Courage und ihre Kinder (Auszug aus Bild 1) (1949)

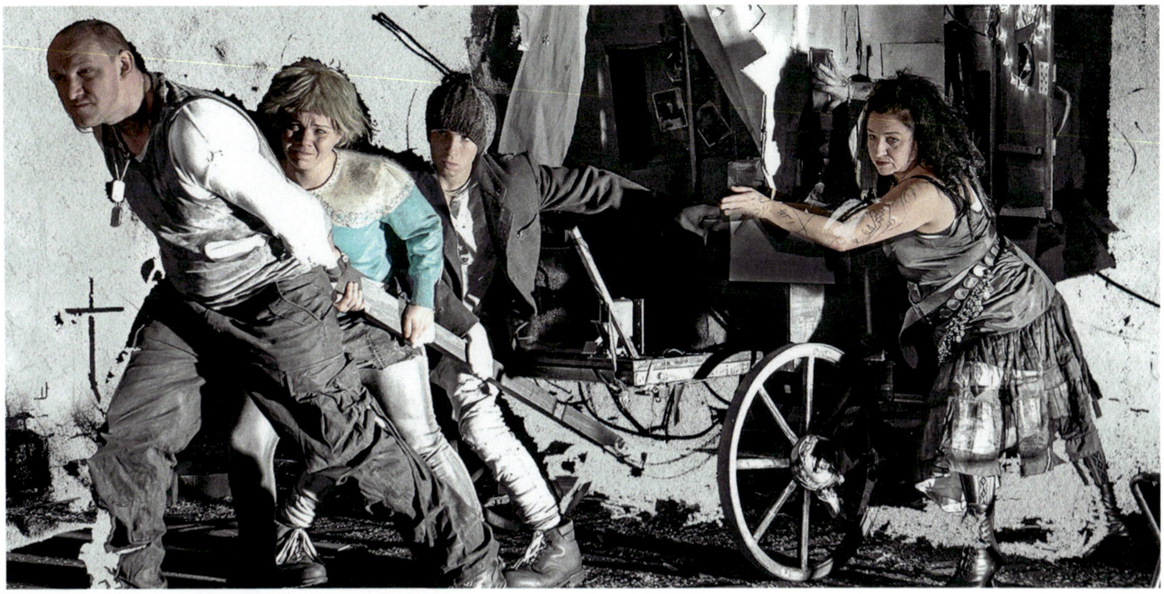

Aufführung des Burgtheaters Wien, November 2013

FRÜHJAHR 1624. DER FELDHAUPTMANN OXENSTJERNA WIRBT IN DALARNE TRUPPEN FÜR DEN FELDZUG IN POLEN. DER MARKETENDERIN[1] ANNA FIERLING, BEKANNT UNTER DEM NAMEN MUTTER COURAGE, KOMMT EIN SOHN ABHANDEN.

*Landstraße in Stadtnähe.*
*Ein Feldwebel und ein Werber stehen frierend.*

**Der Werber:** Wie soll man sich hier eine Mannschaft zusammenlesen? Feldwebel, ich denk schon mitunter an Selbstmord. Bis zum Zwölften soll ich dem Feldhauptmann vier Fähnlein[2] hinstelln und die Leut hier herum sind so voll Bosheit, daß ich keine Nacht mehr schlaf. Hab ich endlich einen aufgetrieben und schon durch die Finger gesehn und mich nix wissen gemacht, daß er eine Hühnerbrust hat und Krampfadern, ich hab ihn glücklich besoffen, er hat schon unterschrieben, ich zahl nur noch den Schnaps, er tritt aus, ich hinterher zur Tür, weil mir was schwant[3]: richtig, weg ist er, wie die Laus unterm Kratzen. Da gibts kein Manneswort, kein Treu und Glauben, kein Ehrgefühl. Ich hab hier mein Vertrauen in die Menschheit verloren, Feldwebel.

**Der Feldwebel:** Man merkts, hier ist zu lang kein Krieg gewesen. Wo soll da Moral herkommen, frag ich? Frieden, das ist nur Schlamperei, erst der Krieg schafft Ordnung. Die Menschheit schießt ins Kraut im Frieden. Mit Mensch und Vieh wird herumgesaut, als wärs gar nix. Jeder frißt, was er will, einen Ranken[4] Käs aufs Weißbrot und dann noch eine Scheibe Speck auf den Käs. Wie viele junge Leut und gute Gäul diese Stadt da vorn hat, weiß kein Mensch, es ist niemals gezählt worden. Ich bin in Gegenden gekommen, wo kein Krieg war vielleicht siebzig Jahr, da hatten die Leut überhaupt noch keine Namen, die kannten sich selber nicht. Nur wo Krieg ist, gibts ordentliche

1 die Marketenderin: Händlerin, die die Soldaten begleitet und mit Waren des täglichen Gebrauchs versorgt

2 das Fähnlein: Soldatengruppe (Kampfeinheit)

3 mir schwant was: ich merke etwas

4 der Ranken: ein dickes Stück

Listen und Registraturen, kommt das Schuhzeug in Ballen und das Korn in Säck, wird Mensch und Vieh sauber gezählt und weggebracht, weil man eben weiß: ohne Ordnung kein Krieg!

**Der Werber:** Wie richtig das ist!

**Der Feldwebel:** Wie alles Gute ist auch der Krieg am Anfang halt schwer zu machen. Wenn er dann erst floriert, ist er auch zäh; dann schrecken die Leut zurück vorm Frieden, wie die Würfler vorm Aufhören, weil dann müssens zählen, was sie verloren haben. Aber zuerst schreckens zurück vorm Krieg. Er ist ihnen was Neues.

**Der Werber:** Du, da kommt ein Planwagen. Zwei Weiber und zwei junge Burschen. Halt die Alte auf, Feldwebel. Wenn das wieder nix ist, stell ich mich nicht weiter in den Aprilwind hin, das sag ich dir.

*Man hört eine Maultrommel[5]. Von zwei jungen Burschen gezogen, rollt ein Planwagen heran. Auf ihm sitzen Mutter Courage und ihre stumme Tochter Kattrin.*

**Mutter Courage:** Guten Morgen, Herr Feldwebel!

**Der Feldwebel** *sich in den Weg stellend:* Guten Morgen, ihr Leut! Wer seid ihr?

**Mutter Courage:** Geschäftsleut. *Singt:*

Ihr Hauptleut, laßt die Trommel ruhen
Und laßt eur Fußvolk halten an:
Mutter Courage, die kommt mit Schuhen
In denens besser laufen kann.
Mit seinen Läusen und Getieren
Bagage, Kanone und Gespann –
Soll es euch in die Schlacht marschieren
So will es gute Schuhe han.
Das Frühjahr kommt. Wach auf, du Christ!
Der Schnee schmilzt weg. Die Toten ruhn.
Und was noch nicht gestorben ist
Das macht sich auf die Socken nun.

Ihr Hauptleut, eure Leut marschieren
Euch ohne Wurst nicht in den Tod.
Laßt die Courage sie erst kurieren
Mit Wein von Leibs- und Geistesnot.
Kanonen auf die leeren Mägen
Ihr Hauptleut, das ist nicht gesund.
Doch sind sie satt, habt meinen Segen
Und führt sie in den Höllenschlund.
Das Frühjahr kommt. Wach auf, du Christ!
Der Schnee schmilzt weg. Die Toten ruhn.
Und was noch nicht gestorben ist
Das macht sich auf die Socken nun.

**Der Feldwebel:** Halt, wohin gehört ihr, Bagage[6]?

**Der ältere Sohn:** Zweites Finnisches Regiment[7].

**Der Feldwebel:** Wo sind eure Papiere?

**Mutter Courage:** Papiere?

**Jüngerer Sohn:** Das ist doch die Mutter Courage!

**Der Feldwebel:** Nie von gehört. Warum heißt sie Courage?

**Mutter Courage:** Courage heiß ich, weil ich den Ruin gefürchtet hab, Feldwebel, und bin durch das Geschützfeuer von Riga gefahrn mit fünfzig Brotlaib im Wagen. Sie waren schon angeschimmelt, es war höchste Zeit, ich hab keine Wahl gehabt.

**Der Feldwebel:** Keine Witze, du. Wo sind die Papiere!

**Mutter Courage** *aus einer Zinnbüchse einen Haufen Papiere kramend und herunterkletternd:* Das sind alle meine Papiere, Feldwebel. Da ist ein ganzes Meßbuch dabei, aus Altötting, zum Einschlagen von Gurken, und eine Landkarte von Mähren, weiß Gott, ob ich da je hinkomm, sonst ist sie für die Katz, und hier stehts besiegelt, daß mein Schimmel nicht die Maul- und Klauenseuch hat, leider ist er uns umgestanden, er hat fünfzehn Gulden gekostet, aber nicht mich, Gott sei Dank. Ist das genug Papier?

**Der Feldwebel:** Willst du mich auf den Arm nehmen? Ich werd dir deine Frechheit austrei-

5 die Maultrommel: kleines Musikinstrument aus Metall

6 die Bagage: abwertende Bezeichnung für eine Gruppe von Personen

7 das Regiment: die Truppeneinheit

ben. Du weißt, daß du eine Lizenz haben mußt.

**Mutter Courage:** Reden sie anständig mit mir und erzählen Sie nicht meinen halbwüchsigen Kindern, daß ich Sie auf den Arm nehmen will, das gehört sich nicht, ich hab nix mit Ihnen. Meine Lizenz beim Zweiten Regiment ist mein anständiges Gesicht, und wenn Sie es nicht lesen können, kann ich Ihnen nicht helfen. Einen Stempel laß ich mir nicht draufsetzen.

**Der Werber:** Feldwebel, ich spür einen unbotmäßigen Geist heraus bei der Person. Im Lager da brauchen wir Zucht.

**Mutter Courage:** Ich dacht Würst.

**Der Feldwebel:** Name.

**Mutter Courage:** Anna Fierling.

R

**1** Lest den in Großbuchstaben geschriebenen Vorspann zur Szene (► S. 155) und besprecht:
- Welche Informationen zur Handlung werden gegeben?
- Welchen Zweck soll dieser Vorspann erfüllen?

**2** Lest den Szenenausschnitt still und gebt mit eigenen Worten wieder, worüber der Werber und der Feldwebel miteinander sprechen (► Z. 10–60). Geht dabei auf folgende Aspekte ein:
- Vorgehen des Werbers, wenn er junge Männer als Soldaten gewinnen will, und seine Schwierigkeiten dabei,
- Einstellung der Figuren zum Krieg.

**3** Mutter Courage beschreibt ihre Tätigkeit in einem Song (► Z. 70–93). Wählt Aufgabe a oder b.

●●● a Fasst den Inhalt des Songs mit eigenen Worten schriftlich zusammen. So könnt ihr beginnen: *Mutter Courage verdient ihr Geld als …*

●○○ b Lest den Song von Mutter Courage noch einmal genau. Welcher der folgenden Sätze A–D fasst den Inhalt des Songs am besten zusammen? Schreibt ihn ins Heft.

> **A** Mutter Courage kümmert sich um die Hauptleute und die verwundeten Soldaten und tröstet sie.
> **B** Mutter Courage zieht mit den Soldaten mit und kocht für sie.
> **C** Mutter Courage verkauft Schuhe, Wein und Lebensmittel an die Soldaten.
> **D** Mutter Courage liefert mit ihrem Planwagen neue Kanonen, Gewehre und Munition.

c Tauscht euch über eure Ergebnisse aus und stellt Vermutungen dazu an, warum die Figur einen Song singt, anstatt den anderen Figuren ihre Tätigkeit zu erklären.

**4** Wie sprechen die Figuren miteinander? Was fällt euch an ihrer Sprache auf? Belegt eure Aussagen mit Textstellen.

**5** Bildet Gruppen und führt Sprechproben zu der Szene durch:

> - Verteilt die Rollen und entscheidet, wer den Vorspann liest.
> - Lest eure Textstellen still und überlegt, wie ihr einzelne Stellen betonen wollt.
> - Lest die Szene mehrmals laut mit verteilten Rollen. Gebt euch gegenseitig Rückmeldungen.
> - Tragt die Szene der Klasse vor.

Inszenierung von Bertolt Brecht am Berliner Ensemble, Januar 1949

Inszenierung von Alejandro Quintana am Staatstheater Cottbus, November 2002

**6** Betrachtet die Fotos zur 1. Szene von zwei Inszenierungen aus den Jahren 1949 und 2002.

a Besprecht, welche Figuren aus der 1. Szene auf den Fotos erkennbar sind.

b Vergleicht Bühnenbild, Requisiten und Kostüme. Welche Gemeinsamkeiten und welche Unterschiede stellt ihr fest?

c Welche Ausstattung passt eurer Meinung nach besser zur 1. Szene? Begründet eure Meinung.

**7** Bertolt Brecht hat in seinen Dramen häufig den Verfremdungseffekt eingesetzt. Lest die unten stehende Information und wählt Aufgabe a oder b. Tauscht eure Ergebnisse aus.

●○○ a Untersucht, inwieweit der Verfremdungseffekt auf den beiden Szenenfotos zu erkennen ist.

●●● b Sucht in der 1. Szene nach Textstellen, an denen der Verfremdungseffekt deutlich wird.

**Information** **Der Verfremdungseffekt**

Der **Verfremdungseffekt (V-Effekt)** ist das wichtigste **Stilmittel im epischen Theater** (▶ S. 164). Der Effekt soll den Zuschauern bewusst machen, dass das, was sie auf der Bühne sehen, nur Spiel ist. Sie sollen nicht mit den Figuren mitfühlen, sondern ihnen **kritisch distanziert** gegenübertreten und über ihre Einstellungen und ihr Handeln nachdenken.

- Im **Dramentext** zeigt sich der Verfremdungseffekt durch eingeschobene **Kommentare, Verse oder Songs.** Die Schauspieler treten aus ihren Rollen heraus und wenden sich direkt an das Publikum. Oft wird die Handlung des Dramas auch durch einen außen stehenden **Erzähler** vorweggenommen.
- Bei der **Aufführung** kann der Verfremdungseffekt auch durch das **Bühnenbild, Requisiten und Kostüme** hervorgerufen werden. Dabei verzichtet man auf ein aufwändiges Bühnenbild und auf Requisiten ganz oder zum großen Teil. Stattdessen setzt man **Transparente, Schilder und Projektionen (Film, Fotos)** ein.
  Die Figuren tragen häufig **keine Kostüme,** sondern einfache Straßenkleidung.

Bertolt Brecht

## Mutter Courage und ihre Kinder (Auszug aus Bild 1, Fortsetzung)

*Im folgenden Szenenausschnitt versuchen der Feldwebel und der Werber, Mutter Courage dazu zu bringen, ihren ältesten Sohn Eilif als Soldaten herzugeben.*

**Eilif:** Mutter, darf ich ihm aufs Maul hauen? Ich möchte gern.

**Mutter Courage:** Und ich untersags dir, du bleibst stehn. Und jetzt, meine Herren Offizier, brauchens nicht eine gute Pistolen, oder eine Schnall, die Ihre ist schon abgewetzt, Herr Feldwebel.

**Der Feldwebel:** Ich brauch was andres. Ich seh, die Burschen sind wie die Birken gewachsen, runde Brustkästen, stämmige Haxen[1]: warum drückt sich das vom Heeresdienst, möcht ich wissen?

**Mutter Courage** *schnell:* Nicht zu machen, Feldwebel. Meine Kinder sind nicht für das Kriegshandwerk.

**Der Werber:** Aber warum nicht? Das bringt Gewinn und Ruhm. Stiefelverramschen ist Weibersache. *Zu Eilif:* Tritt einmal vor, laß dich anfühlen, ob du Muskeln hast oder ein Hühnchen bist.

**Mutter Courage:** Ein Hühnchen ist er. Wenn einer ihn streng anschaut, möcht er umfallen.

**Der Werber:** Und ein Kalb dabei erschlagen, wenn eins neben ihm stünd. *Er will ihn wegführen.*

**Mutter Courage:** Willst du ihn wohl in Ruhe lassen? Der ist nix für euch.

**Der Werber:** Er hat mich grob beleidigt, und von meinem Mund als einem Maul geredet. Wir zwei gehen dort ins Feld und tragen die Sach aus unter uns Männern.

**Eilif:** Sei ruhig. Ich besorgs ihm, Mutter.

**Mutter Courage:** Stehen bleibst! Du Haderlump[2]! Ich kenn dich, nix wie raufen. Ein Messer hat er im Stiefel, stechen tut er.

**Der Werber:** Ich ziehs ihm aus wie einen Milchzahn, komm, Bürschchen.

Aufführung des Burgtheaters Wien, November 2013

**Mutter Courage:** Herr Feldwebel, ich sags dem Obristen[3]. Der steckt euch ins Loch. Der Leutnant ist ein Freier meiner Tochter.

**Der Feldwebel:** Keine Gewalt, Bruder. *Zu Mutter Courage:* Was hast du gegen den Heeresdienst? War sein Vater nicht Soldat? Und ist anständig gefallen? Das hast du selber gesagt.

**Mutter Courage:** Er ist ein ganzes Kind. Ihr wollt ihn mir zur Schlachtbank führen, ich kenn euch. Ihr kriegt fünf Gulden für ihn.

1 die Haxen: *hier:* die Beine

2 der Haderlump: unordentlicher Mensch

3 der Obrist: der Oberst (militärischer Dienstgrad)

**DER WERBER:** Zunächst kriegt er eine schöne Kappe und Stulpenstiefel, nicht?
**EILIF:** Nicht von dir.
**MUTTER COURAGE:** Komm, geh mit angeln, sagte der Fischer zum Wurm. *Zum Schweizerkas:* Lauf weg und schrei, die wollen deinen Bruder stehlen. *Sie zieht ein Messer.* Probierts nur und stehlt ihn. Ich stech euch nieder, Lumpen. Ich werds euch geben, Krieg mit ihm führen! Wir verkaufen ehrlich Leinen und Schinken und sind friedliche Leut.
**DER FELDWEBEL:** Das sieht man an deinem Messer, wie friedlich ihr seid. Überhaupt sollst du dich schämen, gib das Messer weg, Vettel[4]! Vorher hast du eingestanden, du lebst vom Krieg, denn wie willst du sonst leben, von was? Aber wie soll Krieg sein, wenn es keine Soldaten gibt?
**MUTTER COURAGE:** Das müssen nicht meine sein.
**DER FELDWEBEL:** So, den Butzen[5] soll dein Krieg fressen, und die Birne soll er ausspucken! Deine Brut soll dir fett werden vom Krieg, und ihm gezinst wird nicht. Er kann schauen, wie er zu seine Sach kommt, wie? Heißt dich Courage, he? Und fürchtest den Krieg, deinen Brotgeber? Deine Söhn fürchten ihn nicht, das weiß ich von ihnen.
**EILIF:** Ich fürcht kein Krieg.
**DER FELDWEBEL:** Und warum auch? Schaut mich an: ist mir das Soldatenlos schlecht bekommen? Ich war mit siebzehn dabei.
**MUTTER COURAGE:** Du bist noch nicht siebzig.
**DER FELDWEBEL:** Ich kanns erwarten.
**MUTTER COURAGE:** Ja, unterm Boden vielleicht.
**DER FELDWEBEL:** Willst du mich beleidigen und sagst, ich sterb?
**MUTTER COURAGE:** Und wenns die Wahrheit ist? Wenn ich seh, daß du gezeichnet bist? Wenn du dreinschaust wie eine Leich auf Urlaub, he?
**SCHWEIZERKAS:** Sie hat das Zweite Gesicht, das sagen alle. Sie sagt die Zukunft voraus.

R

4 die Vettel: alte, hässliche Frau, Hexe
5 der Butzen: Kerngehäuse der Birne

**1** Untersucht das Gespräch und notiert Stichworte zu den folgenden Aspekten:

- Argumente und Handlungen der Mutter Courage, um ihren Sohn zu behalten,
- Argumente des Feldwebels und des Werbers, um Mutter und Sohn zu überreden,
- Gedanken und Gefühle der Figuren, die im Gespräch deutlich werden.

**2** Verfasst zur Vorbereitung des szenischen Spiels eine Rollenbiografie zur Figur der Mutter Courage. Wählt Aufgabe a oder b.

●●● a Lest noch einmal die Ausschnitte aus der 1. Szene (▶ S. 155–157, 159 f.) und formuliert Aussagen zu den folgenden Aspekten in der Ich-Form:

allgemeine Informationen (Name, Geschlecht, Alter, Familienstand, Beruf) • Interessen • Ängste und Sorgen • Ziele • Einstellungen • Verhalten • Sprache

So könnt ihr beginnen:

*Alle Welt nennt mich Mutter Courage, doch eigentlich heiße ich …*

●○○ **b** Beantwortet folgende Fragen zur Figur der Mutter Courage in der Ich-Form.

**A** Wie heiße ich, Mutter Courage, mit richtigem Namen?
**B** Wer gehört zu meiner Familie?
**C** Wie verdiene ich meinen Lebensunterhalt?
**D** Welche Interessen habe ich?
**E** Wovor habe ich Angst, worum sorge ich mich?
**F** Was sind meine Ziele und wie will ich sie erreichen?
**G** Welche Einstellungen habe ich?
**H** Wie verhalte ich mich gegenüber anderen Figuren?

**c** Lest euch gegenseitig eure Rollenbiografien vor und vergleicht eure Angaben.

**3** Charakterisiert die Figur der Mutter Courage. Wählt passende Eigenschaften aus dem Kasten und begründet eure Aussagen.

offen • hinterhältig • mutig • ängstlich • fürsorglich • selbstbewusst • schüchtern • geradlinig • widersprüchlich • (un)berechenbar • ausgeglichen

**4** Bereitet das Spiel des Szenenausschnitts vor und übt es ein:
- Bildet Gruppen und verteilt die Rollen.
- Bereitet euch auf eure Rolle vor (Rollenbiografie, Sprechweise, Mimik, Gestik).
- Überlegt, welche Requisiten ihr benötigt und was ihr dafür verwenden könntet.
- Übt den Szenenausschnitt ein und stellt ihn der Klasse vor. Beachtet die Hinweise im Methodenkasten unten.

**5** „Heißt dich Courage, he? Und fürchtest den Krieg, deinen Brotgeber?“ (► Z. 72–74)

**a** Besprecht, warum die Mutter „Courage“ genannt wird und was der Feldwebel mit dieser Aussage meint.

**b** Diskutiert, ob ihr den Namen gerechtfertigt findet. Verhält sich die Figur mutig oder feige?

**Methode** **Szenisches Interpretieren**

- Lest die Szene mehrmals still und stellt sie euch dabei bildlich vor.
- Setzt euch mit eurer Rolle auseinander und verfasst eine **Rollenbiografie.** Notiert Angaben zu den allgemeinen Merkmalen der Figur, zu Interessen, Ängsten, Einstellungen und Zielen, zum Verhalten und zum Charakter in der Ich-Form.
- Beachtet die kursiv gesetzten **Regieanweisungen** und überlegt:
  - Welche Mimik und Gestik solltet ihr an bestimmten Stellen einsetzen?
  - Welche Sprechweise passt zur Situation und zu eurer Figur?
- Führt in eurer Rolle mehrere **Sprechproben** durch. Gebt euch dabei gegenseitig Rückmeldungen zu Sprechweise, Lautstärke, Tempo und Betonungen.
- Überlegt gemeinsam, welche **Requisiten** ihr für euer Spiel benötigt, und stellt sie bereit.
- Übt das Spiel eurer Rolle ein. Beachtet **Gestik und Mimik.**
- Spielt die Szene auf der Bühne vor Publikum. Beachtet dabei, dass ihr mit Gesicht und Körper zum **Publikum** gerichtet seid.
- Bittet euer Publikum um Tipps, was ihr an eurem gemeinsamen Spiel verbessern könnt.

Bertolt Brecht

## Mutter Courage und ihre Kinder (Auszug aus Bild 3)

*Nachdem ihre Söhne vom Feldwebel eingezogen wurden, betreibt Mutter Courage weiter Handel zusammen mit ihrer Tochter Kattrin. Als sie hört, dass ihr einfältiger Sohn Schweizerkas gefangen genommen wurde, bittet sie die Lagerprostituierte Yvette um Hilfe.*

**Mutter Courage** *kommt aufgeregt:* Es ist auf Leben und Tod. Aber der Feldwebel soll mit sich sprechen lassen. Nur, wir dürfen nicht aufkommen lassen, daß es unser Schweizerkas ist, sonst haben wir ihn begünstigt. Es ist nur eine Geldsach. Aber wo nehmen wir das Geld her? War die Yvette nicht da? Ich hab sie unterwegs getroffen, sie hat schon einen Obristen aufgegabelt, vielleicht kauft ihr der einen Marketenderhandel.

**Der Feldprediger:** Wollen Sie wirklich verkaufen?

**Mutter Courage:** Woher soll ich das Geld für den Feldwebel nehmen?

**Der Feldprediger:** Und wovon wollens leben?

**Mutter Courage:** Das is es.

*Yvette Pottier kommt mit einem uralten Obristen.*

**Yvette** *umarmt Mutter Courage:* Liebe Courage, daß wir uns so schnell wiedersehen! *Flüsternd:* Er ist nicht abgeneigt. *Laut:* Das ist mein guter Freund, der mich berät im Geschäftlichen. Ich hör nämlich zufällig, Sie wollen Ihren Wagen verkaufen, umständehalber. Ich würd reflektieren.

**Mutter Courage:** Verpfänden, nicht verkaufen, nur nix Vorschnelles, so ein Wagen kauft sich nicht leicht wieder in Kriegszeiten.

**Yvette** *enttäuscht:* Nur verpfänden, ich dacht verkaufen. Ich weiß nicht, ob ich da Interesse hab. *Zum Obristen:* Was meinst du?

**Der Obrist:** Ganz deiner Meinung, Liebe.

**Mutter Courage:** Es wird nur verpfändet.

**Yvette:** Ich dachte, Sie müssen das Geld haben.

**Mutter Courage** *fest:* Ich muß das Geld haben, aber lieber lauf ich mir die Füße in den Leib nach einem Angebot, als daß ich gleich verkauf. Warum, wir leben von dem Wagen. Es ist eine Gelegenheit für dich, Yvette, wer weiß, wann du so eine wiederfindest und einen lieben Freund hast, der dich berät, ists nicht so?

Aufführung des Burgtheaters Wien, November 2013

**Yvette:** Ja, mein Freund meint, ich sollt zugreifen, aber ich weiß nicht. Wenns nur verpfändet ist ... du meinst doch auch, wir sollten gleich kaufen?

**Der Obrist:** Ich meins auch.

**Mutter Courage:** Da mußt du dir was aussuchen, was zu verkaufen ist, vielleicht findst dus, wenn du dir Zeit läßt, und dein Freund geht herum mit dir, sagen wir eine Woche oder zwei Wochen, könntst du was Geeignetes finden.

**Yvette:** Dann können wir ja suchen gehn, ich geh gern herum und such mir was aus, ich geh gern mit dir herum, Poldi, das ist ein reines Vergnügen, nicht? Und wenns zwei Wochen dauert! Wann wollen Sie denn zurückzahlen, wenn Sie das Geld kriegen?

**Mutter Courage:** In zwei Wochen kann ich zurückzahlen, vielleicht in einer.

**Yvette:** Ich bin mir nicht schlüssig, Poldi, Chéri, berat mich. *Sie nimmt den Obristen auf die Seite.* Ich weiß, sie muß verkaufen, da hab ich keine Sorg. Und der Fähnrich, der blonde, du kennst ihn, will mirs Geld gern borgen. Der ist verschossen in mich, er sagt, ich erinner ihn an jemand. Was rätst du mir?

**Der Obrist:** Ich warn dich vor dem. Das ist kein Guter. Der nützts aus. Ich hab dir gesagt, ich kauf dir was, nicht, Haserl?

**Yvette:** Ich kanns nicht annehmen von dir. Freilich, wenn du meinst, der Fähnrich könnts ausnützen ... Poldi, ich nehms von dir an.

**Der Obrist:** Das mein ich.

**Yvette:** Rätst dus mir?

**Der Obrist:** Ich rats dir.

**Yvette** *zurück zur Courage:* Mein Freund täts mir raten. Schreiben Sie mir eine Quittung aus und daß der Wagen mein ist, wenn die zwei Wochen um sind, mit allem Zubehör, wir gehens gleich durch, die zweihundert Gulden bring ich später. *Zum Obristen:* Da mußt du voraus ins Lager gehn, ich komm nach, ich muß alles durchgehen, damit nix wegkommt aus meinem Wagen. *Sie küsst ihn. Er geht weg. Sie klettert auf den Wagen:* Stiefel sinds aber wenige.

**Mutter Courage:** Yvette, jetzt ist keine Zeit, deinen Wagen durchzugehen, wenns deiner ist. Du hast mir versprochen, daß du mit dem Feldwebel redest wegen meinem Schweizerkas, da ist keine Minut zu verlieren, ich hör, in einer Stunde kommt er vors Feldgericht.

**Yvette:** Nur noch die Leinenhemden möcht ich nachzählen.

**Mutter Courage** *Zieht sie am Rock herunter:* Du Hyänenvieh, es geht um Schweizerkas. Und kein Wort, von wem das Angebot kommt, tu, als seis dein Liebster in Gottes Namen, sonst sind wir alle hin, weil wir ihm Vorschub geleistet haben.

R

**1** Welche Figur verfolgt in dieser Szene welches Ziel? Formuliert zu jeder Figur eine Aussage:
*Mutter Courage möchte ihren Planwagen verpfänden, denn sie benötigt dringend Geld für ...*

**2** Lest die Szene laut und setzt die Alter-Ego-Technik ein:
Ein Alter-Ego-Sprecher oder eine Sprecherin setzt sich neben die Mutter Courage und spricht die Gedanken und Gefühle der Figur während der Szene laut aus.

**3** Was denkt und fühlt die Figur der Mutter Courage am Ende dieser Szene? Verfasst einen inneren Monolog.

**4** Schreibt eine Fortsetzung des Dialogs zwischen Mutter Courage und Yvette.

**Methode** | **Die Alter-Ego-Technik**

Der Begriff „Alter Ego" kommt aus dem Lateinischen und bedeutet **„anderes Ich"**.
Bei der Alter-Ego-Technik steht ein „zweites Ich" hinter der eigentlichen Figur und spricht alle **Gedanken und Gefühle der Figur** laut aus. Es kann unterbrechen, reinreden, widersprechen und Fragen stellen.

**5** Plant zu dem Szenenausschnitt ein Bühnenbild. Lest dazu noch einmal den Text und macht euch Notizen zu den folgenden Punkten:

*Ort und Zeit der Handlung*
*Feldlager für Soldaten, 17. Jahrhundert*

*Figuren*
...

*Requisiten*
...

*Hinweise zu Kostümen*
*Kostüm Mutter Courage:*
...
*Kostüm Feldprediger:*
...

**6** Entwickelt für den Szenenausschnitt ein Bühnenbild mit Verfremdungseffekt (▸ S. 158). Wählt Aufgabe a oder b.

●●● a Fertigt eine Skizze zum Bühnenbild an. Orientiert euch an den folgenden Leitfragen:
- Wie soll der Ort der Handlung dargestellt werden?
- Welche Requisiten sind erforderlich, welche sind verzichtbar?
- Welche Requisiten kann man durch Transparente, Schilder und Projektionen ersetzen?
- Wie sollten die Kostüme gestaltet werden?

●○○ b Entscheidet, welche der folgenden Kostüme und Requisiten für ein Bühnenbild mit Verfremdungseffekt geeignet sind. Ordnet sie in einer Skizze zu einem Bühnenbild an und beschriftet sie.

*Kostüme*
- *ärmliche Frauenkleidung mit langen Röcken*
- *Kleidung eines Geistlichen aus dem 17. Jahrhundert (langer, schwarzer Talar)*
- *Militäruniform aus dem 17. Jahrhundert*
- *Bibel und Kreuzkette*
- *braune Armeejacke und Sonnenbrille*
- *kurzes Nachthemd*

*Requisiten*
- *mehrere Militärzelte*
- *Wäscheleinen mit aufgehängter Wäsche von Soldaten (Uniformen, Unterwäsche)*
- *Leinwand mit Filmaufnahmen eines Zeltlagers*
- *Planwagen*
- *Kisten mit Stiefeln und Hemden*
- *Schilder mit den Beschriftungen „Stiefel“, „Hemden“*

c Vergleicht eure Skizzen und erklärt euch gegenseitig, warum ihr euch für bestimmte Requisiten und Kostüme entschieden habt.

**Information** **Klassisches Drama und episches Theater**

- **Klassische Dramen** verfügen über einen **strengen Aufbau** mit Exposition (Einleitung), Peripetie (Höhe- und Wendepunkt) und Katastrophe (Tragödie) oder Happy End (Komödie). Die in sich **geschlossene Handlung** ist ganz auf das Ende ausgerichtet. Sie spielt meistens an **einem Ort** an nur **einem Tag.**
- In dem von **Bertolt Brecht** (1898–1956) entwickelten **epischen Theater** werden dagegen **Szenen locker aneinandergefügt.** Diese spielen zu **unterschiedlichen Zeiten** an **unterschiedlichen Orten.** Jede Szene stellt ein Bild für sich dar.
- In den Szenen werden den Zuschauern Situationen gezeigt, die durch **kritisch-kommentierende Einschübe** wie Kommentare eines Erzählers, Songs oder Bild- und Filmprojektionen verfremdet werden (▸ Verfremdungseffekt, S. 158).
- Das **Ende** des epischen Dramas ist meistens **offen.** Die Zuschauer sollen selbst weiterdenken und Schlussfolgerungen auch für ihr eigenes Leben ziehen.

# Teste dich!

## Eine Dramenszene inhaltlich erschließen

Bertolt Brecht

### Mutter Courage und ihre Kinder (Auszug aus Bild 5)

*Mutter Courages Wagen steht in einem zerschossenen Dorf.*

*Von weit her dünne Militärmusik. Zwei Soldaten am Schanktisch, von Kattrin und Mutter Courage bedient. Der eine hat einen Damenpelzmantel umgehängt.*

**MUTTER COURAGE:** Was, zahlen kannst du nicht? Kein Geld, kein Schnaps. Siegesmärsch spielen sie auf, aber den Sold zahlen sie nicht aus.

**SOLDAT:** Meinen Schnaps will ich. Ich bin zu spät zum Plündern gekommen. Der Feldhauptmann hat uns beschissen und die Stadt nur für eine Stunde zum Plündern freigegeben. Er ist kein Unmensch, hat er gesagt; die Stadt muß ihm was gezahlt haben.

**DER FELDPREDIGER** *kommt gestolpert:* In dem Hof da liegen noch welche. Die Bauernfamilie. Hilf mir einer. Ich brauch Leinen.

*Der zweite Soldat geht mit ihm weg. Kattrin gerät in große Erregung und versucht, ihre Mutter zur Herausgabe von Leinen zu bringen.*

**MUTTER COURAGE:** Ich hab keins. Meine Binden hab ich ausverkauft beim Regiment. Ich zerreiß für die nicht meine Offiziershemden.

**DER FELDPREDIGER** *zurückrufend:* Ich brauch Leinen, sag ich.

**MUTTER COURAGE** *Kattrin den Eintritt in den Wagen verwehrend, indem sie sich auf die Treppe setzt:* Ich geb nix. Die zahlen nicht, warum, die haben nix.

**DER FELDPREDIGER** *über einer Frau, die er hergetragen hat:* Warum seid ihr dageblieben im Geschützfeuer?

**DIE BAUERSFRAU** *schwach:* Hof.

**MUTTER COURAGE:** Die und weggehen von was! Aber jetzt soll ich herhalten. Ich tus nicht.

R

**1** Notiere die Buchstaben zu den richtigen Aussagen ins Heft. Sie ergeben ein Lösungswort.

- Die Soldaten haben kein Geld, weil sie ...
  - **GE** die eroberte Stadt nicht ausrauben konnten.
  - **BE** von ihrem Hauptmann ausgeraubt wurden.
- Der Feldprediger braucht dringend ...
  - **LA** Schnaps von Mutter Courage.
  - **WI** Verbandszeug für die Verwundeten.
- Mutter Courage soll den Verwundeten ...
  - **SS** ihre Leinenhemden überlassen.
  - **GE** ihren Wagen überlassen.
- Kattrin möchte ...
  - **ER** ihrer Mutter gehorchen.
  - **EN** dem Feldprediger mit den Verwundeten helfen.

**2** Was denkt und fühlt die Figur der Kattrin während dieser Szene? Verfasst einen inneren Monolog.

**3** Vergleicht eure Ergebnisse in Partnerarbeit.

# 8.2 Endlich Frieden!? – Dramenszenen schriftlich analysieren

Bertolt Brecht

**Mutter Courage und ihre Kinder** (Auszug aus Bild 8)

Aufführung des Burgtheaters Wien, November 2013

*Mutter Courage hat in einem Feldlager erfahren, dass der Schwedenkönig gefallen und der Friede gekommen ist.*

MUTTER COURAGES STIMME: Ich bin froh übern Frieden, wenn ich auch ruiniert bin. Wenigstens zwei von den Kindern hätt ich also durchgebracht durch den Krieg. Jetzt werd ich meinen Eilif wiedersehn.

DER FELDPREDIGER: Und wer kommt da die Lagergaß herunter? Wenn das nicht der Koch vom Feldhauptmann ist!

DER KOCH *etwas verwahrlost und mit einem Bündel:* Wen seh ich? Den Feldprediger!

DER FELDPREDIGER: Courage, ein Besuch!

*Mutter Courage klettert [aus dem Planwagen] heraus.*

DER KOCH: Ich habs doch versprochen, ich komm, sobald ich Zeit hab, zu einer kleinen Unterhaltung herüber. Ich hab Ihren Branntwein nicht vergessen, Frau Fierling.

MUTTER COURAGE: Jesus, der Koch vom Feldhauptmann! Nach all die Jahr! Wo ist der Eilif, mein Ältester?

DER KOCH: Ist der noch nicht da? Der ist vor mir weg und wollt auch zu Ihnen.

DER FELDPREDIGER: Ich zieh mein geistliches Gewand an, wartets.

*Ab hinter den Wagen.*

**Mutter Courage:** Da kann er jede Minute eintreffen. *Ruft in den Wagen:* Kattrin, der Eilif kommt! Hol ein Glas Branntwein fürn Koch, Kattrin! *Kattrin zeigt sich nicht.* Gib ein Büschel Haar drüber, und fertig! Herr Lamb ist kein Fremder. *Holt selber den Branntwein.* Sie will nicht heraus, sie macht sich nix ausn Frieden. Er hat zu lang auf sich warten lassen. Sie haben sie über das eine Aug geschlagen, man siehts schon kaum mehr, aber sie meint, die Leut stiern auf sie.

**Der Koch:** Ja, der Krieg! *Er und Mutter Courage setzen sich.*

**Mutter Courage:** Koch, Sie treffen mich im Unglück. Ich bin ruiniert.

**Der Koch:** Was? Das ist aber ein Pech.

**Mutter Courage:** Der Friede bricht mirn Hals. Ich hab auf den Feldprediger sein Rat neulich noch Vorrät eingekauft. Und jetzt wird sich alles verlaufen, und ich sitz auf meine Waren.

**Der Koch:** Wie können sie auf den Feldprediger hörn? Wenn ich damals Zeit gehabt hätt, aber die Katholischen sind zu schnell gekommen, hätt ich Sie vor dem gewarnt. Das ist ein Schmalger. So, der führt bei Ihnen jetzt das große Wort.

**Mutter Courage:** Er hat mirs Geschirr gewaschen und ziehn helfen.

**Der Koch:** Der, und ziehn! Er wird Ihnen schon auch ein paar von seine Witz erzählt haben, wie ich den kenn, der hat eine ganz unsaubere Anschauung vom Weib, ich hab mein Einfluß umsonst bei ihm geltend gemacht. Er ist unsolid[1].

**Mutter Courage:** Sind sie solid?

**Der Koch:** Wenn ich nix bin, bin ich solid. Prost!

**Mutter Courage:** Das ist nix, solid. Ich hab nur einen gehabt, Gott sei Dank, wo solid war. So hab ich nirgends schuften müssen, er hat die Decken von die Kinder verkauft im Frühjahr, und meine Mundharmonika hat er unchristlich gefunden. Ich find, Sie empfehln sich nicht, wenn Sie eingestehn, Sie sind solid.

**Der Koch:** Sie haben immer noch Haare auf die Zähn, aber ich schätz Sie drum.

**Mutter Courage:** Sagen Sie jetzt nicht, Sie haben von meine Haar auf die Zähn geträumt!

**Der Koch:** Ja, jetzt sitzen wir hier, und Friedensglocken und Ihr Branntwein, wie nur Sie ihn ausschenken, das ist ja berühmt.

**Mutter Courage:** Ich halt nix von Friedensglocken im Moment. Ich seh nicht, wie sie den Sold auszahln wolln, wo im Rückstand ist, und wo bleib ich dann mit meinem berühmten Branntwein? Habt ihr denn ausgezahlt bekommen?

**Der Koch** *zögernd:* Das nicht grad. Darum haben wir uns aufgelöst. Unter diese Umständ hab ich mir gedacht, was soll ich bleiben, ich besuch inzwischen Freunde. Und so sitz ich jetzt Ihnen gegenüber.

**Mutter Courage:** Das heißt, Sie haben nix.

R

1 unsolid: unmoralisch, unanständig

**1** Welche Einstellung der Mutter Courage zum Frieden wird in dieser Szene deutlich? Belegt eure Aussagen mit Textstellen.

**2** Fasst den Szenenausschnitt mit eigenen Worten zusammen:

*Die vorliegende Szene beginnt mit dem Auftritt von Mutter Courage, die zunächst froh ist über den Frieden im Land. Sie hofft, dass sie bald …*
*Im weiteren Verlauf der Szene erhält sie Besuch … Daraufhin …*
*Am Ende der Szene …*

**3** Ordnet die Szene in den Handlungsverlauf des Dramas ein. Fasst dazu den bisherigen Inhalt des Dramas zusammen. Wählt Aufgabe a oder b und tauscht euch über eure Ergebnisse aus.

●●● a Formuliert mit Hilfe der folgenden Sätze die Vorgeschichte.
*Die Szene spielt am Anfang / in der Mitte / am Schluss des Dramas.*
*Vor der Szene zieht Mutter Courage mit ihren drei Kindern durch das Land. Ihre beiden Söhne ...*

●○○ b Schreibt die bisherigen Handlungsschritte in der richtigen Reihenfolge ins Heft.
- Ein Feldprediger schließt sich Mutter Courage und ihrer Tochter an.
- Ihre beiden Söhne werden in die Armee eingezogen.
- Mutter Courage und ihre stumme Tochter Kattrin ziehen weiter.
- Ihr Sohn Schweizerkas wird gefangen genommen und erschossen.
- Mutter Courage zieht mit ihren drei Kindern und einem Planwagen durch das Land.
- Mutter Courage sagt den Tod ihrer Kinder voraus.

**4** Analysiert das Gespräch zwischen Mutter Courage und dem Koch. Wählt Aufgabe a oder b.

●●● a Untersucht die folgenden vier Punkte und formuliert dazu jeweils eine Aussage.
Notiert auch Textstellen, die eure Aussagen belegen.

Gesprächssituation • Gesprächsverlauf • Sprechweise • Sprechabsicht

●○○ b Beantwortet die folgenden Leitfragen. Setzt dazu die Satzanfänge fort.

| | |
|---|---|
| **1 Gesprächssituation:** In welcher Situation findet das Gespräch statt? | *Das Gespräch zwischen Mutter Courage und dem Koch findet statt, als ...* |
| **2 Gesprächsverlauf:** Worüber wird geredet? Wie verändert sich das Gespräch? | *– Zuerst drückt Mutter Courage ihre Überraschung über das Wiedersehen aus und fragt aufgeregt nach ihrem Sohn Eilif.*<br>*– Anschließend berichtet sie darüber, ...*<br>*– Später unterhalten sie sich über ...* |
| **3 Sprechweise:** Wie sprechen die Figuren miteinander? | *Sie reden sich höflich an mit „Frau Fierling" und „Sie", aber ...* |
| **4 Sprechabsicht:** Welche Ziele verfolgen die Figuren im Gespräch? | *– Der Koch möchte von Mutter Courage ...*<br>*– Sie hingegen ...* |

c Tauscht euch über eure Analyseergebnisse aus.

**5** Wie kann man das Verhältnis zwischen Mutter Courage und dem Koch beschreiben? Wählt die zutreffende Aussage und begründet sie mit Textstellen.

**A** Der Koch und Mutter Courage sind ineinander verliebt und kommen sich langsam näher.
**B** Der Koch nutzt Mutter Courages Gutherzigkeit aus, um günstig bei ihr unterzukommen.
**C** Mutter Courage möchte keine Liebesbeziehung zum Koch beginnen, weil er zu arm ist.

**6** Wird Mutter Courage den Koch bei sich aufnehmen? Begründet eure Einschätzung.

Bertolt Brecht

## Mutter Courage und ihre Kinder (Auszug aus Bild 8, Fortsetzung)

Aufführung des Burgtheaters Wien, November 2013

**Der Feldprediger:** Der Eilif! *Von Soldaten mit Picketten gefolgt, kommt Eilif daher. Seine Hände sind gefesselt. Er ist kalkweiß.* Was ist denn mit dir los?

**Eilif:** Wo ist die Mutter?

**Der Feldprediger:** In die Stadt.

**Eilif:** Ich hab gehört, sie ist am Ort. Sie haben erlaubt, daß ich sie noch besuchen darf.

**Der Koch** *zu den Soldaten:* Wo führt ihr ihn denn hin?

**Ein Soldat:** Nicht zum Guten.

**Der Feldprediger:** Was hat er angestellt?

**Der Soldat:** Bei einem Bauern ist er eingebrochen. Die Frau ist hin.

**Der Feldprediger:** Wie hast du das machen können?

**Eilif:** Ich hab nix andres gemacht als vorher auch.

**Der Koch:** Aber im Frieden.

**Eilif:** Halt das Maul. Kann ich mich hinsetzen, bis sie kommt?

**Der Soldat:** Wir haben keine Zeit.

**Der Feldprediger:** Im Krieg haben sie ihn dafür geehrt, zur Rechten vom Feldhauptmann ist er gesessen. Da wars Kühnheit! Könnt man nicht mit den Profoß[1] reden?

**Der Soldat:** Das nützt nix. Einem Bauer sein Vieh nehmen, was wär daran kühn?

**Der Koch:** Das war eine Dummheit!

**Eilif:** Wenn ich dumm gewesen wär, dann wär ich verhungert, du Klugscheißer.

**Der Koch:** Und weil du klug warst, kommt dir der Kopf herunter.

**Der Feldprediger:** Wir müssen wenigstens die Kattrin herausholen.

**Eilif:** Laß sie drin! Gib mir lieber einen Schluck Schnaps.

**Der Soldat:** Zu dem hats keine Zeit, komm!

**Der Feldprediger:** Und was solln wir deiner Mutter ausrichten?

**Eilif:** Sag ihr, es war nichts anderes, sag ihr, es war dasselbe. Oder sag ihr gar nix. *Die Soldaten treiben ihn weg.*

R

1 die Profoß: die Militärbeamten

**1** Lest den Ausschnitt mit verteilten Rollen. Besprecht, warum Eilif seine Mutter sehen möchte.

# Eine Dramenszene schriftlich analysieren

## Die Einleitung

**1** ●●○ Schreibt eine Einleitung mit Angaben zu Titel, Autor, Textsorte und Thema, z. B.:
*Das Drama „…“ (1949), geschrieben von …, handelt von …*

## Der Hauptteil

**2** ●●○ Wählt eine Deutungsthese für eure Szenenanalyse und notiert sie:
**A** Die vorliegende Szene zeigt, wie schwer es in Friedenszeiten ist, das Richtige zu tun.
**B** Die vorliegende Szene bringt zum Ausdruck, dass Mut sich nicht immer auszahlt.
**C** In der vorliegenden Szene wird deutlich, dass der Krieg die moralischen Maßstäbe verschiebt.

**3** ●●● Ordnet die Szene in den Handlungsverlauf ein und fasst sie zusammen:
*Die Szene spielt am Anfang / in der Mitte / am Schluss des Dramas. Vor dieser Szene …*
*Die Szene beginnt damit, dass …*

▷ Eine Hilfe zu Aufgabe 3 findet ihr auf Seite 171.

**4** ●●● Analysiert das Gespräch der Figuren. Beantwortet dazu die folgenden Fragen in ganzen Sätzen.
**1** Gesprächssituation: In welcher Situation findet das Gespräch statt?
**2** Gesprächsverlauf: Worüber wird geredet? Wie verändert sich das Gespräch?
**3** Sprechweise: Wie sprechen die Figuren miteinander?
**4** Sprechabsicht: Welche Ziele verfolgen die Figuren im Gespräch?

▷ Hilfe zu 4, Seite 171

**5** ●●● Im Hauptteil müsst ihr eure Aussagen durch Zitate (▶ S. 313) oder durch Textstellen in indirekter Rede (▶ S. 306) belegen, z. B.:
– Zitat: *Eilif rechtfertigt sich: „Ich hab nix andres gemacht als vorher auch.“ (Zeile 17 f.)*
– Indirekte Rede: *Eilif rechtfertigt sich, er habe nichts anderes gemacht als vorher auch. (Zeile 17 f.)*

Sucht zu den folgenden zwei Aussagen Belegstellen im Text und schreibt sie als Zitat oder in indirekter Rede ins Heft.
**A** Eilifs Taten werden in Friedenszeiten anders bewertet als in Kriegszeiten.
**B** Eilif hält seine Taten immer noch für richtig.

▷ Hilfe zu 5, Seite 171

**6** ●●○ Welche Rückschlüsse kann man von dem Gespräch auf die Figuren, ihre Beziehungen und ihren Charakter ziehen? Formuliert Aussagen in ganzen Sätzen:
*Anhand des Gesprächs wird deutlich, dass Eilif …*

## Der Schluss

**7** ●●○ Fasst eure Analyseergebnisse zusammen und prüft eure Deutungsthese:
*Zusammenfassend lässt sich sagen, dass … / Die vorliegende Szene verdeutlich, dass …*

### ●○○ Aufgabe 3 mit Hilfe

Ordnet die Szene in den Handlungsverlauf ein und fasst sie zusammen.
Ergänzt dazu die folgenden Sätze:

- *Die Szene spielt am Anfang / in der Mitte / am Schluss des Dramas.*
- *Vor dieser Szene wurde der Frieden bekannt gegeben. Mutter Courage ärgert sich darüber, weil ...*
- *Sie trifft auf einen alten Freund, den Koch. Mit ihm spricht sie über ...*
- *Die Szene beginnt damit, dass Eilif gefesselt und in Begleitung von Soldaten auftritt. Er sucht ...*
- *Koch und Feldprediger fragen, ... Sie erfahren, dass ...*
- *Eilif will auf die Mutter warten, aber die Soldaten ...*
- *Schließlich wird Eilif ...*

### ●○○ Aufgabe 4 mit Hilfe

Analysiert das Gespräch der Figuren und ergänzt die folgenden Aussagen im Heft.

**1 Gesprächssituation:**
*Vor seiner Hinrichtung erhält Eilif die Erlaubnis, noch einmal ... zu sehen.*
*Er erscheint mit ... am Planwagen, aber er trifft dort nur ...*

**2 Gesprächsverlauf:**
*Eilif fragt zunächst nach ..., die laut Feldprediger in ... ist.*
*Der Prediger erkundigt sich bei ..., wohin sie Eilif führen würden. Sie geben nur eine vage Antwort.*
*Auf die Frage nach dem Grund für die Gefangennahme geben sie an, Eilif sei ... eingebrochen und habe ... getötet.*
*Eilif beruft sich darauf, dass er ... genauso vorgegangen sei. Damals sei er dafür gelobt worden.*
*Er verteidigt sich außerdem damit, er sei ... gewesen.*
*Der Prediger schlägt vor, Kattrin zu holen, aber Eilif möchte lieber ...*
*Die Soldaten drängen. Auf die Frage des Predigers, was er der Mutter ausrichten soll, meint Eilif: „...“*

**3 Sprechweise:**
- *Der Feldprediger äußert sich ...*
- *Die Soldaten antworten in ... Sätzen, es wird deutlich, dass sie in Eile sind und sich nicht auf eine Diskussion einlassen wollen.*
- *Auch Eilifs Aussagen sind ... Er verwendet ...*

**4 Sprechabsicht:**
- *Eilif will unbedingt ... noch einmal wiedersehen. Als das nicht möglich scheint, ...*
- *Die Soldaten möchten ...*
- *Der Feldprediger sorgt sich um Eilif und versucht, ...*
- *Der Koch klagt Eilif an. Er wirft ihm vor, dass ...*

### ●○○ Aufgabe 5 mit Hilfe

Im Hauptteil müsst ihr eure Aussagen durch Zitate oder durch Textstellen in indirekter Rede belegen. Ordnet den folgenden zwei Aussagen die Textstellen richtig zu und schreibt sie als Zitat oder in indirekter Rede ins Heft.

**A** Eilifs Taten werden in Friedenszeiten anders bewertet als in Kriegszeiten.
**B** Eilif hält seine Taten immer noch für richtig.

EILIF: Wenn ich dumm gewesen wär, dann wär ich verhungert, du Klugscheißer. (Zeile 30 f.)

DER SOLDAT: Das nützt nix. Einem Bauer sein Vieh nehmen, was wär daran kühn? (Zeile 27 f.)

# 8.3 Fit in ...! – Dramenszenen analysieren und interpretieren

Stellt euch vor, ihr bekommt in der nächsten Klassenarbeit die folgende Aufgabe gestellt:

**Aufgabe**

Verfasse eine Dramenanalyse zum folgenden Ausschnitt aus dem Drama „Mutter Courage".

- Formuliere eine passende Einleitung.
- Ordne die Szene in den Handlungsverlauf des Dramas ein und fasse sie zusammen.
- Untersuche das Gespräch der beiden Figuren.
- Fasse zusammen, welche Einstellung der Figur Mutter Courage zum Krieg deutlich wird.

Bertolt Brecht

## Mutter Courage und ihre Kinder (Auszug aus Bild 8, Fortsetzung)

MUTTER COURAGE *kommt gelaufen, sie ist außer Atem und hat ihre Waren noch:* Koch, der Frieden ist schon wieder aus! Schon seit drei Tagen ist wieder Krieg. Ich hab mein Zeug noch nicht losgeschlagen gehabt, wie ichs erfahrn hab. Gott sei Dank! In der Stadt schießen sie sich mit den Lutherischen[1]. Wir müssen gleich weg mitn Wagen. Kattrin, packen! Warum sind Sie betreten? Was ist los?

DER KOCH: Nix.

MUTTER COURAGE: Doch, es ist was. Ich sehs Ihnen an.

DER KOCH: Weil wieder Krieg ist wahrscheinlich. Jetzt kanns bis morgen abend dauern, bis ich irgendwo was Warmes in Magen krieg.

MUTTER COURAGE: Das ist gelogen, Koch.

DER KOCH: Der Eilif war da. Er hat nur gleich wieder wegmüssen.

MUTTER COURAGE: War er da? Da werden wir ihn aufn Marsch sehn. Ich zieh mit die Unsern jetzt. Wie sieht er aus?

DER KOCH: Wie immer.

MUTTER COURAGE: Der wird sich nie ändern. Den hat der Krieg mir nicht wegnehmen können. Der ist klug. Helfen sie mir beim Packen? *Sie beginnt zu packen.* Hat er was erzählt? Steht er sich gut mitn Hauptmann? Hat er was von seine Heldentaten berichtet?

Aufführung des Burgtheaters Wien, November 2013

DER KOCH *finster:* Eine hat er, hör ich, noch einmal wiederholt.

MUTTER COURAGE: Sie erzählens mir später, wir müssen fort. *Kattrin taucht auf.* Kattrin, der Frieden ist schon wieder herum. Wir ziehn weiter.

R

1 die Lutherischen: die Protestanten (Anhänger einer christlichen Glaubensrichtung)

## Die Aufgabe richtig verstehen

**1** a Besprecht in Partnerarbeit, was die Aufgabe auf Seite 172 von euch verlangt.
b Schreibt die Buchstaben der richtigen Aussagen in euer Heft.
**Tipp:** Rückwärtsgelesen ergeben die richtigen Buchstaben ein Lösungswort.

Ich soll ...
**T** eine Einleitung formulieren.
**O** die Szene möglichst genau nacherzählen.
**H** die Szene in das Gesamtdrama einordnen.
**C** den Inhalt der Szene kurz zusammenfassen.
**K** Mutter Courages Verhalten ausführlich beschreiben.
**E** Mutter Courages Einstellung zum Krieg untersuchen.
**L** meine Meinung zum Thema Krieg formulieren.
**R** meine Aussagen mit Textstellen belegen (Zitate oder indirekte Rede).
**B** meine Ergebnisse zum Schluss zusammenfassen.
**S** die Szene fortsetzen.

## Planen

**2** a Lest die Szene mehrmals aufmerksam.
b Entwickelt im Heft einen Schreibplan. Notiert darin stichwortartig eure Analyseergebnisse.

***A Einleitung***
- *Autor/-in, Titel, Erscheinungsjahr, Textsorte, Thema des Dramas*
- *Formulierung einer Deutungsthese*

***B Hauptteil***
- *Einordnung der Szene in den Handlungsverlauf*
- *Inhalt der Szene*
- *Gesprächsanalyse (Gesprächssituation, Gesprächsverlauf, Sprechweise, Sprechabsicht)*
- *Schlussfolgerungen zu den Einstellungen der Figuren*

***C Schluss***
- *Zusammenfassung der Ergebnisse*
- *Überprüfung der Deutungsthese*

## Schreiben und überarbeiten

**3** Verfasst einen Einleitungssatz für eure schriftliche Analyse.
*Das Drama „...“ aus dem Jahr ... von ... behandelt ...*

**4** Wählt eine Deutungsthese für eure Szenenanalyse aus und notiert sie.
**A** In dieser Szene zeigt sich, dass die Figur der Mutter Courage nur an ihre eigenen Vorteile denkt.
**B** Diese Szene verdeutlicht, dass die Figur der Mutter Courage blind ist für die Schattenseiten des Krieges.

**5** a Ordnet die Szene in den Handlungsverlauf ein.
*Die vorliegende Szene befindet sich … / Vor der Szene / Davor … / Nach der Szene / Danach …*
b Fasst den Inhalt der Szene zusammen.
*Die Szene beginnt mit … / Im weiteren Verlauf … / Nachdem … / Daraufhin … / Am Ende …*

**6** Welche Aussagen treffen auf die Figur der Mutter Courage in dieser Szene zu? Schreibt sie ab und belegt sie jeweils mit einer Textstelle (Zitat oder indirekte Rede).
**A** Mutter Courage möchte im Gespräch mehr über ihren Sohn Eilif erfahren.
**B** Sie ist besorgt, dass auch Kattrin etwas zustoßen könnte.
**C** Sie freut sich, dass sie nun wieder Waren verkaufen kann.
**D** Sie wundert sich über die schlechte Laune des Kochs.
**E** Sie möchte ihre Sachen zusammenpacken und flüchten.
**F** Sie denkt, dass Eilif nichts passieren wird.

**7** Analysiert die folgende Aussage des Kochs: „Eine hat er, hör ich, noch einmal wiederholt." (▸ Z. 32 f.) Beantwortet dazu folgende Fragen.
– Gesprächssituation: In welcher Situation äußert er den Satz?
– Sprechweise: Wie spricht der Koch an dieser Stelle?
– Sprechabsicht: Welches Ziel verfolgt der Koch mit dieser Aussage?

**8** Formuliert einen Schluss, in dem ihr eure Analyseergebnisse zusammenfasst und eure Deutungsthese überprüft:
*Die Szene macht deutlich, dass …*

**9** Prüft in Partnerarbeit eure Texte mit Hilfe der Checkliste.

## Checkliste

### Eine Dramenszene analysieren

- Ist der Text zur Dramenanalyse in **drei Teile (Einleitung, Hauptteil, Schluss)** gegliedert?
- Enthält die Einleitung **Angaben zu Textsorte, Autor/-in, Titel und Thema** des Dramas?
- Wurde eine **Deutungsthese** formuliert?
- Wurde die Szene in den **Handlungsverlauf** eingeordnet und **inhaltlich zusammengefasst?**
- Wurde das **Gespräch analysiert** (Gesprächssituation, Gesprächsverlauf, Sprechweise, Sprechabsicht)?
- Wurden **Schlussfolgerungen zu Einstellungen, Absichten** oder zum **Charakter** der Figuren gezogen?
- Wurden wichtige Aussagen mit **Textstellen** belegt (Zitate oder indirekte Rede)?
- Wurden zum Schluss die **Ergebnisse der Analyse** zusammengefasst und wurde noch einmal auf die Deutungsthese eingegangen?
- Wurde richtig **zitiert** (Anführungszeichen, Auslassungszeichen, Zeilenangaben)?

**Schreibwörter** ▸ S. 321

| | | | | |
|---|---|---|---|---|
| das Drama | der Frieden | der Verfremdungseffekt | die Beziehung | der Tod |
| die Courage | der Krieg | die Atmosphäre | der Charakter | kühn |

# 9 Gestylte Körper – Sachtexte verstehen

**1** Beschreibt die Person und erläutert, wie das Bild zur Überschrift passt.

**2** a Tragt in einem Cluster zusammen, was ihr mit der Überschrift verbindet. Schreibt in die Mitte der Tafel „Gestylte Körper" und notiert drumherum eure Gedanken.

b Welche Bedeutung hat das Thema für euch persönlich? Tauscht euch aus.

**Tipp:** Bedenkt, wodurch eure Vorstellungen von gestylten Körpern geprägt werden können, z. B. durch Medien, Werbung, Freunde ...

**3** Was erwartet ihr von Sachtexten, die zu diesem Thema veröffentlicht werden?

### In diesem Kapitel ...

– analysiert ihr informierende und meinungsbildende Sachtexte,
– vergleicht ihr die Darstellung eines Themas in verschiedenen Medien,
– übt ihr die schriftliche Analyse von Sachtexten.

# 9.1 Auf der Fitnesswelle – Information und Wertung in journalistischen Sachtexten und Verträgen

Maria Timtschenko

## Jugendliche im Fitnessstudio: Ich pumpe, also bin ich (2013)

*Simon, Samim und Tamim schwitzen fast täglich im Fitnessstudio. Sie wollen „den Körper ausdefinieren", sagen sie und haben einen strengen Ernährungsplan. Ist das noch Hobby, Sport oder ungesunder Körperwahn?*

„Es ist viel Aufwand", sagt Simon, 15. Der Schüler aus Hamburg geht seit einem halben Jahr ins Fitnessstudio, um Muskeln aufzubauen und Fett abzubauen. Sechsmal pro Woche trainiert er gemeinsam mit seinem Freund Luc nach dem Unterricht.

Simon gehört zu einer steigenden Zahl von Jugendlichen, die in Fitnesscentern versuchen, ihren Körper einer ästhetischen Norm anzupassen. Etwa 900 000 unter 20-Jährige gehen regelmäßig in deutsche Kraftstudios. Sie wollen schön sein, muskulös und fit.

Für Michael Sauer hat diese Sportbegeisterung nicht nur positive Seiten. Der Dopingexperte vom Manfred Donike Institut in Köln möchte verhindern, dass Jugendliche dem Muskelaufbau mit Pulvern und Tabletten nachhelfen. In einer Studie von Michael Sauer mit 400 Jugendlichen gab jeder Zweite an, dass er auf körperliche Fitness und Gesundheit achten würde. 48 Prozent sagten außerdem, dass sie gern mehr über Anabolika erfahren würden.

Die Zwillinge Samim und Tamim, 16, gehen stets mit ihrem Freund Michael, 16, ins Fitnessstudio. Früher machten die Jungen Kickboxen oder spielten Handball. Seit fünf Monaten gehen sie lieber ins Fitnessstudio, manchmal viermal die Woche. Sie fühlen sich wohl in ihrem Körper, posieren vor der Kamera, leicht verlegen, aber doch stolz. „Beim Sport können wir super abschalten, außerdem bleiben wir fit und sehen dabei noch gut aus", sagt Tamim.

Dass immer mehr Jugendliche aller Bildungsniveaus in die Studios strömen, beobachtet auch Mischa Kläber, Ressortleiter „Präventionspolitik und Gesundheitsmanagement" beim Deutschen Olympischen Sportbund. Fitness für gutes Aussehen ist für die Jugendlichen auch Identitätsarbeit. „Sie versuchen ihre Rolle als Sportler auszufüllen, verbringen viel Zeit im Studio und mit der Zubereitung von Essen, ihre Sozialkontakte beschränken sich zunehmend auf Personen mit ähnlichen Interessen. Je intensiver sich ein Athlet über seine Körperoptik definiert, desto schwieriger wird es, den Pfad wieder zu verlassen", sagt Kläber.

Jugendliche, die muskulös aussehen wollen, haben meist keine Ahnung, wie sie das schaffen sollen. „Sie holen sich ihr Wissen von Freunden, aus dem Internet oder von Leuten in ihrer Muckibude. Wir wissen aber nicht, was die ihnen empfehlen – dort liegt die Schwachstelle", meint Michael Sauer.

**1** a Lest den Text und zitiert Textstellen, die ihr besonders interessant findet. Begründet.
b Wie und warum haltet ihr euch körperlich fit? Berichtet davon.

**2** Untersucht die Art dieses Sachtexts. Wählt Aufgabe a oder b und tauscht eure Ergebnisse aus.
●○○ a Notiert mit Zeilenangabe, an welcher Stelle informiert und wo eine Meinung geäußert wird.
●●● b Begründet, ob dieser Sachtext eher informierend oder meinungsbildend ist.

# Eine Concept-Map erstellen und eine Grafik erarbeiten

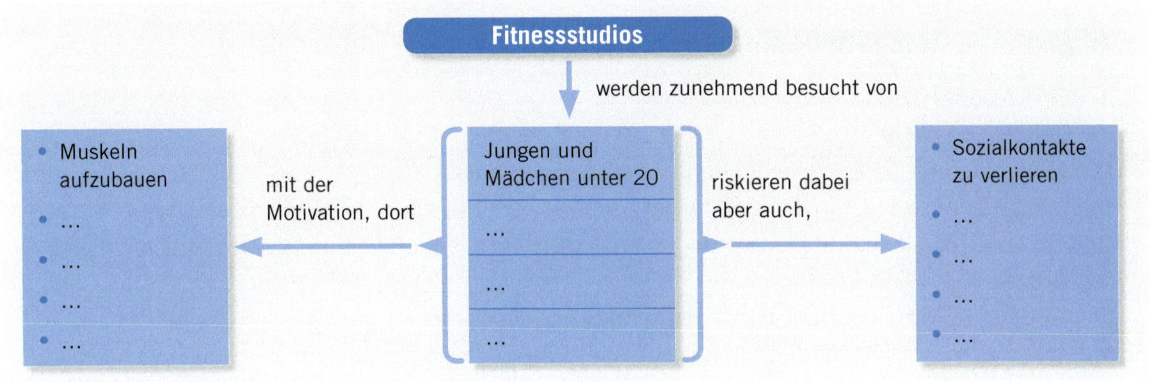


**1** Mit einer Concept-Map kann man Text- und Informationszusammenhänge veranschaulichen. Übertragt die obige Concept-Map zum Text auf Seite 176 ins Heft und vervollständigt sie.
**Tipp:** Ergänzt die Concept-Map mit Hilfe der Grafik unten, sobald ihr Aufgabe 2 gelöst habt.

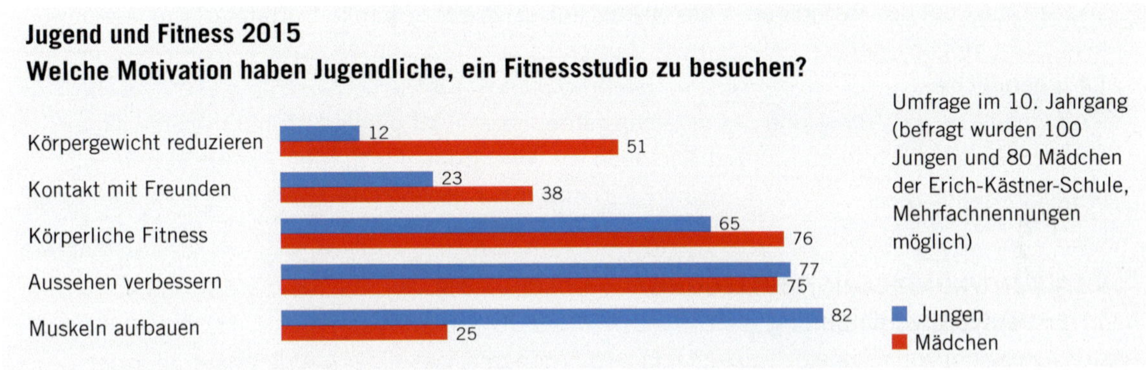


**2** Auch in der Grafik geht es um die Motivation Jugendlicher, ein Fitnessstudio zu besuchen.
a Prüft anhand der Grafik, ob die folgenden Aussagen A bis D zutreffen oder nicht.
b Korrigiert Falschaussagen.
**A** Die meisten Mädchen besuchen ein Fitnessstudio, um Muskeln aufzubauen.
**B** Mehr als die Hälfte aller befragten Jungen möchte ihr Gewicht reduzieren.
**C** Im Verhältnis wollen mehr Jungen als Mädchen körperlich fit sein.
**D** Während 38 Mädchen etwas mit Freunden unternehmen wollen, tun dies nur 23 Jungen.
c Formuliert weitere Richtig- oder Falschaussagen zur Grafik. Befragt euch gegenseitig.

**Methode** **Eine Concept-Map erstellen**

Mit einer **Concept-Map veranschaulicht** man **Text- und Informationszusammenhänge** mit Hilfe von **Textkästen, Pfeilen** und **Pfeilbeschriftungen.**
- In die **Textkästen** schreibt man wichtige **Schlüsselbegriffe.**
- Die **Pfeile** zwischen den Kästen **stellen Beziehungen dar.** Die Beziehungsart steht beim Pfeil.

# Die Sprache in Vertragstexten verstehen

## Allgemeine Geschäftsbedingungen der beFIT GmbH – Deutschland (Stand: 01.12.2012)

**1 VERTRAGSSCHLUSS**

**1.1 Geltung der AGB**

Diese Allgemeinen Geschäftsbedingungen (AGB) gelten für sämtliche Verträge der beFIT GmbH mit ihren Mitgliedern, soweit im Einzelfall nichts anderes vereinbart wurde. Mitglieder sind jene Personen, die auf Grund eines Mitgliedsvertrages zur Benutzung aller beFIT-Fitnessstudios berechtigt sind.

**1.2 Antrag**

Der Antrag auf Mitgliedschaft ist ein bindendes Angebot an beFIT zum Abschluss eines Mitgliedsvertrages. beFIT kann dieses Angebot innerhalb von 14 Tagen ab dem Zeitpunkt der Antragstellung ohne Angabe von Gründen schriftlich ablehnen. Lehnt beFIT das Angebot nicht innerhalb dieser Frist ab, kommt der Mitgliedsvertrag zum Zeitpunkt der Antragstellung zu Stande.

**1.3 Membercard**

Der Antragsteller erhält bei Antragstellung eine Membercard, die ihm den Zutritt zu den Studios ermöglicht. Dies begründet im Falle der Ablehnung seines Antrages jedoch keinen Anspruch auf Abschluss eines Vertrages oder Nutzung der Studios.
Das Sparangebot des kostenlosen Clubpaketes (inklusive der Getränke-Flatrate) ist nur von April bis August möglich, danach belaufen sich die Kosten auf 6 Euro pro Monat.

**1.4 Jugendliche**

Für Jugendliche vor Vollendung des 18. Lebensjahres ist eine Mitgliedschaft nur mit Einwilligung der Erziehungsberechtigten möglich. Personen vor Vollendung des 15. Lebensjahres können nicht Mitglied werden.
[...]

**5 LAUFZEIT/KÜNDIGUNG/STILLLEGUNG**

**5.1 Erstlaufzeit/Verlängerung**

Der Vertrag hat zunächst eine Laufzeit von zwölf Monaten. Wenn der Mitgliedsvertrag nicht spätestens vier Wochen vor dem jeweiligen Vertragsende gekündigt wird, verlängert er sich jeweils um weitere sechs Monate.

**5.2 Stilllegung des Vertrages**

Es besteht die Möglichkeit, den Mitgliedsvertrag monatsweise vom Monatsersten bis zum Monatsletzten stillzulegen. Für die Dauer der Stilllegung ist das Mitglied von der Zahlung des Mitgliedsbeitrags befreit und kann Leistungen von beFIT (group-dance, body-fit- und body-pump-Kurse eingeschlossen) nicht in Anspruch nehmen.

**5.3 Kündigung bei Umzug**

Bei Umzug in eine andere Stadt/Gemeinde steht dem Mitglied ein Sonderkündigungsrecht zu, das mit einer Frist von vier Wochen zum Monatsende gegen Vorlage einer Ab- oder Anmeldebestätigung der jeweiligen Stadt/Gemeinde ausgeübt werden kann.

**1** Für eine Mitgliedschaft in einem Fitnessstudio muss man einen Vertrag abschließen.
Erläutert: Wie lesen sich diese Allgemeinen Geschäftsbedingungen (AGB)?
*leicht, schnell erfassbar, übersichtlich, nachvollziehbar …*

**2** a Schreibt Begriffe aus dem Vertragstext auf Seite 178 heraus, die ihr nicht versteht.
b Klärt sie zu zweit aus dem Textzusammenhang oder schlagt sie in einem Wörterbuch nach.

**3** Umschreibt mit eigenen Worten, worum es im Absatz 1.4 im Vertrag auf Seite 178 geht.

**4** Vertragstexte haben oft eine typische Wortwahl. Untersucht sie. Wählt Aufgabe a/b oder c.
●●○ a Ordnet die markierten Begriffe aus Absatz 1.1 in einer Tabelle mit drei Spalten:

| Fachsprache | Fremdwörter | Nominalstil |
|---|---|---|

●●○ b Ergänzt eure Tabelle mit Begriffen aus Absatz 1.2.
●●● c In Verträgen wird oft der Nominalstil verwendet. Dieser kann schwer lesbar sein.
– Schreibt Beispiele für den Nominalstil aus dem Vertrag auf Seite 178 heraus.
Notiert, von welchen Verben sie abgeleitet wurden, z. B.: *die Einwilligung ← einwilligen, ...*
– Wandelt mindestens zwei Sätze des Vertrags so um, dass sie leichter verständlich sind.
**Tipp:** Formt dazu die Nomen in Verben um, z. B.:
*Die beabsichtigte Stilllegung ... → Wenn man den Vertrag stilllegen will, ...*
d Tauscht euch über eure Ergebnisse aus.

**5** a Erstellt in Partnerarbeit eine Hilfekarte für das Lesen von Vertragstexten.
b Bringt eigene Verträge mit und untersucht die Vertragssprache mit den Hilfekarten.

**6** Lange Sätze werden besser verständlich, wenn ihr sie in Sinneinheiten einteilt.
Schreibt mit Hilfe der folgenden Markierungen den Satz in kürzere Sätze um.

Eine außerordentliche Kündigung, wie zum Beispiel dauerhafte Sportunfähigkeit oder Umzug aus nicht persönlichen Gründen außerhalb des beFIT-Einzugsgebietes von mehr als 40 km, ist nur unter Vorlage eines qualifizierten ärztlichen Attestes bzw. einer Einwohnermeldeamtsbescheinigung mit beruflichem Nachweis möglich, wobei sich beFIT eine gerichtliche Prüfung im Einzelfall vorbehält und die Anmeldebescheinigung des neuen Wohnortes spätestens bis zum 15. des Folgemonats vorzulegen ist.

**Methode** **Einen Vertragstext erschließen**

**Vertragstexte** sind Sachtexte. In Vertragstexten werden häufig **fachsprachliche Wörter, Nominalisierungen, Fremdwörter** (v. a. **Anglizismen**) verwendet. Sie haben den Vorteil, dass sie Sachverhalte vergleichsweise knapp benennen.
Da ein **Vertrag Rechte und Pflichten** bestimmt, ist es wichtig, ihn genau zu verstehen:
- Nehmt euch **Zeit zum Lesen,** auch wenn ein Berater oder Verkäufer drängt. Überlegt nach jedem Abschnitt: *Was wurde hier gesagt?*
- Unterstreicht **Begriffe,** die ihr nicht versteht. Schlagt sie in einem (Internet-)Wörterbuch nach.
- Teilt **lange Sätze** in Sinneinheiten ein, um sie besser zu verstehen.
- Markiert **Informationen,** die für euch von Bedeutung sind, z. B.: *Kündigungsfrist.*
- Unterschreibt niemals, ohne **alles gelesen** zu haben. Achtet auf **Pflichten und Termine.**

# Das Thema „Mode“ in verschiedenen Medien

## Einen Zeitungsartikel verstehen

Fabio Pace

### Blogger veröffentlichen Modenews aus dem Jugendzimmer (2011)

Jeder kennt das: Man steht morgens vor dem Kleiderschrank und überlegt fieberhaft, was man anziehen soll. Mode spielt fast immer eine Rolle. Es gibt eine „Parallelwelt“ von Menschen, die das Fashionbusiness zum Mittelpunkt ihres Lebens gemacht haben: Modeblogger. Sie betreiben Websites, so genannte Modeblogs, die sich mit Klamotten, Stilen und Trends auseinandersetzen.

High Heels kombiniert zur Lederhose, die Jacke lässig über die Schultern gelegt, die Sonnenbrille auf der Nase, die Designertasche in der Hand – so präsentieren sich die modebewussten Schreiberlinge auf ihren Blogseiten. Nicht zu vergessen: die Spiegelreflex-Kamera, mit der die Fotos für den Blog geschossen werden, um die rechte Schulter gehängt.

Neben den typischen „Do or Don’t“-Fragen enthalten die meisten Modeblogs auch persönliche Einträge der Autoren. Die Schreiber zeigen ihr aktuelles Tagesoutfit oder posten Bilder des neuesten Kleidungsstücks, das sie sich gegönnt haben. Die aktuellen Trends, die frisch vom Laufsteg kommen, dienen dabei als Inspiration.

Ein Blogger, der mit seiner Website viel erreicht hat, ist der 20-jährige Jan Werner aus Berlin. Er erzählt: „Ganz wichtig für mich zu betonen ist, dass Modeblogger nicht den gleichen Einfluss wie Redakteure von großen Magazinen haben können und werden. Ein Blog ist einfach ein ganz anderes Medium.“ Den entscheidenden Vorteil von Blogs gegenüber anderen Medien sieht Jan Werner in ihrer Schnelligkeit. „Wir nutzen das Web 2.0 wie keine anderen. Sobald News draußen sind, Bilder von aktuellen Kollektionen da sind oder es einen Skandal gibt, haben wir es vor allen anderen auf unseren Seiten.“ Zudem: Im Gegensatz zu teuren Hochglanzmagazinen sind Blogs kostenlos. Der Einfluss von Bloggern wächst von Saison zu Saison.

**1** a Dieser Sachtext stammt aus einer Tageszeitung. Benennt das Thema.
b Kennt und nutzt ihr Blogs? Notiert die Themen und berichtet von euren Erfahrungen.
c Verfasst zur Tätigkeit des Modebloggers eine Informationskarte, z. B.:
*Ein Modeblogger schreibt ... und zeigt ...*

**2** Bewertet das Medium Blog. Wählt Aufgabe a oder b.
●○○ a Jan Werner beschreibt einige Vorteile von Blogs. Zitiert Textstellen.
●●● b Welche Nachteile können Blogs haben? Benennt sie und begründet.
c Stellt die Vor- und Nachteile von Blogs gegenüber.

**3** Notiert zu zweit: Welche Vor- und Nachteile bietet das Printmedium Zeitungsartikel im Vergleich zu anderen Medien wie Onlineformate oder Fernsehberichte?

**4** Sachtexte haben eine Wirkungsabsicht. Man nennt dies Intention.
Ist dieser Text eher informierend oder meinungsbildend? Begründet mit Textbelegen.

## Ein Radiointerview verstehen

### **Wenn Modeblogger auf Textil-Sklaven treffen** (2015)

*Für die Webdoku „Sweatshop – Deadly Fashion" schickte die norwegische Tageszeitung „Aftenposten" Anniken, Frida und Ludvig (17 bis 21 Jahre) nach Kambodscha. Joakim Kleven (22) begleitete sie als Regisseur. Die Doku wurde bis heute über 1,5 Millionen Mal angeschaut.*

**Bayerischer Rundfunk (BR):** *Was war die Idee für eure Dokuserie?*

**Joakim Kleven:** Teenager in Norwegen geben eine enorme Menge Geld für Klamotten aus, aber niemand weiß, wer das alles herstellt. Wir wollten diesen Denkprozess anstoßen.

**BR:** *Ihr habt in Kambodscha gedreht. An was erinnerst du dich am besten?*

**Joakim Kleven:** Anniken, Frida und Ludvig haben eine Nacht bei Sokty gewohnt, einer Arbeiterin aus einer Textilfabrik. Als die Kameras aus waren, haben sie der jungen Frau ein Geschenk aus Norwegen gegeben, eine Seife und eine norwegische Schokolade. Sokty fing an zu weinen und sagte uns, dass sie sich sehr über das Geschenk freue, weil es das einzige Geschenk sei, das sie je in ihrem Leben bekommen hätte. Wenn man so etwas hört, realisiert man erst, dass etwas falsch läuft. Viele Menschen in Kambodscha arbeiten in der Textilindustrie. Und sie verdienen nur 100 Dollar im Monat. Das ist doch verrückt!

**BR:** *Wie haben die Jugendlichen auf die Situation in Kambodscha reagiert?*

**Joakim Kleven:** Für die Teenager war es sehr hart, all die Geschichten zu hören. Sie waren sehr geschockt, dass die großen Modemarken den Arbeitern so wenig Lohn zahlen und in vielen Fabriken miserable Arbeitsbedingungen herrschen.

**BR:** *Wie war es für dich, Menschen zu sehen, die so arbeiten müssen?*

**Joakim Kleven:** Die einzige Fabrik, die uns reingelassen hat, war eine der besten in Kambodscha, aber auch die war nicht o. k. Es war sehr heiß da drin, es gab kein Toilettenpapier auf den WCs und die Stühle, auf denen die Näherinnen und Näher sitzen mussten, waren extrem unbequem. Einige Arbeiter haben uns erzählt, dass Soldaten während ihrer Schicht schon hinter ihnen gestanden und sie zum Nähen geprügelt hätten.

**BR:** *Die Dokumentation hat einige Wellen ausgelöst. Was ist danach passiert?*

**Joakim Kleven:** Sehr viele Leute haben die Serie geteilt, was dazu geführt hat, dass ein paar Bekleidungsunternehmen sich sehr unter Druck gesetzt fühlten, etwas an den Bedingungen zu ändern. Anniken hat nach ihrem Kambodscha-Aufenthalt über ihre Erlebnisse gebloggt. Und während die Serie lief, wurden die Arbeitsbedingungen in der Textilindustrie hier im norwegischen Parlament thematisiert.

**1** a Lasst das Radiointerview von zwei Schülern laut vorlesen. Die anderen schließen das Buch und hören zu. Merkt euch, was die Modeblogger aus Norwegen erlebt haben.
b Sammelt und vergleicht: Welche Information habt ihr euch gut merken können?

**2** a Erklärt, wodurch sich das Radiointerview von einem Zeitungsartikel unterscheidet.
b Würdet ihr ein Radiointerview einem Zeitungsartikel vorziehen? Begründet.

**3** Wandelt das Radiointerview in einen Zeitungsartikel um.

## Einen Internetblog verstehen

**Tinas Trends gebloggt! | Lifestyle | Beauty | Outdoor | Fitness | Fashion**

**Tina:** Hey Leute! Heute geht es in meinem Blog um mein Sportoutfit. Ich stelle euch vor, was ich anziehe, wenn ich in die Muckibude gehe, und zeige, wie ihr euch von Kopf bis Fuß stylisch kleiden könnt.

**Tina:** Hier seht ihr meine Pulsuhr. Die war echt günstig und ist total praktisch. Übrigens: Das ist das einzige Accessoire, das ich beim Sport trage.

**Tina:** Und dann zeige ich euch meine megaleichten Sportschuhe. Sie wiegen nicht mehr als 200 Gramm. Ich kann sie absolut empfehlen und finde, dass die orangefarbenen Schnürsenkel ziemlich trendy sind.

**1** a Schaut euch Tinas Blog an. Begründet, ob ihr ihn verfolgen würdet.
b Erläutert, welche Bedeutung die Bilder für die Betrachter haben. Erhaltet ihr über den Text hinaus Informationen? Wie ergänzen sie sich?

**2** Ein Internetblog ist ein Onlineformat. Untersucht Tinas Blog. Wählt Aufgabe a oder b.
●○○ a Begründet, ob die folgenden Aussagen zur Information oder zur Meinungsbildung dienen: Bild 2: „Die war echt günstig und ist total praktisch." Bild 3: „Ich kann sie absolut empfehlen."
●●● b Überlegt und notiert, was Tina mit ihrem Blog erreichen will.
c Tauscht eure Ergebnisse aus.

**3** a Vergleicht, wie das Thema „Modeblogger" in den verschiedenen Medien vorgestellt wird (▶ S. 180–182). Notiert Gemeinsamkeiten und Unterschiede, z. B.: *Online wird ...*
b Fasst zusammen, welche Möglichkeiten die unterschiedlichen Medien den Lesern bieten.

**Information** **Sachtexte und ihre Wirkungsabsicht (Intention)**

Es gibt verschiedene Arten von Sachtexten, die man nach **Ziel** bzw. **Wirkungsabsicht (Intention)** und äußerer **Gestaltung (Darstellungsform)** unterscheiden kann.
**Sachtexte** sollen vor allem **informieren und zur Meinungsbildung** beitragen.

- **Informierend:** Hierzu zählen besonders sachliche Darstellungsformen, wie berichtende Zeitungsartikel, Verträge und Gebrauchsanweisungen, Grafiken und Schaubilder.
- **Meinungsbildend:** Hierzu zählen wertende Texte, z. B. Kommentare, Interviews, Internetblogs.
  In ein und demselben Sachtext können beide **Wirkungsabsichten (Intentionen)** vorkommen, wobei meist ein Schwerpunkt festzustellen ist.

## Teste dich!

**FR** Ein Vertragstext zählt zu den informierenden Sachtexten.
**OG** In einer Concept-Map werden anhand von Balken und Zahlen Informationen vermittelt.
**EM** Radiotexte bieten die Möglichkeit, Zusatzinformationen in Form von Stimmen, Geräuschen etc. zu vermitteln.
**BL** Alle Modeblogs müssen Anglizismen enthalten.
**DW** Vertragstexte enthalten in der Regel viele Nominalisierungen.
**ET** Meinungsbildende Texte sind wertfrei.
**RN** In Radiointerviews tauchen häufig Nominalisierungen auf.
**OE** Die Concept-Map ist dazu geeignet, Textinhalte logisch zu visualisieren.
**RT** Mittels einer Grafik können Sachzusammenhänge leichter nachvollzogen werden.
**ER** In einem Blog werden Informationen durch bewegte Bilder ergänzt.
**TE** In Internetblogs werden nie Wertungen vorgenommen.
**IN** Eine Gebrauchsanweisung zählt zu den meinungsbildenden Sachtexten.

**1** Notiere im Heft: Treffen die Aussagen über Sachtexte zu oder nicht?
**Tipp:** Richtig zugeordnet, ergeben die Buchstaben zwei Lösungswörter.

### Sicherheitshinweise – Ergometer

- Nach der Montage und vor der ersten Benutzung sollte der feste Sitz aller Schrauben, Muttern und sonstiger Verbindungen kontrolliert werden.
- Um die Sicherheit des Benutzers zu garantieren, sollten sämtliche Teile des Gerätes regelmäßig auf Schäden bzw. Verschleiß geprüft werden.
- Das Gerät sollte an einem trockenen Ort aufgestellt werden, um es vor Feuchtigkeit und Nässe zu schützen. Legen Sie eine geeignete, rutschfeste Unterlage unter das Gerät, um den Boden gegen Druckstellen und Verschmutzungen zu schützen.
- Nur wenn Sie Ihre Gesundheit regelmäßig stärken und einmal täglich den Ergometer benutzen, kräftigen Sie Ihre Muskulatur und verbessern Sie Ihre Ausdauer. Das wird Ihnen guttun!

**2** a Handelt es sich bei den Sicherheitshinweisen um einen informierenden oder meinungsbildenden Text? Begründe im Heft.
b Ein Satz passt nicht in den Text. Finde ihn und begründe.
c Im Text befinden sich fünf Fremdwörter. Notiere sie.

**3** Vergleicht in Partnerarbeit eure Ergebnisse zu den Aufgaben 1 und 2.

# 9.2 Schönheit um jeden Preis? – Einen argumentierenden Sachtext analysieren

Bent Wagner

## Teenager im Schönheitswahn (2015)

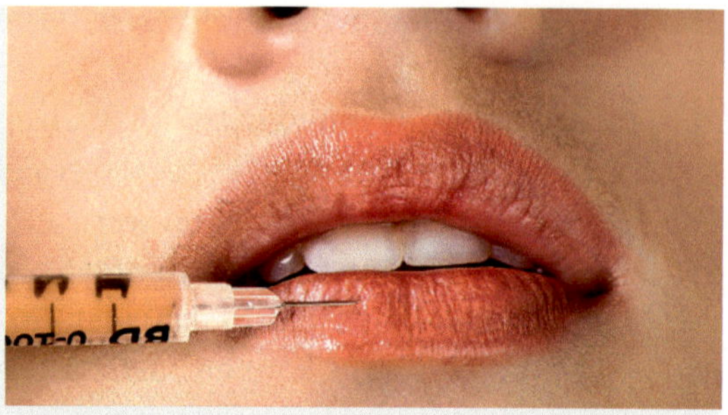

❶ Hochglanzmagazine, Jugendzeitschriften und Castingshows im Fernsehen behaupten, dass man einem bestimmten Schönheitsideal entsprechen muss, um bessere Chancen im Leben zu haben. Die Begierde, das eigene Aussehen zu verbessern, ist unter Teenagern immer mehr gewachsen. Sie werden von einer Flut an Angeboten zur Verbesserung ihres Aussehens überschwemmt. Muss es eine Brustvergrößerung als Geburtstagsgeschenk oder eine Fettabsaugung zu Weihnachten sein? Eltern und Gesundheitsexperten schlagen Alarm – zu Recht, denn plastische Chirurgie und Eingriffe an jugendlichen Körpern verbieten sich.

❷ Der Wunsch nach einer plastischen Operation wird immer früher laut. Laut einer Umfrage mit 10 000 Teenagern zwischen 9 und 14 Jahren träumen ca. 14 % von einer Schönheitsoperation. Nach Angaben der Vereinigung Deutscher Plastischer Chirurgen unterziehen sich jährlich mehr als eine Million Menschen in Deutschland einem Eingriff. Etwa 10 % davon sind jünger als 20 Jahre. Diese erschreckenden Zahlen sprechen eine eindeutige Sprache. Dabei sind Schönheitsoperationen stets mit großen Risiken und häufig mit Nebenwirkungen verbunden. Narbenbildung, Verwachsungen oder sogar schwerwiegendere Komplikationen können auftreten. Solche Konsequenzen rufen immer wieder Kinderärzte und Jugendpsychiater auf den Plan. Sie warnen, dass bis zum 17. Lebensjahr die Entwicklung des jugendlichen Körpers noch nicht abgeschlossen und oft das Selbstwertgefühl noch nicht ausreichend gefestigt sei.

❸ Befürworter von Schönheitsoperationen argumentieren, dass mit Hilfe chirurgischer Eingriffe psychische Probleme verhindert und beseitigt werden können. Das hätte somit positive Auswirkungen auf das Leben. Dass es auch medizinisch notwendige Operationen gibt, bleibt unbestritten, z. B. das Anlegen abstehender Ohren, die Behandlung von Brandverletzungen oder eine Nasenkorrektur, damit ein Patient wieder besser Luft bekommt. Allerdings verdeutlicht ein Blick auf die Darstellerliste so mancher Fernseh- oder Kinofilme, dass Abweichungen vom Schönheitsideal durchaus attraktiv sein können. Sie unterstreichen nämlich die Individualität des Einzelnen. Diese Darsteller haben kein Idealgewicht oder die angeblich perfekten Proportionen.

❹ Wer sich als Jugendlicher unters Messer legt, ist auf dem Holzweg! Wir müssen Wert darauf legen, Heranwachsende darin zu stärken, sich selbst zu akzeptieren. Schönheitsoperationen können kein angemessenes Mittel sein, um glücklicher und zufriedener zu werden!

**1** a Lest einem Lernpartner die Textstelle vor, die euch am meisten überrascht.
b Klärt unbekannte Begriffe, z. B.: *plastische Chirurgie, Individualität, Proportionen.*

## Das Thema und den Aufbau der Argumentation erfassen

**2** Formuliert das Thema des Texts auf Seite 184. Wählt dazu passende Begriffe aus:
*Gesetz, Gefahren, Schönheitschirurg, Schönheitsoperationen (OPs), Minderjährige, Chancen.*

**3** Wie will der Autor des Texts seine Leser überzeugen? Untersucht, wie er argumentiert. Wählt Aufgabe a oder b.

●●● a Der Text ist in die Abschnitte ❶ bis ❹ gegliedert.
Benennt je Abschnitt die Hauptaussage. Ergänzt dazu im Heft die folgende Übersicht.

| | | | |
|---|---|---|---|
| ❶ *Der Autor vertritt den Standpunkt, dass Schönheits-OPs für Jugendliche … sind.* | ❷ … | ❸ … | ❹ *Der Autor appelliert …* |

●●○ b Das folgende Flussdiagramm zum Argumentationsaufbau enthält zwei Fehler.
Berichtigt im Heft fehlerhaft wiedergegebene Aussagen. *Der Autor …*

| | | | |
|---|---|---|---|
| *… vertritt die Meinung, Schönheits-OPs seien sinnvoll.* | *… nennt keine Fakten zum Thema Schönheits-OPs.* | *… entkräftet das Gegenargument und plädiert für Individualität.* | *… ruft dazu auf, Jugendliche in ihrem Selbstwertgefühl zu stärken.* |

## Die Sprache und die Intention untersuchen

**4** a Wie versteht ihr die Zitate 1 bis 3? Ordnet ihnen die Umschreibungen A bis C zu.

| | | | |
|---|---|---|---|
| 1 | „von einer Flut überschwemmt werden" (▸ Z. 7–9) | A | jemanden ins Geschehen ziehen |
| 2 | „etwas ruft jemanden auf den Plan" (▸ Z. 32–33) | B | der falschen Richtung folgen |
| 3 | „auf dem Holzweg sein" (▸ Z. 57) | C | viel zu viel von etwas bekommen |

b Begründet, wozu die zitierten Formulierungen 1 bis 3 dienen. Findet die richtige Aussage:
Die Formulierungen sollen …

| | | | |
|---|---|---|---|
| A | Sachkenntnis beweisen. | C | die Leser beschwichtigen. |
| B | Dinge veranschaulichen und verstärken. | D | überzeugen und zum Handeln aufrufen. |

**5** Der Text wirkt mit Hilfe bestimmter sprachlicher Mittel. Stellt sie mit Textbelegen zusammen und erläutert ihre Wirkung mit Hilfe der folgenden Hinweise:

**Sprachliche Bilder** veranschaulichen Inhalte.
**Rhetorische Fragen** fordern den Leser zur Bestätigung auf.
**Fachsprache** zeigt Sachkenntnis.
**Zitate von Experten** unterstützen die Position.
**Aufzählungen** zeigen die Vielfalt.

**6** Welche grundlegende Wirkungsabsicht (Intention) verfolgt der Text: A oder B? Begründet.
**A** Der Text will darüber aufklären, dass Schönheits-OPs im Jugendalter gefährlich sein können und lediglich in medizinischen Fällen zu befürworten sind.
**B** Der Text will davor warnen, dass Schönheits-OPs bei Minderjährigen zu kostspielig und aufwändig sind.

## Kritisch Stellung nehmen

> Ich finde es legitim, dass Jugendliche ihr Äußeres verändern wollen, wenn es ihnen hilft, glücklicher und zufriedener zu werden.

**7** Eine Schülerin äußert sich zum Thema Schönheits-OPs bei Minderjährigen. Stimmt ihr ihrer Aussage zu? Begründet.

**8** Wie ist eure Meinung zum Thema Schönheits-OPs bei Teenagern? Wählt a oder b.
●○○ a Nehmt in Partnerarbeit kritisch Stellung zum Thema.
Bezieht euch auch auf passende Aussagen aus dem Text auf Seite 184, z. B.:
*Ich bin ebenfalls der Meinung, dass … Denn … Ich folge (aber nicht) der Aussage, …*
●●● b Sammelt weitere Argumente für oder gegen Schönheitsoperationen.
Erläutert, ob es eine gesetzliche Regelung geben sollte.
c Vergleicht eure Argumente: Welche überzeugen euch?

## Die Sachtextanalyse verfassen

**9** Erklärt anhand des Schreibplans, wie eine Sachtextanalyse aufgebaut werden sollte.

**10** Formuliert eine **Einleitung.** Nennt Autor, Titel, Textsorte, Erscheinungsjahr und Thema.

**11** Beschreibt im **Hauptteil** der Sachtextanalyse den Aufbau der Argumentation.
– Nutzt die Formulierungshilfen.
– Formuliert die wesentlichen Argumente mit eigenen Worten.
– Benennt die Position des Autors, z. B.:
*In dem meinungsbildenden Sachtext „Teenager im Schönheitswahn" aus dem Jahr 2015 geht der Autor Bent Wagner auf Risiken und Gefahren von Schönheitsoperationen im Jugendalter ein. Er ist der Meinung, dass …*

*Schreibplan Sachtextanalyse*

1. *Einleitung*
   - *Autor, Titel, Textsorte, Erscheinungsjahr, Thema*
2. *Hauptteil*
   - *Aufbau der Argumentation; Position des Autors*
   - *Wirkungsabsicht (Intention) des Texts sowie sprachliche Mittel und ihre Wirkung*
3. *Schluss*
   - *kritische Stellungnahme*

**Formulierungshilfen**
– Im Anschluss daran stellt der Autor … vor.
– Dabei greift er auf Argumente zurück, die …
– Der Text endet mit …

**12** Stellt eure Ergebnisse zur Wirkungsabsicht (Intention) und zur sprachlichen Analyse im zweiten Teil des Hauptteils dar.

a Fasst die wesentliche Wirkungsabsicht des Texts zusammen, z. B.:
*Der Appell am Ende des Texts zeigt deutlich, dass der Autor nicht nur informieren, sondern …*

b Nennt die sprachlichen Mittel, belegt sie mit Zitaten (▶ S. 313) und erläutert ihre Wirkung. Nutzt die Formulierungshilfen, z. B.:

*Im Text finden sich viele sprachliche Bilder, wie z. B. „Die Zahlen sprechen" (vgl. Z. 25 f.). Damit …*
*Um unter Beweis zu stellen, dass der Text auf gesicherten Erkenntnissen beruht, werden Experten … Darüber hinaus …, um …*

**Formulierungshilfen**
- Es wird mit Hilfe von … argumentiert.
- Der Text wirkt wissenschaftlich und glaubhaft durch …
- Der Verfasser verdeutlicht seine Position mittels …

**13** Wie ist eure Meinung zum Thema? Nehmt im **Schlussteil** kritisch Stellung.
Nutzt folgende Formulierungshilfen, z. B.:
*Meiner Ansicht nach … Das kann ich durch eigene Erfahrungen …*
*So kann ich der im Text vertretenen Meinung (nicht / nur zum Teil) zustimmen …*

## Die Sachtextanalyse überarbeiten

**14** a Prüft eure Sachtextanalyse zunächst allein mit Hilfe der folgenden Methode.

b Überarbeitet eure Texte in Partnerarbeit oder in einer Schreibkonferenz (▶ S. 321).

**Methode** **Argumentierende Sachtexte analysieren**

In **argumentierenden Sachtexten** vertreten Autoren ihre **Position zu einem Thema.** Sie verfolgen **unterschiedliche Wirkungsabsichten (Intentionen),** z. B. wollen sie informieren, werten oder die Leser beeinflussen.

Eine **Sachtextanalyse** ist nach dem folgenden **Muster aufgebaut:**

**Einleitung**
- Macht Angaben zu Autor/-in, Titel, Textsorte, Erscheinungsjahr, Thema.

**Hauptteil**
- Untersucht und beschreibt zusammenhängend Form und Inhalt (= Analyse).
- Beschreibt den **Aufbau der Argumentation,** benennt die **Wirkungsabsicht (Intention)** sowie die **sprachlichen Mittel und deren Wirkung.**

**Schluss**
- Begründet mit Hilfe von Argumenten und Beispielen eure **eigene Meinung** zum Thema.

**Darstellung**
- Formuliert im **Präsens.**
- Markiert Einleitung, Hauptteil und Schluss durch **Absätze** oder durch freie Schreibzeilen.
- Beachtet **Rechtschreibung und Zeichensetzung.**

# Üben: Den Aufbau der Argumentation in Sachtexten untersuchen

## Auf immer miteinander verbunden (2013)

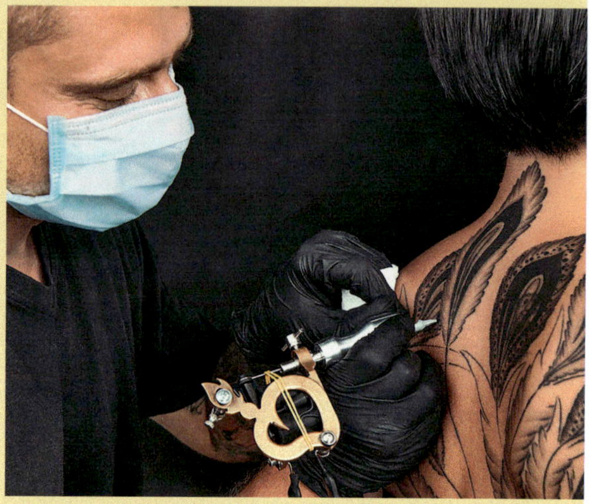

❶ Tattoos sind trendy, können Nebenwirkungen haben und halten vor allem ein Leben lang. Der Gesetzgeber bezeichnet das Tätowieren schlichtweg als „mutwillige Körperverletzung“. Die Meinungen zu den Körperbildern sind überaus geteilt.

❷ Für viele Menschen, vor allem Jugendliche, haben Tattoos eine viel tiefere Bedeutung: einerseits die Gestaltung des eigenen Körpers und andererseits die Tatsache, dass man sich mit einem Tattoo von seinen Eltern abgrenzen kann und die Möglichkeit hat, über seinen Körper selbst zu bestimmen. Jenny C., Schülerin aus NRW, erzählt: „Wenn ich alt bin, möchte ich an meinem Körper sehen können, dass ich Spaß im Leben hatte und eine schöne Jugend.“ Auch der bereits tätowierte Ben G. sieht seine auf dem Rücken tätowierte Sonne als ein Erinnerungsstück, da sie von einem Freund gezeichnet wurde und sie für ihn Glück symbolisiert. So können Tattoos eine Erinnerungsmöglichkeit an eine bestimmte Zeit oder eine Person sein.

❸ Aber ist das mit dem Tätowieren wirklich so einfach? Der Gesetzgeber spricht von „Körperverletzung“. Dies wird damit begründet, dass man die Haut verletzt, und laut einer Ärztezeitung können nach einer Tätowierung Krankheiten wie Aids oder Tetanus auftreten. Außerdem kann bis ein Jahr nach der Tätowierung kein Blut gespendet werden. Es besteht die Gefahr, dass gefährliche Reaktionen im Körper ausgelöst werden, da sich das Immunsystem gegen die Fremdkörper im Organismus wehrt. Auch die Tattoofarben sind eine problematische Angelegenheit, da sie einerseits gefährliche Stoffe enthalten können und andererseits ständig neue Farben entwickelt werden, zum Beispiel Neonfarben, die im Dunkeln unter der Haut leuchten. Jedoch nicht nur die Farben, sondern auch das Tätowieren an sich ist nicht ganz ungefährlich. Denn auch wenn sich in den Tattoofarben ausschließlich erlaubte Stoffe befinden, können diese trotzdem gefährliche Immunreaktionen wie Schwindel, Abgeschlagenheit oder Fieber auslösen.

❹ Wer sich dafür entscheidet, sich ein Tattoo stechen zu lassen, sollte in erster Linie ausführlich darüber nachdenken, was beziehungsweise an welcher Stelle des Körpers er sich tätowieren lassen will. Man muss bedenken, dass ein Tattoo eine dauerhafte Sache ist, und sich sicher sein, dass es einem auch in den nächsten 50 Jahren noch gefällt. Außerdem sollte die Entscheidung eher auf ein teureres Angebot und professionelles Tattoostudio fallen, als sich womöglich illegal dauerhaft verunstalten zu lassen.

**1** Um welches Thema geht es in dem Sachtext? Wählt die richtige Aussage.

A In dem Sachtext geht es um eine Tattoo-Messe in Deutschland.
B Der Sachtext berichtet von den Auswirkungen des Piercings bei Jugendlichen.
C In dem Sachtext geht es um die Vor- und Nachteile von Tattoos.
D Der Sachtext berichtet vom Trend einer Generation, sich durch Tattoos abzugrenzen.

**2** ●●● Untersucht den Aufbau der Argumentation im Text (▶ S. 188).
Formuliert für die Abschnitte ❶ bis ❹ die jeweilige Hauptaussage.
Beendet dazu mit Hilfe des Wortspeichers die folgenden Satzanfänge. Arbeitet im Heft.

*Abschnitt ❶ = Einleitend werden beide Positionen zum Thema „...“ angeführt: ...*
*Abschnitt ❷ = Zunächst stellt der Verfasser die positiven ... dar. So ...*
*Abschnitt ❸ = Danach werden Gegenargumente aufgeführt. Vor allem ...*
*Abschnitt ❹ = ...*

dienen Tattoos dazu, sich abzugrenzen oder um sich ... zu erinnern
birgt körperliche Gefahren und Folgen
Hinweise für Menschen, die sich ein Tattoo ...
Tattoo – Trend oder Körperverletzung

▷ Eine Hilfe zu Aufgabe 2 findet ihr auf Seite 190.

**3** ●●● a Formuliert in einem Satz die Wirkungsabsicht (Intention) des Texts, z. B.:
*Der Text soll die Leser überzeugt werden / dazu aufgefordert werden, ...*
b Benennt sprachliche Mittel, die die Intention unterstützen.
Beschreibt die Wirkung und beendet im Heft die folgenden Sätze.

- *Mit Hilfe eines Zitats ...*
- *Die rhetorische Frage (Z. ...) soll ...*
- *Auch die Fachsprache und Fremdwörter wie ... unterstreichen ...*

▷ Hilfe zu 3, Seite 190

**4** Lest den folgenden Schluss einer Schüleranalyse.
a Entscheidet euch für eine Position und schreibt den entsprechenden Schluss in euer Heft.
b Formuliert einen eigenen Schluss für eure Sachtextanalyse.

*Ich stimme damit überein / nicht überein, dass das Tätowieren viele Vorteile/Nachteile mit sich bringt.*
*Ganz besonders möchte ich unterstreichen, dass Tattoos ... / dass die Gefahren ...*

## ●○○ Aufgabe 2 mit Hilfe

Untersucht den Aufbau der Argumentation im Text (▶ S. 188).
Ordnet im Heft den Abschnitten ❶ bis ❹ die Hauptaussagen A bis D zu. Ergänzt D.

| | | |
|---|---|---|
| Abschnitt ❶ = | A | Gegen Tattoos spricht, dass von ihnen viele körperliche Gefahren ausgehen. Sie können z. B. Krankheiten verursachen. |
| Abschnitt ❷ = | B | Zum Schluss wird dazu aufgefordert, dass man sich ausschließlich von Profis in einem legal geführten Studio ein Tattoo stechen lassen sollte. |
| Abschnitt ❸ = | C | Einleitend werden beide Positionen zum Tätowieren angeführt: Sind Tattoos ein Trend oder eine Körperverletzung? |
| Abschnitt ❹ = | D | Positiv an Tattoos sei, dass ... |

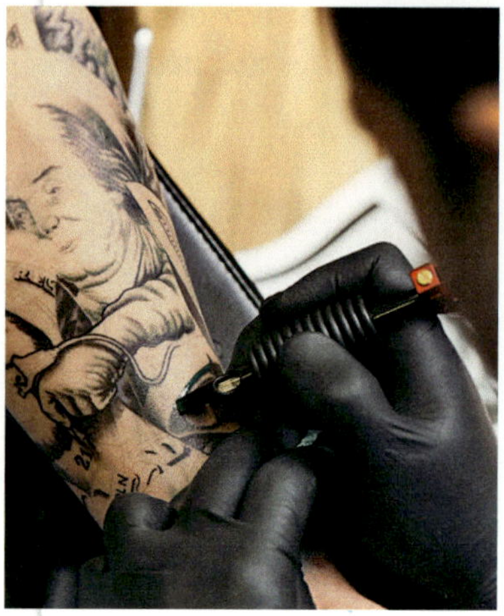

## ●○○ Aufgabe 3 mit Hilfe

a Formuliert in einem Satz die Wirkungsabsicht (Intention) des Texts.
Wählt eine mögliche Lösung A bis E aus. Ergänzt den Satz im Heft.
*Der Text soll die Leser ...*

| | | | | | | | | | |
|---|---|---|---|---|---|---|---|---|---|
| A | unterhalten | B | warnen | C | beraten | D | informieren | E | provozieren |

b Benennt sprachliche Mittel, die die Intention des Textes unterstützen.
- Prüft jeweils, ob Möglichkeit 1 oder 2 besser passt, um die Sätze A bis C zu beenden.
- Beendet die Sätze im Heft und ergänzt passende Zeilenangaben.

| | | |
|---|---|---|
| A Das Zitat ... | in Zeile ... dient dazu, ... | 1 den Text lebendiger wirken zu lassen.<br>2 Aussagen durch Beiträge anderer Personen fachkundig zu unterstützen. |
| B Eine rhetorische Frage ... | wie in Z. ... hat den Zweck, ... | 1 die Leser in die Überlegungen mit einzubeziehen.<br>2 die Leser zu irritieren. |
| C Eine zum Thema passende Fachsprache und geeignete Fremdwörter ... | wie in Z. ... | 1 zeigen, dass der Verfasser gut informiert ist.<br>2 verdeutlichen, wie schwierig das Thema ist. |

# 9.3 Fit in ...! – Einen Sachtext für die zentrale Prüfung untersuchen

Die folgenden Aufgabenformate können bei einer zentralen Prüfung vorkommen, bei der man euer Leseverstehen testen möchte.

**Aufgabe**
Bearbeite zum Sachtext die verschiedenen Aufgabenformate 2 bis 8 (▸ S. 192–194).
Lies dazu den folgenden Text sorgfältig durch und mache dir Notizen zum Inhalt.

Barbara Wege

## Trendsport Kinderfitness: Gesund oder gefährlich? (2015)

In diesem Fitnessstudio ist alles ein wenig anders als in üblichen Fitnessstudios: Die Trainingsgeräte sind rot-gelb-grün statt grau und kleiner als gewohnt. Sie heißen nicht Beinpresse oder Stepper, sondern Cäsar oder Oskar. Das Laufband sieht ein bisschen aus wie ein kleiner Käfer. Und: Die Mitglieder, die hier trainieren, sind zwischen sechs und zwölf Jahre alt.

Bewegungsmangel im Alltag, der Kampf gegen Übergewicht oder die Sehnsucht nach einem perfekten Körper – die Gründe, ins Fitnessstudio zu gehen, sind vielfältig. Zugegeben: Clubs speziell für Kinder sind zurzeit noch die Ausnahme. In den normalen Studios für Erwachsene trainieren aber bereits viele Jugendliche und junge Erwachsene.

Viele Mädchen und Jungen kommen ins Fitnessstudio, weil sie speziell ihre Kraft an Geräten trainieren wollen. Doch ab welchem Alter das angebracht ist, darüber gehen auch bei Experten die Meinungen auseinander. Ingo Froböse von der Deutschen Sporthochschule in Köln meint: „Ein effektives Krafttraining ist erst ab der Pubertät sinnvoll, weil dann ausreichend Geschlechtshormone ausgeschüttet werden, die Voraussetzung für den Muskelaufbau sind.“

Sportwissenschaftler Michael Fröhlich von der Universität Saarbrücken hingegen befürwortet die Arbeit mit Hanteln und an Geräten – je nach dem Entwicklungsstand der Kinder – schon ab dem achten Lebensjahr: „In diesem Alter werden zwar noch nicht großartig Muskeln aufgebaut. Das Krafttraining kann aber die allgemeine Fitness und das psychische Wohlbefinden steigern.“

Gefährlich wird es jedenfalls immer dann, wenn es Kinder und Jugendliche – ob aus Übermut oder Unkenntnis – übertreiben und zum Beispiel plötzlich zur 10-Kilo-Hantel greifen. „Besonders während eines Wachstumsschubs können Knochen, Muskeln, Bindegewebe und innere Organe bei Überlastung geschädigt werden“, erklärt der Oldenburger Orthopäde Joachim Meyer-Holz. Deshalb müsse das Training individuell auf den Entwicklungsstand der Kinder und Jugendlichen ausgerichtet sein.

Experte Froböse empfiehlt Kindern, die etwas für ihren Körper tun wollen, lieber in einen Turnverein zu gehen. Aufgepasst heißt es bei der Studioauswahl: „Wenn Mädchen und Jungen an Geräten trainieren wollen, ist es zum Beispiel wichtig, dass sie die Rückenlehne eines Geräts auf ihre Größe einstellen können“, erklärt Sportwissenschaftler Fröhlich.

Beim Probetraining sollten Eltern ihre Sprösslinge begleiten, rät Experte Froböse. Dabei sollten sie darauf achten, ob Kinder und Jugendliche auf der Trainingsfläche von geschultem Personal beobachtet werden. Gerade in Gruppen von Jugendlichen bestehe die Gefahr, dass sie einander überbieten wollen und zu schwere Gewichte stemmen. Orthopäde Meyer-Holz ergänzt: „Die größte Gefahr für Kinder sind ungeschulte Trainer." Schließlich seien Kinder keine kleinen Erwachsenen.

## 1. Schritt: Die Aufgabe richtig verstehen

**1** Was verlangt die Aufgabe auf Seite 191 im Einzelnen von euch?
Notiert im Heft: Treffen die Aussagen TIG bis LTIG zu oder nicht?
**Tipp:** Richtig zugeordnet, ergeben die Buchstaben zwei Lösungswörter.

| **Wir sollen ...** | |
|---|---|
| TIG | ... sofort mit der Bearbeitung der Aufgaben beginnen. |
| SOR | ... die Aufgaben wahrnehmen und den Text intensiv mehrmals lesen, um dann die Aufgaben im Einzelnen zu bearbeiten. |
| ECH | ... auf jeden Fall zuerst den Text kurz zusammenfassen. |
| GFAE | ... die jeweiligen Aufgabenformate genau beachten und mit ihnen den Sachtext erschließen. |
| FLU | ... wegen der Kürze der Zeit den Text nur oberflächlich lesen und schnell ankreuzen. |
| LTIG | ... Schlüsselstellen unterstreichen, Sinnabschnitte markieren, Randnotizen machen. |

## 2. Schritt: Aufgabenformate lösen und reflektieren

**2** a Löst die folgende **Multiple-Choice-Aufgabe.** Wählt die richtige Antwort aus:
Welche der folgenden Aussagen A bis D fasst den Inhalt des Sachtexts auf Seite 191–192 am besten zusammen? Schreibt sie ins Heft.

A Der Sachtext beschreibt das Trainingsprogramm von Kindern im Alter von zwölf bis sechzehn Jahren in einem Fitnessstudio.

B Der Sachtext fasst Gründe zusammen, die Kinder dazu bewegen, in einem Fitnessstudio zu trainieren.

C Der Sachtext diskutiert Argumente, die für oder gegen den neuen Trendsport der Kinderfitness sprechen, und gibt konkrete Ratschläge.

D Der Sachtext hat das vorbildliche und spielerische Verhalten von Kindern und Jugendlichen im Fitnessstudio zum Inhalt.

b Benennt Gründe, warum ihr drei Aussagen nicht ausgewählt habt.
Nutzt die folgenden Formulierungshilfen:

*Die Aussage ...* *beschreibt nur einen Teilaspekt.* *ist oberflächlich, da ...*
*ist sofort ausschließbar, weil ...* *passt nicht zum ganzen Text, denn ...*
*gibt Informationen falsch wieder, denn ...* *beachtet nicht das Für und Wider. So ...*

**3** a Beginnt einen Merkzettel mit Tipps zu folgender Frage:
Was muss man bei den einzelnen Aufgabenformaten beachten?
b Notiert Tipps, um Multiple-Choice-Aufgaben richtig zu lösen.

**4** a Löst die folgende **Richtig/Falsch-Aufgabe:**
Entscheidet, welche Aussagen A bis F auf den Sachtext zutreffen und welche nicht.
Übertragt eure Ergebnisse ins Heft.
**Tipp:** Es können mehrere richtig oder falsch sein.

A Die Zahl der Kinder im Alter von sechs bis zwölf Jahren in Fitnessstudios nimmt zu.
B Experten meinen, dass Krafttraining kurz vor der Pubertät besonders effektiv sei.
C Übertriebenes Training kann bei Kindern z. B. Muskeln oder innere Organe schädigen.
D Kinder sollen sich an ihren Fitnessgeräten alleine austoben können.
E Statt des Trendsports Kinderfitness raten Experten zum Eintritt in Turnvereine.
F Orthopäden sehen in den Eltern beim Training die größte Gefahr für die Kinder.

b Bestimmt, welche Tipps A bis C auf den Umgang mit Richtig/Falsch-Aufgaben zutreffen.
Übertragt die richtigen Tipps auf euren „Merkzettel" (▶ Aufgabe 3 a).

A Lies die Aussagen sehr genau, bevor du über richtig und falsch entscheidest.
B Löse die Aufgabe, indem du dich grob nach dem ersten Lesen erinnerst.
C Löse die Aufgabe, indem du Textstellen suchst, markierst und mit der Aussage vergleichst.

**5** a Löst die folgende **Zuordnungsaufgabe:**
Bildet im Heft Satzgefüge, sodass treffende Aussagen zum Inhalt des Sachtexts entstehen.

| | |
|---|---|
| Von Fitness in jungen Jahren ist abzuraten, ... | ... da Unkenntnis oder Übermut oft zu falscher Handhabung der Gewichte führt. |
| Gefährlich wird es für kleine Kinder in Fitnessstudios besonders an Geräten, ... | ... um Kinder vor Verletzungen oder anderen körperlichen Beeinträchtigungen zu schützen. |
| Vor allem dürfen keine ungeschulten Trainer die Kinder in den Fitnessstudios betreuen, ... | ... weil diese oftmals nicht auf deren Körpergröße ausgerichtet sind. |

b Formuliert Tipps für euren Merkzettel. Ihr könnt diese Formulierungen nutzen:
*genaues Lesen* *inhaltlicher Sinn des Satzgefüges* *Bezugswörter beachten*

**6** Löst die folgende **Lückentextaufgabe:**
Schreibt den nachstehenden Text ab. Ergänzt die Lücken sinnvoll mit Hilfe dieser Wörter:
*ausgleichen, steigern, Übung, jugendlich, persönlich, Gerät.*
**Tipp:** Die Wörter müssen im Satzzusammenhang verändert werden.

> Fitnessstudios bieten die Möglichkeit, den Bewegungsmangel des Alltags ?, gegen Übergewicht anzukämpfen oder auch den perfekten Körper durch gezielte ? zu formen. Kinder sollten an ? allerdings nur von geschultem Personal betreut werden – am besten von einem ? Trainer. Manche Wissenschaftler empfehlen ein Krafttraining schon ab acht Jahren, da hierdurch nicht nur die allgemeine Fitness ? wird, sondern auch das psychische Wohlbefinden der ? Studiobesucher.

**7** Wählt aus: Welche der Tipps A bis D sind sinnvoll, um Lückentextaufgaben zu lösen? Übertragt sie auf euren Merkzettel.

**A** Setze zuerst die Wörter ein, bei denen du ganz sicher bist.
**B** Erschließe Wörter aus dem Textzusammenhang, wenn es keinen Wortspeicher gibt.
**C** Beachte, ob du die Wörter, die du einsetzt, verändern (konjugieren/deklinieren) musst.
**D** Prüfe, ob der vollständige Satz einen Sinn ergibt.

**8** a Löst die folgende **Kurzantwortaufgabe:**
Welche kurze Stellungnahme passt besser zum Sachtext auf Seite 191–192?
Wählt eine aus und begründet eure Wahl im Heft: *Ich wähle ... Stellungnahme aus, weil ....*

**Lena:** *Finde ich uncool. Die Armen! Die gehören auf den Spielplatz und nicht in die Muckibude. Es reicht vollkommen, mit 16 damit anzufangen. Danach ist Fitness in meinen Augen ein Muss.*

**Dominik:** *Ich finde, Kinder haben ihren Platz in einem Fitnessstudio nur dann, wenn sie dort spielerisch Übungen unter Aufsicht machen und nicht zwanghaft Gewichte stemmen.*

b Besprecht eure Ergebnisse.

c Vervollständigt auf eurem Merkzettel die folgenden Tipps zu Kurzantwortaufgaben:
- *Ich formuliere mit eigenen ...*
- *Fachwörter sind ...*
- *Ich formuliere in vollständigen ...*
- *Argumente stütze ich mit ...*

## 3. Schritt: Die Lösungen überarbeiten

**9** a Prüft mit Hilfe der Checkliste eure Lösungen. Ergänzt gegebenenfalls euren Merkzettel.
b Entwickelt für einen Text aus diesem Kapitel Aufgaben nach den trainierten Aufgabenformaten. Testet euch gruppenweise untereinander.

**Checkliste**

**Aufgabenformate richtig bearbeiten**
Habe ich darauf geachtet, ...
- den Text **ganz genau zu lesen und zu verstehen,** um alle Aufgaben lösen zu können?
- bei **Multiple-Choice-Aufgaben** nur **eine richtige Antwort** auszuwählen?
- bei **Richtig/Falsch-Aufgaben** die **Aussagen mit** den **Textstellen** genau zu **vergleichen?**
- bei **Zuordnungsaufgaben Bezugswörter** zu ermitteln, um eindeutig zuzuordnen?
- bei **Einsetzaufgaben** die **Wörter anzupassen,** um **sinnvolle Sätze** zu formulieren?
- bei **Kurzantwortaufgaben** vollständige Sätze in **eigenen Worten** zu bilden?

**Schreibwörter** ▶ S. 321

| | | | |
|---|---|---|---|
| journalistisch | der Vertragstext | auswählen | die Wirkungsabsicht |
| die Grafik | die Nominalisierung | vorziehen | wiedergeben |
| die Darstellung | der Anglizismus | beabsichtigen | kennzeichnen |

# 10 „Die Tribute von Panem“ – Roman und Verfilmung untersuchen

**1** a Beschreibt das Buchcover links. Was seht ihr darauf? Wie wirkt es auf euch?
b Betrachtet das Filmplakat rechts und vergleicht es mit dem Buchcover. Welche Gemeinsamkeiten und welche Unterschiede fallen euch bezüglich Motiv, Gestaltung und Wirkung auf?

**2** Kennt ihr den Roman oder den Film „Die Tribute von Panem“? Erzählt, worum es darin geht.

**In diesem Kapitel ...**

- untersucht ihr die Handlung, Figuren und Gestaltungsweise eines Romans,
- vergleicht ihr den Roman und seine Verfilmung,
- bewertet ihr die Verfilmung,
- setzt ihr den Ausgang des Romans in Filmbilder um.

# 10.1 Panem – Einen Roman über die Zukunft lesen

## Schauplätze und Hauptfigur des Romans kennen lernen

Suzanne Collins

**Die Tribute von Panem** (2009) – Auszug 1

Als ich aufwache, ist die andere Seite des Bettes kalt. Ich strecke die Finger aus und suche nach Prims Wärme, finde aber nur das raue Leinen auf der Matratze. Prim muss schlecht geträumt haben und zu Mutter geklettert sein. Natürlich. Heute ist der Tag der Ernte.

Ich stütze mich auf den Ellbogen. Das Licht im Schlafzimmer reicht aus, um die beiden zu sehen. Meine kleine Schwester Prim, auf der Seite zusammengekauert, eingesponnen in Mutters Körper, Wange an Wange. Im Schlaf sieht meine Mutter jünger aus, immer noch erschöpft, aber nicht so resigniert. Prims Gesicht ist frisch wie ein Regentropfen, so lieblich wie die Blume, nach der sie benannt wurde. Primrose, Primel. Meine Mutter war früher auch sehr schön. Zumindest hat man mir das erzählt. [...]

Ich schwinge die Beine aus dem Bett und schlüpfe in meine Jagdstiefel. Geschmeidiges Leder, das sich meinen Füßen angepasst hat. Ich ziehe die Hose an, ein Hemd, stopfe meinen langen dunklen Zopf unter eine Mütze und greife nach meiner Provianttasche. Auf dem Tisch, unter einer Holzschüssel, die ihn vor hungrigen Ratten (und Katzen) schützt, liegt ein perfekter kleiner Ziegenkäse, der in Basilikumblätter eingewickelt ist. Den hat Prim mir zum Erntetag geschenkt. Ich stecke den Käse vorsichtig in meine Provianttasche und schlüpfe hinaus.

In unserem Teil von Distrikt 12, genannt der Saum, wimmelt es um diese Zeit normalerweise von Kohlearbeitern, die sich auf den Weg zur Frühschicht machen. Männer und Frauen mit krummen Rücken und geschwollenen Fingerknöcheln, die es schon vor langer Zeit aufgegeben haben, den Kohlenstaub aus ihren brüchigen Nägeln zu schrubben, aus den Falten ihrer eingefallenen Gesichter. Doch heute sind die schwarzen Schlackestraßen leer. Die Fensterläden der gedrungenen grauen Häuser sind geschlossen. Die Ernte beginnt erst um zwei. Da darf man ruhig ausschlafen. Wenn man kann.

Unser Haus steht fast am Rand des Saums. Ich muss nur an ein paar Toren vorbei, um auf das verwahrloste Feld zu gelangen, das die Weide genannt wird. Vom Wald wird sie durch einen hohen Maschendrahtzaun mit Stacheldrahtrollen am oberen Ende getrennt, der den gesamten Distrikt 12 umgibt. Theoretisch soll er vierundzwanzig Stunden am Tag unter Strom stehen, um die Raubtiere abzuhalten, die im Wald leben – Rudel wilder Hunde, einsame Pumas und Bären – und früher unsere Straßen bedroht haben. Aber wir können schon von Glück reden, wenn wir abends zwei oder drei Stunden Strom haben, und deshalb kann man ihn normalerweise gefahrlos anfassen. Dennoch warte ich immer einen Augenblick ab und lausche auf das Summen, an dem ich höre, dass der Zaun unter Strom steht. Doch jetzt ist er stumm wie ein Stein. Im Schutz eines Gebüschs mache ich mich ganz flach und schlüpfe unter einem zwei Fuß breiten Stück hindurch, das seit Jahren frei liegt. Es gibt noch einige andere Schwachstellen im Zaun, aber die hier befindet sich so nah an unserem Haus, dass ich sie fast immer benutze, wenn ich in den Wald gehe.

Im Schutz der Bäume hole ich einen Bogen und einen Köcher mit Pfeilen aus einem hohlen Stamm. Ob unter Strom oder nicht, der Zaun hat die Fleischfresser erfolgreich von Distrikt 12 ferngehalten. Innerhalb des Waldes ziehen sie allerdings frei umher und dann muss man sich noch vor Giftschlangen in Acht nehmen, vor tollwütigen Tieren, kaum begehbaren Pfaden. Dafür gibt es Nahrung – vorausgesetzt, man weiß, wo sie zu finden ist. Mein Vater wusste es und er hat mir einiges beigebracht, bevor er durch eine Explosion in der Mine in Stücke gerissen wurde. Da war nichts mehr, was wir hätten begraben können. Ich war damals elf. Heute, fünf Jahre danach, wache ich immer noch davon auf, dass ich ihm zuschreie, er solle wegrennen.

Obwohl das Betreten des Waldes illegal ist und Wilderei die schwersten Strafen nach sich zieht, würden es mehr Leute wagen, wenn sie Waffen hätten. Die meisten sind nicht mutig genug, sich nur mit einem Messer bewaffnet hineinzutrauen. Mein Bogen hat Seltenheitswert, er wurde noch von meinem Vater angefertigt, zusammen mit ein paar anderen, die ich, sorgfältig in wasserdichte Hüllen gewickelt, sicher im Wald versteckt habe. Hätte mein Vater sie verkauft, hätte er viel Geld verdienen können, doch wenn die Beamten dahintergekommen wären, wäre er wegen Anzettelung eines Aufstands öffentlich hingerichtet worden. Die meisten Friedenswächter drücken gegenüber uns wenigen Jägern ein Auge zu, weil sie wie alle anderen nach frischem Fleisch gieren. Sie gehören sogar zu unseren besten Kunden. Aber sie würden nie zulassen, dass jemand den Saum mit Waffen versorgt.

Im Herbst schleichen sich ein paar Mutige in den Wald, um Äpfel zu pflücken. Aber stets in Sichtweite der Weide. Immer noch genug, um bei Gefahr schnell zurück in die Sicherheit von Distrikt 12 eilen zu können. „Distrikt 12. Wo man gefahrlos verhungern kann“, murmele ich. Dann schaue ich rasch über die Schulter. Sogar hier, am Ende der Welt, hat man Angst, man könnte belauscht werden.

Als ich jünger war, erschreckte ich meine Mutter zu Tode mit dem, was ich über Distrikt 12 sagte; über Panem und die Leute, die unser Land aus der fernen Stadt regieren, die das Kapitol genannt wird. Irgendwann begriff ich, dass uns das nur noch mehr Scherereien einbringen würde. Also lernte ich, meine Zunge zu hüten und eine gleichgültige Maske aufzusetzen, damit niemand meine wahren Gedanken lesen konnte. Lernte, in der Schule still meine Aufgaben zu machen. Auf dem Marktplatz nur höflich über Belangloses zu sprechen. Auf dem Hob, dem Schwarzmarkt, wo ich das meiste Geld verdiene, überhaupt nicht viel zu sagen und nur meinen Handel abzuschließen. Selbst zu Hause, wo ich weniger Rücksicht nehme, vermeide ich die heiklen Themen. Wie die Ernte oder die Lebensmittelknappheit oder die Hungerspiele. Prim könnte es mir ja nachplappern und was sollte dann aus uns werden?

Im Wald wartet der einzige Mensch, bei dem ich sein kann, wie ich bin. Gale. Ich spüre, wie sich meine Züge entspannen und ich schneller werde, während ich die Hügel hinauf zu unserem Ort klettere. Ein Felsvorsprung, der ein Tal überblickt und von einem Dickicht aus Beerensträuchern vor unerwünschten Blicken abgeschirmt ist. Als ich sehe, dass Gale auf mich wartet, muss ich lächeln. Er sagt, ich lächele niemals, außer im Wald.

**1** a Lest den Romananfang und formuliert euren ersten Eindruck.
b Welche Fragen entstehen nach dem ersten Lesen? Notiert sie und stellt sie der Klasse vor.

**2** a Im Romananfang werden wichtige Schauplätze der Handlung vorgestellt:

| Haus der Familie | Distrikt 12 | Waldgebiet |
| --- | --- | --- |
| – gemeinsames Schlafzimmer für Mutter und zwei Töchter | | |

Wie werden diese Schauplätze beschrieben?
Notiert stichwortartig Informationen zu jedem Schauplatz.

b Der Anfang enthält auch Informationen über das Land Panem. Nennt Textstellen und formuliert mit eigenen Worten, um was für einen Staat es sich vermutlich handelt:
*Panem wird von der Hauptstadt Kapitol aus regiert.*
*Es scheint, dass das Leben in diesem Staat von Beamten und Wächtern streng überwacht wird ... Eine wichtige Rolle spielen ...*

| Das Land Panem |
| --- |
| |

c Durch welches Problem wird das schwierige Leben in Panem zusätzlich belastet? Lest noch einmal die Zeilen 118–138 und erklärt die geschilderte Situation mit eigenen Worten.

**3** Im Romananfang wird die Hauptfigur Katniss eingeführt. Wählt Aufgabe a oder b.
●○○ a Sucht im Text nach Informationen über die Hauptfigur und notiert sie. Beachtet folgende Aspekte:

Geschlecht Alter Aussehen Familie Wohnort Tätigkeiten Freunde

●●● b Sucht Textstellen, die indirekt etwas über die Eigenschaften der Hauptfigur aussagen. Schreibt sie ab und ergänzt, welche Eigenschaften der Figur man daraus ableiten kann, z. B.:

„Ich schwinge die Beine aus dem Bett und schlüpfe in meine Jagdstiefel. Geschmeidiges Leder, das sich meinen Füßen angepasst hat.“ (► Z. 19–21) → *Katniss scheint es gewohnt zu sein, auf die Jagd zu gehen. Vermutlich ist sie mutig und sportlich.*

c Tauscht eure Informationen über Katniss aus und besprecht, wie die Figur auf euch wirkt.

**4** Der Roman beginnt am „Tag der Ernte“.
a Sucht im Romananfang nach Hinweisen, was das Besondere an diesem Tag ist.
b Beschreibt, welche Gefühle die Figuren mit diesem Tag verbinden.

**5** Bildet Filmteams und überlegt, wie man den Romananfang filmisch umsetzen könnte.
a Legt die Anzahl der Einstellungen fest. Notiert zu jeder Einstellung Ideen zur Darstellung des Ortes und der Figuren, zu Farb- und Lichtgestaltung, Kameraeinstellung und Kameraperspektive.
b Stellt eure Überlegungen vor und gebt euch gegenseitig Rückmeldungen.

# Die Zeitgestaltung im Roman untersuchen

Suzanne Collins

## **Die Tribute von Panem** (2009) – Auszug 2

*Katniss und Gale verbringen den Vormittag im Wald, wo sie Fische angeln, Gemüse und Beeren sammeln. Sie verkaufen einen Teil ihrer Beute und begeben sich dann nach Hause, um sich mit ihren Familien auf die Veranstaltung der „Ernte" vorzubereiten, die auf einem öffentlichen Platz abgehalten wird.*

Um ein Uhr machen wir uns auf den Weg zum Platz. Von der Anwesenheitspflicht ist nur ausgenommen, wer an der Schwelle zum Tod steht. Heute Abend werden Beamte herumgehen und kontrollieren, ob das bei den Fehlenden der Fall ist. Falls nicht, werden sie verhaftet.

Es ist wirklich traurig, dass die Ernte ausgerechnet auf dem Platz abgehalten wird – einem der wenigen Orte im Distrikt 12, die ganz schön sein können. Der Platz ist umgeben von Läden, und an Markttagen und besonders bei gutem Wetter hat man dort ein Gefühl wie Ferien. Aber heute herrscht trotz der leuchtenden Fahnen an den Häusern eine grimmige Atmosphäre. Die Kamerateams, die wie Bussarde auf den Dächern hocken, verstärken diesen Eindruck noch.

Schweigend betreten die Menschen der Reihe nach den Platz und tragen sich ein. Die Ernte ist nebenbei eine gute Gelegenheit für das Kapitol, über die Bevölkerung Buch zu führen. Die Zwölf- bis Achtzehnjährigen werden nach Alter in mit Seilen abgetrennte Areale gepfercht[1]: die Ältesten ganz nach vorn, die Jüngeren, wie Prim, nach hinten. Die Angehörigen stellen sich rundherum auf und halten sich fest bei den Händen. Andere, die niemanden haben, der in Gefahr ist, oder denen es gleichgültig geworden ist, mischen sich unter die Menge und nehmen Wetten auf die Namen der beiden an, deren Namen gezogen werden. Es werden Wetten auf ihr Alter abgegeben, ob sie aus dem Saum oder von den Kaufleuten stammen, ob sie zusammenbrechen und weinen. Die meisten weisen die Gauner ab, aber ganz, ganz vorsichtig. Diese Leute sind nämlich oft auch Spitzel, und wer hätte nicht schon einmal gegen das Gesetz verstoßen? Ich könnte täglich erschossen werden, weil ich gejagt habe, aber der Appetit der Beamten schützt mich. Was nicht jeder von sich behaupten kann. [...]

Je mehr Leute eintreffen, desto enger und klaustrophobischer[2] wird es. Der Platz ist ziemlich groß, aber nicht groß genug für alle achttausend Bewohner von Distrikt 12. Die Nachzügler werden in die angrenzenden Straßen geführt, wo sie das Ereignis auf Bildschirmen verfolgen können, denn es wird vom Staatsfernsehen live übertragen.

Ich stehe in einer Gruppe Sechzehnjähriger aus dem Saum. Wir nicken uns kurz zu und schauen dann zu der provisorischen Bühne, die vor dem Gerichtsgebäude aufgebaut worden ist. Darauf stehen drei Stühle, ein Podest sowie zwei große Glaskugeln, eine für die Jungen, eine für die Mädchen. Ich starre auf die Papierzettel in der Mädchenkugel. Auf zwanzig von ihnen steht in sorgfältiger Handschrift der Name Katniss Everdeen.

Je einen Stuhl besetzen Madges Vater, Bürgermeister Undersee, ein großer Mann mit schütterem Haar, und Effie Trinket, die Betreuerin von Distrikt 12, frisch eingetroffen aus dem Kapitol mit ihrem Furcht einflößenden weißen

1 in Areale pferchen: in bestimmte Bereiche zusammenzwängen

2 klaustrophobisch: so eng, dass Panik entsteht

Grinsen, dem blassrosa Haar und dem grellgrünen Kostüm. Sie tuscheln miteinander und schauen besorgt auf den leeren Stuhl.
In dem Moment, als die Stadtuhr zwei schlägt, betritt der Bürgermeister das Podest und beginnt zu lesen. Jedes Jahr das Gleiche. Er erzählt aus der Geschichte von Panem, dem Land, das aus den Trümmern dessen erstand, was einst Nordamerika genannt wurde. Er zählt die Katastrophen auf, die Dürren, die Stürme, die Feuersbrünste, erzählt von dem anschwellenden Meer, das so viel Land geschluckt hat, und erinnert an den brutalen Krieg um die wenige verbliebene Nahrung. Das Ergebnis war Panem mit einem strahlenden, von dreizehn Distrikten umgebenen Kapitol, das seinen Bürgern Frieden und Wohlstand brachte. Dann kamen die Dunklen Tage, der Aufstand der Distrikte gegen das Kapitol. Zwölf wurden besiegt, der dreizehnte ausgelöscht. Der Hochverratsvertrag brachte uns neue Gesetze, die den Frieden sichern sollten; und um uns alljährlich daran zu erinnern, dass die Dunklen Tage sich nie wiederholen dürfen, brachte er uns die Hungerspiele.
Die Regeln der Hungerspiele sind einfach. Zur Strafe für den Aufstand muss jeder der zwölf Distrikte ein Mädchen und einen Jungen für die Teilnahme stellen, die sogenannten Tribute. Diese vierundzwanzig Tribute werden in einer riesigen Freilichtarena eingesperrt, bei der es sich um jede Art von Gelände handeln kann, von glühender Wüste bis zu eisiger Ödnis. Über mehrere Wochen hinweg müssen die Konkurrenten einander bis auf den Tod bekämpfen. Der Tribut, der als letzter übrig bleibt, hat gewonnen.
Das Kapitol nimmt die Kinder aus unseren Distrikten fort und zwingt sie dazu, sich gegenseitig zu töten, während wir zusehen – und erinnert uns auf diese Weise daran, dass wir ihm auf Gedeih und Verderb ausgeliefert sind. Dass wir wenig Aussicht hätten, eine weitere Rebellion zu überleben. Wie sie es auch verpacken, die eigentliche Botschaft ist klar. „Seht, wir nehmen euch eure Kinder und opfern sie und ihr könnt nichts dagegen tun. Wenn ihr auch nur einen Finger hebt, werden wir euch bis auf den letzten Mann vernichten. So wie wir es mit Distrikt 13 gemacht haben."
Damit es für uns erniedrigend und qualvoll zugleich ist, verlangt das Kapitol, dass wir die Hungerspiele wie ein Fest feiern, ein Sportereignis, bei dem sich die Distrikte miteinander messen. Den überlebenden Tribut erwartet zu Hause ein sorgloses Leben und sein Distrikt wird mit Preisen überhäuft, die weitgehend aus Lebensmitteln bestehen. Das ganze Jahr hindurch wird das Kapitol den Siegerdistrikt mit Getreide und Öl und sogar mit Leckereien wie Zucker überhäufen, während alle Übrigen gegen den Hunger kämpfen.
„Eine Zeit der Reue und des Dankes zugleich", predigt der Bürgermeister.
Dann verliest er die Liste der letzten Gewinner aus Distrikt 12. In dreiundsiebzig Jahren waren es genau zwei. Nur einer von ihnen lebt noch. Haymitch Abernathy [...].

Durch die Menge hindurch erkenne ich Gale, der mit dem Anflug eines Lächelns meinen Blick erwidert. Dieser Teil der Ernte hat wenigstens einen gewissen Unterhaltungswert. Aber plötzlich denke ich an Gale und seine zweiundvierzig Namen in der großen Glaskugel und dass seine Chancen im Vergleich mit den meisten anderen Jungen nicht gut stehen. Und vielleicht denkt er das Gleiche über mich, denn seine Miene verdüstert sich und er wendet sich ab. „Aber das sind doch noch Tausende anderer Zettel", möchte ich ihm zuflüstern.

Die Zeit der Ziehung ist gekommen. Effie Trinket sagt, was sie immer sagt: „Ladies first!“, und geht hinüber zu der Glaskugel mit den Mädchennamen. Sie greift hinein, taucht ihre Hand tief in die Kugel und zieht einen Zettel heraus. Die Menge hält den Atem an, man könnte eine Stecknadel fallen hören, und ich fühle mich elend und hoffe inbrünstig, dass es nicht mein Name ist, nicht mein Name, nicht mein Name.

Effie Trinket geht zurück zum Podest, streicht den Zettel glatt und verliest mit klarer Stimme den Namen. Es ist nicht mein Name. Es ist Primrose Everdeen.

**1** Was denkt Katniss im Moment der Namensverkündigung? Wie könnte sie auf das Ergebnis reagieren? Tauscht eure Vermutungen aus.

**2** Der Romanauszug bezieht sich auf einen kurzen Zeitraum am „Tag der Ernte“.

a Bestimmt zu zweit die ungefähre Länge des dargestellten Zeitraums. Belegt eure Angabe mit Textstellen.

b Der Auszug enthält neben der Schilderung des aktuellen Geschehens auch einen Bericht über das Geschehen in der Vergangenheit. Bestimmt die Textstelle und besprecht zu zweit:
- Wie lang könnte der Zeitraum in der Vergangenheit gewesen sein, über den berichtet wird?
- Inwiefern hilft diese Rückblende, die „Hungerspiele“ zu verstehen?

**3** Untersucht die Zeitgestaltung im Romanauszug. Wählt Aufgabe a oder b.

○○ a Untersucht, an welchen Textstellen zeitraffend erzählt wird. Notiert die Zeilenangaben.

●● b Untersucht, an welchen Textstellen zeitdehnend erzählt wird. Notiert die Zeilenangaben.

c Tauscht eure Ergebnisse aus und klärt gemeinsam die folgenden zwei Fragen:

**A** Mit welchen Mitteln wird im Text die Zeit gerafft oder gedehnt?

**B** Welche Funktionen haben diese zwei Formen der Zeitgestaltung im Roman?

**4** a Bildet Filmteams und überlegt, wie man die verschiedenen Handlungszeiten im Romanauszug filmisch darstellen könnte:
- Wie könntet ihr die Montagetechnik zur Darstellung nutzen?
- Wie würdet ihr die Rückblende (Inhalt der Rede des Bürgermeisters) gestalten?
- Welchen Moment würdet ihr in Zeitlupe ablaufen lassen?

b Stellt eure Überlegungen vor und gebt euch gegenseitig Rückmeldungen.

**Information** **Zeit und Zeitgestaltung in literarischen Texten**

- Die **Erzählzeit** entspricht der Zeit, die **das Erzählen** der Handlung dauert.
- Die **erzählte Zeit** entspricht der Zeit, die **die Handlung** in der Geschichte dauert.
- Wenn Erzählzeit und erzählte Zeit übereinstimmen, spricht man von **Zeitdeckung.**
- Ist die Erzählzeit länger als die erzählte Zeit, liegt eine **Zeitdehnung** vor (z. B. bei inneren Monologen).
- Ist die Erzählzeit kürzer als die erzählte Zeit, liegt eine **Zeitraffung** vor (z. B. bei der Darstellung von Abläufen in der Geschichte eines Landes).
- Die **Reihenfolge des Erzählens** kann dem zeitlichen Ablauf des Geschehens folgen (chronologisches Erzählen). Sie kann aber auch davon abweichen durch **Rückblenden** (Erzählen von vergangenen Ereignissen) oder durch **Vorausblenden** (Vorwegnahme von Ereignissen).

# Die Hauptfigur charakterisieren

Suzanne Collins

## **Die Tribute von Panem** (2009) – Auszug 3

Es muss sich um einen Irrtum handeln. Das kann nicht wahr sein. Prim war ein Zettel unter Tausenden! Die Wahrscheinlichkeit, dass sie gezogen würde, war so gering, dass ich mir überhaupt keine Sorgen um sie gemacht habe. Habe ich nicht alles getan? Die Tesserasteine genommen und ihr verboten, dasselbe zu tun? Ein Zettel. Ein Zettel unter Tausenden. Sie hatte so gute Chancen. Aber es hat nichts genützt. Irgendwo aus der Ferne höre ich die Menge unglücklich flüstern, wie immer, wenn eine Zwölfjährige ausgewählt wird, denn das findet keiner gerecht. Plötzlich sehe ich sie, alles Blut ist aus ihrem Gesicht gewichen, sie hat die Hände zu Fäusten geballt und geht mit steifen, kleinen Schritten zur Bühne, an mir vorbei. [...]
„Prim!" Ein erstickter Schrei aus meiner Kehle, meine Muskeln werden wieder aktiv. „Prim!" Ich muss mir nicht erst einen Weg durch die Menge bahnen. Die anderen Kinder machen sofort Platz und räumen einen Durchgang zur Bühne. Genau in dem Augenblick, als sie die Stufen erklimmen will, bin ich bei ihr. Mit einer Armbewegung schiebe ich sie hinter mich.
„Ich gehe freiwillig!", keuche ich. „Ich gehe freiwillig als Tribut!" [...]
Hinter mir schreit Prim hysterisch. Sie hat ihre dürren Arme wie einen Schraubstock um mich geschlungen. „Nein, Katniss! Nein! Du darfst nicht gehen!"
„Lass mich los, Prim", sage ich barsch, weil ich sonst die Fassung verlieren würde, und ich will nicht weinen. Wenn sie heute Abend im Fernsehen die Wiederholung der Ernten zeigen, werden alle meine Tränen sehen und dann gelte ich als leichtes Ziel. Als Schwächling. Diese Genugtuung will ich ihnen nicht geben. „Lass mich los!" [...]
„Nun denn, bravo!", sagt Effie Trinket überschwänglich. „Das ist der Geist der Spiele!" Sie freut sich, dass in ihrem Distrikt jetzt doch endlich mal was los ist. „Wie heißt du?"
Ich schlucke schwer. „Katniss Everdeen", sage ich.
„Ich wette, das war deine Schwester. Wolltest dir von ihr nicht die ganze Schau stehlen lassen, was? Los, Leute! Einen Riesenapplaus für unseren neuesten Tribut!", trällert Effie Trinket.
Das muss man Distrikt 12 lassen, es klatscht nicht einer. Nicht einmal die mit den Wettscheinen in der Hand, denen sonst alles egal ist. Vielleicht, weil sie mich vom Hob[1] kennen oder weil sie meinen Vater kannten oder weil sie Prim begegnet sind, die man einfach gernhaben muss. Anstatt mich beklatschen zu lassen, stehe ich also da und rühre mich nicht, während die Leute auf die einzig mögliche Weise Widerspruch äußern. Durch Schweigen. Was so viel heißt wie: Wir sind nicht einverstanden. Wir billigen es nicht. Das hier ist ganz falsch.
Dann geschieht etwas Unerwartetes. Zumindest habe ich es nicht erwartet, denn bisher hätte ich nie gedacht, dass ich für Distrikt 12 irgendeine Bedeutung hätte. Doch etwas hat sich verändert, seit ich vorgetreten bin und Prims Platz eingenommen habe, und jetzt sieht es so aus, als wäre ich auf einmal jemand Besonderes. Erst einer, dann noch einer, schließlich nahezu jeder in der Menge berührt mit den drei mittleren Fingern der linken Hand die Lippen und streckt sie mir entgegen. Eine alte und selten benutzte Geste in unserem Distrikt, die man noch gelegentlich auf Beerdigungen sieht. Sie drückt Dank und Bewunderung aus, Abschied von einem geliebten Menschen.

1 Hob: der Schwarzmarkt in Panem

**1** Was passiert in diesem Romanauszug? Notiert die Handlungsschritte stichwortartig in einem Flussdiagramm.

**2** Untersucht, wie die Handlung erzählt wird.
a Bestimmt die Erzählform (▶ S. 289) im Roman: Handelt es sich um einen Er-/Sie-Erzähler oder um eine Ich-Erzählerin?
b Formuliert Vermutungen, warum die Autorin sich für diese Erzählform entschieden hat.

**3** Bildet Gruppen und setzt euch mit dem Verhalten der Hauptfigur Katniss auseinander. Diskutiert folgende Fragen:
**A** Welche Gründe hat Katniss für ihre Entscheidung?
**B** Wie beurteilt ihr das Verhalten der Figur?

**4** Durch die gewählte Erzählform erfährt man sehr viel über die Gedanken und Gefühle der Hauptfigur. Formuliert euer Verständnis der Figur.
Wählt Aufgabe a oder b.
●○○ a Schreibt einen inneren Monolog der Figur am Ende des Romanauszugs. Welche Gedanken gehen Katniss bezüglich ihrer Entscheidung durch den Kopf?
●●● b Verfasst eine ausführliche Charakterisierung der Figur. Geht dabei auf die folgenden Aspekte ein:

> Allgemeine Angaben (Name, Geschlecht, Alter, Wohnort) • Aussehen • Lebensumstände (Familie, Freunde) • Tätigkeiten • Verhalten • Eigenschaften • Sprache

c Stellt eure Ergebnisse vor und prüft, ob die im inneren Monolog formulierten Gedanken zur Charakterisierung der Figur passen.

**5** a Bildet Filmteams und erarbeitet ein Storyboard (ein gezeichnetes Drehbuch) zur filmischen Umsetzung des Romanauszugs:
– Notiert, welche Einstellungen ihr braucht. Nummeriert sie und zeichnet zu jeder Einstellung eine Skizze.
– Beschriftet jede Skizze mit Angaben zur Kameraeinstellung, zur Kameraperspektive und zu Geräuschen (Dialoge, Musik, weitere Geräusche).
b Stellt euer Storyboard vor und gebt euch gegenseitig Rückmeldungen.

**Information** **Die Figurencharakteristik**

- Personen, die in einer ausgedachten Erzählung vorkommen, nennt man **Figuren.**
- Die Merkmale und Eigenschaften einer Figur können im Text **direkt** genannt werden oder **indirekt** dargestellt werden.
- In einer **Figurencharakteristik** untersucht man folgende Merkmale und fasst sie zusammen:
  – **die äußere Erscheinung** der Figur, z. B. Geschlecht, Alter, Größe, Aussehen, Kleidung,
  – **Verhalten, Eigenschaften, Gedanken, Gefühle** und **Einstellungen** der Figur sowie ihr **Verhältnis zu anderen Figuren,**
  – **die Sprache** der Figur, z. B. Wortwahl, Satzbau und Ausdruck.

# Ein zentrales Thema des Romans erschließen

Suzanne Collins

## Die Tribute von Panem (2009) – Auszug 4

*Nach ihrer Ankunft im Kapitol werden Katniss und Peeta, der weitere Tribut aus Distrikt 12, von ihren persönlichen Stylisten, Cinna und Portia, für die Eröffnungsfeier der Hungerspiele vorbereitet. Die Stylisten Cinna und Portia haben für Katniss und Peeta ein besonderes Outfit entworfen. Die Tribute werden paarweise in Streitwagen präsentiert, die von Gespannen mit je vier Pferden gezogen werden. Die Eröffnungsfeier beginnt.*

Die Eröffnungsmusik erklingt. Man hört sie gut, sie dröhnt durchs ganze Kapitol. Schwere Türen werden aufgeschoben und geben den Blick frei auf von Menschen gesäumte Straßen. Die Fahrt dauert rund zwanzig Minuten und endet am Zentralen Platz, wo sie uns empfangen, die Hymne abspielen und ins Trainingscenter bringen werden, das bis zum Beginn der Spiele unser Zuhause und Gefängnis sein wird.

Die Tribute aus Distrikt 1 fahren in einem Streitwagen hinaus, der von schneeweißen Pferden gezogen wird. Sie sehen wunderschön aus, mit silberner Farbe eingesprüht, in geschmackvollen, mit Juwelen besetzten Tuniken. Distrikt 1 stellt Luxuswaren für das Kapitol her. Man kann das Gebrüll der Menge hören. Distrikt 1 ist immer der Favorit.

Distrikt 2 geht in Position, um ihm zu folgen. Bald gelangen auch wir zum Tor und ich kann sehen, dass das Licht des verhangenen, zur Dämmerung neigenden Himmels grau wird. Als die Tribute aus Distrikt 11 hinausfahren, erscheint Cinna mit einer brennenden Fackel. „Los geht's", sagt er, und bevor wir reagieren können, setzt er unsere Umhänge in Brand. Ich schnappe nach Luft und warte auf die Hitze, aber ich spüre nur ein leises Kitzeln. Cinna klettert auf den Wagen und entzündet unsere Kopfbedeckungen. Er seufzt erleichtert. „Es funktioniert." Dann nimmt er sanft mein Kinn in die Hand. „Denkt dran, Kopf hoch. Lächeln. Sie werden euch lieben!"

Cinna springt vom Wagen und hat noch eine letzte Idee. Er ruft etwas zu uns herauf, doch die Musik übertönt ihn. Wieder schreit er und gestikuliert.

„Was sagt er?", frage ich Peeta. Zum ersten Mal schaue ich ihn an und sehe, wie die falschen Flammen ihn erstrahlen lassen. Und ich muss genauso aussehen.

„Ich glaube, er hat gesagt, wir sollen uns bei den Händen fassen", sagt Peeta. Er nimmt meine rechte Hand mit seiner linken und wir schauen zur Bestätigung zu Cinna hin. Er nickt und hält den Daumen nach oben und das ist das Letzte, was ich sehe, bevor wir in die Stadt hinausfahren.

Die anfängliche Panik, die die Menge bei unserem Erscheinen erfasst, verwandelt sich rasch in Jubel und „Distrikt 12!"-Rufe. Alle wenden sich uns zu und beachten die drei Wagen vor uns nicht weiter. Im ersten Moment bin ich wie erstarrt, aber dann erblicke ich uns auf einem großen Bildschirm und bin sprachlos, denn wir sehen einfach atemberaubend aus. In der einfallenden Dämmerung erleuchtet das Feuer unsere Gesichter. Wir sehen aus, als würden unsere wehenden Umhänge eine Schleppe aus Feuer hinter sich herziehen. Mit dem sparsamen Make-up, da hatte Cinna Recht, sehen wir beide besser aus und sind doch sehr gut wiederzuerkennen.

*Denkt dran, Kopf hoch. Lächeln. Sie werden euch lieben!* Cinnas Stimme hallt in meinem Kopf. Ich recke das Kinn ein wenig höher, setze mein gewinnendstes Lächeln auf und winke mit meiner freien Hand. Jetzt bin ich froh, dass ich

mich an Peeta festhalten kann, er ist so standhaft wie ein Fels in der Brandung. Ich fasse so viel Zutrauen, dass ich der Menge sogar Küsschen zuwerfe. Die Leute vom Kapitol rasten total aus, sie überschütten uns mit Blumen, rufen unsere Namen, unsere Vornamen, die sie im Programm nachgelesen haben.
Die dröhnende Musik, der Jubel, die Bewunderung gehen mir ins Blut, ich kann meine Erregung nicht unterdrücken. Cinna hat mir einen großen Vorteil verschafft. Niemand wird mich vergessen. Weder mein Aussehen noch meinen Namen. Katniss. Das Mädchen, das in Flammen stand.
Zum ersten Mal spüre ich einen Hoffnungsschimmer in mir aufsteigen. Bestimmt wird sich ein Sponsor finden, der mich unterstützt! Und mit ein wenig zusätzlicher Hilfe, etwas Essen, der richtigen Waffe – wieso sollte ich die Spiele verloren geben?
Jemand wirft mir eine rote Rose zu. Ich fange sie auf, schnuppere leicht daran und werfe eine Kusshand in die grobe Richtung des Spenders. Hundert Hände gehen hoch, um meinen Kuss aufzufangen, als wäre er wirklich etwas Greifbares.
„Katniss! Katniss!“ Von allen Seiten wird mein Name gerufen. Alle wollen sie meine Küsse.
Erst als wir auf den Zentralen Platz fahren, merke ich, dass ich Peeta fast das Blut abgeschnürt habe. So fest habe ich seine Hand gehalten. Während ich loslasse, schaue ich hinunter zu unseren verschränkten Fingern, aber er greift sofort wieder danach. „Nein, lass mich nicht los“, sagt er. Das Feuer flackert in seinen blauen Augen. „Bitte. Sonst falle ich noch um.“
„Na gut“, sage ich. Ich halte also weiter seine Hand, aber irgendwie kommt es mir komisch vor, wie Cinna uns miteinander verbunden hat. Irgendwie ist es nicht richtig, uns als Team zu präsentieren und uns dann in eine Arena zu sperren, damit wir uns gegenseitig umbringen.
Die zwölf Wagen füllen den Kreisverkehr des Zentralen Platzes. An den Fenstern der Häuser ringsum drängen sich die angesehensten Bürger des Kapitols. Die Pferde ziehen unseren Wagen genau vor die Residenz von Präsident Snow und wir bleiben stehen. Die Musik endet mit einem Tusch.
Der Präsident, ein kleiner, dünner Mann mit papierweißem Haar, heißt uns von einem Balkon hoch über uns willkommen. Es ist Tradition, während der Rede die Gesichter der Tribute einzublenden. Doch auf den Bildschirmen kann ich sehen, dass sie uns viel mehr Zeit widmen, als uns eigentlich zusteht. Je dunkler es wird, desto schwieriger wird es, den Blick von unseren Flammen abzuwenden. Als die Nationalhymne ertönt, versuchen sie einen schnellen Schwenk zu allen Tributpaaren, aber die Kamera bleibt auf den Distrikt-12-Wagen gerichtet, der ein letztes Mal den Zentralen Platz umkreist und dann im Trainingscenter verschwindet.

**1** Zeichnet eine grobe Skizze der Eröffnungsfeier und beschriftet sie mit Details, die im Text beschrieben werden.

**2** Untersucht, durch welche Mittel die spektakuläre Wirkung der Eröffnungsfeier entsteht. Wählt Aufgabe a oder b.

●●○ a Beschreibt mit eigenen Worten den äußeren Rahmen der Feier und seine Wirkung. Geht dabei auf folgende Aspekte ein: Ort, Zeitpunkt, Musik, Lichtverhältnisse, Medienpräsenz.

●●● b Beschreibt, wie die Tribute präsentiert werden und welchen Eindruck sie vermitteln. Geht dabei auf folgende Aspekte ein: Einzug der Tribute, Outfits, Make-up und Posen.

c Stellt euch gegenseitig die verschiedenen Mittel vor und besprecht, welche Absicht mit dieser Inszenierung vermutlich verfolgt wird.

## „Brot und Spiele“ – *panem et circenses*

Brot und Spiele – *panem et circenses.* Was bedeutet dieser Ausdruck? Das Zitat stammt aus einer Satire des Römers Juvenal aus dem 1. Jahrhundert nach Christus. Im Rom der damaligen Zeit lebten über eine Million Menschen. Diese Menschenmenge unter vormodernen Bedingungen zu versorgen, war ein großes Problem. Der Kaiser wusste: Wenn die Versorgung der Menschen nicht funktioniert, würde es Proteste geben. Und er wusste auch, dass er diese nicht im Griff haben würde, denn er hatte nur wenige Truppen und Polizisten in Rom. Darum ordnete er zum einen an, den Menschen Brot *(panis)* zu geben. Es wurde für die wachsende Bevölkerung immer wieder Getreide gespendet, davon konnten sich ärmere Menschen ernähren. Außerdem wurden der Bevölkerung zur Unterhaltung und Ablenkung *circenses* geboten – Wagenrennen, Gladiatorenspiele und andere attraktive Veranstaltungen. Auf diese Weise lebten viele Menschen in Abhängigkeit von der Unterstützung des Kaisers oder reicher Senatoren.

**3** Die Autorin Suzanne Collins greift in ihrem Roman das Thema antike und moderne Formen der Unterhaltungskultur auf.

a Informiert euch mit Hilfe des Sachtextes über antike Unterhaltungsformen und erklärt, mit welcher Absicht sie durchgeführt wurden.

b Vergleicht das antike Konzept „Brot und Spiele“ mit den Hungerspielen in Collins’ Roman. Notiert eure Ergebnisse stichwortartig im Heft, z. B.:
*Ausgangssituation: schlechte Versorgung der Bevölkerung, Hunger*

**4** Untersucht in Gruppen, wie sich die Autorin im Roman mit modernen Unterhaltungsformen auseinandersetzt. Wählt Aufgabe a, b oder c.

●○○ a Welche Reality-TV-Sendungen kennt ihr? Stellt zwei oder drei Sendungen kurz vor und nennt Gründe, warum sie für Fernsehzuschauer interessant sind.

●●○ b Nennt Elemente von modernen Castingshows und Reality-TV-Sendungen, die sich auch im Roman finden, z. B. Konkurrenten oder Herausforderungen.
Erklärt, wie diese Elemente auf die Zuschauer wirken.

●●● c Notiert, aus welchen Gründen sich das Publikum im Roman – Bewohner des Kapitols und Bewohner der Distrikte – die Hungerspiele anschaut.

d Bildet neue Gruppen mit jeweils einer Teilnehmerin oder einem Teilnehmer aus den Gruppen a, b und c. Stellt euch gegenseitig eure Überlegungen und Ergebnisse vor.

**5** Der Romantitel lautet im Original „The Hunger Games“ und in der Übersetzung „Die Tribute von Panem. Tödliche Spiele“. Überlegt, welche Themen in den Titeln jeweils hervorgehoben werden.

**Information** **Literarische Themen**

- Als Thema bezeichnet man den **Grund- und Leitgedanken eines Textes.** Das Thema bildet eine Art **Rahmen.** In diesem werden die Figuren und die Handlung ausgestaltet.
- Literarische Themen sind meist abstrakt, z. B. *Liebe, Schuld, Rache, Freiheit.*

## Den Roman einordnen

**A** Der Roman „Die Tribute von Panem" macht mir Angst, weil er eine zukünftige gesellschaftliche Entwicklung zeigt, die unmenschlich ist.

**B** Auch wenn Dystopien viele negative Zukunftsvisionen enthalten, so müssen diese ja nicht eintreten. Ich verstehe die düsteren Darstellungen im Roman eher als Warnung und Aufforderung, solche Entwicklungen zu verhindern.

**1** Lest die beiden Aussagen A und B und besprecht, welche unterschiedlichen Wirkungen der Roman bei Lesern hervorrufen kann. Welcher Aussage würdet ihr euch anschließen?

**2** a Lest im Merkkasten unten die Erklärung zu den literarischen Gattungen Utopie und Dystopie. Erklärt mit eigenen Worten, was sie gemeinsam haben und worin sie sich unterscheiden.
b Welche Elemente einer Dystopie enthält der Roman „Die Tribute von Panem"? Listet sie stichwortartig auf, z. B.: *Roman spielt in der Zukunft, Land „Panem" ist entstanden, nachdem ...*

**3** Der Erfolg des Romans „Die Tribute von Panem" wird unterschiedlich erklärt, z. B.:

**A** Der Roman ist so erfolgreich, weil er gesellschaftliche und soziale Verhältnisse kritisiert, die Jugendliche ansatzweise auch in der gegenwärtigen Welt erkennen können.

**B** Der Roman ist so erfolgreich, weil er Probleme von Jugendlichen anspricht (z. B. Leistungsdruck, Konkurrenzdruck, Angst vor Ausgrenzung), ihnen aber zugleich das Gefühl vermittelt, wichtig zu sein.

Diskutiert die beiden Einschätzungen und nennt weitere mögliche Gründe für den Erfolg.

**Information** **Die Utopie und die Dystopie**

Bei **Erzählungen über die Zukunft** unterscheidet man zwischen **Utopien** und **Dystopien.**
- Der Begriff **Utopie** kommt aus dem Griechischen und bezeichnet einen Ort, den es im wirklichen Leben nicht gibt. Seit der Antike werden in Utopien ideale Formen des menschlichen Zusammenlebens dargestellt, die nicht verwirklicht werden können. Solche Erzählungen drücken die Hoffnung auf eine bessere Welt aus, z. B. Platons „Staat" (380 v. Chr.) und Thomas Morus' „Utopia" (1516).
- Der Begriff **Dystopie** bezeichnet einen schlechten Ort. Bei Dystopien handelt es sich um Erzählungen, die in einer zukünftigen, negativen Welt spielen. Häufig werden Welten dargestellt, die von Kriegen, Natur- und Umweltkatastrophen zerstört werden oder in denen Menschen ihre Freiheit und Identität verlieren. In diesen Welten ist ein menschenwürdiges Leben kaum noch möglich, die moralischen Werte der Menschen verlieren ihre Gültigkeit. Häufig wollen Autorinnen und Autoren mit solchen Erzählungen auf bedenkliche Entwicklungen der Gegenwart aufmerksam machen und vor deren Folgen warnen, z. B. in Aldous Huxleys „Schöne neue Welt" (1932) und George Orwells „1984" (1949).

## Teste dich!

Suzanne Collins

### Die Tribute von Panem (2009) – Auszug 5

*Nachdem Katniss sich mit Rue, einem Tribut aus Distrikt 11, verbündet hat, kämpfen die beiden in der Arena gemeinsam gegen die anderen. Dabei gerät Rue in eine Falle. Als Katniss sie schließlich entdeckt, muss sie zusehen, wie Rue von einem Tribut aus Distrikt 1 getötet wird.*

Aber ich kann den Blick nicht von Rue wenden, kleiner denn je liegt sie da, ein Tierbaby, zusammengerollt wie in einem Nest. Ich bringe es nicht über mich, sie einfach so zu verlassen. Sie hat alle Qualen überstanden, aber sie sieht so wehrlos aus. Es wäre unangebracht, den Jungen aus Distrikt 1 zu hassen, der im Tod doch so verletzlich wirkt. Ich hasse das Kapitol, das uns allen dies antut.
Gales Worte fallen mir ein. Seine wirren Reden gegen das Kapitol erscheinen mir jetzt nicht mehr ohne Sinn, ich kann sie nicht länger abtun. Rues Tod hat mich gezwungen, mich meinem eigenen Zorn über die Grausamkeit zu stellen, über das Unrecht, das sie uns antun. Aber hier fühle ich mich noch ohnmächtiger als zu Hause. Es gibt keine Möglichkeit, es dem Kapitol heimzuzahlen. Oder?
Da fällt mir ein, was Peeta damals auf dem Dach gesagt hat: *„Ich wünsche mir nur, mir würde etwas einfallen, wie ... wie ich dem Kapitol zeigen kann, dass sie mich nicht besitzen. Dass ich mehr bin als eine Figur in ihren Spielen."* Und zum ersten Mal verstehe ich, was er meint.
Ich möchte hier und jetzt etwas tun, das sie beschämt, das sie zur Verantwortung zieht und ihnen zeigt, dass jeder Tribut etwas hat, das sie nicht bekommen werden, was sie auch tun und wozu sie uns auch zwingen. Dass Rue mehr war als eine Figur in ihren Spielen. Und ich auch.
Ein paar Schritte entfernt im Wald wachsen wilde Blumen. Vielleicht nur Unkraut, aber ihre Blüten haben wunderschöne Formen in Lila, Gelb und Weiß. Ich pflücke einen ganzen Armvoll und gehe zurück zu Rue. Langsam, Stiel für Stiel, schmücke ich ihren Körper mit den Blüten. Verdecke die hässliche Wunde. Bekränze ihr Gesicht. Webe ihr leuchtende Farben ins Haar.
Das müssen sie zeigen. Und falls sie die Kameras doch lieber abwenden, müssen sie zumindest zeigen, wie die Leichen abgeholt werden, und dann werden alle sie sehen und wissen, dass ich das getan habe. Ich trete zurück und schaue Rue ein letztes Mal an. Wie sie so daliegt, könnte sie auch auf der Wiese aus dem Lied liegen und schlafen.
„Leb wohl, Rue", flüstere ich. Ich lege die drei mittleren Finger meiner linken Hand an die Lippen und strecke sie zu ihr. Dann gehe ich fort, ohne mich umzuschauen.

**1** a Prüfe die folgenden Aussagen. Schreibe die zutreffenden ab und korrigiere die falschen.

- **A** Katniss schmückt die tote Rue, um ihr Menschenwürde zu verleihen.
- **B** Katniss hat Angst davor, in dieser Situation gefilmt zu werden.
- **C** Katniss versteht Gales und Peetas Kritik am Kapitol erst durch Rues Tod.
- **D** Katniss glaubt, dass die Bewohner der Distrikte keine Chance haben, sich gegen das Kapitol zu wehren.
- **E** Katniss möchte das traurige Erlebnis mit Rue so schnell wie möglich vergessen.

b Vergleiche deine Ergebnisse mit einer Lernpartnerin oder einem Lernpartner.

# 10.2 Großes Kino – Eine Literaturverfilmung untersuchen

## Die Erzählerrolle im Roman und im Film vergleichen

**1** Die Verfilmung des Romans „Die Tribute von Panem" unter der Regie von Gary Ross kam im Jahr 2012 in die Kinos. Beschreibt das Filmbild:
- Was wird wie dargestellt?
- Welche Wirkung geht von dem Bild aus?

**2** Seht euch den Filmanfang (die Exposition, 01:50 bis 07:52) an und wählt Aufgabe a, b oder c. Tauscht euch anschließend über eure Ergebnisse aus.

●○○ a Beschreibt, in welcher Situation die Figur Katniss eingeführt wird.

●●○ b Formuliert einige Sätze dazu, wie das Leben im Distrikt 12 dargestellt wird. Was wird in den Bildern hervorgehoben?

●●● c Beschreibt, was man zu Beginn des Films über die Hauptfigur erfährt und wie sie auf die Zuschauerinnen und Zuschauer wirkt: Wie wird Katniss im Wald in Szene gesetzt? Welche Eigenschaften werden deutlich?

**3** Vergleicht den Filmanfang mit dem Romananfang (▶ S. 196 f.). Achtet auf den Inhalt, die Darstellung der Figuren und die Atmosphäre. Beschreibt Gemeinsamkeiten und Unterschiede.

**4** Im Roman wird das Geschehen aus der Sicht der Hauptfigur in der Ich-Form erzählt. Im Film gibt es dagegen keine Ich-Erzählerin, die aus dem Off erzählt.
Beschreibt, wie im Filmanfang versucht wird, die subjektive Sicht der Figur Katniss mit filmischen Mitteln (Einstellungsgröße, Kameraperspektive, Kamerabewegung) zum Ausdruck zu bringen.

**Information** | **Die Kamera als Erzählerin**

- Im Film gibt es in der Regel keine Erzählerin oder keinen Erzähler wie in einem Roman. Stattdessen übernimmt die **Kamera** die Rolle der Erzählerin.
- Ihre Sprache ist die **Bildsprache,** die sich aus **Kameraeinstellungen, Kameraperspektiven und Kamerabewegungen** zusammensetzt. Die Bildsprache beeinflusst, **was** die Zuschauer wahrnehmen und **wie** sie das Geschehen empfinden.

# Die Mise en Scène untersuchen

A

B

**1** Beschreibt die Situationen, die auf den beiden Filmbildern A und B gezeigt werden.

**2** a Wählt ein Filmbild aus und untersucht die Gestaltung. Beantwortet folgende Fragen:
- Welcher Schauplatz wird dargestellt?
- Welche Figuren sind zu sehen? Wie sehen sie aus?
- Wie ist das Bild aufgebaut? Was sieht man im Vordergrund, in der Mitte, im Hintergrund?
- Wie ist das Bild farblich gestaltet?
- Wie sind die Lichtverhältnisse auf dem Bild?

b Stellt eure Beobachtungen einem Lernpartner vor, der das andere Bild untersucht hat. Erklärt, welche Wirkung die einzelnen Kompositionsmittel (Schauplatz, Figuren, Bildaufbau, Farben, Licht) haben.

**3** a Bestimmt zu zweit die Kameraeinstellung und die Kameraperspektive (▸ S. 301 f.) in beiden Bildern.
b Besprecht, wie die in Aufgabe 2 b beschriebene Wirkung durch diese Mittel noch verstärkt wird.

**4** Erklärt, welche Hinweise die Bildinszenierung in A und B über die Gesellschaft in Panem und über die Situation der Hauptfigur gibt.

**5** Stoppt den Film an verschiedenen Stellen und untersucht die jeweiligen Filmbilder. Achtet dabei auf Schauplatz, Figuren, Bildaufbau, Farben, Licht, Kameraeinstellung und Kameraperspektive und beschreibt die Wirkung der Bilder.

**Information** **Mise en Scène – Die Bildinszenierung**

Die **Komposition eines Filmbildes** nennt man Mise en Scène. Figuren und Gegenstände werden wie auf einem Gemälde inszeniert durch den gezielten Einsatz von Schauplatz, Bildaufbau, Farben und Licht.

# Ein Filmbild untersuchen und mit dem Roman vergleichen

Suzanne Collins

## Die Tribute von Panem (2009) – Auszug 6

„Möchtest du reden, Katniss?“, fragt Cinna. Ich schüttle den Kopf, strecke dann aber die Hand nach ihm aus. Cinna nimmt sie in seine Hände. Und so sitzen wir da, bis eine angenehme Frauenstimme verkündet, dass es Zeit für den Start sei.

Während ich immer noch Cinnas Hand halte, gehe ich hinüber und stelle mich auf die runde Metallplatte. „Vergiss nicht, was Haymitch[1] gesagt hat. Wegrennen, Wasser finden. Alles andere ergibt sich dann“, sagt er. Ich nicke. „Und denk dran: Ich darf nicht wetten, aber wenn, dann würde ich mein Geld auf dich setzen.“ „Ehrlich?“, flüstere ich. „Ehrlich“, sagt Cinna. Er beugt sich herab und küsst mich auf die Stirn. „Viel Glück, Mädchen in Flammen.“

1 Haymitch: Katniss' Coach

**1** ●●● Das Filmbild zeigt den Moment, bevor die Figur Katniss in die Arena befördert wird.

a Beschreibt das Filmbild (▸ Mise en Scène, S. 210).

b Erläutert, wie die Figuren Cinna und Katniss in dieser Szene wirken.

▷ Eine Hilfe zu Aufgabe 1 a und b findet ihr auf Seite 212.

**2** ●●● Lest den Romanauszug zu der Abschiedsszene zwischen Cinna und Katniss.

a Untersucht, wie die beiden Figuren in der Abschiedsszene im Roman miteinander umgehen.

b Erläutert, inwieweit man die Romanszene in der Bildinszenierung wiedererkennen kann.

▷ Hilfe zu Aufgabe 2 a und b auf Seite 212

### ●○○ Aufgabe 1a mit Hilfe

Beschreibt das Filmbild (▸ Mise en Scène, S. 210). Untersucht dazu die folgenden Gestaltungsmittel und ergänzt die Satzanfänge.

| Gestaltungsmittel | Beschreibung |
|---|---|
| Schauplatz | *Das Filmbild zeigt einen kargen, gefliesten Raum. Vermutlich handelt es sich um einen Vorbereitungsraum, in dem …* |
| Figuren | *In diesem Raum befinden sich zwei Figuren, ein junger Mann und eine junge Frau. Bei dem Mann handelt es sich um …, den Stylisten von Katniss. Er … Die junge Frau …* |
| Bildaufbau | *Im Vordergrund befinden sich … Sie stehen …<br>Im Hintergrund erkennt man nur …* |
| Farben | *Die vorherrschenden Farben sind …<br>Die Farbe … hebt sich von der Farbe … des Hintergrunds deutlich ab.* |
| Licht | *Die Lichtverhältnisse sind ganz besonders gestaltet. Hinter den Figuren … Dadurch wirken die Figuren …* |
| Kameraeinstellung | *Für das Bild wurde die folgende Kameraeinstellung gewählt: …* |
| Kameraperspektive | *Bei der Kameraperspektive handelt es sich um …* |

### ●○○ Aufgabe 1b mit Hilfe

Erläutert, wie die Figuren Cinna und Katniss in dieser Szene wirken.
Ergänzt die folgenden Satzanfänge:
*Die Figuren Cinna und Katniss wirken in dieser Szene miteinander verbunden. Dieser Eindruck wird durch ihre Position im Raum und durch ihre Körperhaltung erzeugt: Beide …*
*Der Eindruck wird noch dadurch verstärkt, dass sie ihre Köpfe …*
*Beide wirken sehr ernst und …*

### ●○○ Aufgabe 2a mit Hilfe

Untersucht, wie die beiden Figuren in der Abschiedsszene im Roman miteinander umgehen.
Beachtet folgende Aspekte:
- Wie viel äußere Handlung und wie viel innere Handlung werden im Text vermittelt?
- Wie sind die Redebeiträge verteilt? Was drückt diese Verteilung aus?
- Worum geht es in Cinnas Redebeiträgen?
- Was zeigt das nonverbale Verhalten von Cinna und Katniss?

### ●○○ Aufgabe 2b mit Hilfe

Erläutert, inwieweit man die Romanszene in der Bildinszenierung wiedererkennen kann.
Ergänzt die folgenden Satzanfänge:
*In der Romanszene zeigt Cinna, dass er sich Katniss sehr verbunden fühlt.*
*Er versucht, Katniss das Gefühl zu vermitteln, dass …*
*Cinna möchte sie nicht nur einfach aufmuntern, sondern …*
*Das Filmbild bringt diese Zugewandtheit deutlich zum Ausdruck: …*

# Eine Filmkritik verfassen

Sophie Albers

## Der Hype um die „Hungerspiele“

*Hollywood wirft ein neues Teenager-„Phänomen“ auf den Markt. Teil eins der „Tribute von Panem“ bricht in den USA Ticketrekorde. Aber worum geht es eigentlich?*

„Die Tribute von Panem“ spielt in einem postapokalyptischen[1] Amerika. Das Land ist in zwölf Distrikte aufgeteilt, deren Bevölkerung Arbeitssklaven der luxuriösen Hauptstadt Panems sind. Um Aufstände zu verhindern, muss jeder Distrikt einmal im Jahr zwei Kinder, Junge und Mädchen, an die Metropole liefern, wo diese 24 dann in einer Art Wald-und-Wiesen-Arena auf Leben und Tod gegeneinander antreten. Das Ganze wird als blutige, ultimative Castingshow im Fernsehen übertragen. […]

Die „Tribute" haben Stylisten und Trainer. Doch die Vorbereitungszeit ist kurz. Heldin der Geschichte ist die 16-jährige Katniss aus dem besonders armen Distrikt 12. Sie meldet sich freiwillig, um ihre kleine Schwester zu retten. Sie rechnet sich Überlebenschancen aus, weil sie gut mit Pfeil und Bogen umgehen kann. Der Film begleitet Katniss und ihren Distriktkollegen Peeta von der Auswahl bis zum Massaker in der Arena.

Die bereits Oscar-nominierte Jennifer Lawrence („Winter's Bone“, „X-Men“) als Katniss ist ein Glücksgriff. Die 21-jährige Amerikanerin ist bestes Identifikationsmaterial in dieser Rolle einer jungen Frau, die zugleich hart und weich sein kann, brutal und zärtlich, widerspenstig und mütterlich. […]

Teil zwei und drei der „Hungerspiele“ werden davon berichten, wie Katniss sich und ihre Freunde vom Unrechtssystem befreit und zur Revolutionsführerin heranreift.

Das Geheimnis des Erfolgs liegt auch darin begründet, dass die Geschichte des jugendlichen Aufruhrs aus weichgespülter Egoshooter-Perspektive anders als die „Twilight“-Schmalzigkeit sowohl Mädchen als auch Jungen anspricht. Obwohl das Gemetzel im Buch für die Leinwand entschärft wurde, macht der Film einen großen Schritt in Richtung klare, harte Gewaltdarstellung.

Auch diese Brutalität macht „Die Tribute von Panem“ zu einem Phänomen. Der Film startet in Deutschland für ein Publikum ab zwölf Jahre, und das, obwohl es um nichts anderes geht als Kinder, die sich gegenseitig abschlachten, und eine Nation, die dabei begeistert zuguckt. […]

„Panem sucht den Splatterstar“ will sich natürlich als Kritik verstanden wissen – an Realityshows, an der menschlichen Sensationslust. Es gehe um die Frage, wie man in solch einer Situation „menschlich bleiben“ könne, sagte Regisseur Gary Ross im Interview. Aber die Frage, die am Ende dieses nichtsdestotrotz spannenden, solide inszenierten Jugendthrillers stehen muss, ist doch die, ob wir nicht selbst in Panem sitzen und dabei zugucken, was Menschen Menschen antun. Wenn wir es wirklich ändern wollten, wenn wir konsequent wären, müssten wir das Kino verlassen, wenn die Kinder in die Arena einziehen.

1 postapokalyptisch: zeitlich nach einem schlimmen Ereignis, das Teile der Menschheit ausgelöscht hat

**1** Bewertet die Rezensentin Sophie Albers den Film eher positiv oder kritisch? Formuliert euren ersten Eindruck von der Rezension und begründet eure Aussage mit zwei Textstellen.

**2** Untersucht den Aufbau der Filmkritik. Gliedert den Text in Sinnabschnitte und notiert, auf welche Aspekte die Rezensentin in den einzelnen Abschnitten eingeht, z. B.:
*1. Abschnitt (Z. 1–13): Informationen zum Inhalt des Films*

**3** a Stellt gegenüber, welche Aspekte die Rezensentin positiv bewertet und welche negativ.

| Positive Aspekte | Negative Aspekte |
|---|---|
| – *Schauspielerin der Hauptfigur wurde gut gewählt*<br>– *Geschichte spricht Jungen und Mädchen an*<br>– … | – *klare, harte Gewaltdarstellung*<br>– … |

b Welchen Bewertungen der Rezensentin stimmt ihr zu, welchen nicht? Tauscht euch aus.
c Überlegt gemeinsam, welche weiteren Aspekte man in einer Rezension bewerten könnte.

**4** Schreibt eine eigene Rezension zum Film „Die Tribute von Panem".
– Gebt in der **Einleitung** alle wichtigen Informationen zum Film an.

Titel • Regisseur/-in • Erscheinungsjahr • Hauptdarsteller/-in • Romanvorlage

– Formuliert im **Hauptteil** eine kurze Inhaltsangabe zum Film und geht anschließend auf positive und negative Aspekte der Verfilmung ein.

Inhalt des Films • Handlungsaufbau • Figurendarstellung • filmische Gestaltung • Leistung der Schauspieler/-innen • Absicht des Films • Nähe zur Romanvorlage

– Formuliert zum **Schluss** eure abschließende Meinung zum Film. Würdet ihr ihn empfehlen? Folgende Formulierungsbausteine könnt ihr verwenden:

Romanverfilmung • basiert auf • unter der Regie von • erstmals in den Kinos • Dystopie • führt in die Welt von • malt ein dunkles Bild von • totalitäres Regime • Film inszeniert Hungerspiele als Überlebenskampf • spart Gewaltdarstellung nicht aus • kritische Auseinandersetzung mit der Rolle der Medien • furioses Ende • Gesamturteil lautet

**Information** **Die Rezension**

- Eine Rezension ist eine **kritische Auseinandersetzung** mit einem Film oder einem Roman. Darin begründet ein Rezensent, warum er ein Werk empfiehlt oder nicht.
- Eine Filmrezension enthält:
  – **Informationen** über Regisseur/-in, Titel, Erscheinungsjahr und Inhalt des Films,
  – eine **begründete Bewertung** des Werks in Hinsicht auf Inhalt, Handlungsaufbau, Figurendarstellung, filmische Gestaltung, Leistungen der Schauspieler/-innen und Wirkung.
- Rezensionen sind **sprachlich individuell gestaltet.** Oft werden wertende Adjektive, Anspielungen und rhetorische Fragen verwendet, um den Text lebendig zu gestalten.

# 10.3 Projekt – Eine Filmszene entwickeln

Suzanne Collins

## **Die Tribute von Panem** (2009) – Auszug 7

*Im Roman wie im Film wird die Handlung in der Arena ausführlich geschildert, in der die „Tribute" um ihr Überleben kämpfen. Die Arena ist ausgerüstet mit Kameras, die das Geschehen im ganzen Land live übertragen. Wenn „Tribute" versuchen, sich zu verstecken, greifen die Spielmacher ein und treiben die Teilnehmer wieder zueinander, zum Beispiel durch den Einsatz von Bränden oder wilden Tieren. Katniss will den Kampf gewinnen, ohne jemanden zu töten. Sie kämpft zunächst allein, verbündet sich dann aber mit Rue. Als nach Rues Tod nur noch sechs „Tribute" am Leben sind, ändern die Spielmacher für die letzte Phase des Spiels eine wichtige Regel: Nun können zwei Überlebende zu Siegern erklärt werden – vorausgesetzt, sie stammen aus demselben Distrikt. Katniss und Peeta werden Verbündete. Als sie am Ende die Spiele für sich entschieden haben, wird die neue Regel jedoch wieder zurückgenommen.*

„Ich beglückwünsche die letzten beiden Konkurrenten der vierundsiebzigsten Hungerspiele. Die frühere Regeländerung ist zurückgenommen worden. Ein eingehendes Studium des Regelwerks hat gezeigt, dass nur ein Sieger erlaubt ist", sagt Claudius Templesmith. „Viel Erfolg, und möge das Glück stets mit euch sein."
Es folgt ein kurzes Knacken, dann nichts mehr. Ungläubig starre ich Peeta an, während ich die Wahrheit erfasse. Sie hatten nie vor, uns beide am Leben zu lassen. Das alles haben sich die Spielmacher ausgedacht, damit es den dramatischsten Showdown aller Zeiten gibt. Und wie ein Idiot bin ich darauf reingefallen. [...]
„Hör zu", sagt er und zieht mich auf die Füße. „Wir wissen beide, dass sie einen Sieger brauchen. Das kann nur einer von uns sein. Bitte, sei du es. Für mich." Und er fängt davon an, wie sehr er mich liebt, und dass ein Leben ohne mich nicht lebenswert wäre, aber ich höre ihm gar nicht mehr zu, denn seine vorherigen Worte haben sich in meinem Kopf festgesetzt und wirbeln dort herum.
*Wir wissen beide, dass sie einen Sieger brauchen.*
Genau, sie brauchen einen Sieger. Ohne einen Sieger würde den Spielmachern die ganze Sache um die Ohren fliegen. Dann hätten sie vor dem Kapitol versagt. Sie könnten sogar hingerichtet werden, langsam und qualvoll, während die Kameras es in jedes Fernsehgerät im Land übertragen.
Wenn Peeta und ich beide sterben würden oder wenn sie glauben würden, wir wollten sterben ...
Ich löse den Beutel an meinem Gürtel. Peeta sieht es und er hält mein Handgelenk fest. „Nein, das lasse ich nicht zu."
„Vertrau mir", flüstere ich. Einen langen Augenblick schaut er mich an, dann lässt er los. Ich öffne den Beutel und schütte ihm ein paar Beeren in die Hand. Dann nehme ich mir selbst.
„Auf drei?" Peeta beugt sich zu mir und küsst mich einmal, ganz sanft. „Auf drei", sagt er. Rücken an Rücken stehen wir da, die leeren Hände ineinander verschränkt.

„Halt sie ihnen hin. Alle sollen sie sehen“, sage ich.
Ich strecke die Hand aus, die dunklen Beeren glänzen im Sonnenlicht. Ich drücke Peetas Hand ein letztes Mal, zum Zeichen, zum Abschied, dann beginnen wir zu zählen. „Eins.“ Vielleicht irre ich mich. „Zwei.“ Vielleicht ist es ihnen egal, wenn wir beide sterben. „Drei!“ Es ist zu spät, um mich eines anderen zu besinnen. Ich führe die Hand zum Mund und werfe einen letzten Blick auf die Welt. Die Beeren sind schon zwischen meinen Lippen, als wir die Fanfaren schmettern hören.
Die hektische Stimme von Claudius Templesmith übertönt sie: „Stopp! Stopp! Meine Damen und Herren, es ist mir eine Freude, Ihnen die Sieger der vierundsiebzigsten Hungerspiele präsentieren zu dürfen, Katniss Everdeen und Peeta Mellark! Hier sind sie ... die Tribute aus Distrikt 12!“
Ich spucke die Beeren aus und wische mit dem Jackenzipfel meine Zunge ab, damit nur ja kein Saft zurückbleibt. Peeta zieht mich zum See, wo wir uns den Mund ausspülen und dann einander in die Arme fallen.
„Hast du welche geschluckt?“, frage ich ihn.
Er schüttelt den Kopf. „Du?“
„Schätze, dann wär ich jetzt tot“, sage ich. An seinen Lippen sehe ich, dass er etwas erwidert, aber ich kann ihn nicht verstehen, weil die Lautsprecher live den Jubel der Menge im Kapitol übertragen. Das Hovercraft[1] erscheint über unseren Köpfen und zwei Leitern fahren herunter.

1 Hovercraft: das Luftkissenfahrzeug

**1** Erklärt das Verhalten der beiden Figuren Katniss und Peeta in der Schlussszene.

**2** a Bildet Gruppen und entwerft Skizzen, wie der Romanausschnitt in eine Filmszene umgesetzt werden kann. Berücksichtigt dabei folgende Aspekte und macht euch Notizen dazu.

**Den Roman als Film umsetzen**
- Welche Teile der Romanvorlage kann man verfilmen?
- Was ist nicht verfilmbar?

**Bildaufbau und Stimmung beschreiben**
- Was soll auf den Filmbildern außer den Figuren gezeigt werden?
- Welche Einstellungsgröße und welche Perspektive sollten für die einzelnen Bilder gewählt werden?
- Welche Stimmung soll vermittelt werden?
- Welche Farb- und Lichtgestaltung würde passen?

**Die Handlung durch Bilder vermitteln**
- Wie viele Bilder braucht man, um die Handlung zu zeigen?
- Was soll jedes einzelne Bild zeigen?
- Wie kann die Innenperspektive der Hauptfigur Katniss (Gedanken, Gefühle) filmisch ausgedrückt werden?

**Dialoge im Film umsetzen**
- Wie sollten die Dialoge im Romanausschnitt für den Film verändert, gekürzt, angereichert werden?

b Tauscht euch mit anderen Gruppen über eure Ideen aus.

**Schreibwörter** ▸ S. 321

| | | | |
|---|---|---|---|
| die Utopie | die Inszenierung | die Vorausblende | die Farbgebung |
| die Dystopie | das Storyboard | die Rückblende | die Lichtverhältnisse |

# 11 Grammatiktraining – Stil und Ausdruck

Sehr geehrte Schülerinnen und Schüler,

wir freuen uns, Ihnen mitteilen zu können, dass wir sehr gern Ihre Abschlussfeier ausrichten. Die Preise für die Saalmiete und das Catering finden Sie in der Anlage. Bitte teilen Sie uns mit, ob Sie damit einverstanden sind. In den nächsten Tagen sollten wir dann besprechen, welche Speisen und Getränke wir Ihnen servieren sollen. Wir würden uns freuen, wenn Sie uns dafür einen Termin vorschlagen würden.

Mit freundlichen Grüßen

M. Hoffmann

Sehr geehrte Schüler,

wir freuen uns, Ihnen mitteilen zu können, dass wir, sofern Sie uns mitteilen, dass Sie mit den Preisen für die Saalmiete und das Catering, die Sie in der Anlage finden, einverstanden sind, gern Ihre Abschlussfeier ausrichten.
In den nächsten Tagen sollte dann besprochen werden, welche Speisen und Getränke serviert werden sollen. Wir würden uns über einen Terminvorschlag dafür freuen.

Mit freundlichen Grüßen

S. Becker

**1** Lest die beiden Briefe. Welcher spricht euch sprachlich eher an? Begründet.

**2** Wie schreibt ihr Texte ohne Grammatikfehler und mit einem guten Ausdruck? Tragt Tipps und Regeln zusammen.

## In diesem Kapitel ...

- wendet ihr Regeln rund um Wörter und Wortarten an,
- formuliert ihr treffende und gut lesbare Sätze,
- verbessert ihr euren Stil und Ausdruck,
- überarbeitet ihr in einem Text Grammatik und Ausdruck.

# 11.1 „Sehr geehrte Damen und Herren" – Die richtigen Worte finden

## Kasus und Numerus prüfen

VORSICHT FEHLER!

Sehr geehrte Damen und Herren,

wir sind Schüler des zehnten Jahrgangs der Anne-Frank-Stadtschule und möchten anlässlich unserem Schulabschluss eine große Feier organisieren. Dafür würden wir gern bei Ihnen einen großen Veranstaltungsraum mit eine Bühne mieten. Außerdem sollten in den Raum Tische und Stühle für ca. 600 Gäste aufgebaut werden.
Der Termin für unsere Abschlussfeier ist der 19.6. im kommendem Jahr. Daher wüssten wir gern, ob der Veranstaltungsraum an diesen Tag noch frei ist und wie hoch die Saalmiete wäre. Über eine Antwort innerhalb den nächsten Tagen würden wir uns sehr freuen.

Mit freundlichen Grüßen ...

**1** Woran könnt ihr erkennen, dass es sich bei der E-Mail um ein offizielles Schreiben handelt?

**2** **a** Erklärt, welchen Grammatikfehler die Schüler an mehreren Stellen machen, z. B.:
*Sie verwenden nach ... den falschen ...*

**b** Übertragt aus dem Brief alle Wortgruppen mit Präpositionen richtig in euer Heft. Notiert dahinter, mit welchem Kasus (Fall) die Präposition verknüpft wird, z. B. so:
*– anlässlich unseres Schulabschlusses (Genitiv)*

**3** Bildet Sätze mit Präpositionen und dem richtigen Kasus (Fall). Wählt Aufgabe a oder b.

●○○ **a** Schreibt die Sätze A bis C richtig ab. Markiert die Präposition und bestimmt den Kasus.
**A** Wir möchten mit *unsere**m**/unsere**n*** Familien unseren Abschluss feiern.
**B** Aus *diese**n**/diese**m*** Grund benötigen wir einen großen Veranstaltungsraum.
**C** Innerhalb *de**s** Raum**s** / de**m** Raum* sollte auch ein Büfett aufgebaut werden.

●●● **b** Bei dem folgenden Satz kann man beide Kasus verwenden:
Wir möchten während *de**m** Fest / de**s** Fest**es*** tanzen.
Bestimmt die Kasus und erklärt, in welcher Situation ihr welchen Fall nehmen würdet.

**4** **a** Erklärt in Partnerarbeit, was bei den Sätzen A bis C nicht stimmt.
**A** Wir haben großes Interesse für Ihren Veranstaltungsraum.
**B** Der Raum sollte zu einer Veranstaltung mit ca. 600 Gästen geeignet sein.
**C** Wir wollen uns für eine festliche Dekoration bemühen.

**b** Schreibt die Sätze richtig in euer Heft.

**c** Formuliert eigene Sätze.
Verbindet darin die folgenden Wörter und Wortgruppen mit den richtigen Präpositionen:
*vertraut sein, Verständnis haben, hinweisen, geeignet sein, sich interessieren, Kritik üben.*
**Tipp:** Ihr könnt die passenden Präpositionen auch im Wörterbuch nachschlagen.

Sehr geehrte Frau Bach,

bezüglich Ihres Angebots vom 27. Januar habe Ronny und ich noch ein paar Fragen:
Wir würden in dem Veranstaltungsraum gern ein Büfett aufbauen. Können Sie uns sagen, ob dafür genügend Platz vorhanden ist und die Anzahl an Tischen dafür ausreichen?
Außerdem würden wir den Raum gern selbst dekorieren und ihn uns dafür einmal genau ansehen. Besteht die Möglichkeit, dass einer von uns beiden in den nächsten Tagen dafür bei Ihnen vorbeikommen? Außerdem würden Ronny oder ich dann gern ein paar Fotos von dem Raum machen, die wir unseren Mitschülerinnen und Mitschülern zeigen können.

Mit freundlichen Grüßen ...

VORSICHT FEHLER!

**5** Bei welchen Sätzen in der E-Mail muss das Prädikat in einem anderen Numerus stehen: Singular oder Plural? Wählt Aufgabe a oder b.

- **a** Schreibt den ersten Absatz richtig in euer Heft. Korrigiert die unterstrichenen Prädikate.
- **b** Schreibt die falschen Sätze im zweiten Absatz richtig in euer Heft.
- **c** Tauscht eure Ergebnisse aus. Erklärt, was man beachten muss, damit Subjekt und Prädikat zusammenpassen.

**6** Schreibt die folgenden Sätze A bis E richtig in euer Heft.

- **A** Zu der Abschlussfeier *kommt/kommen* eine große Anzahl von Gästen.
- **B** Jeder Einzelne von den Gästen *braucht/brauchen* einen festen Platz.
- **C** Ronny und ich *möchte/möchten* den Saal festlich dekorieren.
- **D** Sicher *wird/werden* der ein oder andere eine Rede halten.
- **E** Ein DJ oder eine Band *soll/sollen* für Unterhaltung sorgen.

**Information** **Kasus** (Fall) **und Numerus** (Anzahl) **prüfen**

- Jede **Präposition** verlangt einen **bestimmten Kasus** (Fall) für das Nomen oder Pronomen, das dazugehört:
  - Den **Akkusativ** fordern ***durch, für, gegen, ohne, um,*** z. B.: *ohne mich.*
  - Den **Dativ** fordern z. B. ***aus, bei, mit, nach, seit, von, zu,*** z. B.: *mit mir.*
  - Den **Genitiv** fordern z. B. ***außerhalb, innerhalb, mangels,*** z. B.: *innerhalb des Raums.*
- Manche Präpositionen können auch mit **zwei verschiedenen Fällen** stehen, z. B.: *an **das** Fenster* (Akkusativ), *an **dem** Fenster* (Dativ).
- Andere Präpositionen verlangen den **Genitiv,** können **umgangssprachlich** aber auch **mit** dem **Dativ** verwendet werden, z. B.: *wegen **seines** Hungers, wegen **seinem** Hunger.*
- Manchmal verlangt ein Verb, ein Adjektiv oder ein Nomen die **Verknüpfung mit einer ganz bestimmten Präposition,** z. B.: *warten **auf,** zufrieden **mit,** das Interesse **an.***
- **Subjekt und Prädikat** müssen im **Numerus** (Anzahl) **übereinstimmen** (**kongruent** sein). Besteht das Subjekt aus einer **Reihung mit *und,*** so gilt das in der Regel als **Plural.** Dann muss **auch das Prädikat im Plural** stehen, z. B.: *Ronny und ich **planen** die Feier.*

# Verben im Aktiv und Passiv unterscheiden

Bei uns können Sie ausgewählte Speisen und einen darauf abgestimmten Getränkeservice bestellen.
Zum Essen bieten wir Ihnen eine umfangreiche Auswahl an verschiedenen warmen und kalten Vorspeisen, Hauptgerichten und Desserts an.
Daraus stellen wir Ihren Wünschen entsprechend ein eigenes Essensangebot zusammen.
Außerdem können Sie aus einem breiten Getränkeangebot wählen.
Die Getränke werden den Gästen während der Feier am Platz serviert.

**1** a Findet im Text den Satz, der im Passiv steht. Lest ihn vor.

b Erklärt, wie das Passiv gebildet wird. Verwendet die folgenden Begriffe:
*Personalform, Hilfsverb, Partizip II.*

c Warum ist es sinnvoll, dass dieser Satz im Passiv steht?
Schreibt die beiden richtigen Antworten in euer Heft.

**A** Der Text wird durch einen Wechsel von Aktiv und Passiv abwechslungsreicher.
**B** Es soll deutlich gemacht werden, dass das Servieren der Getränke in der Zukunft stattfindet.
**C** Die Cateringfirma möchte nicht verraten, wer bei ihnen die Getränke serviert.
**D** Es ist nicht wichtig, von wem genau die Getränke serviert werden.

**2** Formuliert eigene Sätze im Passiv. Wählt Aufgabe a oder b.

●○○ a Formt die folgenden Sätze ins Passiv um.

**A** Die Kellner bringen die Speisen um 19:00 Uhr.
**B** Warmhalteplatten halten die Speisen warm.
**C** Man berücksichtigt beim Essensangebot auch die Interessen von Vegetariern.

●●● b Welche beiden Sätze von D bis G können auch im Passiv stehen? Begründet.

**D** Der Cateringservice dekoriert auch die Tische mit Blumen.
**E** Man bietet eine große Auswahl an Getränken an.
**F** Die Gäste müssen ihre Getränke bezahlen.
**G** Die Schüler müssen den Saal am Schluss aufräumen.

**Information** **Verben im Aktiv und Passiv**

Das Aktiv und das Passiv drücken eine **unterschiedliche Sicht auf ein Geschehen** aus:

- Das **Aktiv betont denjenigen, der** etwas tut oder **handelt,** z. B.:
*Die Köche bereiten die Speisen zu.*
- Das **Passiv betont, mit wem oder was etwas geschieht.** Das Passiv wird gebildet aus der Personalform des Hilfsverbs *werden* + Partizip II, z. B.: *Die Speisen werden zubereitet.*
- Das **Passiv** sollte man nur nutzen, wenn man die **handelnde Person nicht nennen möchte** oder es vor allem **auf den Vorgang ankommt** und nicht auf die Person, z. B.:
*Die Speisen werden um 19:30 Uhr gebracht.*

# Konjunktiv I und II erkennen und anwenden

Sehr geehrte Damen und Herren,

wir denken darüber nach, bei Ihnen für unsere Abschlussfeier eine Licht- und Tonanlage zu mieten. Allerdings haben wir von den Schülerinnen und Schülern des letzten Jahrgangs gehört, dass sie mit Ihren Geräten nicht ganz zufrieden waren. ❶ Die Abschlussband des letzten Jahres meinte, die bei Ihnen gemietete Tonanlage sei ungeeignet gewesen. ❷ Wir benötigen eine andere Anlage, denn die Klangqualität jener Geräte sei nicht gut. ❸ Außerdem reiche die Lautstärke nicht aus, um einen großen Saal zu bespielen. Besteht daher die Möglichkeit, Ihre Tonanlage einmal auszuprobieren, bevor wir sie mieten? Wir brauchen darüber hinaus noch eine professionelle Lichtanlage. ❹ Die Schüler des letzten Jahrgangs berichteten allerdings, Ihre Lichtanlage leuchtet den Saal nicht richtig aus. ❺ Außerdem kann man Ihre Leuchten nicht gut dimmen. ❻ So können die Techniker für den anschließenden Tanz keine angenehme Atmosphäre schaffen. ❼ Die Discokugeln haben gut funktioniert und sind ausreichend groß gewesen. ❽ Allerdings kosten sie ziemlich viel. Wir würden uns auch von Ihrer Lichtanlage gern selbst ein Bild machen und diese einmal ausprobieren.

Mit freundlichen Grüßen …

**1** Ein Schüler möchte in seiner E-Mail deutlich machen, welche Aussagen von ihm und welche von den Schülern des letzten Jahrgangs stammen.

a Untersucht die Sätze ❶ bis ❸: Welche Verbformen machen deutlich, dass es sich um Aussagen der älteren Schülerinnen und Schüler handelt? Schreibt sie heraus.

b Formuliert die Aussagen der letzten Abschlussklasse in den Sätzen ❶ bis ❸ in wörtlicher Rede.

**2** Überarbeitet den zweiten Teil der E-Mail. Wählt Aufgabe a oder b.

●○○ a Formuliert die Sätze ❹ und ❺ so um, dass deutlich wird, dass die Aussagen nicht von dem Schüler selbst stammen. Bildet die Konjunktiv-I-Form der Verbformen.

●●● b Formuliert die Sätze ❻ bis ❽ in die indirekte Rede um. Entscheidet, ob ihr für die Verbformen den Konjunktiv I, den Konjunktiv II oder die *würde*-Ersatzform verwenden solltet.

c Tauscht eure Ergebnisse aus.

**Information** **Der Konjunktiv I und II in der indirekten Rede**

Wenn man deutlich ausdrücken möchte, dass **jemand anderes etwas gesagt hat,** dann verwendet man die **indirekte Rede.** Die indirekte Rede steht **nicht in Anführungszeichen.** Das Verb steht im **Konjunktiv I,** z. B.: *Er sagt, man* ***müsse*** *eine Lichtanlage mieten.*

- Wenn der **Konjunktiv I sich nicht vom Indikativ Präsens** unterscheidet, dann wird der **Konjunktiv II** oder die ***würde*-Ersatzform** verwendet, z. B.: *„Wir wollen den Saal gut ausleuchten.“*

| | |
|---|---|
| Konjunktiv I: | *Sie erklärten, sie* ***wollen*** *den Saal gut ausleuchten.* |
| → Konjunktiv II: | *Sie erklärten, sie* ***wollten*** *den Saal gut ausleuchten.* |
| → *würde*-Ersatzform: | *Sie erklärten, sie* ***würden*** *den Saal gut ausleuchten* ***wollen.*** |

# Abwechslungsreich und treffend formulieren

... Für unsere Abschlussfeier möchten wir bei Ihnen Eintrittskarten drucken lassen. Diese Tickets hätten wir am liebsten in Postkartengröße. Außerdem wünschen wir uns Billetts, die von beiden Seiten bedruckt sind. Darüber hinaus würden wir uns freuen, wenn die Karten nicht nur schwarz-weiß, sondern farbig bedruckt wären. Insgesamt benötigen wir 600 Einlasskarten. Wir bitten Sie, uns ein entsprechendes Angebot für die Abschlussfeierkarten zukommen zu lassen. Des Weiteren denken wir darüber nach, von Ihnen auch unsere Abschlusszeitung drucken zu lassen. Könnten Sie uns dafür auch ein Angebot machen? ...

**1** a Formuliert, wie diese E-Mail sprachlich auf euch wirkt.
b Synonyme sind Wörter mit einer gleichen oder ähnlichen Bedeutung.
Schreibt alle Synonyme für *sich wünschen, außerdem* und *Eintrittskarten* heraus.
c Begründet, bei welchen Begriffen man Synonyme verwenden sollte und bei welchen eher nicht.
d Überarbeitet die E-Mail in eurem Heft.

**2** Schreibt die folgenden Sätze mit dem jeweils treffendsten Synonym in euer Heft.
A Wir möchten Sie *bitten/auffordern/ersuchen,* uns bei der Dekoration zu unterstützen, indem Sie Blumengestecke für uns *erschaffen/herstellen/machen.*
B Wir *begehren/benötigen/brauchen* für alle 40 *Tische/Bankette/Festtafeln* ein Gesteck.
C Es würde uns *erbauen/freuen/amüsieren,* wenn diese gegen 16:00 Uhr *geliefert/gebracht/zugestellt* werden könnten.

**3** Findet selbst Synonyme. Wählt Aufgabe a/c oder b/c. Tauscht dann eure Ergebnisse aus.
●○○ a Ordnet die Synonyme im Kasten folgenden Verben zu: *gehen, haben, machen.*

erschaffen laufen besitzen tun erledigen spazieren herstellen gestalten wandern sein Eigen nennen schlendern verfügen erzeugen erledigen aufweisen zugehören marschieren

●●● b Findet möglichst viele Synonyme für die Adjektive *schön, groß, schlecht.*
c Formuliert mit den Synonymen aus Aufgabe a und b Sätze.

**Methode** **Abwechslungsreich und treffend formulieren**

- Zu einem guten Ausdruck gehört es, **störende Wiederholungen** zu **vermeiden** und stattdessen **Synonyme** zu **verwenden.** Das sind Wörter mit gleicher oder ähnlicher Bedeutung.
- Da viele Synonyme oft nur eine **ähnliche Bedeutung** haben, sollte man **genau abwägen,** welche das Gemeinte am besten trifft, z. B. anstelle von *sagen → bitten, auffordern, befehlen.*
- Für manche Nomen gibt es keine passenden Synonyme oder sie sind kaum mehr gebräuchlich, z. B. für *Pferd → Ross, schwarzes Pferd → Rappe.*

# Geschlechtergerechte Sprache verwenden

**1** a Erläutert: Worin besteht das Missverständnis in dem Telefonat?
b Erklärt, wie man das Missverständnis hätte vermeiden können.

Nein, unser Fotostudio kann für die Feier leider keinen Fotografen vorbeischicken. Wir haben aber noch eine Fotograf**in**, die Zeit hätte.

**2** a Überarbeitet in Partnerarbeit den folgenden E-Mail-Auszug. Es sollen sich das weibliche und das männliche Geschlecht angesprochen fühlen.
b Bewertet, wie der Text nach eurer Überarbeitung klingt.

> ... Für unsere Abschlussfeier der Anne-Frank-Stadtschule möchten wir bei Ihrem Fotostudio einen Fotografen beauftragen. Dieser sollte zu Beginn der Feier zunächst ein Foto aller Schüler machen. Auf einem weiteren Foto sollen dann alle Lehrer zu sehen sein. Im Anschluss daran sollte der Fotograf im Foyer zur Verfügung stehen, um einzelne Schüler zu fotografieren ...

**3** a Man kann auf verschiedene Weise beide Geschlechter ansprechen. Beschreibt die Unterschiede in den Sätzen A bis C.
**A** Auf einem weiteren Foto sollen dann alle Lehrerinnen und Lehrer zu sehen sein.
**B** Auf einem weiteren Foto sollen dann alle Lehrkräfte zu sehen sein.
**C** Auf einem weiteren Foto sollen dann alle Lehrer/-innen zu sehen sein.
b Diskutiert die Vor- und Nachteile der verschiedenen Formulierungen.

**4** Findet weitere geeignete geschlechtergerechte Formulierungen. Wählt Aufgabe a oder b.
○○ a Schreibt von den folgenden Begriffen die heraus, die geschlechtergerecht sind:
*Fahrer und Fahrerinnen, Personen, Sekretärin, Lehrende, Gäste, Kinder, der/die Autor/-in, Erzieher, Direktorinnen und Direktoren, Bäcker.*
●● b Findet für die folgenden Begriffe geschlechtergerechte Formulierungen:
*Erzähler, Teilnehmer, Bürokaufmänner, Kunden, Ausbilder, Bewerber, Krankenschwester.*
c Tauscht eure Ergebnisse aus und ordnet die Begriffe in eine Tabelle wie folgt ein:

| Nennung beider Geschlechter | Neutrale Formulierung |
| --- | --- |
| *Fahrer und Fahrerinnen, ...* | *Personen, ...* |

**Methode** Geschlechtergerechte Sprache verwenden

**Geschlechtergerechte Sprache** macht **sprachlich deutlich,** dass sowohl das **weibliche** als auch das **männliche Geschlecht gemeint** sind. Dafür gibt es im Wesentlichen zwei Möglichkeiten:
- **Nennung beider Geschlechter,** z. B.: *Schülerinnen und Schüler, der/die Schüler/-in*
- **neutrale Formulierungen,** z. B.: *Schülerschaft, Lehrkräfte, Zuhörende, Team*

## Teste dich!

| **Aufgaben für Partner 1: Blumenschmuck** | **richtig** | **falsch, gehe zu:** |
|---|---|---|
| **1** *Valerie und ich möchte auf allen Tischen Blumengestecke stellen.* Korrigiere die beiden Grammatikfehler. | Valerie und ich *möchten* auf *alle Tische* ... | Seite 218–219 |
| **2** *Die Floristen sollen in die Gestecke sommerliche Blumen einarbeiten.* Forme den Satz im Aktiv ins Passiv um. | In die Gestecke *sollen* sommerliche Blumen *eingearbeitet werden.* | Seite 220 |
| **3** *Die Organisatoren haben erklärt: „Wir finden gelbe Blumen besonders passend."* Forme die direkte Rede in die indirekte Rede um. | Die Organisatoren haben erklärt, sie *fänden* gelbe Blumen besonders passend. | Seite 221 |
| **4** *Die Lehrer möchten, dass der Florist besonders festliche Gestecke gestaltet.* Forme den Satz geschlechtergerecht um. | Die *Lehrerinnen und Lehrer/ Lehrkräfte* möchten, dass *die Floristin oder der Florist* ... | Seite 223 |

| **Aufgaben für Partner 2: Einladungskarten** | **richtig** | **falsch, gehe zu:** |
|---|---|---|
| **1** *Einige Schülerinnen und Schüler möchte anlässlich unsere Abschlussfeier Einladungskarten gestalten.* Korrigiere die beiden Grammatikfehler. | Einige Schülerinnen und Schüler *möchten* anlässlich *unserer* Abschlussfeier ... | Seite 218–219 |
| **2** *Wir verteilen die Karten an alle Eltern und Lehrkräfte.* Forme den Satz im Aktiv ins Passiv um. | Die Karten *werden* an alle Eltern und Lehrkräfte *verteilt.* | Seite 220 |
| **3** *Die beiden Deutschlehrer meinen: „Wir helfen bei der Korrektur des Textes."* Forme die direkte Rede in die indirekte Rede um. | Die beiden Deutschlehrer meinen, sie *würden* bei der Korrektur des Textes *helfen.* | Seite 221 |
| **4** *Ein Spezialist wird die Schüler bei der Gestaltung der Einladung unterstützen.* Forme den Satz geschlechtergerecht um. | *Ein Spezialist oder eine Spezialistin* wird *die Schülerinnen und Schüler* bei der Gestaltung ... | Seite 223 |

**1** Testet euch gegenseitig: Jeder prüft seinen Lernpartner mit einem Aufgabenbogen (Aufgaben für Partner 1 oder Partner 2). Deckt dabei die Lösungen ab und notiert die Antworten.

**2** Übe weiter: Hast du höchstens 2 Antworten falsch, bearbeite die Aufgaben auf Seite 227–228. Hast du mehr als 2 Antworten falsch, bearbeite die Aufgaben auf Seite 225–226.

# Üben: Die richtigen Worte finden

**A** Wir möchten die Abschlussfeier auf *unserem/unseren* Schulhof feiern.

**B** Nun *hat/haben* wir vom Organisationsteam aber die Sorge, dass es an *dem/den* Tag regnen könnte. Zur Sicherheit möchten wir ein Zelt aufbauen.

**C** Die Zahl der Gäste *liegt/liegen* bei ca. 450.

**D** Bei Regen sollen sich alle gleichzeitig innerhalb *dem Zelt/des Zelts* aufhalten können.

**E** Besteht die Möglichkeit, bei Ihnen ein solches Zelt für *den/dem* 14.06.20.. zu mieten?

**F** Es wäre schön, wenn wir das Zelt bereits morgens mit unserer Kunstlehrerin oder mit unserem Kunstlehrer dekorieren *kann/können.*

**G** Viele Schülerinnen und Schüler *hat/haben* sich bereit erklärt, beim Auf- und Abbau zu helfen.

**H** Können Sie uns sagen, was die Miete sowie der Auf- und Abbau kosten *würde/würden?*

**1** Schreibt die Sätze A bis H mit dem richtigen Kasus (Fall) oder Numerus (Anzahl) ab.

Sehr geehrte Damen und Herren,

am 16.06.20.. feiern wir auf dem Schulhof der Heinrich-Heine-Gesamtschule unseren Schulabschluss. Dafür benötigen wir Tische und Bänke für ca. 450 Gäste. Jemand hat uns empfohlen, diese bei Ihnen zu mieten, weil Sie eine große Auswahl an Partymöbeln haben. Es wäre schön, wenn Sie die Tische und Bänke schon am Morgen liefern könnten, weil wir sie noch festlich dekorieren möchten. Am 17.06.20.. können Sie die Möbel wieder abholen. Zunächst einmal würde uns interessieren, welche Kosten für die Miete und die Lieferung auf uns zukommen würden. Über eine baldige Antwort würden wir uns sehr freuen.

Mit freundlichen Grüßen ...

**2** **a** Formt im Heft alle unterstrichenen Sätze ins Passiv um.
Beginnt so: *Dafür werden* ...

**b** Erklärt, warum es bei diesen Sätzen sinnvoll ist, das Passiv zu verwenden.

Sehr geehrte Damen und Herren,

bei unserer Abschlussfeier auf dem Schulhof der Heinrich-Heine-Gesamtschule möchten wir grillen. Unser Hausmeister hat uns erklärt: „Ihr benötigt sicher einen sehr großen Grill. Denn es ist eine große Herausforderung, für 450 Gäste zu grillen. Schließlich muss man sehr viele Würstchen und Fleischstücke gleichzeitg auf den Grill legen können."
Daher würden wir gerne bei Ihnen einen oder mehrere Grills mieten. Außerdem erklärte unser Hausmeister: „Ihr braucht sehr viel Grillkohle. Eventuell könnt ihr diese liefern lassen." Besteht die Möglichkeit, dass Sie uns zusammen mit den Grills auch die Kohle liefern?

Mit freundlichen Grüßen ...

**3** Formt die direkte Rede in der E-Mail in die indirekte Rede um. Verwendet bei ...
- der Unterstreichung die *würde*-Ersatzform und
- den Markierungen den Konjunktiv II.

... Wir möchten für ein Grillfest an unserer Schule gerne Fleisch für ca. 450 Gäste bestellen. Wir haben uns überlegt, dass wir auf jeden Fall Würstchen grillen möchten. Außerdem möchten wir Steaks haben. Außerdem möchten wir auch Würstchen ohne Schweinefleisch bestellen, weil einige Schüler, Eltern und Lehrer kein Schweinefleisch mögen. Außerdem möchten wir auch gern vegetarische Würstchen grillen, denn unter den Gästen sind auch einige Vegetarier ...
Außerdem möchten wir gern wissen, ob einer Ihrer Köche uns beim Grillen unterstützen kann ...

**4** Überarbeitet den E-Mail-Ausschnitt:
- Formuliert geschlechtergerecht.
- Gestaltet den Text abwechslungsreicher. Verwendet für *außerdem* und *möchten* passende Synonyme, z. B. *des Weiteren* oder *benötigen*.

**Lösungen**

1 A auf *unserem* Schulhof, B *haben* wir ... an *dem* Tag, C Die Zahl der Gäste *liegt*, D innerhalb *des Zelts*, E für *den* 14.06.20.., F dekorieren *können*, G Viele Schülerinnen und Schüler *haben*, H kosten *würden*?

2 a Dafür *werden* Tische und Bänke für ca. 450 Gäste *benötigt*. Uns *wurde* empfohlen, ... wenn die Tische und Bänke schon am Morgen *geliefert werden* könnten. Am 17.06.20.. können die Möbel wieder *abgeholt werden*.
b Es ist sinnvoll, das Passiv zu verwenden, weil es in diesem Zusammenhang nicht wichtig ist, wer genau die Möbel braucht, wer die Empfehlung ausgesprochen hat, wer die Möbel liefert und abholt.

3 Unser Hausmeister hat uns erklärt, wir *würden* sicher einen sehr großen Grill *benötigen*. Denn es *sei* eine große Herausforderung, für 450 Gäste zu grillen. Schließlich *müsse* man sehr viele Würstchen und Fleischstücke gleichzeitg auf den Grill legen können.
Außerdem erklärte unser Hausmeister, wir *bräuchten* sehr viel Grillkohle. Eventuell *könnten* wir diese liefern lassen.

4 Mögliche Lösung: ... Wir möchten für ein Grillfest an unserer Schule gerne Fleisch für ca. 450 Gäste bestellen. Wir haben uns überlegt, dass wir auf jeden Fall Würstchen grillen *wollen*. Außerdem *benötigen* wir Steaks. *Des Weiteren würden* wir auch *gern* Würstchen ohne Schweinefleisch bestellen, weil einige *Schülerinnen und Schüler*, Eltern und *Lehrkräfte/Lehrerinnen und Lehrer* kein Schweinefleisch *essen*. *Darüber hinaus* möchten wir auch gern vegetarische Würstchen grillen, denn unter den Gästen sind auch einige *Vegetarierinnen und Vegetarier*. *Schließlich würden* wir gern wissen, ob *eine/einer* Ihrer *Köchinnen oder Köche* uns beim Grillen unterstützen kann ...

# ●●● Üben: Die richtigen Worte finden

A Wir möchten anlässlich unser ? Schulabschluss ? eine Abschlusszeitung gestalten, die wir an all ? Gäste ? der Abschlussfeier verkaufen möchten.
B Diese würden wir gern in Ihre ? Druckerei ? drucken lassen.
C Wegen d ? knapp ? Zeit wäre es schön, wenn Sie die Zeitung innerhalb ein ? Woche ? drucken könnten.
D Weil eine große Menge an Schülerinnen und Schülern Interesse an der Mitarbeit *(haben)*, wird die Zeitung sicher ca. 120 Seiten dick werden.
E Jede der Seiten *(sollen)* farbig bedruckt werden.
F Zwei oder drei Schülerinnen und Schüler *(tragen)* als Chefredakteure die Verantwortung.
G Wenn eine/-r Ihrer Mitarbeiterinnen oder Mitarbeiter zu uns telefonisch Kontakt *(aufnehmen)*, können wir die weiteren Details persönlich besprechen.

**1** a Schreibt die Sätze A bis C jeweils mit dem richtigen Kasus ab.
b Notiert hinter den Sätzen A bis C jeweils, um welchen Kasus es sich handelt.
c Schreibt die Sätze D bis G mit dem richtigen Numerus in euer Heft.

Sehr geehrter Herr Brandt,

wir sind als Chefredakteure für die diesjährige Abschlusszeitung zuständig. Uns ist sehr wichtig, dass jemand unsere darin enthaltenen Texte am Schluss auf Rechtschreib-, Grammatik- und Zeichensetzungsfehler korrigiert. Denn es stört den Lesefluss, wenn die Artikel zu viele Fehler enthalten. Außerdem möchten wir als Abschlussjahrgang den Leserinnen und Lesern gegenüber einen guten Eindruck machen. Weil Sie als Deutschlehrer viel Korrekturerfahrung haben, sind wir auf die Idee gekommen, Sie um Hilfe zu bitten. Wir würden uns sehr freuen, wenn Sie die Texte für uns Korrektur lesen könnten. Die Autorinnen und Autoren stellen die Entwürfe bis zum 20. Mai fertig, sodass Sie dann noch ausreichend Zeit für die Korrektur haben.

Mit freundlichen Grüßen ...

**2** Drei Sätze in der E-Mail können ins Passiv gesetzt werden. Findet sie und formt sie um.

… Ich bin als einer der Chefredakteure für die Abschlusszeitung meines Jahrgangs zuständig. In diesem Zusammenhang kümmere ich mich auch um die Finanzierung der Zeitung. Einer unserer Lehrer hat mir erklärt: „Ihr könnt euch für eure Zeitung Sponsoren suchen. Wenn ihr von denen in eurer Zeitung eine Werbeanzeige abdruckt, beteiligen diese sich an den Druckkosten."
Mein Vater äußerte: „Es ist sinnvoll, sich eine Fahrschule als Sponsor zu suchen. Denn die meisten Schülerinnen und Schüler machen im kommenden Jahr ihren Führerschein."
Daher möchte ich Sie fragen, ob Sie mit Ihrer Fahrschule Interesse daran hätten, …

**3** Formt die direkte Rede im E-Mail-Ausschnitt in die indirekte Rede um.
Prüft, wann ihr den Konjunktiv I, den Konjunktiv II oder die *würde*-Ersatzform verwenden solltet.

Sehr geehrte Kunstlehrer,

ich bin einer der Chefredakteure für die diesjährige Abschlusszeitung. Ich denke, dass es wichtig ist, nicht nur gute Texte und Fotos abzudrucken, sondern auch die Seiten ansprechend zu gestalten. Aber ich denke, dass wir Schüler das allein nicht gut hinbekommen werden. Aber ich denke, dass uns das mit Hilfe eines Kunstlehrers gut gelingen kann.
Ich würde mich also sehr freuen, wenn einer von Ihnen uns dabei unterstützen könnte.
Aber denken Sie bitte nicht, dass Sie alleine die Arbeit für uns erledigen sollen. Ich denke, dass es uns reichen würde, wenn Sie uns ein paar Tipps geben könnten.
Vielleicht denken Sie einmal darüber nach, ob einer von Ihnen sich das vorstellen kann?

Mit freundlichen Grüßen …

**4** Überarbeitet die E-Mail:
– Formuliert geschlechtergerecht oder nutzt neutrale Formulierungen.
– Gestaltet den Text abwechslungsreicher. Verwendet für *aber* und *denken* treffende Synonyme.

**Lösungen**

1 a/b A anlässlich unseres Schulabschlusses (Genitiv), an alle Gäste (Akkusativ), B in Ihrer Druckerei (Dativ), C wegen der knappen Zeit (Genitiv), innerhalb einer Woche (Genitiv)
c D … Interesse an der Mitarbeit *hat*, … E Jede der Seiten *soll* … F Zwei oder drei Schülerinnen und Schüler *tragen* …
G Wenn eine/-r Ihrer Mitarbeiterinnen oder Mitarbeiter telefonisch zu uns Kontakt *aufnimmt* …

2 … dass unsere darin enthaltenen Texte am Schluss auf Rechtschreib-, Grammatik- und Zeichensetzungsfehler *korrigiert werden* … Denn der Lesefluss *wird gestört*, … Die Entwürfe *werden* bis zum 20. Mai *fertig gestellt*, …

3 Einer unserer Lehrer hat mir erklärt, wir *könnten* uns für unsere Zeitung Sponsoren suchen. Wenn wir von denen in unserer Zeitung eine Werbeanzeige abdrucken *würden*, *würden* diese sich an den Druckkosten beteiligen.
Mein Vater äußerte, es *sei* sinnvoll, sich eine Fahrschule als Sponsor zu suchen. Denn die meisten Schülerinnen und Schüler *würden* im kommenden Jahr ihren Führerschein machen.

4 z. B.: Sehr geehrte *Kunstlehrkräfte*, … Ich *meine*, dass … *Aber* ich *fürchte*, dass wir *Schülerinnen und Schüler* das allein … *Allerdings hoffe* ich, dass uns das mit Hilfe einer *Kunstlehrkraft* gut gelingen kann. Ich würde mich also sehr freuen, wenn *eine* oder *einer* von Ihnen uns dabei unterstützen könnte. *Glauben* Sie *jedoch* bitte nicht, … Ich *meine*, … Vielleicht *überlegen* Sie einmal, ob *eine oder einer* von Ihnen …

# 11.2 Sich bewerben – Angemessen formulieren

## Sätze richtig verknüpfen

VORSICHT FEHLER!

*Sehr geehrte Damen und Herren,*

*auf Ihrer Website habe ich gelesen, dass Sie eine Stelle für eine Ausbildung zum Kaufmann im Einzelhandel anbieten. Um diese Stelle möchte ich mich gern bei Ihnen bewerben.*
*Ich habe seit einiger Zeit großen Spaß daran, meinem Vater dabei zu helfen, im Internet alte Spielsachen von mir zu verkaufen. Seitdem habe ich mir vorgestellt, diese Tätigkeit einmal zu meinem Beruf zu machen. Deshalb ich möchte gern Kaufmann im Einzelhandel werden.*
*Im letzten Jahr, wo ich mein Praktikum bei der Jeanscompany gemacht habe, wurde ich in meinem Wunsch weiter bestärkt, weil die Arbeit hat mir großen Spaß gemacht. Am liebsten habe ich die Regale befüllt und die Kunden beraten.*

**1** Ein Schüler hat sein Bewerbungsschreiben von seiner Deutschlehrerin korrigieren lassen.
- **a** Erklärt, was der Schüler in den von ihr markierten Sätzen falsch gemacht hat.
- **b** Schreibt die Sätze richtig in euer Heft.
- **c** Erläutert, was ihr beachten müsst, wenn ihr Sätze miteinander verknüpft, z. B.:
  *Wenn man Sätze miteinander verknüpft, muss man darauf achten, dass die Verknüpfungswörter …*
  *Bei einem Hauptsatz steht das Prädikat immer …, beim Nebensatz steht es …*

**2**
- **a** Erklärt, ob es sich bei den *kursiv gedruckten* Sätzen A bis F jeweils um einen Haupt- oder einen Nebensatz handelt.
- **b** Formuliert jeweils, was die *kursiv gedruckten* Sätze näher bestimmen, z. B.:
  *den Grund, den Ort, …* (▸ Information, S. 230).

A *Weil mir kaufmännisches und wirtschaftliches Denken liegen,* bin ich für den Beruf gut geeignet.
B Ich habe ein zweiwöchiges Schülerpraktikum in einem Bekleidungsgeschäft absolviert. *Dort hat mir die Arbeit viel Freude bereitet.*
C *Während ich ein Praktikum in einem Bekleidungsgeschäft absolviert habe,* habe ich viel über den Umgang mit Kunden gelernt.
D *Als ich gemeinsam mit ein paar Klassenkameraden eine Schülerfirma gegründet habe,* wurde ich in meinem Ausbildungswunsch bestärkt.
E Ich möchte meine Ausbildung gern bei Ihnen absolvieren, *denn Ihr Geschäft gilt als besonders kundenfreundlich.*
F Ich freue mich, *wenn ich mich Ihnen in einem Gespräch näher vorstellen darf.*

**3** Verbindet selbst Sätze mit passenden Verknüpfungen.
Wählt Aufgabe a/b oder c/d.

●○○ **a** Schreibt die folgenden Sätze A bis E mit der jeweils richtigen Verknüpfung ab.

**A** Der Beruf der Bürokauffrau interessiert mich, *weil/denn* es gibt sehr gute Karrieremöglichkeiten.

**B** *Wenn/Damit* Sie Ihr Team um eine kontraktfreudige und verantwortungsbewusste Auszubildende erweitern wollen, könnte ich die richtige Bewerberin sein.

**C** Meine Schule ist wirtschaftlich ausgerichtet, *dort/daher* habe ich auch Fächer wie Betriebswirtschaft und Rechnungswesen.

**D** *Während/Weil* ich ein vierwöchiges Praktikum bei einer Speditionsfirma absolviert habe, konnte ich erste Erfahrungen im kaufmännischen Bereich sammeln.

**E** Ich würde mich sehr freuen, *wenn/sobald* meine Bewerbungsmappe Ihr Interesse geweckt hat.

●○○ **b** Notiert jeweils, ob es sich um eine Satzreihe (Hauptsatz + Hauptsatz) oder um ein Satzgefüge (Hauptsatz + Nebensatz) handelt.

**Tipp:** Es sind zwei Satzreihen und drei Satzgefüge.

●●● **c** Verknüpft die Sätze A bis E jeweils mit einer der Verknüpfungen.

**A** *weil/denn:* Ich habe mich für den Beruf des Kochs entschieden. Ich bin sehr belastbar und koche gerne.

**B** *während/wo:* Ich habe in den letzten Sommerferien als Aushilfe in einem Restaurant gearbeitet. Ich konnte erste Einblicke in den Beruf gewinnen.

**C** *nachdem/bis:* Ich hatte diesen Ferienjob ausgeübt. Meine Entscheidung für den Beruf des Kochs stand fest.

**D** *indem/während:* Ich habe für unser letztes Schulfest das Büfett organisiert. Ich konnte mein Talent zur Planung von Menüs unter Beweis stellen.

**E** *wo/dort:* Zurzeit besuche ich die Erich-Kästner-Schule in Köln. Ich werde im Sommer meinen mittleren Schulabschluss mit voraussichtlich gutem Erfolg absolvieren.

●●● **d** Notiert jeweils, ob es sich um eine Satzreihe (Hauptsatz + Hauptsatz) oder um ein Satzgefüge (Hauptsatz + Nebensatz) handelt.

**Information** **Sätze richtig verknüpfen**

- Um einen **Haupt- oder** einen **Nebensatz** mit **passenden Verknüpfungen** einzuleiten, solltet ihr euch klarmachen, worüber der Satz etwas aussagen soll, z. B.:

| Aussage über | Nebensatz | Hauptsatz |
|---|---|---|
| **Zeit** | *als, bevor, bis, nachdem, wenn* | *danach, zunächst, anschließend* |
| **Ort** | *wo, wohin, woher* | *dort* |
| **Art und Weise** | *indem, soweit, wie, wenn* | *dadurch, dabei* |
| **Grund** | *weil, da* | *denn, deswegen, deshalb, daher* |
| **Bedingung** | *wenn, falls, sofern* | *andernfalls, sonst* |
| **Zweck** | *damit* | *darum* |
| **Einschränkung** | *obwohl* | *trotzdem, dennoch* |
| **Folge** | *sodass, so ... dass* | *folglich, demzufolge* |

- Im **Hauptsatz** steht das **Prädikat** immer **an zweiter Stelle,** im **Nebensatz am Ende,** z. B.:
*Ich bin Verkäuferin, weil die Tätigkeit mir großen Spaß macht.*
*Ich bin Verkäuferin, denn die Tätigkeit macht mir großen Spaß.*

# Mit der Umstellprobe den Stil verbessern

*... Ich habe über die Ausbildungsbörse azubi.de erfahren, dass Sie Kraftfahrzeugmechatroniker ausbilden. Ich möchte mich hiermit um einen solchen Ausbildungsplatz bewerben.*
*Ich interessiere mich für diesen Beruf, weil ich sehr gern elektronische und mechanische Zusammenhänge untersuche und Autos meine Leidenschaft sind.*
*❶ Ich besuche zurzeit die Städtische Gesamtschule und werde dort in wenigen Monaten meinen mittleren Schulabschluss mit voraussichtlich gutem Erfolg absolvieren. Ich habe momentan einen Notendurchschnitt von 2,2.*
*❷ Ich habe in den Fächern Mathematik und Physik sogar eine 1. Ich konnte in der Autowerkstatt eines Bekannten in den letzten Ferien bereits erste Erfahrungen bei der Reparatur von Fahrzeugen sammeln. In einem Vorstellungsgespräch würde ich Sie gern persönlich von meinen Stärken überzeugen.*
*❸ Ich freue mich daher über eine Einladung von Ihnen ganz besonders.*

**1** Formuliert, was euch bei dem Bewerbungsschreiben sprachlich auffällt.

**2** a Ein Schüler hat die Sätze ❶ bis ❸ teilweise umgestellt. Begründet, welche Möglichkeit euch jeweils am besten gefällt.
❶ *Zurzeit besuche ich die Städtische Gesamtschule und werde ...*
*Die Städtische Gesamtschule besuche ich zurzeit und werde ...*
❷ *Sogar eine 1 habe ich in den Fächern Mathematik und Physik.*
*In den Fächern Mathematik und Physik habe ich sogar eine 1.*
❸ *Daher freue ich mich ganz besonders über eine Einladung von Ihnen.*
*Über eine Einladung von Ihnen freue ich mich daher ganz besonders.*
b Erklärt, wie man vorgeht, wenn man Sätze umstellt.

**3** a Überarbeitet das Bewerbungsschreiben. Stellt die Sätze sinnvoll um.
b Vergleicht in Partnerarbeit eure Überarbeitungen. Diskutiert bei unterschiedlichen Ergebnissen, welche Umstellung sinnvoller ist oder ob beide Umstellungen passen.

**4** Formuliert ein eigenes Bewerbungsanschreiben. Begründet darin eure Eignung für euren Lieblingsberuf. Achtet auf abwechslungsreiche und aussagekräftige Satzanfänge.

**Methode** **Mit der Umstellprobe den Stil verbessern**

Durch die **Umstellprobe** könnt ihr eure **Texte abwechslungsreicher gestalten,** sodass die Satzanfänge nicht stets gleich sind. Stellt **ein aussagekräftiges Satzglied an den Anfang,** z. B.:
- **zeitliche Angaben,** z. B.: *Momentan ..., Im letzten Jahr ...*
- **wichtige Information,** z. B.: *In einer Kfz-Werkstatt habe ich ...*
- **Bezüge** zum vorangegangenen Satz, z. B.: *Daher ..., Aus diesem Grund ...*

# Stellung der Satzglieder im Deutschen und Englischen

*Ich möchte gern ein Praktikum als Tierpfleger machen. Für diesen Beruf interessiere ich mich, weil ich Tiere mag. Zu Hause habe ich einen Hund und eine Schlange.*

*I would like to do a work experience as a zoo-keeper. I am interested in the job, because I like animals. At home I have got a dog and a snake.*

**1** Ein Schüler möchte ein Praktikum als Tierpfleger im Londoner Zoo machen. Dazu hat er sein Bewerbungsschreiben ins Englische übersetzt. Vergleicht in den beiden Auszügen den Satzbau.

**2** Untersucht den Satzbau in den Auszügen genauer.

**a** Schreibt die drei deutschen und die drei englischen Sätze jeweils untereinander in euer Heft.

**b** Unterstreicht in allen Sätzen
- die Prädikate und
- markiert die Objekte, z. B.:

*Ich möchte gern ein Praktikum als Tierpfleger machen.*

**c** Beschreibt den Satzbau in den Nebensätzen *„weil ich Tiere mag"* bzw. *„because I like animals"*. Wo steht das Prädikat im Deutschen, wo steht es im Englischen?

**d** Vergleicht den Satzbau in den Hauptsätzen: Wo steht das Prädikat, wo das Objekt?

**3** Fasst zusammen, worin sich die Stellung der Satzglieder im Deutschen und im Englischen unterscheidet. Wählt Aufgabe a oder b.

●○○ **a** Übertragt die folgende Information in euer Heft. Ergänzt für die einzelnen Regeln eigene Beispielsätze.

●●● **b** Bereitet einen Kurzvortrag vor. Erläutert darin mit eigenen Beispielen die Stellung der Satzglieder im Deutschen und im Englischen.

**Information** **Stellung der Satzglieder im Deutschen und Englischen**

- Im **Deutschen** steht im **Hauptsatz** das **Prädikat** immer **an zweiter Stelle,** im **Nebensatz am Ende,** z. B.: *Ich mache ein Praktikum in London, weil ich die Stadt mag.*
- Bei der **Umstellprobe** darf man verschiedene **Satzglieder** an den Satzanfang stellen, z. B.: *Ich mache ein Praktikum in London. Ein Praktikum mache ich in London. In London mache …*
- Im **Englischen** gilt im **Haupt- und Nebensatz** immer die Reihenfolge **Subjekt, Prädikat, Objekt.** Diese darf **nicht durch eine Umstellprobe verändert werden,** z. B.: *I do a work experience in London, because I like the city.*

# Schachtelsätze und Füllwörter vermeiden

❶ *Ich möchte mich gern in Ihrer Abteilung um eine Ausbildung zur so genannten medizinischen Fachangestellten bewerben.*
❷ *Während eines vierwöchigen und ausgesprochen aufschlussreichen Praktikums im Städtischen Krankenhaus konnte ich durchaus erste Einblicke in den Beruf gewinnen.*
❸ *Ich denke jedenfalls, dass ich für den Beruf der medizinischen Fachangestellten gewissermaßen sehr geeignet bin, weil ich dabei erfahren habe, dass mir die Arbeit mit Menschen alles in allem sehr große Freude bereitet, und weil ich durch die Mitarbeit im Krankenhaus weiß, wie wichtig Hygiene und Sauberkeit im Gesundheitswesen sind.*
❹ *Ich bin, wie Sie aus meinen besonders guten Noten in Biologie und Chemie ersehen können, offensichtlich an Naturwissenschaften und medizinischen Zusammenhängen besonders interessiert.*

**1** a Erklärt am Beispiel ❸, was man unter einem Schachtelsatz versteht.
b Setzt den folgenden Satz fort: *Schachtelsätze können schwer ..., weil ...*

**2** a Lest in der Methode die Hinweise A bis D für einen übersichtlichen Satzbau.
b Ordnet im Heft den Sätzen ❶ bis ❹ diese Hinweise zu: ❶ = ..., ❷ = ..., ❸ = ..., ❹ = ...

**3** Sicher ist euch aufgefallen, dass die Sätze unnötige Füllwörter enthalten.
Nennt Beispiele für solche Wörter, die man weglassen kann.

**4** Überarbeitet die Sätze im Heft so, dass sie verständlicher werden. Wählt Aufgabe a oder b.
●○○ a Stellt Satz ❶ sinnvoll um und formt aus Satz ❷ zwei Sätze.
Lasst Füllwörter weg.
●●● b Formuliert die Sätze ❸ und ❹ um.
Verändert z. B. den Satzbau oder formt aus einem Satz mehrere Sätze.
Lasst unnötige Füllwörter weg.

**5** a Verfasst ein Bewerbungsschreiben ohne Schachtelsätze und Füllwörter.
Informiert darin über eure schulischen Leistungen und eure privaten Interessen.
b Prüft und verbessert eure Texte in Partnerarbeit.

**Methode** **Übersichtlicher Satzbau**

Zu einem guten **Stil** gehört es, **Schachtelsätze und Füllwörter zu vermeiden.**
- So werden die **Sätze** für die Leser **klarer und übersichtlicher:**
  **A** Schreibe **höchstens bis zu 6 Wörter zwischen** zwei **Teile eines Prädikats.**
  **B** Ein **Satz** sollte nur **so lang** sein, dass man **beim Vorlesen nicht Luft holen** muss.
  **C** **Vermeide eingeschobene Nebensätze.**
  **D** **Vermeide** lange **vorangestellte Attribute.**
- Mit der **Weglassprobe** könnt ihr prüfen, welche **unnötigen Füllwörter** in einem Text gestrichen werden sollten, z. B.: *durchaus, insgesamt, recht, wohl, übrigens, auch, ja.*

# Den Verbalstil verwenden

A *Ich habe großes Interesse am Umgang mit Menschen und empfinde große Begeisterung für Mode. Außerdem macht mir kreatives Arbeiten Spaß.*
*Während eines dreiwöchigen Schülerpraktikums in einem Friseursalon konnte ich meine Gewissenhaftigkeit, meine Teamfähigkeit und mein handwerkliches Geschick unter Beweis stellen.*

B *Ich arbeite sehr gerne mit Menschen und begeistere mich für Mode.*
*Außerdem arbeite ich gerne kreativ.*
*Während eines dreiwöchigen Schülerpraktikums in einem Friseursalon konnte ich zeigen, dass ich gewissenhaft arbeite sowie teamfähig und handwerklich geschickt bin.*

**1** a Vergleicht die beiden Entwürfe für ein Bewerbungsschreiben. Wie wirken sie jeweils?
b Text A ist im Nominalstil und Text B im Verbalstil verfasst. Erklärt, wie A und B sich sprachlich unterscheiden.
c Begründet, welcher Stil eurer Ansicht nach leichter zu lesen ist.

**2** Formuliert im Verbalstil. Wählt Aufgabe a oder b.
●○○ a Formt im Heft die Sätze A bis C in den Verbalstil um, z. B.:
*Als ich im Friseursalon gearbeitet habe, gehörte es zu ...*
**Tipp:** Es sind die Nomen markiert, die ihr umformulieren solltet.
A Während des *Arbeitens* im Friseursalon gehörten der *Empfang* von Kunden, das *Vorbereiten* der Haare und das *Anmischen* von Farben zu meinen Aufgaben.
B Freunde und Bekannte schätzen meine *Aufmerksamkeit* und *Hilfsbereitschaft*.
C Ich sehe meine Stärken vor allem in meiner *Geduld* und meiner *Zuverlässigkeit*.
●●● b Formt den folgenden Text in den Verbalstil um. Schreibt ins Heft.

Der Umgang mit Kollegen und Kunden hat mir große Freude bereitet. Dabei konnte ich mit meiner Freundlichkeit und Kontaktfreudigkeit einen guten Eindruck machen. Der Einsatz an der Kasse war für mich zunächst eine große Herausforderung. Aber ich habe schon bald den Umgang mit Zahlungsmitteln und dem Computer gelernt.

**Information** **Nominal- und Verbalstil unterscheiden**

- Der **Nominalstil** ist durch Nomen und Nominalisierungen gekennzeichnet, z. B.:
*Die Beratung von Kunden weckt im Besonderen mein Interesse.*
- **Der Verbalstil** ist durch viele Verben gekennzeichnet, z. B.:
*Ich interessiere mich besonders dafür, Kunden zu beraten.*
- In der Regel sollte man **eher im Verbalstil** schreiben, weil dieser besser lesbar ist und als stilistisch schöner angesehen wird.

# Texte gliedern

*Sehr geehrte Damen und Herren,
über Ihre Stellenausschreibung auf der Internetseite azubi.de habe ich erfahren, dass Sie ab Sommer einen Ausbildungsplatz für einen Maler und Lackierer anbieten. Um diese Stelle möchte ich mich hiermit bei Ihnen bewerben. Ich interessiere mich sehr für diesen Beruf, weil ich dabei meinen vielfältigen handwerklichen Interessen nachgehen und im Team arbeiten kann. Zurzeit besuche ich die Käthe-Kollwitz-Gesamtschule in Dortmund, wo ich in diesem Schuljahr voraussichtlich mit gutem Ergebnis meinen mittleren Schulabschluss machen werde. Mein besonderes Interesse liegt in den Fächern Kunst und Arbeitslehre/Technik, in denen ich sehr gute Leistungen vorweisen kann. Mein Vater ist ebenfalls Maler und Lackierer. In den letzten Sommerferien durfte ich ihn bei der Renovierung unseres Hauses unterstützen und mir erste gestalterische und handwerkliche Kenntnisse aneignen. Ich habe unter anderem Flächen abgeklebt, Möbel demontiert und kleinere Wände gestrichen. Dabei ist mir klar geworden, dass dieser Beruf genau meinen Vorstellungen entspricht, weil man gleichermaßen handwerklich und kreativ tätig sein kann. Ich habe mich für Ihr Unternehmen als Ausbildungsbetrieb entschieden, weil Sie einen hervorragenden Ruf als Ausbilder haben. Gern möchte ich Sie in einem Vorstellungsgespräch persönlich von mir überzeugen.
Über eine Einladung von Ihnen würde ich mich daher sehr freuen.
Mit freundlichen Grüßen …*

**1** Beschreibt, wie das Bewerbungsschreiben auf euch wirkt.

**2** Begründet, wie der Text verbessert werden kann:
– An welchen Stellen sollte eine Zeile frei gelassen werden?

**3** Gliedert das Bewerbungsschreiben sinnvoll. Wählt Aufgabe a/b oder c/d. Tauscht euch dann über eure Ergebnisse aus.

●● **a** Überlegt, an welchen Stellen ein neuer Sinnabschnitt beginnt. Gebt den Abschnitten je eine treffende Überschrift, z. B.: *Z. 1–3 = …*

●● **b** Schreibt den Text mit Anrede und Grußformel in euer Heft.

○○ **c** Ordnet im Heft zu: Welche Sätze des Bewerbungsschreibens gehören zu den folgenden Überschriften: *Z. 1–3 = …*
*Bitte um ein Vorstellungsgespräch, Einleitung, Begründung des Berufswunschs, erste Erfahrungen in dem Beruf, Schulabschluss/Lieblingsfächer, Argumente für das Unternehmen.*

○○ **d** Schreibt den Text in euer Heft.
Lasst nach der allgemeinen Anrede, vor der Grußformel und der Unterschrift jeweils eine Zeile frei. Beginnt bei jedem Sinnabschnitt einen neuen Absatz.

**Methode** **Texte gliedern**

Bei **offiziellen Schreiben** solltet ihr darauf achten, euren Text sinnvoll zu gliedern.
- Lasst nach der **Anrede,** vor der **Grußformel** und eurer **Unterschrift** jeweils **eine Zeile frei.**
- Beginnt nach einzelnen **Sinnabschnitten** einen **neuen Absatz.**

## Teste dich!

| Aufgaben für Partner 1: Floristin | richtig | falsch, gehe zu: |
|---|---|---|
| **1** *Ich habe mich für den Beruf der Floristin entschieden. Ich bin kreativ und gehe gern praktischen Tätigkeiten nach.* Verknüpfe die beiden Sätze sinnvoll. | *..., weil ich kreativ bin und gern ... nachgehe.* oder: *..., denn ich bin kreativ und gehe ... nach.* | Seite 229–230 |
| **2** *Ich konnte diese Fähigkeiten bei unserem letzten Schulfest unter Beweis stellen.* Stelle den Satz sinnvoll um. | *Diese Fähigkeiten konnte ich bei ... unter Beweis stellen.* | Seite 231 |
| **3** *Für die sehr aufwändige, farbenfrohe und mit Liebe zum Detail entwickelte Blumendekoration war ich voll und ganz alleine verantwortlich.* **a** Warum ist dieser Satz unübersichtlich? **b** Nenne die unnötigen Füllwörter. | **a** Der Satz ist durch das *vorangestellte Attribut* vor „Blumendekoration“ unübersichtlich. **b** *voll und ganz* | Seite 233 |
| **4** *Spaß hat mir das Entwickeln eines Farbkonzepts gemacht.* Formuliere den Satz in den Verbalstil um. | Spaß hat mir gemacht, das Farbkonzept *zu entwickeln.* | Seite 234 |

| Aufgaben für Partner 2: Tischler | richtig | falsch, gehe zu: |
|---|---|---|
| **1** *Ich absolvierte mein Praktikum in einer Tischlerei. Ich gewann erste Einblicke in den Beruf.* Verknüpfe die beiden Sätze sinnvoll. | *... Tischlerei, wo ich ...* oder: *Während ich ... absolvierte, gewann ...* | Seite 229–230 |
| **2** *Ich wurde so in meinem Berufswunsch bestärkt.* Stelle den Satz sinnvoll um. | *So wurde ich in meinem Berufswunsch bestärkt.* | Seite 231 |
| **3** *Die Anfertigung von Möbeln, die sowohl handwerkliche als auch kreative Fähigkeiten erfordert, interessiert mich an diesem Beruf im Großen und Ganzen am meisten.* **a** Warum ist dieser Satz unübersichtlich? **b** Benenne die unnötigen Füllwörter. | **a** In den Hauptsatz wurde ein *Nebensatz eingeschoben.* **b** *im Großen und Ganzen* | Seite 233 |
| **4** *An Ihrem Betrieb habe ich großes Interesse, weil Sie für Ihre sorgfältige Arbeit bekannt sind.* Formuliere den Satz in den Verbalstil um. | An Ihrem Betrieb bin ich sehr *interessiert*, weil Sie sehr sorgfältig *arbeiten.* | Seite 234 |

**1** Testet euch gegenseitig: Jeder prüft seinen Lernpartner mit einem Aufgabenbogen. Deckt dabei die Lösungen ab und notiert die Antworten.

**2** Übe weiter: Hast du höchstens 2 Antworten falsch, bearbeite die Aufgaben auf Seite 239–240. Hast du mehr als 2 Antworten falsch, bearbeite die Aufgaben auf Seite 237–238.

# Üben: Sätze verknüpfen und umstellen

**1** a Schreibt die folgenden Sätze jeweils mit der passenden Verknüpfung ab.

A Ich würde mich sehr freuen, *solange/wenn* ich bei Ihnen eine Ausbildung zur Konditorin machen dürfte.

B Dieser Beruf interessiert mich sehr, *denn/da* ich backe regelmäßig in meiner Freizeit und würde mein liebstes Hobby gern zum Beruf machen.

C In den letzten Sommerferien habe ich in einem Café gearbeitet, *als/wo* ich einem Konditor helfen durfte.

D *Während/Wenn* ich ihn beim Herstellen der Torten unterstützt habe, konnte ich meine Geduld, Sorgfalt und Kreativität unter Beweis stellen.

E Der Konditor hat meine Fähigkeiten sehr gelobt, *dadurch/anschließend* wurde ich in meinem Berufswunsch weiter bestärkt.

b Unterstreicht bei euren Sätzen jeweils die Personalform des Verbs.

c Notiert je Satz, ob es sich um eine Satzreihe (Hauptsatz + Hauptsatz) oder um ein Satzgefüge (Hauptsatz + Nebensatz) handelt.
**Tipp:** Es gibt zwei Satzreihen und drei Satzgefüge.

*Ich verfüge über einen guten Geruchs- und Geschmackssinn. Ich habe außerdem einen Sinn für Formen und Farben, den ich beim Herstellen und Dekorieren von Torten unter Beweis stellen kann. Ich habe für unser letztes Schulfest mehrere Torten gestaltet, die den Gästen sehr gut gefallen und geschmeckt haben. Ich habe darüber hinaus schon mehrmals Pralinen selbst gemacht und zu Weihnachten verschenkt. Ich habe auch dafür großes Lob geerntet.*

**2** Stellt in dem Briefauszug einige Sätze so um, dass der Text abwechslungsreicher wird. Achtet auch darauf, dass ein aussagekräftiges Satzglied am Anfang steht, z. B.: *außerdem*.

**Lösungen**

1 a/b/c A Ich würde mich sehr freuen, *wenn* ich bei Ihnen eine Ausbildung zur Konditorin machen dürfte. *(Satzgefüge)*
B Dieser Beruf interessiert mich sehr, *denn* ich backe regelmäßig in meiner Freizeit und würde mein liebstes Hobby gern zum Beruf machen. *(Satzreihe)*
C In den letzten Sommerferien habe ich in einem Café gearbeitet, *wo* ich einem Konditor helfen durfte. *(Satzgefüge)*
D *Während* ich ihn beim Herstellen der Torten unterstützt habe, konnte ich meine Geduld, Sorgfalt und Kreativität unter Beweis stellen. *(Satzgefüge)*
E Der Konditor hat meine Fähigkeiten sehr gelobt, *dadurch* wurde ich in meinem Berufswunsch weiter bestärkt. *(Satzreihe)*

2 z. B.: Ich verfüge über einen guten Geruchs- und Geschmackssinn. Außerdem habe ich einen Sinn für Formen und Farben, den ich beim Herstellen und Dekorieren von Torten unter Beweis stellen kann. Für unser letztes Schulfest habe ich mehrere Torten gestaltet, die den Gästen sehr gut gefallen und geschmeckt haben. Darüber hinaus habe ich schon mehrmals Pralinen selbst gemacht und zu Weihnachten verschenkt. Auch dafür habe ich großes Lob geerntet.

# ●○○ Üben: Übersichtliche Sätze formulieren

❶ *Ich möchte, weil ich sehr gern mit kleinen Kindern arbeite, Erzieherin werden.*
❷ *Es macht mir großen Spaß, mit Kindern zu spielen und sie in ihrer Entwicklung zu unterstützen, was mir besonders leichtfällt, weil ich insgesamt sehr kreativ, kommunikativ und einfühlsam bin.*
❸ *Bei einem zweiwöchigen Schulpraktikum im städtischen, vor zwei Jahren neu gegründeten Waldorfkindergarten konnte ich nämlich diese Fähigkeiten unter Beweis stellen.*

**1** a Ordnet die folgenden drei Hinweise, gegen die im Text verstoßen wird, den Sätzen ❶ bis ❸ zu:
*❶ gegen Hinweis …*
**A** Man sollte lange vorangestellte Attribute vermeiden.
**B** Man sollte eingeschobene Nebensätze vermeiden.
**C** Ein Satz sollte nur so lang sein, dass man beim Vorlesen nicht Luft holen muss.

b Entscheidet bei den vier markierten Wörtern, welche zwei davon unnötige Füllwörter sind.

c Überarbeitet die Sätze so, dass sie besser verständlich sind.
Denkt daran, die unnötigen Füllwörter wegzulassen.
– Stellt Satz ❶ um.
– Macht aus Satz ❷ zwei Sätze.
– Macht aus Satz ❸ zwei Sätze und stellt die Sätze um.

**2** Formt die folgenden Sätze in den Verbalstil um, z. B.:
*Weil ich in einem Turnverein arbeite, …*
**Tipp:** Es sind die Nomen *gekennzeichnet,* die ihr durch Verben ersetzen solltet.
**A** Durch die *Arbeit* in einem Turnverein kann ich seit mehreren Jahren das *Betreuen* von Kindern und Jugendlichen unterschiedlichen Alters üben.
**B** Das *Organisieren* von Wettkämpfen und das *Schlichten* von Konflikten sind für mich besonders interessante Herausforderungen.
**C** Ich freue mich auf das *Kennenlernen* und *Erproben* unterschiedlicher Ansätze der Erziehung.

**Lösungen**
1 a ❶ gegen Hinweis B, ❷ gegen Hinweis C, ❸ gegen Hinweis A
b insgesamt, nämlich
c ❶ Ich möchte Erzieherin werden, weil ich sehr gern mit kleinen Kindern arbeite.
❷ Es macht mir großen Spaß, mit Kindern zu spielen und sie in ihrer Entwicklung zu unterstützen. Dies fällt mir besonders leicht, weil ich sehr kreativ, kommunikativ und einfühlsam bin.
❸ Ich habe ein zweiwöchiges Schulpraktikum im städtischen Waldorfkindergarten absolviert, der vor zwei Jahren neu gegründet wurde. Dabei konnte ich diese Fähigkeiten unter Beweis stellen.
2 z. B.: A Weil ich in einem Turnverein *arbeite*, *übe* ich seit mehreren Jahren, Kinder und Jugendliche unterschiedlichen Alters zu *betreuen*.
B Es sind für mich besonders interessante Herausforderungen, Wettkämpfe zu *organisieren* und Konflikte zu *schlichten*.
C Ich freue mich, unterschiedliche Ansätze der Erziehung *kennen zu lernen* und zu *erproben*.

## ●● Üben: Sätze verknüpfen und umstellen

**1** a Verbindet im Heft die Sätze zu A bis E mit den passenden Verknüpfungen (Konjunktionen oder Adverbien).

**A** Ich möchte gern eine Ausbildung zur Reiseverkehrskauffrau machen.
Ich habe ein großes Interesse an anderen Ländern und Kulturen.
**B** Ich bin durch andere Länder gereist.
Ich konnte stets schnell Kontakte zu Einheimischen knüpfen.
**C** Ich habe meine Reisen immer selbst geplant.
Ich konnte Erfahrungen in diesem Bereich sammeln.
**D** Im Jahr 20.. habe ich ein Praktikum in einem Reisebüro absolviert.
Ich konnte Einblicke in die Tätigkeit einer Reiseverkehrskauffrau gewinnen.
**E** Ich habe dort gearbeitet.
Mir hat der Kundenkontakt besonders großen Spaß gemacht.

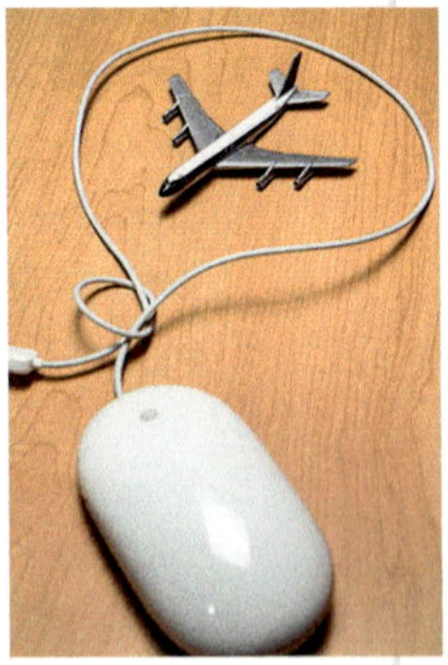

b Notiert jeweils, ob es sich um eine Satzreihe oder um ein Satzgefüge handelt.

*Jch besuche zurzeit die zehnte Klasse einer Gesamtschule. Jch werde diese im Sommer mit einem voraussichtlich guten mittleren Schulabschluss verlassen. Jch mag besonders Erdkunde und Fremdsprachen, was sich auch in meinen sehr guten Noten in diesen Fächern widerspiegelt.*
*Jch habe als Fremdsprachen Englisch und Französisch gelernt und eine Spanisch-AG besucht.*
*Jch habe außerdem während meiner Schulzeit an einem Jnformatikkurs teilgenommen.*
*Jch habe dabei Grundkenntnisse der EDV und gängiger MS-Office-Anwendungen erworben.*

**2** Stellt in diesem Briefauszug einige Sätze so um, dass der Text abwechslungsreicher wird. Achtet auch darauf, dass ein aussagekräftiges Satzglied am Anfang steht, z. B.: *außerdem*.

**Lösungen**

1 A Ich möchte gern eine Ausbildung zur Reiseverkehrskauffrau machen, *weil* ich ein großes Interesse an anderen Ländern und Kulturen *habe*. *(Satzgefüge)* **Oder:** *denn* ich *habe* ein großes Interesse an anderen Ländern und Kulturen. *(Satzreihe)*
B *Während* ich durch andere Länder gereist *bin*, konnte ich stets schnell Kontakte zu Einheimischen knüpfen. *(Satzgefüge)* **Oder:** Ich bin durch fremde Länder gereist, *wo* ich immer schnell Kontakte zu Einheimischen knüpfen *konnte*. *(Satzgefüge)*
C *Indem/Weil* ich meine Reisen immer selbst geplant habe, konnte ich Erfahrungen in diesem Bereich sammeln. *(Satzgefüge)*
D Im letzten Jahr habe ich ein Praktikum in einem Reisebüro absolviert, *wo/wobei* ich Einblicke in die Tätigkeit einer Reiseverkehrskauffrau gewinnen konnte. *(Satzgefüge)*
E *Während/Als* ich dort gearbeitet habe, hat mir der Kundenkontakt besonders großen Spaß gemacht. *(Satzgefüge)*

2 z. B.: Zurzeit besuche ich die zehnte Klasse einer Gesamtschule. Diese werde ich im Sommer mit einem voraussichtlich guten mittleren Schulabschluss verlassen. Ich mag besonders Erdkunde und Fremdsprachen, was sich auch in meinen sehr guten Noten in diesen Fächern widerspiegelt. Als Fremdsprachen habe ich Englisch und Französisch gelernt und eine Spanisch-AG besucht. Außerdem habe ich während meiner Schulzeit an einem Informatikkurs teilgenommen. Dabei habe ich Grundkenntnisse der EDV und gängiger MS-Office-Anwendungen erworben.

# Üben: Übersichtliche Sätze formulieren

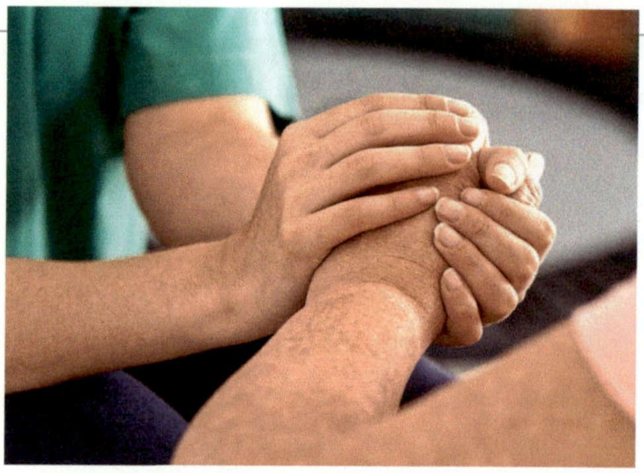

❶ *Ich möchte, weil mir die Arbeit mit Menschen im Großen und Ganzen Spaß macht und ich auch ein großes medizinisches Interesse habe, gern eine Ausbildung zum Altenpfleger machen.*
❷ *Während wir meine über 90 Jahre alte und mittlerweile bettlägrige und leicht demente Oma bei uns zu Hause gepflegt haben, habe ich durchaus Freude an der Pflege alter Menschen entwickelt.*
❸ *Es hat mir großen Spaß gemacht, ab und zu ihre Betreuung zu übernehmen und mit ihr im Rollstuhl im nahe gelegenen Park spazieren zu fahren, weil ich gemerkt habe, dass es für alte Menschen wohl eine große Bereicherung darstellt, wenn sie etwas unternehmen und an die frische Luft kommen.*

**1** a Benennt, welche Hinweise für einen übersichtlichen Satzbau in den Sätzen ❶ bis ❸ nicht beachtet wurden.
b Entscheidet, welche drei Wörter unnötige Füllwörter sind.
c Überarbeitet die Sätze im Heft so, dass sie besser verständlich sind.
Denkt daran, die unnötigen Füllwörter wegzulassen.

**2** Formt die folgenden Sätze A bis D in den Verbalstil um.
**A** Während meines Praktikums in einem Seniorenheim war ich vor allem für die Betreuung der Heimbewohner zuständig.
**B** Bei der Erledigung dieser Aufgabe habe ich voller Verantwortungsbewusstsein und Einfühlungsvermögen gehandelt.
**C** Mein Interesse für Ihre Einrichtung ist wegen des Vorhandenseins eines mobilen Pflegedienstes besonders groß.
**D** Das Betreuen von Menschen zu Hause stellt für mich eine besondere Herausforderung dar.

**Lösungen**
1 a ❶ Man sollte eingeschobene Nebensätze vermeiden. ❷ Man sollte lange vorangestellte Attribute vermeiden. ❸ Ein Satz sollte nur so lang sein, dass man beim Vorlesen nicht Luft holen muss.
b im Großen und Ganzen, mittlerweile, durchaus, wohl
c z. B.: ❶ Ich möchte gern eine Ausbildung zum Altenpfleger machen, weil mir die Arbeit mit Menschen Spaß macht und ich auch ein großes medizinisches Interesse habe.
❷ Wir haben zu Hause meine Oma gepflegt, die über 90 Jahre alt, bettlägrig und leicht dement war. Währenddessen habe ich Freude an der Pflege alter Menschen entwickelt.
❸ Es hat mir großen Spaß gemacht, ab und zu ihre Betreuung zu übernehmen und mit ihr im Rollstuhl im nahe gelegenen Park spazieren zu fahren. Denn ich habe gemerkt, dass es für alte Menschen eine große Bereicherung darstellt, wenn sie etwas unternehmen und an die frische Luft kommen.
2 z. B.: A Während meines Praktikums in einem Seniorenheim *habe* ich vor allem die Heimbewohner *betreut*.
B Während ich diese Aufgabe *erledigt habe*, habe ich verantwortungsvoll und einfühlsam gehandelt.
C Ich *interessiere* mich für Ihre Einrichtung besonders, weil ein mobiler Pflegedienst *vorhanden* ist.
D Es *fordert* mich besonders *heraus*, Menschen zu Hause *zu betreuen*.

# 11.3 Fit in ...! – Einen Text überarbeiten

Stellt euch vor, ihr bekommt in der nächsten Klassenarbeit die folgende Aufgabe gestellt:

**Aufgabe**
Überarbeite das folgende Bewerbungsschreiben. Gehe so vor:
- Zeile 1 bis 7: Setze alle Wörter in den richtigen Kasus und Numerus und formuliere geschlechtergerecht.
- Zeile 8 bis 14: Verknüpfe die Sätze sinnvoll und stelle sie bei Bedarf um.
- Zeile 15 bis 19: Löse die unübersichtlichen Sätze auf und nutze den Verbalstil. Streiche auch unnötige Füllwörter.

VORSICHT FEHLER!

*Sehr geehrte Damen und Herren,*

*auf der Website azubi.de habe ich gelesen, dass Jhr Unternehmen einen Ausbildungsplatz für ein Jndustriekaufmann anbietet. Auf dieser Stelle möchte ich mich gern bewerben.*
*Jch denke, dass ich auf Grund meinen Fähigkeiten und Jnteressen für diesen Beruf sehr geeignet bin: Kommunikationsfähigkeit gehören zu meinen größten Talenten und ich begeistere mich sehr für Betriebswirtschaft. Die Fülle an verschiedenen Aufgabenbereichen, z. B. die Betreuung von Kunden, das Marketing und der Einkauf, machen den Beruf zudem sehr abwechslungsreich.*
*Jch besuche die Städtische Gesamtschule, dort ich im Sommer meinen Schulabschluss mit voraussichtlich guten Ergebnissen abschließen werde. Jch habe besonders gute Noten in Mathematik. Jch konnte auch bereits erste Grundkenntnisse für meine Ausbildung erwerben, wenn ich in der Schule auch Fächer wie Wirtschaft, Recht und Jnformatik besuche.*
*Jch habe mein letztes Schulpraktikum bereits als Jndustriekaufmann absolviert. Jch wurde in meinem Berufswunsch noch einmal bestärkt, wo ich dort gearbeitet habe. Jch habe das deutlich gemerkt, weil ich hatte dabei besonderen Spaß daran, Kunden zu betreuen und zu beraten.*
*Außerdem konnte ich im Rahmen meines Praktikums im Prinzip mein Organisationstalent, meine Teamfähigkeit und meine Zuverlässigkeit unter Beweis stellen.*
*Jch interessiere mich, weil Sie einen besonders guten Ruf als Ausbilder haben und zahlreiche zusätzliche Weiterbildungsmaßnahmen anbieten, in der Tat besonders für Jhr Unternehmen.*
*Daher würde ich mich über eine Einladung zu einem Vorstellungsgespräch bei Jhnen sehr freuen.*

*Mit freundlichen Grüßen ...*

## Die Aufgabe richtig verstehen

**1** Notiert mit folgenden Formulierungshilfen, bei welchem Absatz ihr welche Aufgabe erledigen sollt, z. B.:
*Jm ersten Absatz soll ich ...*

Füllwörter vermeiden • die Sätze umstellen • den richtigen Kasus und Numerus verwenden • geschlechtergerechte Sprache verwenden • unübersichtliche Schachtelsätze auflösen • passende Satzverknüpfungen verwenden • den Verbalstil nutzen

## Den Text Absatz für Absatz überarbeiten

**2** Notiert, an welchen Stellen euch beim ersten Lesen ein Überarbeitungsbedarf auffällt.

**3** Überarbeitet den ersten Teil des Briefs (► Z. 1–7). Geht so vor:

a Wiederholt, worauf man beim Kasus und Numerus achten muss.
Vervollständigt die folgenden Sätze:

> *... bestimmen den Kasus des folgenden Nomens oder Pronomens.*
> *... und ... müssen im Numerus übereinstimmen.*

b Sucht die drei Briefstellen, an denen nach der Präposition ein anderer Kasus folgen muss.
c Sucht die zwei Briefstellen, an denen das Verb in einem anderen Numerus stehen muss.
d Sucht die zwei Briefstellen, die geschlechtergerechter formuliert werden sollten.
e Formuliert im Heft mit Hilfe eurer Vorbereitungen eure Textüberarbeitung (Teil 1).

**4** Überarbeitet den zweiten Teil des Briefs (► Z. 8–14). Geht so vor:

a Ergänzt: Wobei kann die Umstellprobe helfen? Worauf sollte man achten?
*Man kann die Umstellprobe verwenden, um ...*
*Dabei sollte man ... an den Anfang stellen.*
b Sucht aus dem zweiten Briefteil die Sätze heraus, die ihr umstellen solltet.
c Sucht aus dem zweiten Briefteil unpassende Verknüpfungen heraus, z. B.: *dort.*
d Formuliert im Heft mit Hilfe eurer Vorbereitungen eure Textüberarbeitung (Teil 2).

**5** Überarbeitet den dritten Teil des Briefs (► Z. 15–19). Geht so vor:

a Sucht aus dem dritten Briefteil die unübersichtlichen Sätze heraus.
b Sucht die Nomen und Nominalisierungen heraus, die man vermeiden könnte.
c Formuliert im Heft mit Hilfe eurer Vorbereitungen eure Textüberarbeitung (Teil 3).

## Die Überarbeitung prüfen

**6** Prüft eure Überarbeitung mit Hilfe der Checkliste.

**Checkliste**

**Meine Textüberarbeitung prüfen**

Habe ich ...

- geprüft, ob **Kasus und Numerus** übereinstimmen?
- **geschlechtergerechte Formulierungen** verwendet?
- **Sätze** sinnvoll **umgestellt** und **passende Verknüpfungen** eingesetzt?
- **Schachtelsätze** und unnötige **Füllwörter vermieden?**
- Sätze in den **Verbalstil** umgeformt?
- **Rechtschreibung** und **Zeichensetzung** geprüft?

**Tipp:** Man kann z. B. Rechtschreibfehler finden, indem man den Text langsam rückwärtsliest. So ist man weniger vom Inhalt abgelenkt.

# 12 Rechtschreibstrategien und Rechtschreibregeln anwenden – Texte überarbeiten

**1** Beschreibt, wie das Bild aus dem Film „The Walk" (2015) auf euch wirkt.

**2** a Stellt zwischen den beiden Zitaten einen Zusammenhang her, z. B.:
*In beiden Zitaten geht es …*
b Erklärt, ob das Bild eurer Meinung nach zu den Zitaten passt.

**3** a Diktiert euch in Partnerarbeit die Zitate. Beachtet die Groß- und Kleinschreibung.
b Markiert Wörter, die man verlängern, ableiten oder sich merken muss, mit den Strategiezeichen.
c Unterstreicht die Nomen.

### In diesem Kapitel …

– informiert ihr euch über Menschen, die ihren Traum mutig leben oder gelebt haben,
– wiederholt ihr euer Strategie- und Regelwissen zur Rechtschreibung,
– überarbeitet ihr informierende und argumentierende Texte.

# 12.1 Über mutige Menschen informieren – Richtig schreiben

## Zweisilbige Wörter richtig schreiben

**A** Der Traum vom Fliegen gehört zu den ältesten Träumen der Menschen. Lange hat man versucht, den Vogelflug nachzuahmen und den Gleitflug ohne Motor weiterzuentwickeln. Das änderte sich durch die Brüder Orville und Wilbur Wright, die sich ihr Leben lang damit beschäftigten, Flugobjekte mit einem Motor auszustatten und vom Menschen steuern zu lassen. So bauten sie in ihrem Fahrradladen auch Flügel, weil sie sich stärker für Flugzeuge als für Fahrräder interessierten. Wilbur meinte zu wissen, dass man eine Steuerung brauchte, um das Kippen des Flugzeugs in der Luft zu verhindern. Er fand, dass der Pilot, wenn er Kurven flog, aufrecht sitzen sollte wie ein Fahrradfahrer.

**B** Wilbur Wright experimentierte mit Schachteln für Fahrradschläuche und bog deren Enden auf. Damit hatte er die Flügelkonstruktion entdeckt. Im Jahre 1900 wurde ein solcher Gleitflieger zum ersten Mal getestet. Der nächste Schritt war, das Flugzeug mit Motor und Steuerung auszustatten. Der Pilot musste sich zum Steuern in ein Gestell unter dem Flügel einhängen. Wenn er sein Körpergewicht verlagerte, zog er damit an den Drähten des Gestells und veränderte die Flügelrichtung. Beim ersten Versuch im Jahr 1903 wurde der Motor abgewürgt und das Flugzeug bei der unsanften Landung beschädigt. Beim zweiten Versuch blieb das Flugzeug 12 Sekunden in der Luft. Damit gelang der erste motorisierte Flug, der dokumentiert wurde.

**1** Worum geht es in diesen Informationstexten zweier Schüler? Formuliert eine Überschrift.

**2** Prüft die Schreibweise zweisilbiger Wörter in den Schülertexten. Wählt Aufgabe a, b oder c und ergänzt im Heft die folgende Tabelle.

| erste Silbe offen | erste Silbe geschlossen<br>zwei verschiedene Konsonanten | zwei gleiche Konsonanten |
|---|---|---|
| … | … | … |

●○○ **a** Findet im Text A für jede Spalte drei Beispiele.
●●○ **b** Findet in Text A und B je Spalte drei einsilbige Wörter. Verlängert sie in der Tabelle.
●●● **c** Ordnet die im Text B markierten Wörter in die Tabelle ein. Notiert zu den Wörtern die Strategien, die ihr anwenden musstet.
**d** Tauscht euch mit einem Lernpartner aus, der eine andere Aufgabe gelöst hat.

**3** Formuliert zu zweit Regeln und Strategien für zweisilbige deutsche Wörter. Ergänzt im Heft:
**A** Wenn die erste Silbe offen ist und mit einem Vokal endet, dann …, z. B.: …
**B** Wenn die erste Silbe geschlossen ist und mit einem Konsonanten endet, dann …, z. B.: …
**C** Einsilber muss man …, z. B.: …, zusammengesetzte Wörter muss man …, z. B.: …

# Wiederholung: Wenn die erste Silbe offen ist ...

VORSICHT FEHLER!

## Amelia Earhart

**A** Amelia Earhart wurde 1897 geboren. Sie war eine mutige Amerikanerin, die ihrer Zeit in vieler Hinsicht voraus war. Bereits als Kind liebte sie es, draußen zu sein. Sie schoss mit dem Gewehr auf Ratten, kletterte auf Bäume und interessierte sich für Frauen in Männerberufen. Sie wollte für Mädchen und Frauen vergleichbare Bedingungen wie für Jungen und Männer. Nach ihrer Ausbildung als Krankenschwester nahm sie ein Medizinstudium auf, das sie aber aufgab, weil sie wegen ihrer Arbeitsweise in Konflikt mit einigen Professoren geriet. 1920 war ein äußerst wichtiges Jahr in ihrem Leben: Sie durfte zum ersten Mal in einem Flugzeug mitfliegen. Ab da war ihre Leidenschaft für das Fliegen entfacht und sie wollte als Pilotin immer höher hinaus.

**B** Ihre Eltern weigerten sich, ihr die teure Ausbildung zu bezahlen. Deshalb nam sie jede Arbeit für die ersten Flugstunden an. Ein halbes Jahr später konnte sie sich ihre eigene Maschiene kaufen. Nun begann ihre Jagd nach Rekorden. Sie stellte mit 4300 Metern Flughöhe einen Weltrekord der Frauen für die erreichte Höe auf. Sie war die erste Frau, die als Passagirin den Atlantik überquerte. Dann liess sie nicht mehr locker, bis sie 1932 als erste Pilotin im Alleinflug den Atlantik überwand. Damit wurde sie weltberümt. Sie selbst blib dabei gelassen und meinte über Berichte zum Flug: „Einige Aspekte des Flugs sind übertriben dargestellt worden, fürchte ich. Es war viel spannender zu schreiben, ich sei mit den letzten Litern Treibstoff gelandet. Tatsächlich hatte ich noch über virhundert Liter. Und ich habe bei der Landung keine Kuh getötet – es sei denn, eine wäre vor Angst gestorben." Seit ihrem Versuch, 1937 die Erde entlang des Äquators zu umfligen, ist die Pilotin verschollen, und die Menschen bewegt noch immer die Frage, was auf disem Flug geschehen ist.

**1** Gebt wieder: Für welche Träume ist Amelia Earhart bekannt geworden?

**2** Prüft im Text die Schreibweisen der Zweisilber mit erster offener Silbe.
Wählt Aufgabe a, b oder c und ergänzt im Heft die folgende Tabelle.

| Wörter mit *ß* | ... mit *ie* | ... mit hörbarem *h* | ... mit nicht hörbarem *h* |
|---|---|---|---|
| *au ßen, ...* | *lie ben, ...* | *ge hen, ...* | *ah nen, ...* |

**a** Findet im Textteil A Wörter für jede Spalte. Ergänzt jeweils drei eigene Beispiele.
**b** Findet im Textteil B alle Fehler. Ordnet sie korrigiert in die Tabelle ein.
**c** Korrigiert im Textteil B die Fehler der *ie*-Schreibung. Findet Ausnahmeschreibungen und erklärt sie.
**d** Stellt eure Ergebnisse in einer Gruppe vor, die dieselbe Aufgabe gelöst hat.

**3** Formuliert zu zweit Regeln und Strategien für zweisilbige deutsche Wörter mit erster offener Silbe (► S. 314). Ergänzt im Heft:
**A** Ist die erste Silbe offen, dann schreibt man den *i*-Laut in der Regel ?, z. B.: ?.
**B** Wird der *s*-Laut zischend gesprochen, schreibt man ?, z. B.: ?.
**C** Man schreibt ein *h* zu Beginn der zweiten Silbe, wenn man es beim Sprechen ?, z. B.: ?.
**D** Zweisilber, die ein nicht hörbares ? haben, muss man sich merken, z. B.: ?.

# Wiederholung: Gleich und ähnlich klingende Laute

**A** Die Menschen wären dumm, wenn sie sich nicht gegen das Wasser wehren würden. Aber bei Sturmflut sind die Wellen so hoch, da helfen auch keine Wälle gegen das Wasser.

**B** Warum schreibt man das **Brot,** aber der **Tod?** Das Nest und das Fest sind einfach, aber der **Hund** und der **Bund** sind schwieriger zu schreiben. Auch bei **spannend, eckig, lieb** sollte man strategisch vorgehen.

**1**
a Findet die Wörter mit gleich oder ähnlich klingenden Lauten in den Sätzen zu A.
b Benennt in den Sätzen zu B die Buchstaben, die man verwechseln kann.
c Legt im Heft zwei Spalten an: Spalte 1 = *Ableiten*, Spalte 2 = *Verlängern*.
d Ordnet die Wörter der Strategie zu, mit der man die richtige Schreibweise herausfindet.

VORSICHT FEHLER!

## Vom Schlachter zum Vegetarier

**A** An diesem Abend fällt ein Gast in einem Salzburger Restaurant besonders auf. Er isst nicht, stößt nicht an, von Genuss keine Spur. Es ist Karl Ludwig Schweisfurth, der den Anblick Fleisch essender Menschen nicht mehr erträgt. Man glaubt es fast nicht, denn er ist der erste Metzger, der die Massenschlachtung aus Amerika nach Europa gebracht hat, und zwar mit riesigem Erfolg. Damals hat er das nicht hinterfragt. Er fand die Modernisierung der Schlachtung notwendig und hielt sie für einen echten Fortschritt.

**B** In den 1980er-Jahren zeikte er sich nicht mehr so überzeukt von dem, was er tat. Zeitungen berichteten über die Probleme der Massentierhaltung. Karl Ludwig Schweisfurth fragte einen Zulieferer, ob er sich die Produktion mal ansehen dürfe, und er war über den erbermlichen Zustant der Tiere schockiert. So wollte er sein Geld nicht mehr verdienen, und er verkaufte eußerst konsequent seine Firma. Mit dem Erlöß baute er einen landwirtschaftlichen Betrieb auf, der nur ökologisch produziert. 200 Menschen gipt er bis heute Arbeit, und der Standard ist hoch. Die Tiere werden respektvol behandelt. Damit hat er seine Treume von ökologischer Landwirtschaft erfült. Nur so produziertes Fleisch ist er. Auswerts ist er lieber Vegetarier.

**2** Untersucht und verbessert den Informationstext. Wählt Aufgabe a, b oder c.
●○○ a Ordnet die markierten Wörter aus A in die Spalten *Ableiten* und *Verlängern* ein (▶ Aufgabe 1c).
●●○ b Verbessert im Textteil B die falsch geschriebenen Wörter und ordnet sie richtig in die Tabelle aus Aufgabe 1c ein. Kennzeichnet die Buchstaben, die man ableiten kann.
●●● c „Im Deutschen ist die Zuordnung der Buchstaben nicht immer eindeutig." Erläutert an Beispielen aus dem Text, wie man diesem Problem strategisch begegnen kann.
d Bildet Gruppen, in denen 2 a, b und c bearbeitet wurden. Präsentiert eure Ergebnisse.

**3** Formuliert zu zweit Regeln für gleich und ähnlich klingende Laute. Ergänzt im Heft:
**A** In der Regel schreibt man ? oder ?. Wörter mit *ä* oder *äu* kann man von ? oder ? ableiten, z. B.: ?.
**B** *b* und *p* in Einsilbern bzw. am ? kann man hörbar machen, indem man das Wort ?, z. B.: ?.

# Wiederholung: Fremdwörter richtig schreiben

**A** Eigentlich war Jane Goodall Sekretärin. 1957 bekam sie ein Angebot, das ihr Leben von Grund auf veränderte. Sie sollte Schimpansen in ihrem Lebensraum beobachten und die Ergebnisse dokumentieren. Das war in mehrfacher Hinsicht ungewöhnlich: Erstens galten Forschungen, bei denen man sich in der Natur aufhalten muss, lange als Domäne der Männer. Zweitens wurden Forschungen nur von Wissenschaftlern ausgeführt. Jane Goodall setzte sich gegen alle Widerstände durch und stellte die Ergebnisse der Primatenforschung auf den Kopf. 1965 durfte sie dann sogar an der Universität Cambridge promovieren.

**B** Goodall entwickelte neue Vorgehensweisen für ihre Forschung. Sie gab den Schimpansen Namen. Dadurch wurden aus der Tierart Einzelwesen. Sie stellte fest: Diese Tiere sind keine Pflanzenfresser, sie fressen auch Fleisch. Sie benutzen Werkzeuge, um Termiten zu erbeuten, und sie sind in der Lage, diese Werkzeuge herzustellen. Das sorgte besonders bei Menschenwissenschaftlern für großes Aufsehen, die diese Fähigkeiten bis dahin nur den Menschen zugeschrieben hatten. Je mehr Goodall über die Schimpansen erfuhr, desto klarer wurde ihr, dass ihre stärkste Bedrohung vom Zusammenprall mit den Menschen ausgeht. Sie setzte auf wirksamen Umweltschutz für Menschen und Tiere. Dafür setzt sie sich bis heute ein.

**1** Vergleicht Textteil A mit Textteil B. Was fällt euch von der Wortwahl her auf?

**2** Untersucht und verwendet Fremdwörter. Wählt Aufgabe a, b oder c.

●○○ **a** Übertragt aus Text A die markierten Fremdwörter ins Heft. Umrahmt Merkstellen.

●●○ **b** Listet die markierten Fremdwörter aus A im Heft untereinander auf. Ordnet ihnen die folgenden Bedeutungen zu:
*Fach- und Sachgebiet, Ordnung der Menschen und Affen, Bürokraft, aufzeichnen, Hochschule, den Doktortitel erwerben, englischer Vor- und Zuname.*

●●● **c** Überarbeitet Text B. Verwendet die folgenden Fremdwörter und markiert Merkstellen:
*Methoden, engagieren, Individuen, Vegetarier, Anthropologen, Furore, Kollision, effizienten, Primaten.*

**d** Tauscht in der Klasse eure Ergebnisse aus.

**3** Schreibt aus dem Gedichtkapitel (► S. 135–152) Fremdwörter heraus, die Fachbegriffe sind. Markiert typische Merkstellen und übt die Wörter wie auf Seite 321 gezeigt.

**Information** **Fremdwörter als Fachbegriffe und Lehnwörter**

- **Fremdwörter** sind Wörter, die wir **aus fremden Sprachen übernehmen.**
- Handelt es sich bei den Fremdwörtern um **Fachbegriffe,** behalten sie meist **ihre Aussprache und Schreibung bei.** Dann erkennt man sie an **typisch fremdsprachlichen Buchstaben und Buchstabengruppen,** z. B.: *Asyl, Strophe, Theater.*
  Übernahmen aus der englischen Sprache behalten ihre Lautschreibung und Aussprache.
- Von **Lehnwörtern** spricht man, wenn **Fremdwörter in ihrer Schreibung und Lautung** den Regeln der **deutschen Sprache angepasst** werden, z. B.: lat. *fenestra* → *das Fenster.*
- Bei **Unsicherheiten** in der Schreibung sollte man in einem **Wörterbuch** nachschlagen.

# Wiederholung: Großschreibung

VORSICHT FEHLER!

## Wangari Maathai – Mutter der Bäume

**A** Seit 1901 wird der friedensnobelpreis vergeben. Im Jahre 2004 ging er das erste mal an eine afrikanische Frau, an Wangari Maathai aus Kenia. Das besondere an ihr ist, dass sie das unwahrscheinliche geschafft hat und studieren konnte. Sie hatte nämlich fünf Geschwister und sie wuchs in einfachen Verhältnissen auf. Aber sie erhielt eine gute schulbildung. Sie war so gut, dass ihr der fortgang in die USA bezahlt wurde. Dort erwarb sie einen Doktortitel. In Kenia jedoch ist es so, dass eine gleichberechtigung für Frauen kaum stattfindet.

**B** Obwohl sich Wangari Maathai auch für die interessen von frauen eingesetzt hat, wurde sie vor allem für ihr umweltengagement als „mutter der bäume" weltbekannt. Sie überzeugte die frauen der ärmsten bevölkerungsschichten, dass ein begrünungsgürtel aus bäumen rund um die dörfer ihre situation verbessern würde. Dadurch sollte eine versorgung mit brennstoff erreicht und der boden gegen ein austrocknen und abtragen der fruchtbaren erde geschützt werden. Der erste „grüne gürtel" bestand aus sieben bäumen. Heute sind mehr als 45 millionen bäume gepflanzt. Sie sichern den menschen ihr auskommen. Dadurch steigt das selbstbewusstsein aller, die daran beteiligt sind. Aus der umweltaktion ist mittlerweile eine große bewegung geworden. 2011 ist Wangari Maathai verstorben, für das fortführen ihrer arbeit sorgt jetzt ihre tochter.

**1** Könnt ihr die Vergabe des Nobelpreises an Wangari Maathai nachvollziehen? Begründet.

**2** Überarbeitet den Fehlertext. Wendet die Nomenproben an. Wählt Aufgabe a, b oder c.

●○○ **a** Findet die 7 Fehler im Textteil A. Schreibt die Nomen mit den Begleitern heraus.

●●○ **b** Findet die Fehler im Textteil B. Schreibt die Nomen mit den Begleitern heraus.

●●● **c** Übertragt die nachstehende Tabelle ins Heft.
Findet alle Fehler im Textteil B und ordnet sie korrigiert mit ergänzten Begleitern der Tabelle zu.

**d** Tauscht eure Ergebnisse mit einem Lernpartner aus, der den anderen Textteil bearbeitet hat.

| Nomen mit Artikel | Nomen mit Zahlwort | Nomen mit Adjektiv | Nominalisierungen |
|---|---|---|---|

**3** Findet im Text zwei Nomen ohne Begleiter. Beweist, dass es sich um Nomen handelt, indem ihr einen Artikel, eine Zahl oder ein Adjektiv hinzufügt.

**4** Formuliert zu zweit, wie man Nomen und Nominalisierungen erkennen kann.
Setzt im Heft folgende Begriffe ein:

Nomenprobe Zahlwörter (Numerale) begleitet Adjektive Begleiter Artikel

**A** In Texten erkennt man Nomen und Nominalisierungen an ihren ?.

**B** Werden die Nomen nicht ?, kann man sie durch einen ? ergänzen. Das nennt man ?.
Das können ?, ?, ? sein, z. B.: ?.

# Wiederholung: Zeitangaben, Wochentage und Herkunftsnamen

| **Abend** | |
|---|---|
| *Großschreibung:*<br>– des, eines Abends; am Abend; gegen Abend; diesen Abend; den Abend über<br>– es wird Abend; [zu] Abend essen; wir wollen nur Guten, *auch:* guten Abend sagen<br>– gestern, heute, morgen Abend; bis, von gestern, heute, morgen Abend ▸K69 | *Kleinschreibung:*<br>– abends ▸K70<br>– von morgens bis abends<br>– abends spät, *aber* spätabends<br>– [um] 8 Uhr abends, abends [um] 8 Uhr<br>– dienstagabends *od.* dienstags abends (*vgl.* Dienstagabend) |

**1** a Formuliert: Wann sind laut Wörterbucheintrag Tageszeiten kleinzuschreiben?
b Legt im Heft zwei Spalten an: *Großschreibung | Kleinschreibung.*
Bildet Beispiele zu *Morgen, Mittag, Nacht* und ordnet sie ein.

**Auszeichnungen für Friedensaktivisten**

Im Jahr 2014 haben die 17-jährige **P/p**akistanische Malala Yousafzai und der **I/i**ndische Kailash Satyarthi den Friedensnobelpreis erhalten. Damit werden eine Muslimin und ein Hindu ausgezeichnet, also zwei Vertreter aus unterschiedlichen **A/a**siatischen Kulturkreisen.
Die junge **p/P**akistanerin bezahlte ihren Einsatz für das Recht von Mädchen auf Bildung mit einem Attentat, das auf sie verübt wurde. Die Behandlung in **E/e**nglischen Krankenhäusern sicherte ihr Überleben. Sie will sich trotz dieser Erfahrung weiter dafür einsetzen, dass „ein Kind, ein Lehrer, ein Buch und ein Stift" die Welt verändern können.
Der **i/I**ndische Elektroingenieur Kailash Satyarthi kämpft seit 1980 gegen Kinderarbeit. 1998 organisierte er einen 80 000 Kilometer langen Sternmarsch, der durch viele **a/A**siatische, **a/A**frikanische, **a/A**ustralische und **e/E**uropäische Länder ging, um die Welt wachzurütteln. Für seine Arbeit wurde er u. a. mit dem **a/A**achener Friedenspreis ausgezeichnet.
Das **N/n**orwegische Nobelpreiskomitee ehrte die beiden, weil es die Wichtigkeit von Bildung für die Weltbevölkerung betonen wollte. Als Preis werden acht Millionen **S/s**chwedische Kronen ausgeschüttet. Neben dem Nobelpreis gibt es viele weitere Preise für ein solches Engagement. So verleihen z. B. die Städte Augsburg, Bremen, Göttingen, Leipzig und Stuttgart eigene Friedenspreise.

**2** a Groß oder klein? Übertragt die *markierten Herkunftsnamen* richtig ins Heft.
b Schreibt auf, wie die Friedenspreise der fünf deutschen Städte (▸ Z. 15) heißen könnten.

**Information** **Zeitangaben, Wochentage und Herkunftsnamen richtig schreiben**

- **Tageszeiten als Nomen** schreibt man **groß, als Adverbien** schreibt man sie **klein,** z. B.: *der Morgen* – aber (Adverb): *morgens, zu Mittag* – aber (Adverb): *mittags.*
- **Herkunftsnamen,** die **auf *-er* enden,** schreibt man **groß,** z. B.: *der Hamburg**er** Hafen.*
  - **Enden** sie **auf *-isch,*** schreibt man sie **klein, wenn sie nicht Teil des Namens sind,** z. B.: *das englische Wetter* – aber: *Der Englische Garten in München ist ein sehr bekannter Park.*
  - Ableitungen mit ***-isch,*** die **zusammen mit einer Präposition** verwendet werden, schreibt man groß, z. B.: *Er fragt **auf** Engl**isch**. Sie antwortet **in** Französ**isch**.*

# Wiederholung: Zusammen- oder Getrenntschreibung?

Schon wer einen mittleren Berg hinaufsteigt, braucht Kondition und Ausdauer.
Bei gutem Training sollte es aber nicht schwerfallen, beim Gipfelkreuz anzukommen.
Das Bergklettern ist allerdings viel herausfordernder und nur von Profis durchzuhalten.

**1** Erklärt die Schreibung der markierten Verbverbindungen.

**Free Solo und Speedklettern – die Brüder Huber**

Thomas und Alexander Huber gehören zu den erfolgreichsten und bekanntesten Extremkletterern. Sie bildeten ein gut organisiertes Team, das sich auf das *D/durch* ? *steigen* schwieriger Felsen und auf das *S/speed* ? *klettern* spezialisiert hatte. Bei dieser Kletterform geht es um Folgendes: in möglichst kurzer Zeit sehr steile Hänge *hinauf* ? *zuklettern.* Bei Alexander Huber ist noch der Free-Solo-Stil *dazu* ? *gekommen.* Dabei geht es um das *b/Berg* ? *klettern* ohne *An* ? *seilen* und *Ab* ? *sichern.* Viele fanden das zu gefährlich, aber er sagte: „Wenn ich nicht immer aus vollstem Herzen *über* ? *zeugt* gewesen wäre, dass das Ganze absolut gut *aus* ? *geht,* dann hätte ich es nie gemacht." Trotzdem betont er, dass er durchaus Angst *gehabt* ? *habe.* Er schreibt: „Die Angst hat ein Lob verdient, ein besseres Bild als jenes, das nur allzu oft *gezeichnet* ? *wird.* Die Angst hat viel in mir bewegt, mich *weiter* ? *gebracht.* […] Nicht jeder muss ein Extremsportler werden. Aber es lohnt sich, beizeiten mutig zu sein und ein gewisses Risiko *ein* ? *zu* ? *gehen.*" Free Solo ist für Huber heute nicht mehr *an* ? *gesagt,* weil er das, was er in jungen Jahren geschafft hat, mit seinen vierzig Jahren nicht mehr *über* ? *treffen* kann. Das *E/extrem* ? *klettern* sieht er als Sprint an, den man in jungen Jahren schaffen kann.

**2** Teilt ihr die Ansicht Hubers, dass Angst ein positives Gefühl ist? Begründet.

**3** Überarbeitet die Schreibung der Verbverbindungen. Wählt Aufgabe a, b oder c.

●○○ **a** Schreibt die markierten Wörter richtig ins Heft.

●●○ **b** Listet im Heft die markierten Wörter wie folgt untereinander auf:
*unveränderliche Wörter + Verb | Adjektive + Verb | Nominalisierungen | Verb + Verb*

●●● **c** Findet im Text je drei Beispiele für die Getrenntschreibung und für die Zusammenschreibung von Verbindungen mit Verben. Notiert dazu die Regeln.

**d** Stellt euch eure Ergebnisse gegenseitig vor.

**Information** **Getrennt- und Zusammenschreibungen bei Wortgruppen mit Verben**

- **In der Regel** schreibt man alle **Wortgruppen mit Verben getrennt.**
- **Zusammen** schreibt man Verbindungen
  – aus **unveränderlichen Wörtern und Verb,** z. B.: *hinfallen, ausfallen, wegziehen,*
  – aus **Adjektiv und Verb** nur dann, wenn sie **zusammen** eine **neue Bedeutung** ergeben, z. B.: *Die Arbeit wird mir **schwerfallen.** Man darf nicht **schwarzfahren** (= ohne Fahrschein fahren).*
  – **Nominalisierungen** aus Nomen und Verben, z. B.: *beim Fahrradfahren, zum Kaffeetrinken.*

# Üben: Großschreibung und Zusammenschreibung

VORSICHT FEHLER!

**Gerlinde Kaltenbrunner – Extrembergsteigerin**

Gerlinde Kaltenbrunner ist aus gebildete Krankenschwester. Heute verdient sie ihren Le- +/–
bensunterhalt durch das bergsteigen. Sie ist eine der erfolgreichsten bezwingerinnen der xX (2x)
höchsten Berge der Welt. Bereits als junges Mädchen liebte sie das Gipfel stürmen in den +/–
Bergen ihrer Heimat. Später träumte sie vom überwinden eines achttausenders. Das gelang xX (2x)
ihr im Alter von 23 Jahren. Ab da war das Berg steigen nicht mehr aus ihrem Leben weg +/–
zudenken. +/–
Sie hat es geschafft, auf 14 Achttausender auf gestiegen zu sein, und zwar ohne zuhilfenahme +/– xX
von zusätzlichem Sauerstoff. Damit ist sie die erste Frau der Welt, die das erreicht hat.
In einem Interview sagte sie: „Ich war fast zehn Jahre als Krankenschwester tätig und habe
den Beruf sehr gerne aus geübt. Es war jedoch schwierig, immer wieder für eine so lange +/–
Expedition freizubekommen. Ich habe mir unbezahlten Urlaub genommen."

**1** Bei diesem Fehlertext wurden bereits am Rand alle Fehler markiert.

○○ **a** Legt im Heft zwei Spalten an: *Großschreibung (xX) | Zusammenschreibung (+/–)*.

**b** Verbessert die Fehler. Ordnet sie in die richtige Spalte ein.

VORSICHT FEHLER!

Auf die Frage, warum so wenige Frauen Profibergsteigerinnen sind, sagt Gerlinde Kaltenbrunner: „Das stimmt, gerade im bereich höhenbergsteigen gibt es nicht so viele Frauen, aber so eine mehrwöchige Expedition ist natürlich mit vielen Entbehrungen verbunden. Da tauchen schon die ersten Schwierigkeiten für viele Frauen auf. Ich bin da langsam rein gewachsen, bevor ich das zu meinem Beruf machen konnte. Ich bin mir aber sicher, dass ich bei meinen vorträgen auch die eine oder andere zum bergsteigen anregen kann. Dabei geht es mir gar nicht um die hohen Berge, sondern darum, dass sich Frauen einfach von den Bergen begeistern lassen, auf brechen und sich schöne und passende Ziele stecken."
Auf die Frage, wie es ist, wenn man in großer Höhe und Kälte ein bestimmtes Bedürfnis hat, antwortet sie: „Das sind ganz normale Dinge, die da oben aber tatsächlich zu großen Herausforderungen führen können. Zum beispiel, wenn es stark stürmt und man sich an einem steilen Biwakplatz befindet. Im übrigen muss man in großer Höhe sehr viel trinken, weil sonst das Blut ein dickt. Die durch blutung muss unbedingt gegeben sein, damit man einen klaren Kopf bewahrt und keine Erfrierungen bekommt. Das bedeutet auch, dass man dementsprechend oft hinaus gehen muss. Wir haben dafür eine spezielle Ausrüstung, ein Reißverschlusssystem von der Unterhose bis zum Daunenanzug. Es kommt oft vor, dass ich in der Nacht aus dem Zelt raus muss – natürlich immer mit Schuhen und Steigeisen – das ist schon eine Überwindung."

**2** Findet alle Fehler in diesem Fehlertext.

●○ **a** Legt im Heft zwei Spalten an: *Großschreibung (xX) | Zusammenschreibung (+/–)*.

**b** Verbessert die Fehler. Ordnet sie in die richtige Spalte ein.

**3** Tauscht euch mit einem Lernpartner aus, der dieselbe Aufgabe bearbeitet hat.

## Teste dich!

**SEELE** Gleich und ähnlich klingende Buchstaben muss man immer in einem Wörterbuch nachschlagen.
**REGE** Gleich und ähnlich klingende Laute kann man meist ableiten oder sich durch das Verlängern erschließen.

**LOG** Fremdwörter sollte man immer im Fremdwörterbuch nachschlagen.
**LWI** Bei den Fremdwörtern gibt es typische Stellen, die man sich merken kann.

**SSEN** Man kann Wörter jeder Wortart wie ein Nomen nutzen.
**EDEN** Nominalisierungen aus Verben oder Adjektiven muss man sich merken.

**BEH** Bei Tageszeiten und Wochentagen erkennt man an den Begleitern, dass sie großgeschrieben werden.
**LEH** Bei Tageszeiten und Wochentagen muss man sich merken, wann sie groß- oder kleingeschrieben werden.

**ERR** Gruppen aus zwei Verben kann man immer getrennt schreiben.
**ORR** Gruppen aus zwei Verben schreibt man zusammen.

**SCH** Ergeben Zusammensetzungen mit Verben eine neue Bedeutung, schreibt man sie zusammen.
**ACH** Ergeben Zusammensetzungen mit Verben eine neue Bedeutung, schreibt man sie stets getrennt.

**EN** Werden Zusammensetzungen mit Verben nominalisiert, schreibt man sie zusammen.
**ER** Werden Zusammensetzungen mit Verben nominalisiert, schreibt man sie getrennt.

**1** Notiere im Heft die Buchstaben vor den richtigen Aussagen. Bestimme die Lösungswörter.

### Traum Mount Everest

Der Mount Everest war für Bergsteiger schon immer eine Herausforderung. Dem Neuseeländer Edmund Hillary und dem Sherpa Tenzing Norgay gelang 1953 die Erstbesteigung. Was für Hillary ein einmaliges, individuelles Erlebnis war, ist heute ein Ziel von kollektivem Bergwandern. In der kurzen Saison tummeln sich viele Tausende zum Erklettern des höchsten Gipfels der Welt. Sie steigen bereits nachts und am frühen Morgen auf, denn gegen Mittag ist die beste Zeit für das Klettern vorbei. Um sich von der Masse abzusetzen, werden Rekorde gebrochen: Die jüngste Frau, die schnellste Frau, der jüngste Bergkletterer, der älteste Kletterer, ohne zusätzlichen Sauerstoff etc. Der Bergführer Apa Sherpa, der den Gipfel bereits 20 Mal bestieg, hat 2010 einerseits den mit 13 Jahren jüngsten Bergsteiger auf den Gipfel begleitet, andererseits aber darauf hingewiesen, dass die Touristen viel Müll hinterlassen, der der Bergwelt schadet.

**2** Ordne die markierten Wörter den richtigen Regeln aus Aufgabe 1 zu.
Für welche Regel findest du kein Beispiel? Ergänze ein eigenes Beispiel.

**3** Vergleiche deine Ergebnisse mit einer Lernpartnerin oder einem Lernpartner.

# 12.2 Richtig argumentieren – Die Zeichensetzung in Klassenarbeiten verbessern

## Zeichensetzung bei Zitaten

1 *Norbert Meiners meint zu einer schnelleren Haftstrafe für jugendliche Straftäter: „Die Erfahrungen zeigen, dass es gerade bei Jugendlichen wichtig ist, dass eine Bestrafung möglichst schnell nach der begangenen Tat erfolgt."*
2 *„Je mehr Zeit zwischen Tat und Strafe vergeht, desto weniger Bezug kann der Jugendliche zwischen beidem herstellen", findet Meiners.*
3 *Er fährt fort: „Beim Warnschussarrest ist es aber so, dass vorher ein komplettes Gerichtsverfahren durchlaufen werden muss."*
4 *„Dieses kann sich", meint er, „in die Länge ziehen, sodass zwischen der Tat und dem Arrest am Ende eine sehr lange Zeit liegen kann."*

**1** Ein Schüler hat für seine spätere Argumentation Aussagen zum Thema „Warnschussarrest" festgehalten (▶ Kapitel „Umgang mit Gewalt", S. 33–52).
a Prüft, ob er die Zeichensetzung für die Zitate richtig angewendet hat.
b Ordnet im Heft den Sätzen 1 bis 4 die richtige Regel A bis C zu:
Zeichensetzung bei Zitaten mit ...
**A** ankündigendem Begleitsatz **B** nachgestelltem Begleitsatz **C** eingeschobenem Begleitsatz

**Enis Wilmesmeier:** Dass das bloße Einsperren erzieherisch wirksam sein soll, ist Unsinn. Denn nur die Auseinandersetzung mit der Straftat, mit sich selbst und mit Werten kann zu Einsicht führen.

1 *Enis Wilmesmeier findet: „Das bloße Einsperren ist nicht erzieherisch wirksam."*
2 *Dass das bloße Einsperren erzieherisch wirksam sein soll, ist Unsinn, findet Enis Wilmesmeier.*
3 *Dass das bloße Einsperren erzieherisch wirksam sein soll findet Enis Wilmesmeier, ist Unsinn.*

**2** Schüler haben auf verschiedene Weise versucht, Wilmesmeiers Aussage zu zitieren. Verbessert im Heft die Zeichensetzung, wo nötig.

**Information** **Zeichensetzung bei Zitaten**

- Wörtlich wiedergegebene Textstellen kennzeichnet man durch **Anführungszeichen.**
- Nach einem **ankündigenden Begleitsatz** steht **ein Doppelpunkt,** z. B.: *Er sagt: „Lies das!"*
- **Folgt der Begleitsatz** dem Zitat, wird er durch ein Komma abgetrennt, z. B.: *„Halt!", rief er.*
- Lässt man einen Teil des Textes aus, kennzeichnet man die **Auslassungen** so: **[...]** oder **(...).**

# Eine Einleitung schreiben – Kommas richtig setzen

VORSICHT FEHLER!

**Einleitung A:**

*Seit 2013 können jugendliche Wiederholungstäter, von Jugendrichtern für höchstens vier Wochen in den Arrest geschickt werden, damit sie den Ernst ihrer Lage begreifen, einen heilsamen Schock bekommen, und von weiteren Straftaten absehen. Dahinter steckt die Idee, dass sie so vor einer kriminellen Karriere bewahrt werden. Dieses Gesetz, das die jugendlichen Täter und die Gesellschaft gleichermaßen schützen soll, wird nicht in allen Bundesländern gleichermaßen durchgesetzt. Das finde ich vernünftig, denn erste Ergebnisse zeigen, dass der so genannte Warnschussarrest nicht die erhoffte Wirkung hat.*

VORSICHT FEHLER!

**Einleitung B:**

*Das Gesetz im Jugendstrafrecht von 2013 nach dem jugendliche Mehrfachtäter für höchstens vier Wochen in den so genannten Warnschussarrest geschickt werden können ist immer noch umstritten. Dass das aber dazu führt dass die Maßnahme in den einzelnen Bundesländern unterschiedlich stark umgesetzt wird das kann ich nicht nachvollziehen. Es ist doch klar dass unbelehrbare Jugendliche die als Wiederholungstäter auffallen ihr Verhalten nicht so leicht ändern wenn sie keine unmittelbaren Folgen spüren. Ich verstehe deshalb nicht dass man schon wieder über eine Wiederabschaffung des Gesetzes diskutiert. Ich bin der festen Überzeugung, dass man das Gesetz konsequenter anwenden sollte.*

**1** Benennt das strittige Thema, das in beiden Einleitungen behandelt wird.

**2** Untersucht die Kommasetzung in den Einleitungen. Wählt Aufgabe a/b, c/d oder e/f.

●○○ **a** Findet in Einleitung A die zwei falsch gesetzten Kommas.

●○○ **b** Übertragt den Text richtig ins Heft.
Unterstreicht die Hauptsätze, unterschlängelt die Nebensätze, umkreist die Aufzählungen.

●●○ **c** Verbessert im Heft Einleitung B. Setzt die fehlenden Kommas.

●●○ **d** Unterstreicht die Hauptsätze, unterschlängelt die Nebensätze.

●●● **e** Schreibt die in B markierten Sätze mit der richtigen Zeichensetzung ins Heft.

●●● **f** Formuliert die Sätze in besser lesbare Satzgefüge oder Satzreihen um.

**Information** | **Kommasetzung bei Aufzählungen sowie in Satzreihen und Satzgefügen**

- Durch Kommas trennt man **nebengeordnete Sätze und Satzglieder.** Das sind:
  **Aufzählungen von Wörtern, Wortgruppen und Hauptsätzen** (Satzreihen), z. B.:
  *Jugendliche Straftäter können Bewährung, Sozialdienst oder eine Gefängnisstrafe bekommen.*
- Durch Kommas trennt man **Haupt- und Nebensätze** (Satzgefüge), z. B.:
  *Weil Bewährungsstrafen häufig nichts nützen, befürworten manche eine Gefängnisstrafe zur Abschreckung.*

# Meinungen begründen – Kommasetzung bei *das* oder *dass*

VORSICHT FEHLER!

**A** *Nach gründlicher Abwägung der Argumente bin ich der Meinung, ? der Warnschussarrest nicht ? richtige Mittel im Umgang mit jugendlichen Straftätern ist. Davon überzeugt hat mich, vor allem die Argumentation von Prof. Rüdiger Sonnen. Er führt die aktuelle Statistik an, die aufzeigt, ? 70 % aller jugendlichen Straftäter, trotz eines verhängten Jugendarrests rückfällig werden. Bei Jugendlichen, die zu einer Bewährung verurteilt wurden, beträgt diese Rückfallquote nur 59,6 %. Diese Zahlen sprechen nicht dafür, ? der Warnschussarrest wirksam ist. Diese Maßnahme gehört vielmehr in den Bereich des Wunschdenkens.*

**B** *Ausschlaggebend für meine Haltung zum Warnschussarrest ist die Position des Innensenators in Hamburg der findet ? den jugendlichen Straftätern klare Grenzen gesetzt werden müssen. Wenn es so ist ? Wiederholungstäter sich nicht durch andere Maßnahmen von ihrem Fehlverhalten abbringen lassen dann muss der Staat handeln. Dabei kann er nicht nur Strafen androhen er muss sie auch vollziehen. Wenn er das nicht tut dann spüren die Täter die Konsequenzen nicht. ? hat zur Folge ? die Täter weitermachen. Ein Warnschussarrest bedeutet aber ? eine erkennbare Grenze gezogen wird.*

**1** a Lest die ausgeführten Argumente und entscheidet, für welche Position sie stehen.
b Tauscht euch darüber aus, welche Formulierungen ihr in der Argumentationsentfaltung gelungen findet.

**2** Prüft die Kommasetzung in den Texten. Wählt Aufgabe a/b oder c/d.
○○ a Findet im Text A die beiden falsch gesetzten Kommas.
○○ b Korrigiert die zwei Kommafehler im Heft und setzt *das* oder *dass* ein.
●○ c Verbessert im Heft Text B.
Setzt die fehlenden Kommas und tragt *dass* oder *das* ein.
●○ d Markiert die Nebensätze und umkreist die einleitenden Konjunktionen.
e Stellt eure Ergebnisse in der Klasse vor. Klärt aufgetretene Fragen.

**Information** **Die Kommasetzung im Satzgefüge *(dass, das)***

- Ein **Satzgefüge** besteht aus einem **Hauptsatz und** mindestens einem **Nebensatz.**
- Der Nebensatz kann vor oder nach dem Hauptsatz stehen oder in ihn eingefügt sein. Alle **Nebensätze** werden durch ein **Komma vom Hauptsatz getrennt.**
- Die Konjunktion ***dass* leitet in der Regel** einen **Nebensatz ein,** der auf die Frage „Was?" antwortet, z. B.: *Es ist deutlich geworden,* ***dass*** *es mehr Pro-Argumente gibt.*
- Die **Relativpronomen *der, die, das* leiten** einen **Relativsatz ein,** der sich auf ein **vorangegangenes Nomen** bezieht, z. B.: *Der Relativsatz,* ***der*** *sich auf ein Nomen bezieht, ...*

## Üben: Der Schlussteil – Kommas richtig setzen

VORSICHT FEHLER!

**A** (1) Wenn ich die Idee des Warnschussarrests zusammenfasse, dann sieht man damit vor, ? er kontrolliert erfolgt, und keine unzumutbare Härte darstellt.
(2) So darf der Warnschussarrest nur angewendet werden, wenn der Eindruck besteht, ? der Täter seine Strafe nicht ernst nimmt.
(3) Er darf auch angewendet werden, wenn der Täter aus einem Umfeld kommt, ? für seine Wiedereingliederung in die Gesellschaft schädlich sein könnte.
(4) Und er wird angewendet, wenn man glaubt, ? die Haft erzieherisch wirkt.
(5) Vor diesem Hintergrund spielt der Warnschussarrest bei der Bestrafung von Jugendlichen nur eine geringe Rolle, die meisten bekommen eine Bewährungsstrafe.
(6) Deshalb bin ich der Meinung, dass man zunächst prüfen sollte, wie sich die Anwendung dieses Gesetzes auswirkt, ? sich erst noch bewähren muss.

**1**
a Schreibt den einen Satz aus A korrigiert ins Heft, in dem ein Komma zu viel steht.
●○○ b Welche 3 Fragezeichen sind durch *dass* zu ersetzen? Schreibt diese Sätze ins Heft.
●○○ c Ordnet im Heft den folgenden Satzarten die Sätze (2) bis (6) richtig zu:
**A** Hauptsatz mit zwei Nebensätzen,
**B** Hauptsatz mit drei Nebensätzen,
**C** Satzreihe.

VORSICHT FEHLER!

**B** (1) Ich komme zu dem Schluss ? der Warnschussarrest so wie er bei uns praktiziert wird nicht sinnvoll ist und wieder abgeschafft gehört.
(2) Vielleicht brächte er den erhofften Erfolg wenn im Gefängnis genügend Personal zur Verfügung stünde ? sich intensiv um die Straftäter kümmern könnte.
(3) Aber ? scheitert am Geld. Viel sinnvoller als der Gefängnisaufenthalt sind Projekte in denen die Jugendlichen wirklich wieder sozial eingegliedert werden.
(4) So gibt es in Köln das Projekt „Resi“ in dem ein Sozialarbeiter sich nicht wie ein Bewährungshelfer um ca. 60 Straftäter kümmern muss sondern nur um drei.
(5) Das hört sich aufwändig an doch Wissenschaftler haben errechnet ? eine solche Intensivbetreuung ungefähr 8 000 € im Jahr kostet ein Jahr im Gefängnis aber nicht unter 40 000 € zu finanzieren ist.
(6) Und das Projekt hat Erfolg denn von 26 betreuten Straftätern kamen nur zwei wieder ins Gefängnis während die Rückfallquote ohne Betreuung viel höher ist.
(7) ? zeigt ? ? Geld ? man in den Arrest steckt nicht gut angelegt ist.

**2** Überarbeitet den Fehlertext B im Heft. Wählt Aufgabe a oder b.
●●○ a Ersetzt in den Sätzen (1) bis (7) die Fragezeichen durch *dass* oder *das*. Setzt alle Kommas.
●●● b Löst Aufgabe 2 a und ordnet je einen Satz aus B wie folgt zu:
**A** Hauptsatz mit zwei Nebensätzen,
**B** zwei Hauptsätze mit zwei Nebensätzen,
**C** Haupt- und Nebensatz.

# Den Apostroph richtig einsetzen

| | |
|---|---|
| This is my sister's dress. | Das ist Noras Kleid. |
| These are my parents' books. | Das sind Ines' oder Fritz' CDs. |

**1** Unterscheidet den Gebrauch des Apostrophs im Englischen und im Deutschen.
**Tipp:** Beachtet insbesondere den Kasus (Fall) und den Numerus (Anzahl).

**2** Prüft die folgenden Wörter zur Apostrophschreibung. Wählt Aufgabe a oder b.
*Toni's Position, die VW's, Fabian's Meinung, die DVD's, Otto's Ansicht, Agnes' Beispiel, Felix Ausführung, die Babys, die Hobby's, Thomas' Idee*

- **a** Verbessert mindestens fünf Apostrophfehler.
- **b** Legt im Heft zwei Spalten an: *Genitiv-s | Plural-s.* Ordnet die Wörter korrigiert ein.
- **c** Vergleicht eure Ergebnisse.

---

A *Berti's/Bertis* Meinung teile ich nicht. Ich schließe mich *Ines's/Ines'* Ansicht an.
B *Lars'/Lars* Freundin muss warten, denn der muss in *Axels/Axel's* Küche erst etwas essen.
C *Müller's/Müllers* Fahrradladen ist in *K'lautern/Klautern.* Hol dir dort den besten Rat *für's/fürs* Rad.
D In *Christa's/Christas* Aufsatz deckt sich vieles mit *Alex/Alex'* Ausführungen.
E In vielen Anzeigen *gibt's/gibts* Reklame: Da kümmern sich z. B. Firmen rund *um's/ums* Haus.
F In manchen *Cafés/Cafés'* laufen die aktuellsten *CDs/CD's* mit *Hit's/Hits.*
G In der Werbung wird *Bielefeld's/Bielefelds* größtes Schnitzel angepriesen.
H Viele *LKWs/LKW's* haben einen Vornamen, z. B. *Fritz'/Fritz* Lastwagen.

---

**3** Mit oder ohne Apostroph: Welche Schreibweise ist richtig?
Wählt Aufgabe a, b oder c.

- **a** Schreibt die Sätze A bis H richtig ins Heft.
- **b** Legt im Heft zwei Spalten an: *mit Apostroph | ohne Apostroph.* Ordnet die Beispiele A bis H richtig zu.
- **c** Bildet einen Satz, in dem je zwei Formen mit Apostroph sowie zwei ohne Apostroph vorkommen. Erklärt jeweils die Schreibungen.
- **d** Tauscht euch über eure Ergebnisse aus.

**Information** **Der Apostroph (das Auslassungszeichen)**

- Ein **Apostroph muss** stehen:
  - beim **Genitiv von Namen,** die **auf s, ss, tz, z** und **x** enden, z. B.: *Lukas' Katze, Felix' Hut,*
  - bei **Auslassungen im Wortinneren,** z. B.: *D'dorf* für *Düsseldorf.*
- Ein **Apostroph** steht **nicht:**
  - bei **Präpositionen,** die **mit dem Artikel verschmolzen** sind, z. B.: *aufs, vorm, fürs,*
  - beim **Plural-s,** z. B.: *die CDs, die Lkws, die Pkws,*
  - beim **Genitiv-s,** z. B.: *Lisas Meinung, Hamids Aufsatz.*
- Er darf bei Auslassungen stehen, um das **Mündliche** nachzuahmen, z. B.: *Er hat es.* ← *Er hat's.*

## Teste dich!

A Der Apostroph gehört immer zum Genitiv, z. B.: ...
B Der Apostroph gehört immer zum Plural, z. B.: ...
C Den Apostroph setzt man nicht bei Abkürzungen, z. B.: ...
D Der Apostroph steht bei Namen mit *s* im Genitiv, z. B.: ...

**1** a Welche Aussagen A bis D stimmen? Übertrage die richtigen Aussagen ins Heft.
b Korrigiere die folgenden Beispiele. Ordne sie im Heft den richtigen Aussagen aus 1a zu:
*Alex Mops, Johannes's, CD's, die Müller's, die Meiers', Hans Buch, Klaus Motorrad.*

E Aufzählungen werden nicht durch Kommas getrennt.
F Hauptsätze werden durch ein Komma getrennt.
G Haupt- und Nebensätze werden durch Kommas voneinander getrennt.
H Vor der Konjunktion *und* steht nie ein Komma.
I Vor der Konjunktion *und* kann ein Komma stehen, wenn sie einen weiteren Hauptsatz einleitet.
J Vor *und* muss ein Komma stehen, wenn vorher ein Nebensatz abgeschlossen wird.
K Zitate werden durch Anführungszeichen kenntlich gemacht.

**2** Prüfe die Regeln E bis K zur Zeichensetzung. Finde die zwei falschen Aussagen.

1 Das Jugendstrafrecht zeichnet sich dadurch aus dass es erziehen will.
2 Der Plan ist, dass jugendliche Straftäter durch den Aufenthalt in einer Justizvollzugsanstalt aus ihrem schädlichen Umfeld herausgeholt werden.
3 Der Jugendarrest soll dazu anregen die Tat zu überdenken, Verantwortung für diese zu übernehmen sowie in Zukunft keine Straftat mehr zu begehen.
4 Dem Gesetz zufolge soll eine „möglichst erfolgreiche Bewältigung der Bewährungszeit im Auge behalten" werden.
5 Dass die Abschreckung nicht immer erfolgreich ist mag an den verschiedenen sozialen Hintergründen der jugendlichen Straftäter liegen.
6 Was dem einen hilft, nutzt dem anderen nichts und es ist daher entscheidend dass das Jugendgericht abwägt und je nach Fall den Arrest anordnet.

**3** a Prüfe, in welchen Sätzen 1 bis 6 die Kommas fehlen. Schreibe sie korrigiert ins Heft.
b Notiere im Heft: Welche Regel E bis K gilt für welchen Satz 1 bis 6? *E = Satz ...*
c Schreibe den zitierten Satz 3 mit den korrekten Satz- und Auslassungszeichen ins Heft.
*Es heißt, der Jugendarrest soll dazu anregen, die Tat zu überdenken sowie in Zukunft keine Straftat mehr zu begehen.*

**4** Vergleiche deine Ergebnisse mit einer Lernpartnerin oder einem Lernpartner.

# 12.3 Fit in ...! – Fehlerschwerpunkte finden

## Die beste Fußballerin der Welt im Porträt

**A** Marta Vieira da Silva dominiert den Frauenfußball wie keine Spielerin je zuvor. Was Pele damals für den Männerfussball war, das ist Marta heute für den Frauenfußball, schwermt Brasiliens Frauennationaltrainer Kleiton Lima. In anderen Worten aus gedrückt: Sie ist die Beste Spielerin aller Zeiten. Mit Abstant. Das sie es so weit gebracht hat verdankt Marta neben ihrem Talent vor allem ihrem eisernen Willen. Denn in der Heimat stieß ihre Begeisterung für den Fußball früh auf Widerstand. Mama, Papa, Onkel, Bekannte, ja eigentlich alle im 12.000-Seelen-Ort Dois Raichos waren dagegen. In Brasilien gilt Fußball mehr als irgendwo sonst als reine Männerdomäne. Noch bis Anfang der 1980er-Jahre war Frauenfußball per Gesetz verboten. Es schade dem weiblichen Körper, so hieß es. Also kickte Marta Täglich mit den Jungs. Sie ist heufig von der Schule weg geblieben, um Fußballzuspielen. Ich wollte sie immer daran hindern, aber mir ist es nicht gelungen. Zum Glück, muss ich aus heutiger Sicht sagen. Denn sie hat sich ihren Traum erfüllt, erzählt ihre Mutter Tereza.

**B** In diesen Traum startete Marta im Alter von 14 Jahren. Sie stig alleine in den Bus, und fuhr tagelang von Dois Riachos im Nordosten Brasiliens rund 2000 Kilometer Richtung Süden. In Rio de Janeiro spielte sie bei Vasco da Gama vor. Die damalige Trainerin erinnert sich: Sie brachte eine enorme Willenskraft mit. Es gab nur wenige die derart lernwillig waren wie sie.
Ich war sehr dünn, aber schnell, erzählt Marta über ihre Anfänge in Rio: Ich glaube, sie waren schockiert das ein Mädchen wie ich auf dem Rasen für ein derartiges Aufsehen sorgen konnte.
Auf Grund mangelnder Strukturen im brasielianischen Frauenfußball wechselte Marta noch im selben Jahr zum schwedischen Topklub Umea IK: Ich wusste nur das Schweden irgendwo in Europa liegt und Umea ein gutes Frauenteam hat. Dort wollte ich eine bessere Spielerin werden. Nur deshalb habe ich Brasilien verlassen.
In Skandinavien stieg Marta zum Weltstar auf und ihr Verein wurde zum Publikumsmagnet der Liga. Mit einem Monatsgehalt im fünfstelligen Bereich sorgte Marta seit ihrem Wechsel ins Ausland für den Lebensunterhalt der ganzen Famielie: Ich will dieser armen Gegend etwas zurück geben und den Menschen Hoffnung machen. Obwohl die 1,62 Meter kleine Marta keine klassische Mittelstürmerin ist, sondern lieber mit Tempo aus der Tiefe kommt, traf sie in 103 Spielen sensationelle 111 Mal. Die logische Folge: Seit 2006 holte sich Marta in Serie den Titel der Weltfußballerin des Jahres ab. Heute spielt sie in den USA wo sie mit ihren Leistungen Aufsehen eregt und sie ist mit ihrer Karriere Vorbild für vile brasilianische Frauenfußballerinnen.

**1** Im Textabschnitt A sind die fehlerhaften Sätze markiert. Korrigiert die Fehler im Heft.

**2** a Korrigiert im Heft die fehlerhaften Sätze im Textabschnitt B.
b Nennt den Satz, in dem vor *und* ein Komma stehen könnte, aber nicht stehen muss.

# Eigene Fehlerschwerpunkte finden

| Korrekturbogen zu S. 259 – Fehlerschwerpunkte | Fehler | Übungen siehe |
|---|---|---|
| **Groß-/Kleinschreibung**<br>A: *die **b**este Spielerin, **t**äglich;* B: ***K**ilometer, **m**al* | | ▶ Station 1, S. 261<br>▶ Hilfen, S. 248, 251 |
| **Zusammen- und Getrenntschreibung**<br>A: *ausgedrückt, weggeblieben, Fußball zu spielen*<br>B: *sorgen konnte, zurückgeben, Hoffnung machen* | | ▶ Station 6, S. 263<br>▶ Hilfen, S. 250–251 |
| **Kommasetzung bei Satzgefügen**<br>A: *Was Pele...**,** das ist Marta ...*<br>*Dass sie es so weit gebracht hat**,** verdankt Marta ...*<br>B: *Es gab nur wenige**,** die ... sie waren schockiert**,** dass ...*<br>*Ich wusste nur**,** dass ... Heute spielt sie in den USA**,** wo ...* | | ▶ Station 3, S. 262<br>▶ Station 7, S. 264<br>▶ Hilfen, S. 254–256 |
| **Das Komma vor *und***<br>B: *Sie stieg allein in den Bus und ...*<br>*... wo sie mit ihren Leistungen Aufsehen erregt**,** und Marta ...*<br>*In Skandinavien ...**(,)** und ihr Verein ...* | | ▶ Station 5, S. 263<br>▶ Hilfen, S. 258 |
| ***das* und *dass***<br>A: ***Dass** sie es so weit gebracht hat, verdankt Marta ...*<br>B: *Sie waren schockiert, **dass** ... Ich wusste nur, **dass** ...* | | ▶ Station 4, S. 262<br>▶ Hilfen, S. 255–256 |
| **Zitate**<br>A: ***„**Was Pele damals ... heute für den Frauenfußball**“**, schwärmt ...*<br>***„**Sie ist häufig ... hat sich ihren Traum erfüllt**“**, erzählt ...*<br>B: ***„**Sie brachte eine enorme Willenskraft ... wie sie.**“***<br>***„**Ich war sehr dünn, aber schnell**“**, erzählt Marta.*<br>***„**Ich glaube, sie waren ... sorgen konnte.**“***<br>***„**Ich wusste nur, dass ... verlassen.**“***<br>***„**Ich will dieser armen Gegend ... machen.**“*** | | ▶ Station 2, S. 261<br>▶ Station 7, S. 264<br>▶ Hilfen, S. 253 |
| **Strategien und Regeln**<br>A: *Fu**ß**ball, schw**ä**rmt, Abstan**d**, h**äu**fig*<br>B: *stie**g**, K**i**lometer, brasi**l**ianisch, v**ie**le, e**rr**egt, Famil**ie*** | | ▶ Station 8, S. 264<br>▶ Hilfen, S. 244–248, 250 |

**1** Vergleicht in Partnerarbeit eure Überarbeitung zu S. 259 mit dem Korrekturbogen.

**2** Findet eure persönlichen Fehlerschwerpunkte. Geht so vor:
- a Kopiert den Korrekturbogen oder legt eine beschreibbare Folie darüber.
- b Markiert in der linken Spalte alle Fehler, die ihr bei eurer Korrektur nicht gefunden habt.
- c Tragt in die Spalte „Fehler“ die Anzahl der Fehler ein, die ihr nicht erkannt habt.
- d Entscheidet anhand eurer Fehlerzahl: Wo seid ihr sicher? Was solltet ihr erneut üben?

**3** Keine oder nur wenige Fehler? Bearbeitet die folgenden Profiaufgaben in jeder Station.

## Station 1: Großschreibung

VORSICHT FEHLER!

### FC Charity – König Boateng

Diesmal kommt jérôme boateng mit dem schulbus. Als der bayernstar am dienstag aus dem gelbschwarzen schulbus steigt, gibt es für die schüler kein halten mehr. Jungs mit funkelnden augen stürmen auf den fußballer zu, das kreischen der mädchen ist unüberhörbar. Und kinder, die sich an den fenstern die nasen platt drücken, zücken ihre smartphones. Bereitwillig gibt boateng autogramme. Er zeigt sich als star zum anfassen. Er ist am trainingsfreien tag gekommen, um für das spendenprojekt „living a dream“ zu werben, das kinder in brasilien unterstützt. Die schule, die er besucht, ist aktionspartner und sammelt für dieses projekt. „Wir wollen in rio eine schule bauen für kinder, die den traum haben, fußball zu spielen“, sagt boateng. „Dort leben über sechs millionen kinder auf der straße.“

**1** ●○○ ●●○

a Verbessert im Heft den Text in der richtigen Groß- und Kleinschreibung.

b Markiert drei Nominalisierungen mit ihren Begleitern.

c Schreibe den Satz „Wir wollen in ...“ so um, dass zwei Nominalisierungen vorkommen, z. B.: *„Ziel ist ...“*

**2** **Profiaufgabe:** Helft einem Mitschüler, die Großschreibung zu verstehen. Verwendet Beispiele aus dem Text. Erklärt auch die Nominalisierungen.

## Station 2: Zitate kennzeichnen

VORSICHT FEHLER!

Boateng engagiert sich auch in Deutschland für Jugendliche, die den Traum haben, Fußball zu spielen. Mit dem Sozialarbeiter Ismail Öner hat er in Berlin den Verein Mitternachtssport gegründet. 2013 gab es den Ritterschlag: Bambi für Integration. Er geht viel zu bescheiden damit um, dass er der Gründer eines der erfolgreichsten und renommiertesten Jugendprojekte Deutschlands ist, sagt Öner. Er ist für uns ein Segen Gottes.

Die Idee: In Spandau können Jugendliche freitags bis sonntags zwischen 20 und 3 Uhr Hallenfußball spielen, statt draußen Blödsinn anzustellen. Lieber ein Zweikampf auf dem Platz als auf der Straße, sagt Boateng, der so oft wie möglich vorbeischaut oder 30, 40 Mann nach München einlädt, weil es den Youngstern viel gibt: Eine Begegnung mit Jérôme ist wie 100 Liter Selbstbewusstsein tanken, sagt Öner.

Wer kommt, kann viel mitnehmen: lebenspraktisches Wissen, soziale Kompetenzen. Das ist einfach ganz tief an der Basis, Jérôme engagiert sich immens. Öner behauptet gar: Er ist der erste kickende Sozialarbeiter in der Bayernhistorie. Wenn er nicht Fußballer geworden wäre, wäre er tausendprozentig Sozialarbeiter. Und würde jeden Tag Bus fahren.

**1** ●○○ In dem Text sind die Zitate erkennbar, aber nicht gekennzeichnet: ▸ Z. 16–17, Z. 18–19, Z. 21–23. Schreibt sie mit den richtigen Satzzeichen ins Heft.

**2** **Profiaufgabe:** Zitate in Texten, die nicht gekennzeichnet sind, überliest man leicht. Erklärt einem Mitschüler, wie man Zitate richtig kennzeichnet. Nutzt Beispiele aus dem Text.

## Station 3: Satzgefüge

VORSICHT FEHLER!

**Edgar Allan Poe:** Wer am Tag träumt wird sich vieler Dinge bewusst die dem entgehen der nur nachts träumt.
**Henry Ford:** Höre nicht auf die Vernunft wenn du einen Traum verwirklichen willst.
**Mark Twain:** Trenne dich nie von deinen Träumen. Wenn sie verschwunden sind wirst du weiter existieren doch aufgehört haben zu leben.
**Smohalla:** Menschen die bloß arbeiten finden keine Zeit zum Träumen. Nur wer träumt gelangt zur Weisheit.
**Johann Wolfgang Goethe:** Unsere Wünsche sind die Vorboten der Fähigkeiten die in uns liegen.

**1** Verbessert die Zeichensetzung in den Aussagen über den Sinn von Träumen.
- ●○○ **a** Schreibt die Aussagen in der Reihenfolge ab, wie sie euch wichtig erscheinen. Setzt die fehlenden Kommas.
- ●●○ **b** Markiert in den Satzgefügen die Konjunktionen der Nebensätze.
- ●●○ **c** Kreist die Relativpronomen ein.

**2** **Profiaufgabe:** Recherchiert weitere Zitate über das Träumen, die aus Satzgefügen bestehen. Notiert zwei, die euch gefallen.

## Station 4: *das* oder *dass?*

A Viele Jugendliche in aller Welt träumen davon ...
B ? Matheu zu den erfolgreichen Fußballspielern gehört ...
C Der tägliche Blick auf das Stadion beflügelte seinen Traum ...
D ? ? Leben des Jungen und seiner Familie sich verändert hat liegt daran ...
E Der Vater fand nach reiflicher Überlegung ...
F So wurde beschlossen ...

1 ? sieht man an seinen vielen Pokalen.
2 ? er eines Tages dort spielen wird.
3 ? sie ? Fußballspielen zum Beruf machen können.
4 ? ? eine einmalige Chance für den damals Neunjährigen wäre.
5 ? die Familie alles aufgab und nach Rio übersiedelte.
6 ? er zu einem Testspiel nach Rio de Janeiro reisen musste.

**1** Setzt im Heft richtig ein: *das* oder *dass?* Wählt Aufgabe a oder b.
- ●○○ **a** Verbindet die Sätze sinnvoll mit *das* oder *dass*. Ergänzt die Kommas.
- ●●○ **b** Formuliert einige Sätze so um, dass die mit *dass* eingeleiteten Sätze ihre Position ändern. Setzt die Kommas.

**2** **Profiaufgabe:** Bildet eigene Sätze mit *das* und *dass*, z. B.:
*Ich finde, dass das Fußballspielen ... Dass das Fußballspielen ...*

## Station 5: Das Komma vor *und*

VORSICHT FEHLER!

### Natze mit Mütze – eine ungewöhnliche Torhüterin

Nadine Angerer, genannt Natze, ist eine der besten Torhüterinnen der Welt und spielte schon in vielen Vereinen. Zuletzt stand sie bei Brisbane Roar (Australien) und danach bei Portland Thorns FC (USA) unter Vertrag. Angerer wurde zweimal Weltmeisterin, sie wurde fünfmal Europameisterin und sie gewann dreimal die Olympia-Bronzemedaille. Sie wurde mehrfach als beste Spielerin ausgezeichnet und gewann auch als erste Torfrau den Titel der Fifa-Weltfußballerin des Jahres. Sie spielte 20 Jahre in der Frauennationalmannschaft und weil sie sehr beständig in ihrer Leistung war, hat sie mehr als 140 Länderspiele bestritten. Aber Nadine Angerer ist auch eine sehr ungewöhnliche Sportlerin, die immer ein Leben neben dem Sport haben wollte und das fand sie wichtig. Ihr Markenzeichen: privat nie ohne Mütze.

**1** ●●○ Übertragt die Sätze ins Heft. Setzt die fehlenden Kommas.
Unterstreicht den Satz, in dem man ein Komma setzen kann, aber nicht setzen muss.

**2** **Profiaufgabe:** Formuliert mit Beispielen eine Lernhilfe zum Komma vor *und*. Beantwortet:
– Wann darf man kein Komma setzen? – Wann kann man es setzen? – Wann muss man es setzen?

## Station 6: Zusammen oder getrennt?

VORSICHT FEHLER!

Nadine Angerer, auf gewachsen in Gemünden, groß gezogen von der Mutter und Oma.
„Ich habe von klein auf gelernt, auf eigenen Beinen durchs Leben zugehen und eigene Entscheidungen zu treffen. Vielleicht kommt es daher, dass ich so freiheits liebend bin“, schreibt sie. Handball oder Fußball? Sie faltet zwei Zettel, das Fußball spielen steht auf dem einen, das Handball spielen auf dem anderen. Sie lässt das Los Verfahren über ihre Karriere entscheiden.
Sie hat neben dem Sport immer andere Träume gehabt und sagt über sich: „Ich liebe es, zu reisen, zu tauchen, mich zu unterhalten. Das brauche ich alles, um gut Sport machenzukönnen. Ich brauche auch mal das Partymachen und heute weiß ich, wann Feiern an gebracht ist und wann es zu egoistisch wäre. Ich habe jetzt eine ganz andere Verantwortung als Kapitänin der Nationalmannschaft.“
Und sie sagt: „Ich bin mir zu 1 000 Prozent sicher, dass ich nie erfolgreich gewordenwäre, wenn ich es anders gemachthätte. Du kannst nicht immer funktionieren, das geht einfach nicht. Ich muss mich manchmal aus klinken, um den Kopf frei zu bekommen. Nach diesen Phasen kann ich wieder nur für den Sport leben. Dann trainiere ich wahnsinnig diszipliniert. Ich bin über zeugt, dass bei Sportlern, die immer mit hohem Druck um gehen müssen, Kopf und Körper auch mal eine Pause brauchen.“

**1** ●●○ Entscheidet, ob die markierten Wörter getrennt oder zusammengeschrieben werden.
Schreibt den Text richtig ins Heft.

**2** **Profiaufgabe:** In der Regel werden Verbverbindungen getrennt geschrieben.
Erklärt einem Mitschüler Fälle, in denen man sie zusammenschreibt.

## Station 7: Alle Zeichenregeln anwenden

VORSICHT FEHLER!

### Matheus' Traum vom Profifußball

**1** Wenn der elfjährige Matheus aus seinem Zimmer kommt kann er auf seinem Weg durch die Wohnung eine Menge Medaillen und Pokale sehen die er im Laufe seines kurzen Lebens gewonnen hat. **2** „Ich habe einen Traum" sagt Matheus „ich möchte Profifußballer werden." **3** Das ist ein Traum den er hier in Brasilien mit vielen Jungs in seinem Alter teilt.

**4** Aber Matheus unternimmt alles um ihn auch wahr werden zu lassen. **5** Aber nicht nur er macht das sondern auch seine Familie. **6** Die lebte lange in Brasilia bis man Matheus fragte ob er im 1 000 Kilometer entfernten Rio de Janeiro spielen wollte. **7** Der Vater meinte dass es wichtig sei seinem Sohn alle Möglichkeiten zu öffnen. **8** Er kündigte seine Stelle und zog mit ihm nach Rio während die Mutter zunächst noch in Brasilia blieb. **9** Solange der Vater arbeitslos war lebte die Familie getrennt. **10** Der Vater kümmerte sich um seinen Sohn und er musste einen neuen Job suchen. **11** Erst als er eine Arbeit am Flughafen bekam konnte seine Frau nachkommen.

**1** In diesem Text fehlen alle Kommas. Wählt Aufgabe a/b oder a/c.

a Notiert in Partnerarbeit, wie viele Kommas in den Sätzen 1–11 fehlen.

●○○ b Findet einen Hauptsatz mit zwei Nebensätzen. Schreibt ihn richtig ins Heft.

●●● c Schreibt hinter jeden Satz, welche Regel für die Kommasetzung zutrifft:
**A** = Satzreihe, **B** = Satzgefüge, **C** Infinitivsatz mit *zu* und Hinweiswort,
**D** Gegensatz, **E** Begleitsatz zu wörtlicher Rede.

## Station 8: Strategien und Regeln

VORSICHT FEHLER!

Die Jungs um Matheu trainiren bei 30 Grat. Hier geht es nicht um bolzen, sondern um hartes arbeiten. Ist Matheu fertig mit dem Pflichtprogram, geht er am Abend heufig noch zum Hallentraining. Auf die Frage, ob ihm das Spass macht, sagt er: „Ja, ich mak das alles." Heute übt der Trainer Raumverschiebung mit ihnen. Bunte Hütchen liegen auf dem Rasen, und unermütlich werden dieselben Ableufe geübt. Der Trainer läßt sie stoppen und gibt Kommandos: „Geh zum Ball! Stopp! Lauft nicht beide zum Ball. Einer geht zum Ball, der andere steht. Spiel den Ball rüber!" Lange hat man in Brasielien gedacht, dass die Fussballspieler Naturtalente sind. Das ist aber nicht so. Deshalb begint der Verein, Kinder ab neun Jahren auszubilden. Vasco ist der einzige Verein in Rio de Janeiro, der auch eine Fussballschule und ein Fussballinternat betreipt. 300 Nachwuchsspieler werden dort sportlich und schulisch ausgebildet. Das erklert auch, warum Matheus' Familie das Angebot auf keinen Fall ablehnen wollte: Es ist die chance für den Sohn, sich seinen Traum zu erfüllen.

**1** Die Fehler im Text sind bereits markiert. Wählt Aufgabe a oder b.

●○○ a Verbessert die markierten Fehler im Heft.

●●● b Übertragt die folgende Strategietabelle ins Heft. Ordnet die korrigierten Beispiele zu.

| Verlängern | Zerlegen | Ableiten | Großschreibung | Regel *ie*/*ß* |
|---|---|---|---|---|

# 13 Rund um Autoren – Selbstständig lernen

Bertolt Brecht in seiner Berliner Wohnung, um 1927

**A** geboren 1898 in Augsburg, gestorben 1956 in Berlin

**B** schrieb Gedichte, Erzählungen, Dramen, theoretische Schriften, begründete das epische Theater

**C** flüchtete 1933 vor den National-sozialisten, kurze Zeit später wurde sein gesamtes Werk in Deutschland verboten

**D** gründete mit seiner Frau Helene Weigel sein eigenes Theater in Berlin

**E** schon zu Lebzeiten international bekannt, seine Stücke werden noch heute häufig aufgeführt

**F** bekannte Werke:
- „Die Dreigroschenoper“
- „Das Leben des Galilei“
- „Mutter Courage und ihre Kinder“

**G** heiratete zweimal, hatte viele Liebesbeziehungen ♡♡♡

**1** a Betrachtet das Foto und lest die Notizen zum Autor Bertolt Brecht.
b Tauscht euch zu zweit darüber aus, was ihr bereits über Bertolt Brecht wusstet und welche Informationen neu für euch sind.
c Über welchen Aspekt in Brechts Leben würdet ihr gern mehr erfahren? Formuliert eine Frage.

**2** Wie würdet ihr bei der Erarbeitung eines Autoren-Portfolios in der Gruppe vorgehen?
Besprecht notwendige Arbeitsschritte.

### In diesem Kapitel ...

- erarbeitet ihr in Gruppen ein Autoren-Portfolio,
- recherchiert und schreibt ihr Texte über einen Autor,
- übt ihr Testaufgaben für die Abschlussprüfung,
- informiert ihr über kulturelle Angebote auf der Schulwebseite.

# 13.1 Autoren-Portfolio – Projektarbeit im Team

## Mit Hilfe einer Kartenabfrage Ideen sammeln und ordnen

- **H** *Gibt es das von Brecht gegründete Theater noch in Berlin?*
- **I** *Brechts Frauen: Marianne Zoff, Helene Weigel, Ruth Berlau*
- **J** *„Die Werke, die Brecht hinterlassen hat, stellen einen der umfangreichsten literarischen Nachlässe in deutscher Sprache dar."*
- **K** *Flucht vor den Nationalsozialisten, Exil in Dänemark, Schweden, Finnland und den USA*
- **L** *Gibt es Verfilmungen von Brechts Werken?*
- **M** *Brecht war sehr selbstbewusst, erklärte angeblich mit 21 Jahren: „Mein Name wird einst nach denen von Goethe und Schiller genannt."*

**1** a Übertragt die Notizen zu Bertolt Brecht oben und von der Auftaktseite (► S. 265) auf Karten und ordnet sie: Welche Karten gehören inhaltlich zusammen?

b Ordnet den zusammengehörenden Karten die folgenden Oberbegriffe zu:

Lebensweg Privatleben Charakter Werk Bedeutung heute

c Überlegt in eurer Gruppe, was ihr noch über Brecht wisst oder wissen möchtet.
Notiert die Informationen und Fragen auf weitere Karten und ordnet diese ebenfalls den Oberbegriffen zu.

**2** a Verfasst gemeinsam mit Hilfe der Oberbegriffe ein vorläufiges Inhaltsverzeichnis für ein Portfolio zu Bertolt Brecht.

b Verteilt die Portfoliokapitel in der Gruppe.

**3** Beschriftet und ordnet Karten nach demselben Verfahren zu einer weiteren Autorin oder einem Autor eurer Wahl.

**Methode** **Eine Kartenabfrage durchführen (Metaplan)**

- Notiert **Ideen, Informationen und Fragen** zu einem Thema auf Karteikarten.
- Legt die Karten auf dem Tisch aus oder heftet sie an eine Wand (Tafel, Pinnwand).
- Ordnet inhaltlich zusammengehörende Karten zu **Gruppen.**
  Karten mit gleichen Aussagen können übereinandergelegt oder -geheftet werden.
- Bestimmt passende **Oberbegriffe** für die einzelnen Gruppen.
- Ergänzt weitere Karten zu den einzelnen Oberbegriffen.
- Erstellt mit Hilfe der Oberbegriffe eine **Gliederung** für euer Thema.

# Ein Autoren-Portfolio anlegen

Ⓔ

Helene Weigel als Mutter Courage in der Inszenierung von B. Brecht, Januar 1949

Ⓐ **Informationstext zu „Mutter Courage und ihre Kinder“**
„Mutter Courage und ihre Kinder“ ist eines der bekanntesten Dramen von Bertolt Brecht. Das Drama spielt während des Dreißigjährigen Krieges. Die Hauptfigur Mutter Courage verkauft Waren an Soldaten, um mit ihren Kindern zu überleben. Schließlich sterben alle drei Kinder im Krieg, so wie es die Mutter zu Beginn prophezeit hat. Mit diesem Drama behandelt Brecht die Frage, wie sich die „kleinen Leute“ im Krieg verhalten. Als Leser oder Zuschauer sollen wir erkennen, dass Kriege verhindert werden können, wenn die Gesellschaftsordnung nicht auf Unterdrückung und Ausbeutung gegründet ist. Um die Zuschauer zum Nachdenken darüber anzuregen, hat Brecht die Form des epischen Theaters entwickelt. Ein wichtiges Mittel ist darin der Verfremdungseffekt, durch den sich die Zuschauer von den Figuren distanzieren sollen. Dies gelingt in diesem Drama beispielsweise durch Songs.

Ⓑ **Kommentar:** Die Kriegsthematik in diesem Drama hat mich abgeschreckt. Dass alle drei Kinder einer Mutter im Krieg sterben und diese es vorher sogar erahnt, ist furchtbar. Manchmal konnte ich das Verhalten der Mutter nicht verstehen, ich hätte anders gehandelt. Ich glaube, dass man durch das Stück wirklich zum Nachdenken angeregt wird über Gewinner und Verlierer im Krieg und darüber, was mutig ist und was nicht. Die Idee, durch den Verfremdungseffekt die Wahrnehmung der Zuschauer zu steuern, fand ich interessant.

Ⓒ **Bewertung:** Ich habe verschiedene Informationen zu dem Drama gelesen, Stichworte notiert und einen Informationstext zum Drama verfasst. Die Texte waren umfangreich, sodass es schwierig war, die wichtigen Informationen herauszufiltern. Ich habe mich daran orientiert, was ich besonders interessant fand. Über den Verfremdungseffekt würde ich gern mehr erfahren.

Ⓓ **Quellen:** Knopf, Jan: Bertolt Brecht. Leben Werk Wirkung. Suhrkamp 2006;
https://de.wikipedia.org/wiki/Mutter_Courage_und_ihre_Kinder [23.02.2016]

**1** Beschreibt den Aufbau der Portfolioseite. Wählt Aufgabe a oder b und tauscht euch aus.

●●● **a** Notiert stichwortartig im Heft, wie bei der Erstellung der Seite vorgegangen wurde.

●○○ **b** Ordnet die folgenden Erklärungen den Buchstaben A–E zu.

- *... zeigt, woher die Informationen stammen.*
- *... veranschaulicht den eigenen Text.*
- *... ist ein selbst verfasster Text zum Thema.*
- *... gibt die Meinung des Schülers zum Thema wieder.*
- *... erklärt, wie der Schüler vorgegangen ist und wie er weiterarbeiten wird.*

**Methode** **Ein Portfolio erstellen**

- In einem Portfolio sammelt und ordnet man verschiedene **Materialien** zu einem Thema.
- Außerdem enthält ein Portfolio Aussagen zum **Arbeits- und Lernprozess.**
- Die Portfoliomappe besteht aus einem **Deckblatt** und einem **Inhaltsverzeichnis, selbst verfassten Texten** zum Thema, **fremden Textauszügen** mit genauen **Quellenangaben, Fotos, Schaubildern, Tabellen** und wichtigen **Internetadressen.**

# Texte für das Autoren-Portfolio aufbereiten

## M1 Bertolt Brecht – Wichtige Lebensdaten

1898: Am 10. Februar wird der Schriftsteller in Augsburg geboren.
1917: In München studiert Brecht Medizin. Als Sanitätssoldat muss er 1918 sein Studium unterbrechen, 1921 bricht er es endgültig ab.
1922: Die Ausgabe seines ersten Dramas „Baal" erscheint. Im November heiratet er die Sängerin Marianne Zoff. Tochter Hanne kommt im März 1923 auf die Welt.
1928: Die „Dreigroschenoper" wird uraufgeführt.
1929: Brecht heiratet nach der Scheidung von Marianne Zoff die Schauspielerin Helene Weigel. Im November 1924 kommt Sohn Stefan, im Oktober 1930 Tochter Barbara auf die Welt.
1933: Am 28. Februar flieht Brecht in die Schweiz.
1935: Brecht wird die deutsche Staatsbürgerschaft aberkannt.
1941: Er flieht in die Vereinigten Staaten. Nach einem Verhör durch das „Komitee für unamerikanische Aktivitäten" geht Brecht 1947 zurück nach Europa in die Schweiz.
1949: In Ostberlin gründet er mit seiner Frau Helene Weigel das Berliner Ensemble.
1956: Brecht stirbt am 14. August an einem Herzinfarkt in Berlin.

## M2 Menschenfreund Bertolt Brecht

*Der Schriftsteller Günter Kunert zum 50. Todestag des Autors*

**Liminski:** Herr Kunert, Sie haben Bertolt Brecht persönlich gekannt. Wie haben Sie Brecht kennen gelernt? Wo und wann war das?

**Kunert:** Das muss 1949 gewesen sein. Ich hatte zu schreiben begonnen und auch schon veröffentlicht hier und da in einer Zeitung, war einer der wenigen jungen Autoren zu der Zeit in Ost-Berlin. Und da ich ein Manuskript hatte mit Gedichten und nicht so recht wusste, was damit tun, meinte ein Freund, Brecht ist doch jetzt gerade aus der Schweiz gekommen. Ich würde dir vorschlagen, such den doch mal auf und gib ihm mal das Manuskript. Der Brecht wohnt im Adlon. Also habe ich mir ein Herz gefasst, bin in die Stadtmitte gefahren, bin ins Adlon gegangen, habe den Portier gefragt – das heißt, es war noch eine Ruine; es stand nur noch das Hinterhaus –, wo, in welchem Zimmer ist denn Herr Brecht? Ja, im ersten Stock. Nummer soundso. […] Dann klopfte ich vorsichtig, die Tür ging auf, Brecht stand da und war sehr freundlich sofort, ließ seinen Kugelschreiber fallen, bückte sich, hob den auf, entschuldigte sich dafür und bat mich in das Zimmer. Am Tisch saß Helene Weigel. Dieser Tisch war vollgestellt mit amerikanischen Konserven, und zu der Zeit gab es ja nun auch noch nicht sehr viel, insbesondere in Ost-Berlin nicht. Ich konnte den Blick nicht von dem Tisch wenden, meldete aber dann mein Anliegen an und reichte ihm das Manuskript. Er tat so, als hätte er sein halbes Leben lang nichts anderes getan, als auf mein Manuskript zu warten. Er nahm das also und begleitete mich wieder zur Tür, und es war schon damals spürbar, was seinen Zauber ausgemacht hat: Es gelang ihm, distanzlos mit anderen Leuten umzugehen. […]

**Liminski:** Haben Sie denn Kontakt halten können zu seinen Bekannten oder Freunden? Sie haben ihn ja als sehr junger Mensch kennen gelernt.

**Kunert:** Ja. Ich habe mal den Paul Dessau bei ihm kennen gelernt und Barbara, seine Tochter, selbstverständlich. Wenn ich ihn morgens besucht habe, lud er mich ein, mit in die Stadt zu kommen. Er fuhr so einen alten Steirer Sportwagen, einen offenen Wagen, und fuhr mit mir dann in die Stadt. Es war ja zu der Zeit noch kaum Autoverkehr in Ost-Berlin, und beim Fahren nahm er die Hände vom Lenkrad, band sich seinen Schal um, belauerte mich aus dem Augenwinkel. Und als ich ihn erstaunt ansah, sagte er, das Einzige, was ich wirklich gut kann, ist Autofahren. Er nahm mich dann mit in die Probebühne in der Reinhardtstraße, und ich setzte mich dort hin und konnte ihn beobachten bei seiner Regiearbeit.

## M3 Was hat Brecht uns heute noch zu sagen?

*Eine Einschätzung von Helmut Gier, Leiter der Augsburger Staats- und Stadtbibliothek*

Bertolt Brecht ist ein Exportschlager. Sein Leben und sein Werk haben nach wie vor gewaltigen Einfluss auch auf die internationale Film- und Theaterszene.

Er hat wie kein anderer deutscher Autor seit Goethe in unterschiedlichen Gattungen Großartiges und Formvollendetes geleistet. Es gab im 20. Jahrhundert drei überragende und weltweit berühmte deutsche Dichter und Schriftsteller: Thomas Mann, Franz Kafka und Bertolt Brecht. Aber Brecht ragt durch die Breite seines Schaffens und die Vielfalt der Ausdrucksformen selbst neben ihnen heraus. Er ist ein großartiger Theaterautor oder „Stückeschreiber", wie er selbst sagt. Aber mittlerweile wird er als Lyriker mindestens genauso hoch geschätzt. Und natürlich ist er ein wunderbarer Erzähler. Seine Geschichten stehen heute in jedem Schulbuch. Zudem ist er ein bedeutender Theoretiker, sowohl was das Theater als auch was die neuen Medien angeht.

Die Verfahren, die er zu seiner Zeit im Theater eingeführt hat, sind heute so weit verbreitet, dass gar keiner mehr weiß, dass sie von Brecht stammen. Nehmen wir als Beispiel den Verfremdungseffekt. Es gibt heute kaum ein Stück mehr, das im Stile einer konventionellen Klassikeraufführung inszeniert wird. Shakespeare wird mit Rockmusik gespielt, es gibt Filme in Aufführungen klassischer Stücke sowie distanzierende, erzählerische Momente mit der Verwendung von Songs. Heute ist es völlig normal, dass die Zuschauer Umbauten auf der Bühne sehen. Auch das ist seit Brecht erst gängig und wird gemacht. Sein Einfluss geht hinein bis in die heutige Machart der Videoclips. Die gesamte Ästhetik in Film und Theater ist heute sehr „brechtisch". Das ist bloß niemandem mehr bewusst.

Ich gehe davon aus, dass er jedes neue Medium, auch das Internet, auf hohem Niveau für seine Zwecke genutzt hätte. Er war alles andere als rückwärtsgewandt. Er hat das Neue nicht als Bedrohung empfunden und wäre daher vom Internet sicherlich begeistert gewesen. Thomas Mann und Franz Kafka hatten mit den neuen Erscheinungen der Technik und Massenzivilisation nicht viel im Sinn. Brecht aber hat sich als einer der ersten Autoren intensiv mit dem Film auseinandergesetzt. Er hat auch sofort die Bedeutung des Radios als neues Medium erkannt und Stücke dafür geschrieben. Kein Autor hat so früh, so schnell und so gezielt auf neue Medien reagiert wie Bertolt Brecht.

**1** Die Materialien 1, 2 und 3 dienen als Grundlage für ein Autoren-Portfolio zu Bertolt Brecht. Überfliegt die Texte und notiert, zu welchen Oberbegriffen sie Informationen enthalten.

**2** In den Materialien 1 und 2 wurden Schlüsselwörter zu folgenden Oberbegriffen markiert:
**1** Lebensweg, **2** Privatleben, **3** Charakter, **4** Werk, **5** Bedeutung heute.
Wählt Aufgabe a oder b.

- **a** Ordnet im Heft die markierten Schlüsselwörter den fünf Oberbegriffen zu.
- **b** Bestimmt die Schlüsselwörter in Material 3 und notiert sie im Heft unter dem jeweils passenden Oberbegriff.
- **c** Vergleicht eure Schlüsselwörter. Entscheidet in der Gruppe, ob die vorliegenden Informationen zu den einzelnen Oberbegriffen ausreichen oder ob ihr weitere Informationen recherchieren solltet.

**A**

**B**

*Brecht heute*

*Brechts Schaffen ist bis heute von großer Bedeutung. Er beeinflusst noch immer die internationale Film- und Theaterszene und wird nicht zuletzt deshalb als „Exportschlager" bezeichnet …*

**C**

*Auf der Parkbank mit Bertolt Brecht – Ein fiktives Interview*

***Wir:*** *Herr Brecht, was hat Sie damals eigentlich am Radio und Fernsehen so fasziniert?*

***B. Brecht:*** *Radio und Fernsehen haben damals neue Möglichkeiten geboten, viele Menschen zu erreichen, darunter auch Menschen, die normalerweise nicht ins Theater gehen oder ihr Geld für Bücher ausgeben.*

***Wir:*** *Wir möchten Sie gern einmal fragen, …*

**D**

**Der Mensch Bertolt Brecht**

**E**

1898 *in Augsburg geboren*

*Erste Veröffentlichung*

1922

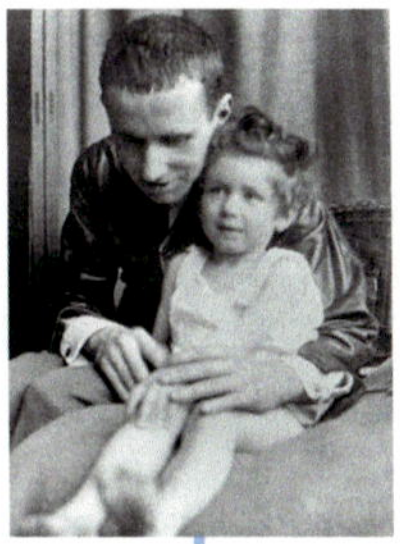

1923 *Geburt von Tochter Hanne*

*Gründung des Berliner Ensembles*

1949

1956 *in Berlin gestorben*

**3** Betrachtet die Beispiele für Portfolioseiten A–F und gebt mit eigenen Worten wieder, welche Informationen über Brecht auf den Seiten jeweils dargestellt werden.

**4** Beschreibt den Aufbau der einzelnen Seiten. Wählt Aufgabe a oder b.

●●● **a** Vergleicht die Portfolioseiten:
- Welche Elemente wurden jeweils zur Gestaltung gewählt?
- Welche Gemeinsamkeiten und welche Unterschiede fallen euch auf?

●○○ **b** Ordnet den Seiten die folgenden Elemente zu.

**F**

## 10 spannende Fakten über Bertolt Brecht

Wusstet ihr schon, dass …

**1** Brecht zu den weltweit berühmtesten Dichtern zählt?
**2** er ein großer Frauenfreund war?
**3** er ein guter Autofahrer war und einen offenen Sportwagen fuhr?
**4** er ein großer Medienfan war und sich sehr für Radio und Fernsehen interessierte?
**5** …

Karikatur   Foto   Faktenliste   Weltkarte   Zeitstrahl   Informationstext   Interview

**c** Vergleicht eure Ergebnisse und überlegt, welche Seiten sich jeweils zur Darstellung der fünf Bereiche eignen: **1** Lebensweg, **2** Privatleben, **3** Charakter, **4** Werk, **5** Bedeutung heute.

**5** Wählt eine der Portfolioseiten B–F. Übertragt sie ins Heft und ergänzt sie mit Informationen aus den Materialien 1 bis 3 (► S. 268 f.).

**6** Erstellt anhand der Beispielseiten A–F Seiten für euer eigenes Autoren-Portfolio.

# In einem stummen Schreibgespräch den Arbeitsprozess reflektieren

*Unsere Arbeit am Autoren-Portfolio zu Bertolt Brecht*

- *Mir hat gut gefallen, dass wir die Seiten für das Portfolio über Brecht so kreativ gestalten konnten. Das hat Spaß gemacht.*
- *Jch stimme dir zu, aber wir hätten noch mehr Buchempfehlungen geben können.*
- *Das denke ich auch. Auch die Verfilmungen kommen etwas zu kurz.*
- *Jch finde das in Ordnung, denn wir hatten uns ja darauf geeinigt, den Schwerpunkt in unserem Portfolio auf Brechts Lyrik zu legen.*
- *Jch habe das anders gesehen. Lyrik ist eigentlich nicht mein Lieblingsthema. Aber ich habe mich der Mehrheit angeschlossen. Vielleicht hätte ich meine Meinung am Anfang deutlicher sagen sollen.*

**1** Lest den Auszug aus einem stummen Schreibgespräch zur Gruppenarbeit am Portfolio. Beschreibt, worüber die Teilnehmer sich austauschen und wie sie dabei vorgehen.

**2** Untersucht das Schreibgespräch. Wählt Aufgabe a oder b und tauscht euch aus.

●○○ **a** Notiert alle Formulierungen, die deutlich machen, dass die Teilnehmer sich aufeinander beziehen.

●●● **b** Ordnet Formulierungen, die Zustimmung oder Ablehnung ausdrücken, in zwei Spalten und ergänzt in jeder Spalte weitere Beispiele.

**3** Man kann ein Schreibgespräch durchführen, um die Portfolioarbeit zu bewerten.

**a** Überlegt euch jeder für sich, wozu ihr das Schreibgespräch führen wollt – zum Inhalt des Portfolios oder zur Arbeitsweise bei der Erstellung des Portfolios?
Notiert eine Aussage dazu auf ein Blatt Papier.
*Jch habe bei der Arbeit am Portfolio gelernt, dass .../Die Arbeit in unserer Gruppe lief ...*

**b** Kommentiert die Aussagen der anderen Teilnehmer (▶ Methodenkasten unten).

**c** Lest alle Aussagen und Kommentare und besprecht, wie ihr beim nächsten Mal vorgehen würdet.

**4** Reflektiert die Methode des Schreibgesprächs. Welche Vorteile und welche Nachteile gibt es im Vergleich zu einem mündlichen Gespräch in der Gruppe?

**Methode** **Stummes Schreibgespräch**

In einem Schreibgespräch **kommunizieren** die Teilnehmer **schriftlich** miteinander.

- Setzt euch in Gruppen von vier bis acht Personen zusammen. Jede(r) schreibt auf ein Blatt eine Aussage. Dann werden die Blätter reihum weitergegeben.
- Kommentiert nun die Aussage auf dem Blatt eures Vorgängers innerhalb einer vereinbarten Zeit (z. B. zwei Minuten).
- Dieses Verfahren wird mehrmals wiederholt. Dabei kann man auf die Ausgangsaussage und/oder auf einen der nachfolgenden Kommentare eingehen.
- Wenn ihr euer eigenes Blatt wieder vor euch liegen habt, lest ihr die Kommentare und führt ein Gruppengespräch zu den Meinungsbildern.

# 13.2 Eine berühmte Autorin – Aufgabenformate beherrschen

## Suzanne Collins über ihren Erfolg

**1** Kaum erschienen, hat „Flammender Zorn", der dritte und letzte Band von Suzanne Collins' postapokalyptischer Jugendbuchreihe „Die Tribute von Panem", die Bestsellerlisten in Deutschland erobert. „Spiegel" und „Focus" führen das Buch aktuell auf Platz eins. Und dies, obwohl die Fantasy-Story um Jugendliche, die in einer Arena zu tödlichen Spielen gegeneinander antreten müssen, kein leichter Lesestoff ist.

Für den ersten Band, „Tödliche Spiele", war Collins 2009 der Literaturpreis Buxtehuder Bulle und ein Jahr später der Deutsche Jugendliteraturpreis verliehen worden. Es gibt Internetforen und Clubs, die sich mit dem Inhalt der Trilogie, der Rebellion junger Idealisten gegen eine gewalttätige Regierung, auseinandersetzen. Ein solches Echo ist genau das, was Collins sich gewünscht hatte.

**2** Die 47-jährige Amerikanerin lebt mit ihrem Mann, einem Sohn (16) und einer Tochter (11) unweit von New York City im US-Bundesstaat Connecticut. Collins hatte ursprünglich Schauspielerin werden wollen, entschloss sich dann aber, lieber Texte selbst zu schreiben, als die von anderen zu sprechen. Sie studierte in New York und ging dann zum Fernsehen, wo sie Drehbücher für Familien- und Kinderprogramme unter anderem beim Sender Nickelodeon verfasste. Erst 2003 hängte Collins ihren TV-Job an den Nagel. Nun sitzt sie jeden Morgen zu Hause an ihrem Schreibtisch und schreibt, wenn sie in Fahrt kommt, etwa fünf Stunden „wie in Trance". Schon ihre erste Buchserie über die Abenteuer von Gregor und seiner kleinen Schwester Boots wurde in mehrere Sprachen übersetzt. „Die Tribute von Panem" werden mittlerweile von Fans in 41 Ländern verschlungen, sagt die Autorin nicht ohne Stolz.

**3** Mit ihnen hofft Collins, Jugendlichen klarzumachen, dass Kriege alles auslöschen und die Erde bei der heutigen Waffentechnologie unbewohnbar machen können. Die Geschichte von Panem, einem Staat, der aus den Trümmern eines zerstörten Nordamerika entstand, ist eine beklemmende Zukunftsvision um Liebe, Tod und die Gewalt der Medien. Sie ist wunderbar geschrieben, tiefgründig und fesselnd, voller Action, Tempo und Überraschungen. Kein Wunder, dass Hollywood die Rechte erworben hat. Ihr Interesse an der Thematik verdankt Collins ihrem Vater, einem hohen Offizier beim Militär und Politikwissenschaftler, dem es am Herzen lag, seinen vier Kindern zu erklären, was Kriege auslöst, was in einem Krieg passiert und welche Folgen er haben kann.

**4** Auf die Frage, warum sie für junge Leser und nicht für Erwachsene schreibt, antwortet die Autorin, dass jüngeres Publikum einfach spannender sei, da junge Leute noch offen für eine Vielfalt von Ideen sind, während Erwachsene eher mit festen Ansichten an ein Thema herangehen. Junge Leser können sich ihrer Meinung nach durch ein Buch schon früh mit Fragen beschäftigen, mit denen sie später im wahren Leben konfrontiert werden.

*Gisela Ostwald*

**1** Kennt ihr die Romanreihe „Die Tribute von Panem"? Tauscht euch darüber aus.

**2** a Bearbeitet die folgenden Aufgaben zum Text „Suzanne Collins über ihren Erfolg" (► S. 273).
b Vergleicht eure Ergebnisse mit einer Lernpartnerin oder einem Lernpartner.

### Auswahlaufgabe (Multiple-Choice-Aufgabe)

Wählt die richtige Aussage aus: Der dritte Band von Suzanne Collins ...

**A** steht auf Platz 1 der Bestsellerlisten.
**B** hat einen Literaturpreis gewonnen.
**C** wird in Internetforen hoch gelobt.
**D** ist beliebt, weil er leichten Lesestoff bietet.

### Zuordnungsaufgabe (Matching-Aufgabe)

Verbindet die folgenden Sätze zu Aussagen, die zum Text passen, und schreibt sie ins Heft.

**A** Suzanne Collins wurde keine Schauspielerin,
**B** Vor ihrer Schriftstellerkarriere sammelte sie bereits Erfahrungen mit dem Schreiben,
**C** Die Autorin freut sich,

... dass ihre Romane in über 40 Ländern gelesen werden.
... weil sie selbst Texte produzieren und nicht die Texte anderer nur wiedergeben wollte.
... als sie fürs Fernsehen Drehbücher verfasste.

### Richtig/Falsch-Aufgaben (True/False-Aufgaben)

Prüft die Aussagen. Notiert im Heft hinter jedem Buchstaben ein *r* für *richtig* oder ein *f* für *falsch*.

Collins will mit ihrer Trilogie zeigen, dass ...

**A** uns eine beklemmende Zukunft bevorsteht.
**B** Kriege schlimme Folgen haben.
**C** Nordamerika schon vollkommen zerstört ist.
**D** der Fortschritt in der Waffenentwicklung unseren Planeten bedroht.
**E** Medien eine große Macht ausüben.

### Kurzantwortaufgabe

Wie lässt sich Suzanne Collins' Interesse an der Kriegsthematik erklären?
Beantwortet diese Frage mit Hilfe des Textes in wenigen Sätzen.

### Einsetzaufgabe

Schreibt den Text ab. Füllt die Lücken sinnvoll mit passenden Wörtern aus dem Wortspeicher.

Erwachsene offen Literaturpreis Rechte verfolgt Realität Bestsellerliste
Jugendliche unterdrückt festgefahren Auflehnung

Der neue Band von Suzanne Collins, die für den ersten Band einen ? gewonnen hat, ist in aller Munde. Er steht auf der ? . Die „Panem"-Trilogie beschäftigt sich mit der ? Jugendlicher gegen eine Regierung, die die Menschen auch durch die Medien gewaltsam ? . Obwohl dies nach einer wenig spannenden Thematik für Jugendliche klingt, ? Suzanne Collins die Absicht, jungen Leuten Situationen aus der ? vor Augen zu führen. Hollywood witterte bei diesem Literaturstoff einen Erfolg und erwarb die ? für die Verfilmung. Collins' Zielpublikum sind ? , da ? häufig in ihren Ansichten zu ? sind und nicht ? an ein Thema herangehen.

**3** Was verlangen die Aufgabenformate (Auswahlaufgabe, Zuordnungsaufgabe, Richtig/Falsch-Aufgabe, Kurzantwortaufgabe, Einsetzaufgabe) im Einzelnen von euch?
Wählt Aufgabe a oder b.

●●● **a** Formuliert Tipps zur Bearbeitung der Aufgabenformate. Dabei könnt ihr folgende Satzanfänge verwenden.
- *Bevor man eine Aufgabe bearbeitet, sollte man …*
- *Bei … ist zu beachten, dass …*
- *Wenn kein Wortspeicher angegeben ist, …*
- *Man sollte den Text zuerst …, bevor …*
- *Man sollte immer die Aussage mit der Textstelle vergleichen, damit …*

●○○ **b** Ordnet die folgenden Tipps den fünf Aufgabenformaten zu.

**A** Überprüfe, ob der vollständige Satz einen Sinn ergibt.

**C** Denke bei dieser Aufgabe daran, dass nur eine Antwort richtig ist.

**E** Formuliere die Antwort mit eigenen Worten.

**B** Verwende zuerst die Wörter, bei denen du ganz sicher bist.

**D** Vergleiche die Aussagen in der Aufgabe genau mit den entsprechenden Textstellen.

**c** Besprecht, worin genau die Schwierigkeiten bei den einzelnen Aufgabenformaten liegen, und stellt euch gegenseitig eure Tipps vor.

**4** **a** Wählt einen Text über Bertolt Brecht aus dem ersten Teilkapitel (▶ S. 268 f.) und entwickelt selbst Aufgaben in den verschiedenen Formaten.
**b** Tauscht eure Aufgaben und probiert sie aus.

**5** Besprecht, warum in Prüfungen häufig diese Aufgabenformate eingesetzt werden.

**Methode** **Aufgabenformate unterscheiden**

- Bei einer **Auswahlaufgabe (Multiple Choice)** müsst ihr unter mehreren Aussagen eine richtige Lösung auswählen.
- Bei einer **Zuordnungsaufgabe (Matching)** müsst ihr aus Wörtern, Satzteilen oder Sätzen inhaltlich zusammengehörende Paare bilden.
- Bei einer **Richtig/Falsch-Aufgabe (True/False)** müsst ihr entscheiden, welche Aussagen zutreffen und welche nicht. Oft hängt die Entscheidung nur von einem einzigen Wort oder einer Formulierung ab. Lest deshalb immer ganz genau.
- Die **Kurzantwortaufgabe** verlangt eine eigenständig formulierte Antwort auf die Frage zu dem Text. Antwortet kurz und knapp, aber immer in vollständigen Sätzen und direkt auf den Text bezogen. Schreibt nicht vom Text ab, verwendet eigene Wörter.
- Bei der **Einsetzaufgabe** müsst ihr passende Wörter in einen Lückentext einsetzen. Einfach ist es, wenn die Wörter im Wortspeicher stehen, schwieriger, wenn ihr selbst Wörter finden müsst.

# 13.3 Lebendige Literatur – Ein journalistisches Schreibprojekt durchführen

## Kulturelle Angebote in der Region kennen lernen

A

B

C

1LIVE Klubbing – freitags ab 20 Uhr:

**Lesung & Musik**

Worte und DJ-Sets im schnellen Wechsel: Das ist 1LIVE Klubbing.

Moderator Mike Litt und DJ Larse präsentieren Events, Konzerte und „Beats zwischen Buchdeckeln“.

*Immer freitags von 20 bis 1 Uhr in 1LIVE.*

Diesen Freitag liest Lilian Loke aus „Gold in den Straßen“.

D

**1** Wo könnt ihr euch über kulturelle Veranstaltungen in eurer Umgebung informieren?

a Beschreibt die Abbildungen A–D:
Welche Informationen werden auf welche Art und Weise vermittelt?

b Tauscht euch darüber aus, wo und wie ihr euch über Veranstaltungen informiert.

**2** a Recherchiert, welche kulturellen Veranstaltungen in den nächsten Ferien in eurer Umgebung stattfinden: Theateraufführungen, Ausstellungen, Konzerte usw.

b Wählt Veranstaltungen aus, die für Schülerinnen und Schüler eurer Schule interessant sein könnten, und notiert sie auf Karten.

c Stellt eure Karten vor und sortiert sie nach Veranstaltungsbereichen (▸ Kartenabfrage, S. 266).

# Im Internet nach kulturellen Veranstaltungen recherchieren

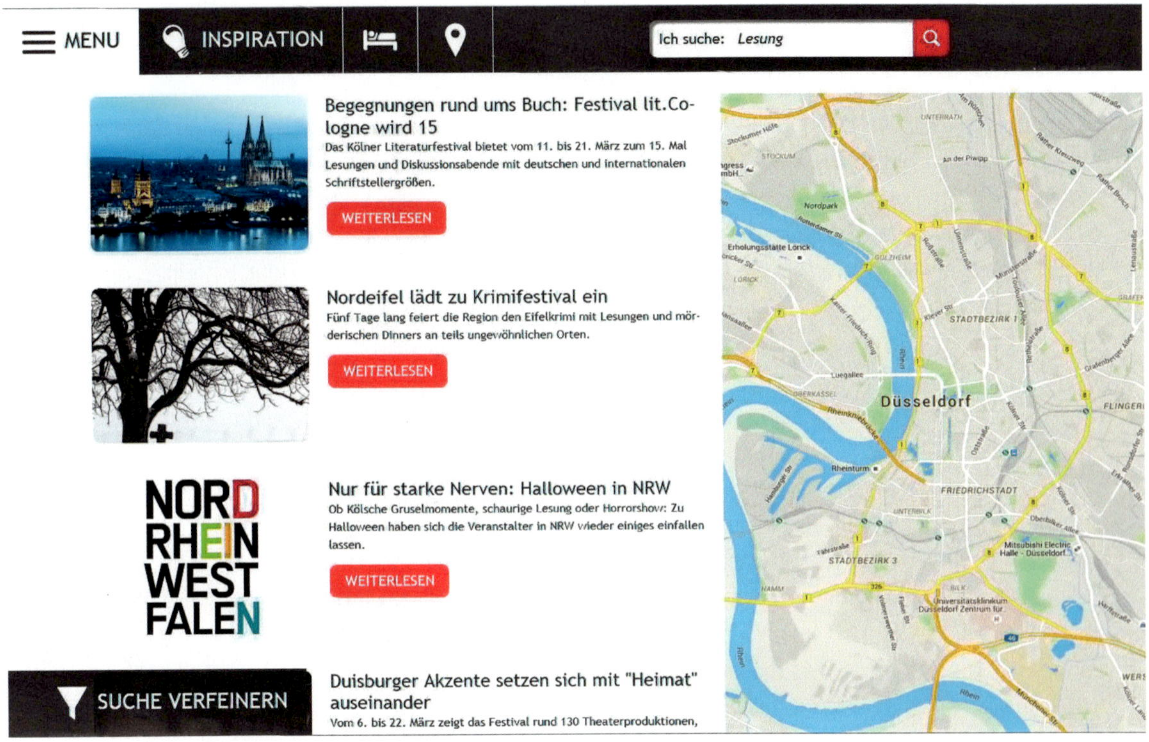


**1** Beschreibt den Screenshot der Internetseite www.dein-nrw.de.
Erklärt, nach welcher Information gesucht wurde und welche Informationen die Internetseite anbietet.

**2** Bei Autorenlesungen stellen Autorinnen und Autoren Auszüge ihrer eigenen Werke in Bibliotheken, Buchhandlungen, Literaturhäusern und auf Buchmessen einem Publikum vor.
Beschreibt, wie ihr vorgehen würdet, wenn ihr im Internet nach Autorenlesungen in eurer Umgebung sucht.
Verwendet Begriffe aus dem Wortspeicher.

Suchmaschine   Internetadresse   Internetseite   Suchfeld   Suchbegriff
Reiter   Aufklappmenü   Button   Mausklick
klicken   eingeben   überfliegen   wählen   prüfen   öffnen

**3** **a** Recherchiert im Internet nach literarischen Veranstaltungen in den nächsten Ferien.
**b** Wählt Veranstaltungen aus und notiert Name, Ort, Zeit und Besonderheiten auf Karten.
**c** Stellt die ausgewählten Veranstaltungen der Klasse vor und ergänzt die Kartenabfrage von Aufgabe 2 auf Seite 276 um den Bereich *Literarische Veranstaltungen*.

**4** Welche Internetseite war bei eurer Recherche besonders hilfreich?
Tauscht euch darüber aus und formuliert eine Empfehlung für diese Seite.

# Sich über ein Literaturprojekt genauer informieren

## Das Junge Literaturhaus Köln

Mit dem Jungen Literaturhaus hat das Literaturhaus Köln im Sommer 2007 ein auf ein jugendliches Publikum abgestimmtes Programm begonnen, das eigenständig neben dem erfolgreichen Veranstaltungsprogramm für erwachsene Leser steht.

Das Junge Literaturhaus verfolgt das Anliegen, junge Menschen an Kultur, vor allem an Literatur heranzuführen. Neben Lesungen wird es vor allem Workshops und Veranstaltungen anbieten, die jungen Menschen Literatur auch über die Erfahrung der eigenen Kreativität vermitteln: Forschungen belegen, dass gerade das Erlebnis des kreativen Umgangs mit Kunst und Kultur hilft, bei Jugendlichen Hemmschwellen abzubauen und Zugänge zu diesen wichtigen Quellen von Bildung, Sprachkompetenz und Erkenntnis zu öffnen.

Wo das Literaturhaus Köln erwachsenen Lesern Angebote macht, ihre Kenntnisse der Gegenwartsliteratur zu erweitern und zu vertiefen, und sich primär an Menschen wendet, die bereits Leser sind, erschließt das Junge Literaturhaus auch jenen Jugendlichen die Welt der Bücher, die bislang – aus welchen Gründen auch immer – keinen Zugang finden konnten.

Das Junge Literaturhaus Köln ist das bislang einzige Junge Literaturhaus. Insbesondere Jugendliche – mehr als Kinder – können der Literatur und den Büchern leicht verloren gehen; eine Vielzahl von alternativen Bildungs- und vor allem Freizeitangeboten sowie die landläufige und wenig förderliche Verknüpfung von Büchern mit dem häufig wenig geliebten Schulalltag lenkt die Aufmerksamkeit Jugendlicher fort von der Literatur. Das Junge Literaturhaus macht es sich zur Aufgabe, diese Aufmerksamkeit wiederzugewinnen. Der Aktionsrahmen des Jungen Literaturhauses ist daher weit und vielfältig: von Lesungen über Workshops zum kreativen Schreiben und Illustrieren, Interviews mit Autoren und Lektoren, Wettbewerben, Recherchen zu Hintergründen von Texten, über Verlagsbesuche bis hin zu Hörspiel- und Literaturfilmabenden, Vorlesepatenschaften, der Entwicklung einer eigenen Homepage mit Literaturinhalten und konkreten Lesetipps ist alles denkbar und möglich.

**1** Erklärt das Anliegen des Jungen Literaturhauses Köln. Wählt Aufgabe a oder b.

●●● **a** Fasst die Ziele des Jungen Literaturhauses mit eigenen Worten zusammen.
*Das Junge Literaturhaus hat es sich zur Aufgabe gemacht, ...*

●○○ **b** Prüft, ob die folgenden Aussagen A und B zum Anliegen des Jungen Literaturhauses Köln richtig sind. Begründet eure Entscheidung.

**A** Das Junge Literaturhaus möchte Jugendliche motivieren, selbst einen kreativen Beitrag zur Kultur zu leisten.

**B** Das Junge Literaturhaus möchte allen jungen Menschen Literatur näherbringen.

**c** Tauscht eure Ergebnisse aus und gebt an, welche Angebote das Literaturhaus macht, um dieses Anliegen zu erfüllen.

**2** Welche Gründe werden im Text dafür genannt, dass sich Jugendliche wenig mit Literatur beschäftigen? Nehmt Stellung zu diesen Gründen.

**3** Recherchiert, ob es in eurer Nähe ein Literaturhaus oder eine ähnliche Einrichtung gibt.

# Kulturelle Angebote kritisch auswählen

**1** Betrachtet die Plakate und besprecht, für welche Veranstaltungen darauf geworben wird.

**2** Welche Art von Programm bieten die beiden Veranstaltungen jeweils?
Wählt Aufgabe a oder b.

●○○ **a** Ordnet die folgenden Aspekte den Veranstaltungen zu.
**Tipp:** Einige Aspekte treffen auf beide Veranstaltungen zu.
- **A** kreativer Umgang mit Literatur
- **B** enger Bezug zu einem Autor
- **C** Interaktion zwischen Künstler und Publikum
- **D** Abtauchen in eine Fantasiewelt
- **E** intensive Auseinandersetzung mit einem Thema
- **F** abwechslungsreiche Unterhaltung
- **G** Anregung für neue Lektüre

●●● **b** Ein Mitschüler schreibt selbst Texte und ist als Teilnehmer bei einer Veranstaltung auch gern aktiv. Empfehlt ihm eine der beiden Veranstaltungen und begründet eure Auswahl.

**c** Tauscht eure Ergebnisse aus und gebt an, welche Veranstaltung ihr selbst bevorzugen würdet. Nennt Gründe für eure Wahl.

**3** Sichtet eure Karten zu Veranstaltungen in eurer Umgebung (► S. 276, Aufg. 2) und entscheidet, welche Veranstaltungen für die Schülerinnen und Schüler eurer Schule interessant und geeignet wären.
Prüft zu jeder Veranstaltung ...
- den Inhalt: Welche Interessen werden bei der Veranstaltung bedient?
- die Altersangemessenheit: Welche Zielgruppe wird angesprochen?
- die Erreichbarkeit: Wann und wo findet die Veranstaltung statt?
- die Kosten: Wie viel kostet der Eintritt?

# Einen Veranstaltungskalender anlegen und veröffentlichen

Home | **Termine** | Schulprofil | Unterricht | Service

**Kultur in unserer Stadt – Unser Veranstaltungstipp für die Ferien:**

## Pecha Kucha im Heimathafen Neukölln, Berlin

**Am Dienstag, 20:20 Uhr**

Eintritt: Vorverkauf: 6 € / Abendkasse: 6 €
Kartenvorverkauf: Heimathafen Neukölln, Karl-Marx-Straße 141 / 12043 Berlin
Tickethotline: 030 61 10 13 13

Kennt ihr schon Pecha Kucha? Bei dieser Vortragsform erzählt eine Person zu 20 Bildern jeweils wenige Sekunden lang etwas zu einem Thema. Jedes Bild wird nur 20 Sekunden lang gezeigt, dann folgt automatisch das nächste Bild. Damit dauert der Vortrag genau 6 Minuten und 40 Sekunden.
Die Idee stammt von einem Architekturbüro in Tokio, aber heute finden Pecha-Kucha-Abende bereits in vielen Städten der Welt statt. Das Wort „Pecha Kucha" kommt aus dem Japanischen und ist ein Begriff, der das Geräusch beschreibt, das entsteht, wenn viele Menschen reden.
Mit Pecha Kucha können Teilnehmerinnen und Teilnehmer ihre Ideen im Schnelldurchgang zeigen. Die Veranstaltung bietet euch die Gelegenheit, coole Leute zu treffen, die von ganz verschiedenen Ideen, Projekten oder Erlebnissen erzählen.

**1** Lest die Veranstaltungsempfehlung auf einer Schulwebseite.

**a** Welche Veranstaltung wird empfohlen? Gebt den Inhalt mit eigenen Worten wieder.
**b** Zählt auf, welche Informationen zur Veranstaltung gegeben werden.
**c** Prüft, ob Informationen für den Besuch der Veranstaltung fehlen.

**2** Veröffentlicht auf der Schulwebseite eurer Schule einen Veranstaltungskalender mit ausführlichen Tipps für die nächsten Ferien.

**a** Übernehmt in der Gruppe einen Veranstaltungsbereich (► S. 276, Aufg. 2 c) und wählt drei bis vier interessante Veranstaltungen für diesen Bereich aus.
**b** Verteilt die Veranstaltungen in der Gruppe. Recherchiert und notiert jeweils Informationen zu den folgenden Punkten:
- Name der Veranstaltung
- Art der Veranstaltung
- Veranstaltungsort
- Datum und Zeit
- Kosten
- Kartenvorverkauf

**c** Formuliert einen kurzen Text mit Informationen zum Inhalt der Veranstaltung.
**d** Überarbeitet eure Texte in einer Schreibkonferenz (► S. 321). Achtet auf den Inhalt, die Anordnung und die Vollständigkeit aller Angaben.
**e** Veröffentlicht eure Tipps zu den einzelnen Veranstaltungsbereichen auf der Schulwebseite.

# Orientierungswissen

## Sprechen und Zuhören

### Argumentieren

► S. 34 f.

Beim **Argumentieren** versucht man, **Meinungen, Einschätzungen, Bitten, Wünsche, Forderungen** oder **Behauptungen** überzeugend zu **begründen** und auf **Einwände einzugehen.** Eine Argumentation kann man so aufbauen:

| | |
|---|---|
| **1 Einschätzung** | *Eine gezielte Beleidigung stellt Gewalt dar.* |
| **2 Begründung (Argument)** | *Denn sie hat seelisches Leid zur Folge.* |
| **3 Beispiel zur Veranschaulichung** | *Wer andere zum Beispiel als „Opfer" bezeichnet, will sie damit verletzen und herabsetzen.* |
| **4 Eingehen auf (mögliche) Einwände** | *Zwar könnte man einwenden, dass hier kein Blut fließt, aber es handelt sich um eine absichtliche Verletzung eines Menschen.* |

Argumente können beispielsweise sein: wissenschaftliche Erkenntnisse oder statistische Daten (Faktenargument), Expertenaussagen (Autoritätsargument) oder begründete Erfahrungen, die nicht nur für den Sprecher selbst gelten (normatives Argument oder analogisierendes Argument).

### Eine Podiumsdiskussion durchführen

► S. 38–40

In einer **Podiumsdiskussion** diskutieren Menschen miteinander, die meist als **Experten** ihr besonderes Wissen zu einer strittigen Frage mitbringen. Ein typischer Ablauf ist:

1. Ein **Moderator** bittet die **Experten,** in einer ersten Runde **wissenswerte Tatsachen** vorzustellen und zu erläutern, was sie für den konkreten Fall bedeuten.
2. Der **Moderator** formuliert **unterschiedliche Positionen** zwischen den Experten. Die Experten gehen daraufhin auf die **Argumente der anderen Seite** ein, z. B.: *Ihre Vermutung klingt naheliegend, aber Studien zeigen ... / Im Unterschied zu ... sagen Sie, ...*
3. In einer **Publikumsrunde** werden die Zuhörenden aufgefordert, **Fragen** zu stellen oder **Anmerkungen** zu machen.
4. Die **Experten** bekommen Gelegenheit, auf die **Beiträge des Publikums einzugehen.**
5. Der **Moderator** versucht, mit den Experten einen **Kompromiss** zu den unterschiedlichen Positionen zu entwickeln.

## Eine Debatte führen

Eine **Debatte** ist **formal** meist streng **geregelt.**
Sie dreht sich um eine **Frage, die mit *Ja* oder *Nein* beantwortet** werden kann.

1 **Eröffnungsrunde** (bei 4 Personen ca. 2 Minuten): Jeder Teilnehmer begründet knapp mit Argumenten die Entscheidungsfrage aus seiner Sicht.
2 **Freie Aussprache** (ca. 10–12 Minuten): Weitere Argumente werden vorgebracht und Argumente der Gegenseite entkräftet. Es spricht immer abwechselnd jemand von der Pro- und Kontra-Seite.
3 **Schlussrunde** (ca. 4 Minuten): Jeder Teilnehmer beantwortet noch einmal knapp die Fragestellung. Dabei sollen die in Runde 2 vorgebrachten Argumente berücksichtigt werden: Was spricht weiterhin für die eigene Position?

## Referate vorbereiten und halten

▶ S. 59–61

**Ein Referat informiert knapp und genau über ein Thema.** Wichtig sind eine gründliche Recherche, die Gliederung, die Vortragsweise und die Präsentation mit Veranschaulichungen.

- **Rechercheergebnisse** werden stichpunktartig notiert und geordnet, z. B. in einer **Mind-Map.** Geeignet ist auch ein **Portfolio** (▶ S. 320). In diesem werden wichtige Informationen mit Quellenangabe gesammelt und sinnvoll nach Haupt- und Unterpunkten nummeriert.
- Auf **Kartei- bzw. Moderationskarten** notiert man wesentliche Stichpunkte zum Thema. Sie sollten stets nur wenige Punkte in großer Schrift enthalten, damit man während des Vortrags kurz draufschauen kann, während man frei spricht.
- Beim **Einstieg** weckt man durch **„Ohröffner"** das Interesse des Publikums, z. B.: *Wetten, dass ihr eine völlig falsche Vorstellung von diesem Beruf habt?*
- Zusätzliche **Aufmerksamkeitsanker** halten während des Vortrags das Interesse des Publikums aufrecht und beziehen die Zuhörenden mit ein, z. B. durch gezielte Fragen.
  **Tipp:** Auch diese kann man auf den Moderationskarten notieren.
- Im **Hauptteil** werden aufeinander aufbauend die wichtigsten Informationen verständlich dargestellt. Fachbegriffe sollten geklärt werden. Bei einer **Präsentation mit Folien** (▶ S. 321) kann man Inhalte z. B. durch Fotos, Karikaturen, Diagramme oder Mind-Maps veranschaulichen.
- Im **Schlussteil** fasst man das Wichtigste zusammen oder formuliert seine Meinung.
- Beim **Vortrag** sollte man zeigen, dass man das Thema beherrscht, indem man **frei** und mit **lebendiger Stimme** spricht sowie das Gesagte durch **Mimik und Gestik** unterstreicht. Weiterhin sollte man beim Vortrag auf die **Körperhaltung** achten und **aufrecht** vor der Klasse **stehen.**

## Zuhören

Ein Gespräch oder Referat gelingt in der Regel, wenn das, was jemand **sagt,** und das, was jemand **versteht,** übereinstimmen. Deshalb sollten die Zuhörenden ...

- durch **Mimik und Gestik** zeigen, dass sie **aufmerksam zuhören,** z. B. durch Blickkontakt, Nicken, Hinwendung des Oberkörpers und des Kopfes zum Sprecher,
- den anderen **aussprechen lassen,**
- das Gehörte **zusammenfassen,** noch einmal **wiederholen** oder **nachfragen,** um sicher zu sein, dass sie alles richtig verstanden haben.

### Interviews führen

► S. 27 f.

Mit einem **Interview** werden durch Fragen gezielt Informationen ermittelt.

- Wichtige **Fragetypen** sind:
  - **W-Frage**/Informationsfrage: zielt auf nähere Auskünfte bzw. Tatsachen zum Thema,
  - **Einstiegsfrage:** umreißt das Thema, um das es gehen soll,
  - **Abschlussfrage:** ermöglicht es, das Thema abzurunden oder einen Ausblick zu geben.
- Vermeidet folgende Fragetypen:
  - **Doppelfragen:** ein Satz enthält zwei Fragen, z. B.: *Spielt Teamarbeit eine große Rolle und was würden Sie sonst gern tun?*
  - **wertende Fragen:** Frage enthält eigene Meinung, z. B.: *Ist der Berufsschulunterricht nicht furchtbar langweilig?*
  - **zu enge Fragen:** nur *Ja* oder *Nein* als Antwort möglich, z. B.: *War Ihre Ausbildung gut?*
  - **Suggestivfragen:** liefert die Antwort bereits mit, z. B.: *Sie sind doch auch froh, dass Sie nur drinnen arbeiten?*

## Sich mündlich bewerben

### Sich telefonisch bewerben

Oft findet eine erste **Kontaktaufnahme** mit einem Unternehmen telefonisch statt. Man erkundigt sich z. B., ob der Betrieb in diesem Jahr eine Praktikumsstelle anbietet.
Bereits bei einem solchen Telefonat hinterlässt man **einen ersten Eindruck.** Beachtet:

- Seid höflich: **Begrüßt den Gesprächspartner** und meldet euch mit **vollem Namen.**
- Nennt Anlass und **Zweck eures Anrufs.**
- Fragt nach, ob ihr mit dem **richtigen Gesprächspartner** sprecht.
- Überlegt euch **wichtige Fragen vorher.** Notiert sie stichwortartig als Merkhilfe.
- Macht euch **Notizen zu Informationen,** die ihr bekommt, z. B.: Name des Ansprechpartners.
- **Klärt** mit dem Gegenüber, **wie ihr weiter vorgehen müsst,** um euch zu bewerben.
- **Bedankt und verabschiedet euch** zum Schluss.

### Ein Bewerbungsgespräch vorbereiten und durchführen

► S. 70

- **Informiert** euch **über** die **Firma** oder die **Einrichtung.**
- **Notiert Argumente,** die euch als beste Wahl für die Stelle auszeichnen, und eigene **Fragen.**
- **Übt das Gespräch** mit Eltern, Freunden, Freundinnen oder allein vor dem Spiegel.
- Achtet auf euer **Äußeres:** Seid ihr gepflegt und angemessen gekleidet? Fühlt ihr euch so wohl?
- Erscheint **pünktlich** und plant eine Pufferzeit ein.
  **Tipp:** Es gilt als ideal, sich etwa fünf Minuten vor dem Termin als anwesend anzumelden.
- Schaltet euer **Smartphone aus und nehmt den Kaugummi aus dem Mund.**
- Seid **freundlich, höflich, aufmerksam** und **blickt** euer **Gegenüber an.**
- **Hört** genau **zu, sprecht laut, deutlich** und in ganzen Sätzen. Zeigt durch **Fragen** euer Interesse.

# Schreiben

## Appellieren

### Appellierende Texte verfassen

▶ S. 64–67

Ein **Appell** (frz. *Aufruf*) ist eine **Aufforderung** an jemanden, etwas zu tun.
Appellierende Texte beschreiben 1. eine Problemlage und appellieren 2. an die Leser/-innen oder Zuhörer/-innen, ihr Verhalten zu ändern.

### Redestrategien und stilistische Mittel in appellierenden Texten

▶ S. 64–67, 82–85

Um Leser/-innen oder Zuhörer/-innen zu **beeinflussen,** kann man folgende **stilistische Mittel** verwenden:

- **persönliche Anrede** der Leser/-innen oder Zuhörer/-innen, z. B. in der 2. Person Plural: *ihr*
- Wecken eines Gemeinschaftsgefühls durch die **Verwendung von *wir*** („Wir-Gefühl"), z. B.: *Wir schaffen das!*
- **Imperative,** um zu einer Handlung aufzurufen, z. B.: *Nehmt an unserer Aktion teil! / Äußert eure Meinung! / Lasst uns etwas dafür tun!*
- **rhetorische Fragen** (Scheinfragen), die die Leser/-innen oder Zuhörer/-innen scheinbar einbeziehen, z. B.: *Wer ist schon perfekt? / Ärgert ihr euch nicht auch über diesen Zustand?*
- **Schlagwörter** mit positiven oder negativen Konnotationen, z. B.: *Gerechtigkeit, Freiheit* oder *Chaos, Absturz*
- **anschauliche Formulierungen,** z. B. durch Vergleiche oder Metaphern
- auffällige **Wiederholungen** (Wörter, Satzanfänge)
- kurze, **parallel aufgebaute Sätze**

### Eine Rede verfassen

▶ S. 66 f.

- Zu **Beginn der Rede** formuliert man eine **passende Anrede.** Anschließend nennt man in der **Einleitung** das **Thema** und weckt das **Interesse der Zuhörer/-innen.**
- Im **Hauptteil** trägt man seine **Forderungen** vor, begründet diese mit **Argumenten** und richtet klare **Appelle** an das Publikum.
- Zum **Schluss** der Rede werden die **Kernidee** und der **Appell** noch einmal zusammengefasst.
- Eine Rede sollte **klar gegliedert** werden. Das Publikum sollte **direkt angesprochen** und die **Sätze** sollten **kurz** und **abwechslungsreich** formuliert werden.
- Um die Zuhörer/-innen zu beeinflussen und zu überzeugen, setzt man **stilistische Mittel** wie rhetorische Fragen, Imperative, Schlagwörter, besonders anschauliche Formulierungen (Vergleiche, Metaphern) und Wiederholungen bewusst ein.

# Argumentieren

## Argumenttypen unterscheiden

▶ S. 43

In eine Argumentation kann man verschiedene Arten von Argumenten einbringen:

| Argumenttyp | Beispiel | Erläuterung |
|---|---|---|
| **Faktenargument** | *Eine Studie der Universität Köln hat gezeigt, dass …* | Man führt nachprüfbare Fakten an, z. B. Ergebnisse aus Studien. |
| **Autoritäts-argument** | *Der Neurobiologe … vertritt die Ansicht, dass Medien …* | Man gibt Aussagen eines anerkannten Experten als Belege wieder. |
| **normatives Argument** | *Menschen zu ermorden, darf nicht Teil eines Spiels sein.* | Man verweist auf einen allgemein anerkannten Wert. |
| **analogisierendes Argument** | *Krimizuschauer werden ja auch nicht zu Mördern.* | Man führt ein Beispiel aus einem anderen Bereich als Vergleich an. |

## Argumente entkräften

▶ S. 44

Um Gegenargumente überzeugend zu entkräften, sollte man folgendermaßen vorgehen:

| | |
|---|---|
| **1 Die andere Position wiedergeben** | – *Du gehst wie viele andere davon aus, dass …*<br>– *Deine Position ist, dass …* |
| **2 Die eigene Position formulieren** | – *Das ist zwar nachvollziehbar, hat sich aber als falsch erwiesen.*<br>– *Das scheint naheliegend, tatsächlich aber …* |
| **3 Argumente nennen, die die andere Position entkräften** | – *Man weiß nämlich aus Studien …*<br>– *Der Medienwissenschaftler … hat deutlich gemacht, dass …*<br>– *Wenn das Argument zuträfe, dann wäre doch …* |

## Eine Erörterung verfassen

▶ S. 47 f.

In einer erörternden Argumentation stellt man **seine Meinung zu einem Sachverhalt** dar. Dabei geht man auf **Pro- und Kontra-Argumente** ein.

- Die **Einleitung** soll auf interessante Weise in das Thema einführen. Man kann beispielsweise ein aktuelles Ereignis zum Problem anführen oder eine persönliche Erfahrung schildern.
- Im **Hauptteil** müssen Argumente für (pro) und gegen (kontra) die eigene Position auftauchen.
  - **Am Anfang und am Ende** des Hauptteils sollten starke Argumente für die eigene Position stehen.
  - Gegenargumente nennt und entkräftet man am besten in der **Mitte,** sodass die eigenen Argumente am Anfang und am Ende wirken können (= Sandwich-Methode).
- Der **Schluss** rundet den Text ab. Man kann z. B. eine Forderung formulieren, die an das Beispiel aus der Einleitung anknüpft.

# Informieren

## Einen Informationstext schreiben

▶ S. 15–22

In einem Informationstext **erklärt und beschreibt man Sachverhalte** in einer **gut verständlichen** Weise. Dabei wählt man wichtige **Informationen aus verschiedenen Materialien** aus und verfasst auf dieser Grundlage einen **neuen, zusammenhängenden Text.**
So geht man beim Schreiben eines Informationstextes vor:

**1 Die Aufgabenstellung verstehen**
- Klärt, was die Aufgabenstellung von euch verlangt. So bekommt ihr Anhaltspunkte, worauf ihr achten müsst, wenn ihr Materialien zum Thema auswertet.
- Macht euch klar, für wen ihr den Text schreibt. Wer soll informiert werden? Überlegt, was für den Adressaten besonders wichtig oder interessant sein könnte.

**2 Materialien zum Thema erschließen**
- Verschafft euch einen ersten Überblick über die Materialien. Lest sie zügig.
- Klärt unbekannte Wörter und Textstellen, indem ihr sie aus dem Textzusammenhang erschließt oder in einem (Internet-)Wörterbuch nachschlagt.
- Prüft, welche Informationen sich ergänzen oder wiederholen. So werden sie stichhaltiger.

**3 Die Gliederung erstellen**
- Entwerft eine Gliederung für euren Informationstext mit Einleitung, Hauptteil, Schluss.
- Überlegt euch einen sinnvollen Aufbau für den Hauptteil eures Textes, z. B.: Problem → Lösung → Folgen, zeitliche Abfolge, Vergleiche.

**4 Den Informationstext schreiben**
- Formuliert mit eigenen Worten und schreibt sachlich.
- Achtet darauf, dass euer Text der Gliederung folgt.
- Macht Zusammenhänge auch sprachlich deutlich. Nutzt Satzverknüpfungen, z. B.: *weil, obwohl, daher, im Vergleich dazu.*
- Schreibt im Präsens. Wenn ihr aber über etwas informiert, das in der Vergangenheit geschah, dann schreibt im Präteritum.

## Ein Protokoll anfertigen

▶ S. 62

**Protokolle** informieren über den **Verlauf oder das Ergebnis** von Veranstaltungen, Versammlungen oder Diskussionen. Sie werden im **Präsens** verfasst und verfügen über eine **feste äußere Form:**

1 Im **Protokollkopf** stehen folgende Angaben:
Anlass (Thema/Titel, z. B. der Unterrichtsstunde), Teilnehmer (Leitung), Datum/Zeit, Ort, Name der Protokollantin / des Protokollanten, Auflistung der Tagesordnungspunkte (TOPs).

2 Im **Hauptteil** werden die **wichtigsten Informationen sachlich, knapp** und **übersichtlich** je Tagesordnungspunkt wiedergegeben.

3 Der **Schluss** des Protokolls enthält Ort und Datum der Abfassung sowie darunter die Unterschrift der Protokollantin oder des Protokollanten.

# Sich schriftlich bewerben

## Ein Bewerbungsschreiben aufbauen und formulieren

► S. 69

Mit einer **Bewerbung werbt ihr für euch selbst.** Gestaltet sie deshalb am Computer optisch und inhaltlich überzeugend. Beachtet **Aufbau, Bestandteile** und **Sprache.**

- Wählt für das Bewerbungsschreiben ein weißes, nicht zu dünnes **Papier** und eine gut lesbare **Schriftart** mit der **Schriftgröße** 11 bis 12 Punkt. Lasst links am besten 2,5 cm und rechts mindestens 1,0 cm **Rand.**
- Die Bewerbung **besteht aus** einem sachlichen **Bewerbungsschreiben** mit folgenden Bestandteilen: **Briefkopf** (Absender, Datum, Adressat mit vollständiger Anschrift), **Betreffzeile** (stichwortartig, worum es geht), **Anrede, Text** (► ANDA-Methode, s. u.), **Grußformel, Unterschrift** und Hinweise auf die **Anlagen** (z. B. Zeugnis).
- Zur Bewerbung gehört auch ein **tabellarischer Lebenslauf.** Dieser sollte in Form von **Zwischenüberschriften** übersichtlich gegliedert sein. Er enthält in der Regel ein **Porträtfoto** und schließt mit **Ort, Datum** und **Unterschrift.**
- Die **Onlinebewerbung** gleicht inhaltlich und formal dem **Bewerbungsbrief.**
  Eingescannte Anlagen werden als PDF-Datei im Anhang der E-Mail versendet. Der E-Mail-Text weist kurz darauf hin.
  **Tipp:** Eure Anlagen sollten nicht zu große Datenmengen aufweisen (höchstens 2 MB). Erkundigt euch, ob die Firma eine Plattform für Onlinebewerbungen eingerichtet hat.

Laura Casilla
Erich-Kästner-Straße 13
12345 Oberstadt
Tel.: 0123 45678
E-Mail: laura.casilla@browser.de

Oberstadt, 23. April 20..

Städtischer Zoo
Frau Eva Müller
Im Wiesengrund 8
12589 Unterstadt

**Bewerbung um eine Praktikumsstelle als Tierpflegerin**

Sehr geehrte Frau Müller,

über Mitschüler habe ich erfahren, dass …
Zurzeit besuche ich …
In meiner Freizeit interessiere ich mich besonders für …

Über eine Einladung zu einem Vorstellungsgespräch würde ich mich sehr freuen.

Mit freund…
*Laura Casi…*

**Anlagen**
Lebenslauf

**Lebenslauf**

**Persönliche Daten**

| | |
|---|---|
| **Name:** | Hatice Heinemann |
| **Adresse:** | Schillerstraße 34<br>08007 Unterstadt |
| **Telefon:** | 09876 54321 |
| **E-Mail:** | heihatty@xyz.de |
| **Geburtsdatum:** | 8. Februar 2001 |
| **Geburtsort:** | Oberstadt |
| **Nationalität:** | deutsch |

**Schulbildung**

| | |
|---|---|
| **Schulen:** | 2007–11 Grundschule Unterstadt<br>seit 2012 Helene-Lange-Gesamtschule Oberstadt |

**Besondere Kenntnisse und Interessen**

| | |
|---|---|
| **Sprachkenntnisse:** | Türkisch (zweite Muttersprache)<br>Englisch (gute Kenntnisse in Wort und Schrift) |
| **PC-Kenntnisse:** | gute Kenntnisse in Word |
| **Hobbys:** | Ballett, Leichtathletik, Kino |

Unterstadt, den 30. März 20..

*Hatice Heinemann*

### Die ANDA-Methode (span. *anda* = Auf gehts! Mach schon!)

► S. 69

**A Anknüpfung finden:** Schreibt zunächst, von wem ihr von der Praktikumsstelle gehört oder wo ihr über sie gelesen habt, z. B.: *Ihre Anzeige in der WAZ vom … hat mich sehr angesprochen.*

**N Neugierde wecken:** Macht den Empfänger neugierig auf euch. Gebt an, welche Klasse und Schule ihr gerade besucht, z. B.: *Derzeit besuche ich die … Klasse der …*

**D Du und deine Fähigkeiten:** Stellt dar, warum ihr euch für dieses Praktikum / diese Stelle interessiert und geeignet seid, z. B.: *Große Freude bereitet mir … / Meine Stärken liegen vor allem im Bereich … / Da ich in meiner Freizeit gern … / Bei … erhielt ich erste Einblicke in …*

**A Aufforderung zum Handeln:** Bittet zum Schluss um eine Einladung zu einem Vorstellungsgespräch (► S. 283), z. B.: *Über ein persönliches Gespräch mit Ihnen würde ich mich sehr freuen.*

### Offizielle Briefe schreiben (Beschwerden, Entschuldigungen)

- In einem **offiziellen Brief** verwendet man **Standardsprache** (▶ S. 319).
  Das heißt, man vermeidet Jugendsprache, Abkürzungen und Emoticons wie in SMS.
- Seine Gefühle oder Wünsche sollte man immer **höflich** und **sachlich** formulieren.
  Das gilt auch für **Beschwerden,** z. B.: *Ich ärgere mich, weil ... Ich möchte Sie bitten, ...*
- In einer schriftlichen **Entschuldigung** ist es wichtig, dass man ...
  - **offen zugibt,** etwas falsch gemacht zu haben, z. B.: *Ich habe leider ...*
  - **um Entschuldigung bittet,** z. B.: *Dafür möchte ich Sie um Entschuldigung bitten.*
  - verspricht, sich nun **anders zu verhalten,** z. B.: *Ich werde in Zukunft ...*

## Texte zusammenfassen

### Inhalte eines literarischen Textes zusammenfassen (Inhaltsangabe)

Mit einer **Inhaltsangabe** fasst man den Inhalt eines Textes **knapp und sachlich** zusammen.
Sie **informiert** andere, die den Text nicht kennen, über den **wesentlichen Inhalt und Ablauf.**

- In der **Einleitung** werden die Textsorte (z. B. Kurzgeschichte, Novelle), der Titel, das Erscheinungsjahr, der Name der Autorin / des Autors und das Thema genannt.
- Im **Hauptteil** werden die **wichtigsten Ereignisse** und **Handlungsschritte** in der **richtigen Abfolge** kurz dargestellt.
  Ein neuer Handlungsschritt beginnt z. B. bei einer Wendung in der Handlung, bei einem Zeitsprung, wenn eine neue Figur auftritt oder bei einem Ortswechsel.
- Im **Schlussteil** kann man kurz darstellen, wie man den Text versteht **(interpretiert),** z. B.:
  - Man **deutet,** wie man das **Verhalten der Figuren** begreift.
  - Man **erläutert,** worauf **der Text insgesamt hinweisen** möchte.
  - Man **nimmt Stellung** zur Geschichte insgesamt, z. B.: *Die Kurzgeschichte beeindruckt mich, weil ...*
- Inhaltsangaben formuliert man **sachlich** und möglichst **mit eigenen Worten im Präsens.**
  Man vermeidet ausschmückende oder wertende Ausdrücke.
  **Äußerungen von Figuren** sollte man in der **indirekten Rede** wiedergeben (▶ S. 306).

### Sätze paraphrasieren und Textabschnitte exzerpieren ▶ S. 15–22

Schreibt man auf der Grundlage anderer Texte einen eigenen Sachtext, sollte man diesen möglichst mit eigenen Worten verfassen. Man unterscheidet **Paraphrasieren** und **Exzerpieren:**

- **Sätze paraphrasieren – Sätze mit eigenen Worten wiedergeben**
  - Ersetzt einzelne Nomen und Verben des Satzes durch Wörter mit gleicher Bedeutung.
  - Verdeckt den neuen Satz und schreibt seinen Inhalt mit eigenen Worten erneut auf.
    Verändert auch den Satzbau.
- **Textabschnitte exzerpieren – Textabschnitte mit eigenen Worten zusammenfassen**
  - Sucht die Hauptaussage des Textabschnitts heraus, z. B. die Antwort auf eine bestimmte Frage.
  - Schreibt sie mit eigenen Worten auf.

  **Tipp:** Ihr könnt dazu die Methode nutzen, wie sie beim Paraphrasieren beschrieben wird.

# Lesen – Umgang mit Texten und Medien

## Epik: Erzählende Texte

Texte wie Märchen, Fabeln, Novellen, Kurzgeschichten und Romane zählen zu den erzählenden Texten (Epik). Folgende Elemente sind für erzählende Texte kennzeichnend:

### Der Erzähler / Die Erzählerin

▶ S. 117

Erzählungen und Romane werden von einem **Erzähler** oder einer **Erzählerin** erzählt.
Der Autor oder die Autorin entscheidet bewusst, welche Art von Erzähler/-in er/sie wählt.

- Man unterscheidet folgende **Erzähler:**
  - **Ich-Erzähler/-in:** Der Erzähler oder die Erzählerin ist **Teil der Geschichte.** Er/Sie kann unmittelbar aus der Situation heraus erzählen oder mit einem zeitlichen Abstand auf das Geschehen zurückblicken.
  - **Er-/Sie-Erzähler/-in:** Der Erzähler oder die Erzählerin tritt als **Figur** ganz **in den Hintergrund.** Er/Sie ist **nicht** direkt **am Geschehen beteiligt.** Er/Sie erzählt über andere Figuren in der Er-Form bzw. in der Sie-Form.
- Von der Wahl des **Erzählverhaltens** hängt ab, was der Erzähler oder die Erzählerin alles weiß und wie sehr er/sie am Geschehen beteiligt ist:
  - Der **allwissende (auktoriale) Erzähler** überblickt die gesamte Handlung. Er kennt die Gedanken und Gefühle aller Figuren. Er beurteilt das Geschehen, deutet voraus und wendet sich auch mal direkt an die Leser. In der Regel erzählt er in der Er-/Sie-Form.
  - Der **personale Erzähler** erzählt aus dem eingeschränkten Blickwinkel einer bestimmten Figur, die in der Regel am Geschehen beteiligt ist. Häufig erzählt er in der Ich-Form.

### Die Zeitgestaltung

▶ S. 117, 201

- Die **Erzählzeit** entspricht der Zeit, die **das Erzählen** der Handlung dauert.
- Die **erzählte Zeit** entspricht der Zeit, die **die Handlung** in der Geschichte dauert.
- Wenn Erzählzeit und erzählte Zeit übereinstimmen, spricht man von **Zeitdeckung.**
- Ist die Erzählzeit länger als die erzählte Zeit, liegt eine **Zeitdehnung** vor (z. B. bei inneren Monologen).
- Ist die Erzählzeit kürzer als die erzählte Zeit, liegt eine **Zeitraffung** vor (z. B. bei der Darstellung von Abläufen in der Geschichte eines Landes).
- Die **Reihenfolge des Erzählens** kann dem zeitlichen Ablauf des Geschehens folgen (chronologisches Erzählen). Sie kann aber auch davon abweichen durch **Rückblenden** (Erzählen von vergangenen Ereignissen) oder durch **Vorausdeutungen** (Vorwegnahme von Ereignissen).

### Die Figuren und ihre Handlungsmotive

- Die **Handelnden,** die in einer Geschichte vorkommen, nennt man **Figuren.** Sie verfügen über ein bestimmtes **Aussehen,** bestimmte **Eigenschaften, Gedanken und Gefühle.**
- Figuren haben für ihr Handeln meist **innere Beweggründe** bzw. **Absichten und Interessen.** Sie wollen z. B. jemanden näher kennen lernen oder sich rächen. Diese so genannten **Handlungsmotive** stehen oft nicht ausdrücklich im Text. Die Leser können sie aber mit Hilfe **des Handlungsverlaufs** und der **Figurencharakteristiken** erschließen.

## Die Figurencharakteristik

▶ S. 202 f.

- Die **Merkmale und Eigenschaften** einer Figur können im Text **direkt genannt** oder **indirekt dargestellt** werden. Fasst man diese Merkmale zusammen, dann charakterisiert man eine Figur.
- Zu einer Figurencharakteristik gehören:
  - **die äußere Erscheinung** der Figur, Geschlecht, Alter, Größe, Aussehen, Kleidung,
  - **Eigenschaften und Verhalten** der Figur, Einstellungen, Gedanken, Gefühle, ihr Verhältnis zu anderen Figuren,
  - **die Sprache** der Figur, z. B. ihre Wortwahl, ihr Satzbau und ihr Ausdruck.

## Die Figurenkonstellation

▶ S. 128

- Die **Figuren** einer Erzählung stehen in bestimmten **Beziehungen** zueinander. Diese Beziehungen sind wichtig für den Verlauf der Handlung.
- Zur **Untersuchung der Figurenbeziehungen** kann man folgende Fragen stellen:
  - Woher kennen sich die Figuren? Sind sie flüchtig bekannt, verwandt, befreundet, verfeindet?
  - Was denken sie übereinander und was wollen sie voneinander?
  - Wodurch ist die Beziehung geprägt, z. B. durch Nähe, Distanz, Liebe, Konkurrenz oder Neid?

## Die Figurenkommunikation

▶ S. 128 f.

- In **Kommunikationssituationen** werden bestimmte **Signale übermittelt.** Dies kann **sprachlich (verbal)** oder auch **ohne Worte (nonverbal)** erfolgen.
- **Informationen** sowie **Gedanken und Gefühle** werden zumeist mit daran geknüpften unausgesprochenen **Erwartungen oder Aufforderungen** (Appellen) mitgeteilt, z. B.:
  *„Ich habe den Film noch nicht gesehen."*
  → **Sachebene:** Man teilt eine Information mit, z. B. dass man den Film nicht gesehen hat.
  → **Beziehungsebene:** Man setzt eine Beziehung voraus bzw. wünscht sie sich, z. B.:
  *„Ich bin gern mit dir zusammen, ich möchte mit dir ins Kino gehen."*
  → **Erwartung (Appell):** Man erwartet etwas von dem Gesprächspartner, z. B.:
  *„Frag mich, ob ich den Film mit dir zusammen anschauen möchte."*
- **Kommunikation** kann manchmal **gelingen** und manchmal **misslingen.** Wird von einem Gesprächspartner etwas falsch verstanden oder falsch eingeordnet, dann kann es zu Missverständnissen kommen.

## Der Schauplatz und die Atmosphäre

▶ S. 109

Die **Handlung** in einem erzählenden Text spielt an bestimmten **Schauplätzen/Orten.** Diese verraten häufig etwas über die **Atmosphäre,** also die Stimmung im Text, z. B. kann ein dunkler Wald bei Lesern eine ängstliche Stimmung hervorrufen und eine Gefahr andeuten.

## Äußere und innere Handlung

▶ S. 117, 122

Das Geschehen in Erzählungen umfasst meist **zwei Handlungsebenen:**

- Die **äußere Handlung** beschränkt sich auf sichtbare und hörbare Ereignisse bzw. auf das, was Figuren sagen oder tun.
- Die **innere Handlung** beschreibt, was die Figuren in einer Situation denken oder fühlen.

### Literarische Themen, Motive und Leitmotive

▶ S. 121, 141, 204–206

- Als **Thema** bezeichnet man den **Grund- und Leitgedanken eines Textes.** Das Thema bildet eine Art **Rahmen.** In diesem werden die Figuren und die Handlung ausgestaltet.
  Literarische Themen sind meist abstrakt, z. B. *Liebe, Schuld, Rache, Freiheit.*
- Ein **Motiv** ist ein **thematisches Element,** das in unterschiedlichen Texten wiederholt vorkommt. Es kann sich dabei um **Personen, Handlungen, Situationen oder Ideen** handeln, z. B. *das Motiv des Tyrannen, des Krieges, der Liebe.*
  Motive können zu verschiedenen Zeiten unterschiedlich verstanden werden.
- Ein **Leitmotiv** ist ein Element, das in einem Text wiederholt vorkommt, z. B. *eine einprägsame Aussage, ein Ort, ein Gegenstand, eine Farbe.*
  Durch die Wiederholung erhält es eine besondere Bedeutung im Text.

## Einen erzählenden Text untersuchen und interpretieren

▶ S. 118–122

In einer **Textinterpretation** untersucht man die **besonderen Merkmale** eines Textes und erklärt ihre **Bedeutung** und ihre **Wirkung.**
Folgende **Leitfragen** helfen euch, einen erzählenden Text zu untersuchen und zu verstehen:

**1 Thema/Inhalt**
- Was ist das Thema des Textes? Gibt es Leitmotive?

**2 Aufbau der Handlung**
- Wie sind Ausgangssituation und Schluss (offen/geschlossen) gestaltet?
- Gibt es einen Höhe- bzw. Wendepunkt (Pointe)?
- Wird fortlaufend erzählt oder gibt es Rückblenden oder Vorausdeutungen?

**3 Figuren**
- Welche Figuren kommen vor? Wie kann man sie charakterisieren?
- In welcher Beziehung stehen die Figuren zueinander?
- Wird die innere Handlung (Gedanken und Gefühle) der Figuren wiedergegeben? Oder liegt der Schwerpunkt auf der Darstellung der äußeren Handlung?

**4 Erzähler/-in**
- Welcher Erzähler wurde gewählt (Ich-Erzähler oder Er-/Sie-Erzähler)?
- Welches Erzählverhalten (allwissend oder personal) ist erkennbar?

**5 Sprachlich-stilistische Auffälligkeiten und ihre Wirkung**
- Gibt es Besonderheiten im Satzbau, z. B. einfache, kurze Sätze (Parataxe) oder längere Satzgefüge (Hypotaxe)? Wie passen sie zum Inhalt?
- Werden Wörter oder Sätze wiederholt?
- Gibt es Besonderheiten bei der Wortwahl, z. B. Jugendsprache, Umgangssprache, sachliche Sprache?
- Werden sprachliche Bilder eingesetzt, z. B. Personifikationen, Metaphern, Vergleiche?

**6 Interpretation (Deutung)**
- Wie kann man die Geschichte auf Grund der Analyseergebnisse verstehen?

## Erzählende Textsorten

Erzählende Texte gliedern sich in eine Vielzahl von Textsorten. Man unterscheidet z. B.:

### Die Fabel

Eine **Fabel** ist eine **kurze, lehrhafte Erzählung** mit folgenden **Merkmalen:**

- Die **Figuren** sind in der Regel **Tiere,** z. B.: *Fuchs, Rabe, Storch, Ziegenbock.* Die Tiere haben **menschliche Eigenschaften,** sie handeln und sprechen wie Menschen.
- Oft enthält die Fabel eine **Lehre,** aus der Schlussfolgerungen für das eigene Verhalten gezogen werden sollen.

### Die Sage

**Sagen** sind ursprünglich mündlich überlieferte Erzählungen, die später aufgeschrieben wurden. Sie handeln vom **Anbeginn der Welt,** von **Göttern** und **Helden** und ihren Taten.
Erzählt wird von **Kampf und Bewährung, Sieg und Niederlage** und von **abenteuerlichen Reisen.**

- Oft haben Sagen einen **wahren Kern.** In ihnen können im Unterschied zum Märchen wirkliche Personen, geschichtliche Ereignisse und wirkliche Orte vorkommen.
- In Sagen treten auch **übernatürliche Wesen** wie Zauberinnen, Riesen und Ungeheuer auf.

### Die Kalendergeschichte

Eine **Kalendergeschichte** ist eine **kurze Geschichte,** die **unterhalten und belehren** soll und die meist mit einer **Pointe** (einer überraschenden Wendung) endet.
Bis ins 19. Jahrhundert wurden diese Geschichten in Jahreskalendern abgedruckt.
Neben der Bibel waren Kalendergeschichten für viele Familien oft die einzige Lektüre.
Ab dem 20. Jahrhundert erschienen die Kalendergeschichten nur noch in Buchform.

### Die Anekdote

Eine **Anekdote** ist eine **kurze Geschichte** über eine **bekannte Persönlichkeit.** Sie verdeutlicht das Verhalten oder die Eigenarten dieses Menschen auf humorvolle Weise.

- Am Ende einer Anekdote steht meist eine **Pointe** (überraschende Wendung).
- Das, was über die Person erzählt wird, muss nicht unbedingt wahr sein, aber es lässt **das Typische** an einer Person erkennbar werden.

### Die Kurzgeschichte

▶ S. 114–134

Eine **Kurzgeschichte** (engl. *short story*) ist eine moderne Erzählung von **geringem Umfang.**
Kurzgeschichten verfügen über folgende **Merkmale:**

- Sie erzählen einen aussagekräftigen **Abschnitt aus dem Leben und Alltag einer Figur.**
- Die handelnden Figuren stellen häufig **Alltagsmenschen** dar.
- Der **Anfang** ist **unvermittelt:** Die Geschichte springt mitten hinein ins Geschehen.
- Die Handlung erfährt einen **Wendepunkt.** Diese Wendung erfolgt oftmals überraschend.
- Viele Kurzgeschichten enthalten bestimmte **Leitmotive** (▶ S. 291).
- Der **Schluss ist offen.** Die Leser werden angeregt, selbst über ein Ende oder eine Lösung nachzudenken.
- Kurzgeschichten werden meistens in **Alltagssprache** verfasst mit einfachem Satzbau und umgangssprachlichen Elementen in der direkten Rede.

### Die Parabel

▶ S. 123–125

Eine Parabel ist eine **kurze, lehrhafte Erzählung,** die verschlüsselt eine allgemeine Erkenntnis oder **Lebensweisheit** ausdrückt.

- Die **Lehre** wird oft nicht mitformuliert. Die Leser müssen sich diese selbst erschließen. So wird eine **Situation** dargestellt **(Gesagtes = Bildteil)**, die auf eine **allgemeinere Bedeutung** des Textes **(Gemeintes = Sachteil)** verweist. Manchmal fordert die Parabel auch zum Handeln auf.
- Die Parabel ist mit der lehrhaften Gattung **Fabel** (▶ S. 292) **verwandt.** Im Unterschied zur Fabel sind die Figuren in der Parabel jedoch meist **Menschen.**

### Die Novelle

Geschichten, in denen eine ungewöhnliche bzw. eine **„unerhörte Begebenheit"** (Goethe) erzählt wird, nennt man **Novelle** (ital. *novella* = Neuigkeit). Oft geht es in ihnen um einen **Wendepunkt im Leben eines Menschen.** Weitere Kennzeichen einer Novelle sind:

- Die Figuren erleben einen **Konflikt,** der sie zu einer Entscheidung für ihr Leben zwingt.
- Die Handlung dreht sich oft um einen auffälligen Gegenstand, **das Dingsymbol.**

### Der Roman

▶ S. 92–101, 196–207

Der Roman ist die **Langform der schriftlichen Erzählung.** Er verfügt meist über eine **komplexe Handlung.** Es gibt viele Möglichkeiten, die Gattung Roman einzuteilen. Bei Romanen über die Zukunft unterscheidet man zwischen **Utopien** und **Dystopien:**

- Der Begriff **Utopie** kommt aus dem Griechischen und bezeichnet einen Ort, den es im wirklichen Leben nicht gibt. Seit der Antike werden in Utopien ideale Formen des menschlichen Zusammenlebens dargestellt, die nicht verwirklicht werden können. Solche Erzählungen drücken die Hoffnung auf eine bessere Welt aus.
- Der Begriff **Dystopie** bezeichnet einen schlechten Ort. Bei Dystopien handelt es sich um Erzählungen, die in einer zukünftigen negativen Welt spielen. Häufig werden Welten dargestellt, die von Kriegen, Natur- und Umweltkatastrophen zerstört werden oder in denen Menschen ihre Freiheit und Identität verlieren. In diesen Welten ist ein menschenwürdiges Leben kaum noch möglich, die moralischen Werte der Menschen verlieren ihre Gültigkeit. Häufig wollen Autoren mit solchen Erzählungen auf bedenkliche Entwicklungen in der Gegenwart aufmerksam machen und vor deren Folgen warnen.

### Die Satire

▶ S. 103–105

Die **Satire** bezeichnet eine bestimmte Form, **etwas darzustellen.** Sie kann in allen literarischen Gattungen verwendet werden.

- Satirische Texte kritisieren **menschliche Verhaltensweisen** oder **gesellschaftliche Missstände,** indem diese überspitzt oder verzerrt dargestellt werden.
- Die **Kritik** wird nicht direkt ausgesprochen, sondern **indirekt** zum Ausdruck gebracht durch die Verwendung **stilistischer Mittel,** z. B.:
  - **Übertreibungen, Untertreibungen, Euphemismen** (Beschönigungen) oder **Wiederholungen** zur Betonung kritikwürdigen Verhaltens oder der Missstände
  - **Vergleiche, Metaphern, Wortspiele** und **Neologismen** (Wortneuschöpfungen) zur Veranschaulichung
  - **Ironie,** bei der das Gegenteil dessen gesagt wird, was man meint
- Satiren sollen die Leser dazu bringen, das Dargestellte **kritisch zu betrachten.**

### Die Parodie

▶ S. 106–107

Eine **Parodie** ist eine verzerrende, übertreibende oder verspottende **Nachahmung eines Werks oder einer Person.**

- In einer Parodie werden **charakteristische Eigenschaften** des Originals **übertrieben dargestellt.** Durch diese Verzerrung entsteht oft eine **komische Wirkung.**
- Eine Parodie wertet das Original (das Werk, die Person) nicht ab, denn sie bestätigt seine **Bedeutung.** Oft werden der Text oder die Person durch die Parodie sogar gewürdigt.

## Lyrik: Gedichte

Gedichte (Lyrik) bilden neben den erzählenden Texten (Epik) und den dramatischen Texten (Dramatik) eine der drei Gattungen der Dichtung. Folgende Gestaltungsmittel sind kennzeichnend für Gedichte:

### Der lyrische Sprecher (das lyrische Ich)

- In vielen Gedichten oder Songs teilt ein **„Ich"** den Lesern **seine Gefühle, Beobachtungen oder Gedanken** aus seiner Sicht (Perspektive) mit. Man nennt dieses „Ich" **das lyrische Ich.** Es ist nicht mit der Autorin oder dem Autor des Gedichts gleichzusetzen.
- In manchen Gedichten heißt es auch „Wir" oder das Geschehen wird von einem Sprecher geschildert, der weder „ich" noch „wir" sagt.

### Die äußere Gedichtform (der Vers, die Strophe, der Reim, der Refrain)

- Eine einzelne Zeile in einem Gedicht nennt man **Vers,** z. B.: *Der Himmel ist blau.*
- Mehrere Verse zusammen ergeben eine **Strophe.**
- Viele Gedichte haben **Reime.** Wörter reimen sich, wenn der letzte betonte Vokal und die folgenden Buchstaben gleich klingen, z. B.: *Hose – Dose.*

| Man unterscheidet: | **Paarreim** | | **Kreuzreim** | | **umarmender Reim** | |
|---|---|---|---|---|---|---|
| | gut | a | platscht | a | Land | a |
| | Mut | a | fein | b | Sonne | b |
| | Haus | b | klatscht | a | Wonne | b |
| | Maus | b | dein | b | Rand | a |

- In einem **Refrain** (Kehrreim) kehren ein oder mehrere Verse zwischen einzelnen Strophen, zu Beginn oder am Schluss einer Strophe regelmäßig wieder.

### Das Metrum (das Versmaß)

Unter **Metrum (Versmaß)** versteht man die **Abfolge von betonten und unbetonten Silben.**

- Unterliegt diese Abfolge einer bestimmten **Regelmäßigkeit,** dann ergibt sich daraus ein **Rhythmus.**
- Das Metrum kann einen **Bezug zum Inhalt** haben.
- Die wichtigsten **Versmaße** sind:
  - der **Jambus:** unbetont (x) – betont (X), z. B.: *Es schlug mein Herz …*
  - der **Trochäus:** betont (X) – unbetont (x), z. B.: *Frühling lässt sein blaues Band …*
  - der **Anapäst:** 2-mal unbetont (xx) – betont (X), z. B.: *Anapäst, Elefant, Harmonie*
  - der **Daktylus:** betont (X) – 2-mal unbetont (xx), z. B.: *Daktylus, himmelwärts*

### Sprachliche Bilder in Gedichten

In Gedichten werden häufig Bilder durch Sprache entfaltet, die bestimmte Gefühle ausdrücken oder eine besondere Atmosphäre entstehen lassen.

- Bei einem **Vergleich** werden zwei verschiedene Vorstellungen durch ein „wie“ oder ein „als ob“ miteinander verknüpft, z. B.: *weiß wie Schnee / so heiß, als ob es Sommer wäre.*
- Bei einer **Metapher** wird ein Wort oder ein Satz nicht in wortwörtlicher, sondern in einer übertragenen Bedeutung verwendet. Übertragen werden Vorstellungen oder Eigenschaften von einer Sache auf eine andere, mit der diese Vorstellungen normalerweise nicht verbunden werden, z. B.: *Er hat einen Stein in der Brust. → Er hat ein Herz aus Stein. = Er ist gefühllos, hart und kalt wie ein Stein.*
- **Personifikationen** sind Metaphern mit der Besonderheit, dass eine Sache oder Idee vermenschlicht wird, z. B.: *Wörter, die verhaftet werden → Nur Menschen können verhaftet werden. = Wer seine Meinung sagt, wird verhaftet. Man kann nicht mehr ohne Angst frei sprechen.*

## Gedichtformen

### Die Ballade

Die Ballade ist eine **Mischform aus Gedicht, Erzählung und Theaterstück/Drama.**

- Eine Ballade sieht aus wie ein Gedicht. Sie besteht meist aus **Strophen** und **Versen,** die sich **reimen.**
- In der Regel wird in einer Ballade auf spannende Weise eine **Geschichte** erzählt.
- Eine Ballade enthält oft **Dialoge** wie ein Theaterstück und im Mittelpunkt der Handlung steht ein **Konflikt.**

### Das Sonett

▶ S. 140

Das Sonett ist eine **vierstrophige Gedichtform,** die aus zwei **Quartetten** (zwei vierzeiligen Strophen) und zwei **Terzetten** (zwei dreizeiligen Strophen) besteht.

- Die Quartette verfügen oft über einen **umarmenden Reim.**
- Häufig findet man einen **inhaltlichen Einschnitt** (Zäsur) zwischen den Quartetten und den Terzetten.

### Der Song

▶ S. 138

Der Song ist eine oft **politisch aktuelle, zeitkritische Liedgattung.** Er besteht aus **Strophen** und einem **Refrain.**

### Konkrete Poesie

Wird ein **Gegenstand** durch das **Wort für den Gegenstand** selbst dargestellt, spricht man von konkreter Poesie, z. B. das Wort „Apfel“ stellt, mehrfach wiederholt, als Bild einen Apfel dar.

## Ein Gedicht untersuchen und interpretieren

▶ S. 145–147

In einer **Gedichtinterpretation** untersucht man die **besonderen Merkmale** des Gedichts und erklärt ihre **Bedeutung** und ihre **Wirkung.**
Folgende **Leitfragen** helfen euch, ein Gedicht zu untersuchen und zu verstehen:

**1 Inhalt/Thema/Sprecher(in)**
- Welche Situation oder Handlung wird beschrieben?
- Was bedeutet der Titel des Gedichts? Welchen Bezug hat er zum Inhalt?
- Gibt es ein lyrisches Ich oder einen Sprecher, der im Gedicht nicht direkt erkennbar ist?
- Welche Haltung hat das lyrische Ich? Gibt es einen Adressaten, an den es sich wendet?

**2 Formaler Aufbau**
- Ist das Gedicht in Strophen gegliedert? Liegt eine besondere äußere Form vor (z. B. Sonett)?
- Verfügt das Gedicht über einen Reim? Liegt eine besondere Reimform vor?
- Ist ein bestimmtes Metrum (Versmaß) erkennbar? Gibt es Abweichungen davon?

**3 Sprachliche Mittel**
- Welche sprachlichen Bilder (Metaphern, Personifikationen etc.) werden verwendet?
- Was fällt bezüglich des Satzbaus auf?
- Welche Wörter fallen auf? Gibt es Neologismen (Wortneuschöpfungen)?

**4 Epoche**
- Welcher Epoche kann man das Gedicht zuordnen?
- Welche epochentypischen Merkmale weist es auf?

### Eine Gedichtanalyse schreiben

▶ S. 145–149

- Nennt in der **Einleitung** Verfasser/-in, Textart, Titel, Erscheinungsjahr und Thema.
- Fasst im **Hauptteil** die wichtigen Ergebnisse eurer Analyse zusammen:
  – Beginnt mit einer kurzen **Inhaltsangabe.** Geht dabei Strophe für Strophe vor.
  – Beschreibt dann den **formalen Aufbau** (Strophen, Verse, Reimschema, Metrum) und die **sprachlichen Gestaltungsmittel.**
  – Erläutert die **Funktion und die Wirkung** der Gestaltungsmittel und stellt einen Bezug zum Inhalt und zur Aussage des Gedichts her.
  – Ordnet das Gedicht wenn möglich einer **literarischen Epoche** zu oder stellt Bezüge zur Entstehungszeit her.
  – Belegt eure Aussagen mit **Zitaten:** Kennzeichnet wörtliche Übernahmen durch **Anführungszeichen.** Gebt die Fundstelle durch **Nennung der Verse** an und kennzeichnet Auslassungen oder Änderungen durch [...], z. B. *die „frierende[n] Bäume" (Vers 9).*
- Fasst zum **Schluss** die **wichtigsten Ergebnisse** eurer Untersuchung zusammen.

## Dramatik: Dramen (Theaterstücke)

Dramen (Texte für das Theater) bilden neben den erzählenden Texten (Epik) und Gedichten (Lyrik) eine der drei Gattungen der Dichtung.

### Die Rolle

▶ S. 160 f.

- **Rolle** nennt man die Figur, die eine Schauspielerin oder ein Schauspieler in einem Theaterstück verkörpert, z. B. die Rolle des besten Freundes, die Rolle der Mutter etc.
- Um eine Figur besser verstehen und spielen zu können, fertigt man eine **Rollenbiografie** an:
  - Man schreibt **allgemeine Informationen und Merkmale** zur Figur heraus, z. B.: Name, Geschlecht, Alter, Wohnort, Nationalität, Beruf.
  - Man macht Notizen zum **äußeren Erscheinungsbild,** z. B. zu: Größe, Statur, Kleidung, besonderen Merkmalen wie Tätowierungen.
  - Man beantwortet folgende Fragen zum **Charakter** der Figur: Was hält sie für richtig oder falsch? Welche Einstellung zum Leben hat sie? Ist sie eher fröhlich oder traurig, nachdenklich oder spontan, gebildet oder ungebildet? Welche Ängste, Sorgen und Befürchtungen plagen sie? Was mag sie, was nicht?
  - Man notiert, welche **Mimik und Gestik** (Gesichtsausdruck, Bewegungen) zur Figur passen.
  - Man überlegt mögliche **Sprechweisen,** z. B.: *langsam, schnell, hektisch, zögerlich.*

### Die Szene, der Dialog, der Monolog, die Regieanweisung

- Eine **Szene** ist ein kurzer, abgeschlossener Teil eines Theaterstücks. Eine Szene endet, wenn neue Figuren auftreten und/oder Figuren abtreten. Dramenszenen bestehen hauptsächlich aus Dialogen, Monologen und Regieanweisungen.
- Ein **Dialog** ist ein Gespräch zwischen zwei oder mehr Figuren.
- Ein **Monolog** ist ein Selbstgespräch einer Figur.
- **Regieanweisungen** nennt man die Hinweise im Stück, die vorgeben, wie die Figuren reden, wie sie sich bewegen und verhalten sollen. Auch Orte können näher beschrieben werden. Regieanweisungen stehen meist in Klammern oder kursiv hinter den Rollennamen.

### Der Handlungsverlauf im klassischen Drama

▶ S. 164

- Klassische Dramen verfügen über folgenden **einheitlichen Handlungsaufbau:**

- Die in sich **geschlossene Handlung** spielt meistens **an einem Ort** an nur **einem Tag** und ist ganz auf das Ende ausgerichtet.

### Das epische Theater

▶ S. 158, 164

- In dem von **Bertolt Brecht** (1898–1956) entwickelten **epischen Theater** werden – anders als im klassischen Drama (▶ S. 297) – die **Szenen locker aneinandergefügt.**
  Diese spielen zu **unterschiedlichen Zeiten** an **unterschiedlichen Orten.**
  Jede Szene stellt ein Bild für sich dar.
- In den Szenen werden dem Publikum Situationen gezeigt, die durch **kritisch-kommentierende Einschübe** wie Kommentare eines Erzählers, Songs oder Bild- und Filmprojektionen **verfremdet** werden (Verfremdungseffekt). Dieser Effekt soll den Zuschauern bewusst machen, dass das, was sie auf der Bühne sehen, nur Spiel ist. Sie sollen nicht mit den Figuren mitfühlen, sondern ihnen **kritisch distanziert** gegenübertreten und über ihre Einstellungen und ihr Handeln nachdenken.
- Das **Ende** des epischen Dramas ist meistens **offen.** Die Zuschauer sollen selbst weiterdenken und Schlussfolgerungen auch für ihr eigenes Leben ziehen.

## Eine Dramenszene untersuchen und interpretieren

### Szenisch interpretieren

▶ S. 160 f.

- Lest die Szene mehrmals still und stellt sie euch dabei bildlich vor.
- Setzt euch mit eurer Rolle auseinander und verfasst eine **Rollenbiografie** (▶ S. 297).
- Beachtet die kursiv gesetzten oder eingeklammerten **Regieanweisungen** und überlegt:
  – Welche Mimik und Gestik solltet ihr an bestimmten Stellen einsetzen?
  – Welche Sprechweise passt zur Situation und zu eurer Figur?
- Führt in eurer Rolle mehrere **Sprechproben** durch. Gebt euch dabei gegenseitig Rückmeldungen zu Sprechweise, Lautstärke, Tempo und Betonungen.
- Übt das Spiel eurer Rolle ein. Beachtet **Gestik und Mimik.**
- Spielt die Szene auf der Bühne vor Publikum. Beachtet dabei, dass ihr mit Gesicht und Körper zum **Publikum** gerichtet seid.

### Eine Dramenanalyse schreiben

▶ S. 166–171

- Gliedert die Dramenuntersuchung in drei Teile: **Einleitung, Hauptteil, Schluss.**
- Nennt in der **Einleitung** Autor/-in, Textsorte, Titel, Erscheinungsjahr und Thema und formuliert eine Deutungsthese.
- Ordnet zu Beginn des **Hauptteils** die zu analysierende Szene in den **Handlungsverlauf** ein und fasst ihren **Inhalt** zusammen.
- Erläutert das **Figurenverhalten** und die **Beziehungen der Figuren** zueinander.
- Beschreibt das **Gespräch** der Figuren: Gesprächssituation, Gesprächsverlauf, Sprechweise, Sprechabsicht.
- Zieht **Schlussfolgerungen zu Einstellungen, Absichten** oder zum **Charakter** der Figuren.
- Belegt eure Aussagen durch **Zitate** (▶ S. 313) oder durch **indirekte Redewiedergaben** (▶ S. 306).
- Fasst am **Schluss** die **Ergebnisse der Analyse** zusammen und geht noch einmal auf eure Deutungsthese ein.
- Verfasst den Analysetext im **Präsens.**

## Sachtexte

▶ S. 180–182

Sachtexte beschäftigen sich vorwiegend mit **wirklichen Ereignissen und Vorgängen.**
Man kann sie nach **Ziel bzw. Wirkungsabsicht (Intention)** und äußerer **Gestaltung (Darstellungsform)** unterscheiden:

- **Informierende Sachtexte:** Hierzu zählen besonders sachliche Darstellungsformen wie berichtende Zeitungsartikel, Verträge und Gebrauchsanweisungen, Grafiken und Schaubilder.
- **Meinungsbildende Sachtexte:** Hierzu zählen wertende Texte, z. B. Kommentare, Interviews, Internetblogs.
- In einem Sachtext können beide **Wirkungsabsichten (Intentionen)** vorkommen, wobei meist ein Schwerpunkt festzustellen ist.

### Einen Sachtext erschließen (Fünf-Schritt-Lesemethode)

**1. Schritt:** Lest die Überschrift(en), hervorgehobene Wörter und die ersten Zeilen der Textabschnitte. Betrachtet möglicherweise vorhandene Abbildungen.
**2. Schritt:** Arbeitet mit einer Kopie des Textes: Lest den gesamten Text zügig durch und kreist unbekannte Wörter ein. Macht euch klar, was das Thema des Textes ist.
**3. Schritt:** Klärt unbekannte Wörter und unklare Textstellen durch Nachdenken oder Nachschlagen.
**4. Schritt:** Lest den Text sorgfältig.

- Markiert die Schlüsselwörter farbig, die wichtige Informationen enthalten.
- Gliedert den Text in Sinnabschnitte. Notiert Fragen am Rand, wenn euch etwas unklar ist.

**5. Schritt:** Fasst die Informationen des Textes zusammen.
**Tipp:** Man kann die Informationen des Textes auch veranschaulichen, z. B. in Form eines Flussdiagramms, das gedankliche Abläufe übersichtlich darstellt.

### Argumentierende Sachtexte analysieren

▶ S. 184–187

In **argumentierenden Sachtexten** vertreten Autoren ihre **Position zu einem Thema.**
Sie verfolgen **unterschiedliche Wirkungsabsichten (Intentionen),** z. B. wollen sie informieren, werten oder die Leser beeinflussen.
Eine **Sachtextanalyse** sollte man nach folgendem Muster aufbauen:

**1 Einleitung**
- Macht Angaben zu Autor/-in, Titel, Textsorte, Erscheinungsjahr, Thema.

**2 Hauptteil**
- Untersucht und beschreibt zusammenhängend Form und Inhalt des Textes.
- Beschreibt den Aufbau der Argumentation, benennt die Wirkungsabsicht (Intention) sowie die sprachlichen Mittel und deren Wirkung.

**3 Schluss**
- Begründet mit Hilfe von Argumenten und Beispielen eure eigene Meinung zum Thema.

**4 Darstellung**
- Formuliert im Präsens.
- Markiert Einleitung, Hauptteil und Schluss durch Absätze oder durch freie Schreibzeilen.

### Ein Diagramm (Grafik, Schaubild) lesen und auswerten

▶ S. 177

Diagramme (Schaubilder) sollen Informationen **übersichtlich** veranschaulichen.

- Lest zuerst die **Überschrift** und die **Erläuterungen:** Worüber wird informiert?
- Benennt die **Art des Diagramms,** z. B.: *Säulen-, Balken-, Kreisdiagramm.*
- Bestimmt die Herkunft bzw. **Quelle** und die **Einheiten der Angaben,** z. B.: *in Prozent.*
- Vergleicht **auffällige Angaben,** z. B.: höchste/niedrigste Werte, Altersklassen im Vergleich.
- Fasst die **wesentlichen Aussagen** zusammen: Was sagen die Zahlen im Vergleich aus?

## Sachtextarten

### Der Vertragstext

▶ S. 178 f.

In Vertragstexten werden häufig **fachsprachliche Wörter, Nominalisierungen, Fremdwörter** (v. a. **Anglizismen**) verwendet. Diese haben den Vorteil, dass sie Sachverhalte vergleichsweise knapp benennen.

Da ein **Vertrag Rechte und Pflichten** bestimmt, ist es wichtig, ihn genau zu verstehen:

- Nehmt euch **Zeit zum Lesen,** auch wenn ein Berater oder Verkäufer drängt. Überlegt nach jedem Abschnitt: Was wurde hier gesagt?
- Unterstreicht **Begriffe,** die ihr nicht versteht. Erfragt sie oder schlagt sie in einem (Internet-)Wörterbuch nach.
- Teilt **lange Sätze** in Sinneinheiten ein, um sie besser zu verstehen.
- Markiert **Informationen,** die für euch von Bedeutung sind, z. B.: *Kündigungsfrist.*
- Unterschreibt niemals, ohne **alles gelesen** zu haben. Achtet auf **Pflichten und Termine.**

### Die Rede

▶ S. 82–90

In einer Rede spielen die folgenden Elemente eine wichtige Rolle:

**1 Redesituation**
- Was ist der Anlass der Rede? Wer ist das Publikum?
- Welche Rolle spielen Ort und Zeit?

**2 Thema, Hauptaussagen, Argumente**
- Wie lautet das Thema der Rede? Was sind die Hauptaussagen?
- Welche Argumente und Beispiele werden zu den Aussagen vorgebracht?

**3 Sprachliche Mittel**

Welche der folgenden sprachlichen Mittel fallen auf? Wie wirken sie?
- **Wortwahl und Sprachstil:** bildhafte Elemente, Vergleiche, Paarbegriffe, Wiederholungen
- **persönliche Anrede des Publikums:** Anredepronomen, Personalpronomen *wir*
- **Aufrufe und Appelle,** z. B. durch Modalverben wie *müssen, sollen*
- **Fahnen- und Stigmawörter:** Wörter mit einem hohen positiven oder negativen Wert
- **rhetorische Fragen** (Scheinfragen): Fragen, die die Zuhörer in die Überlegung einbeziehen, obwohl die Antwort klar ist
- **auf- und abwertende Formulierungen,** z. B.: *gesund ↔ krank, gackernd ↔ diszipliniert*

**4 Redeabsicht (Intention)**
- Soll mit der Rede das Publikum informiert, aufgeklärt oder zum Handeln bewegt werden?

## Journalistische Textsorten

### Der Bericht

▶ S. 36, 78, 180

- Ein **Zeitungsbericht** informiert **knapp und sachlich** über ein **aktuelles Ereignis.**
- Er beantwortet zu Beginn die wichtigsten **W-Fragen** und berichtet dann über die näheren **Einzelheiten** des Ereignisses.
- Ein Zeitungsbericht kann **Zitate** von Experten oder Betroffenen wiedergeben, die dann namentlich genannt werden.

### Die Reportage

- In Reportagen werden **Sachinformationen** mit **schildernden Abschnitten** in Beziehung gesetzt.
- In den **schildernden Abschnitten** äußern sich **Beteiligte** häufig persönlich **in direkter Rede** (wörtliche Zitate) über ihre **Eindrücke, Erlebnisse und Gefühle.**
- Auch der Reporter kann seine Eindrücke schildern und die **Geschehnisse bewerten.**

### Die Rezension

▶ S. 213 f.

- Eine Rezension ist eine **kritische Auseinandersetzung** mit einem Film oder einem Roman. Darin begründet eine Rezensentin oder ein Rezensent, warum sie oder er ein Werk empfiehlt oder nicht.
- Eine Filmrezension enthält:
  - **Informationen** über Regisseur/-in, Titel, Erscheinungsjahr und Inhalt des Films,
  - eine **begründete Bewertung** des Werks in Hinsicht auf Inhalt, Handlungsaufbau, Figurendarstellung, filmische Gestaltung, Leistungen der Schauspieler/-innen, Wirkung.
- Rezensionen sind **sprachlich individuell gestaltet.** Oft werden wertende Adjektive, Anspielungen und rhetorische Fragen verwendet, um den Text lebendig zu gestalten.

### Der Kommentar

▶ S. 50 f., 77

- In einem **Kommentar** stellt ein Verfasser seine **persönliche Meinung** zu einem Thema dar.
- Im Kommentar sollte die Meinung **mit Argumenten und Beispielen** begründet werden.
- Der **Verfasser** des Artikels ist stets **mit Namen genannt.**

## Film

### Die Einstellungsgrößen

▶ S. 209–212

Die Einstellungsgröße legt die **Größe des Bildausschnitts** fest. Je kleiner der Bildausschnitt ist, desto näher scheint der Betrachter am Geschehen zu sein.
Man unterscheidet folgende Einstellungsgrößen:

- **Weit (Totale):** Es wird eine ganze Landschaft oder ein Ort gezeigt.
- **Halbnah:** Gegenstände werden aus mittlerer Nähe, Figuren etwa vom Knie an aufwärts gezeigt. Die unmittelbare Umgebung ist erkennbar.
- **Nah:** Man sieht Kopf und Schultern von Figuren.
- **Groß:** Der Kopf wird bildfüllend dargestellt. So kann man Gefühle an der Mimik ablesen.
- **Detail:** Ein Ausschnitt wird sehr groß gezeigt, z. B. die Augen oder die Hände.

## Die Kameraperspektive

▶ S. 209

Der Standpunkt der Kamera und – damit verbunden – ihr Blickwinkel wird als Kameraperspektive bezeichnet. Man unterscheidet:

- **Vogelperspektive** (Aufsicht): Kamera von oben
- **Normalperspektive** (Normalsicht): Kamera auf Augenhöhe
- **Froschperspektive** (Untersicht): Kamera von unten

## Die Kamerabewegung, der Schnitt und die Montage

- Bei der **Kamerabewegung** unterscheidet man Kameraschwenk und Kamerafahrt:
  - Beim **Kameraschwenk** steht die Kamera fest und dreht sich – ähnlich der Kopfbewegung – um einen festen Punkt.
  - Bei der **Kamerafahrt** bewegt sich die Kamera durch den Raum, z. B. von einem Gegenstand weg oder auf einen Gegenstand oder eine Figur zu.
- Ein **Schnitt** bezeichnet die Verknüpfung von zwei Einstellungen.
  Nach den Dreharbeiten wird das Filmmaterial in einzelne Szenen zerlegt. Die besten Szenen werden ausgewählt und überflüssige Szenen werden herausgeschnitten.
- Durch die **Montage** (Verknüpfung) von Szenen lassen sich verschiedene Handlungsstränge miteinander in Beziehung setzen. So kann man z. B. zeigen, warum sich eine Figur auf eine bestimmte Weise verhält. Bei der **Parallelmontage** werden Handlungen an verschiedenen Orten abwechselnd gezeigt.

## Die Kamera als Erzählerin

▶ S. 209

- Im Film gibt es in der Regel keine Erzählerin oder keinen Erzähler wie in einem Roman. Stattdessen übernimmt die **Kamera** diese Rolle.
- Ihre Sprache ist die **Bildsprache,** die sich aus **Kameraeinstellungen, Kameraperspektiven und Kamerabewegungen** zusammensetzt.
- Die Bildsprache beeinflusst, **was** die Zuschauer wahrnehmen und **wie** sie das Geschehen empfinden.

## Mise en Scène (die Bildinszenierung)

▶ S. 210

- Die **Komposition eines Filmbildes** nennt man Mise en Scène.
- Figuren und Gegenstände werden wie auf einem Gemälde inszeniert durch den gezielten Einsatz von Schauplatz, Bildaufbau, Farben und Licht.

# Nachdenken über Sprache

## Wortarten

### Das Nomen und der Kasus (der Fall)

- Mit Nomen werden **Dinge, Lebewesen, Gedanken und Ideen** bezeichnet.
- Nomen werden **großgeschrieben.** Man kann sie mit Hilfe von **Proben** erkennen:
  - **Artikelprobe:** Vor Nomen kann man einen Artikel setzen, z. B.: ***das*** *Seil /* ***ein*** *Seil.*
  - **Zählprobe:** Viele Nomen können von Zahlwörtern begleitet werden, z. B.: ***fünf*** *Seile.*
  - **Adjektivprobe:** Nomen lassen sich durch Adjektive näher beschreiben, z. B.: *das* ***blaue*** *Seil.*
- Die meisten Nomen können im **Singular** (Einzahl) oder im **Plural** (Mehrzahl) stehen, z. B.: *das Seil – die Seile.*
- Nomen treten im Satz in einem von **vier Kasus** (Fällen) auf:

| | |
|---|---|
| **Nominativ (Wer oder was?)** | ***Das Seil*** *ist für das Klettern sehr wichtig.* |
| **Genitiv (Wessen?)** | *Die Länge* ***des Seils*** *hängt davon ab, wozu man es benötigt.* |
| **Dativ (Wem?)** | *Man kann* ***dem Seil*** *nicht blind vertrauen.* |
| **Akkusativ (Wen oder was?)** | *Beim Klettern solltest du* ***das Seil*** *nutzen.* |

### Das Adjektiv (das Eigenschaftswort) und seine Steigerungsstufen

- **Adjektive** (Eigenschaftswörter) sind daran zu erkennen, dass man sie **steigern** kann, z. B.:

| | | |
|---|---|---|
| *hoch* | → *höher* | → *am höchsten* |
| **Grundstufe (Positiv)** | **Steigerungsstufe (Komparativ)** | **Höchststufe (Superlativ)** |

- Im Satz können Adjektive auftreten als:
  **1 Begleiter eines Nomens:** *der* ***mutige*** *Kletterer*
  **2 Ergänzung zum Verb:** *Der Kletterer steigt* ***mutig*** *auf den Baum.*
  **3 Ergänzung zu *sein*:** *Der Kletterer ist* ***mutig.***
- Als **Begleiter des Nomens** trägt das Adjektiv nach bestimmtem Artikel die **Endung *-e*** oder ***-en.***

| Nominativ (Wer oder was?) | Genitiv (Wessen?) | Dativ (Wem?) | Akkusativ (Wen oder was?) |
|---|---|---|---|
| *der mutig**e** Kletterer* | *des mutig**en** Kletterers* | *dem mutig**en** Kletterer* | *den mutig**en** Kletterer* |
| *die klein**e** Brücke* | *der klein**en** Brücke* | *der klein**en** Brücke* | *die klein**e** Brücke* |
| *das lang**e** Seil* | *des lang**en** Seils* | *dem lang**en** Seil* | *das lang**e** Seil* |
| *die lang**en** Seile* | *der lang**en** Seile* | *den lang**en** Seilen* | *die lang**en** Seile* |

## **Das Personal-, das Possessiv- und das Demonstrativpronomen** (Fürwörter)

- **Pronomen** (Fürwörter) stehen **stellvertretend** für Nomen oder **begleiten** Nomen.
- **Personalpronomen** sind: *ich, du, er/sie/es, wir, ihr, sie.* Sie treten in verschiedenen **Fällen** (Kasus) auf, z. B.: *ich* (Nominativ), *mir* (Dativ), *mich* (Akkusativ).
- **Possessivpronomen** sind *mein, dein, sein/ihr, unser, euer, ihr* etc.
  Sie zeigen den Besitz oder die Zugehörigkeit an. Oft begleiten sie Nomen, z. B.:
  *mein Helm, ihre Kletterausrüstung.*
- **Demonstrativpronomen** sind: *dieser, diese, dieses; jener, jene, jenes; solcher, solche, solches* etc.
  Sie weisen auf etwas hin, z. B. auf eine Person oder Sache:
  *Am Abend traf ich einen **erfahrenen Kletterer. Dieser** erzählte mir ...*
- Manchmal beziehen sie sich auch **auf ganze Sätze,** z. B.:
  ***Das Kletterseil ist kaputt. Das** ist eine böse Überraschung.*
- Nutzt man ***dieser*** und ***jener*** gemeinsam, bezieht sich ***dieser*** auf das **zuletzt genannte Wort,** z. B.:
  *Ein **Taucher** und sein **Helfer** diskutieren. **Dieser** sagt ... **Jener** antwortet ...*

## **Die Präposition** (das Verhältniswort)

▶ S. 218 f.

- Präpositionen wie *in, auf, unter* drücken **Verhältnisse und Beziehungen** von Gegenständen, Personen oder anderem aus.
- Jede **Präposition** verlangt einen **bestimmten Kasus** (Fall) für das Nomen oder Pronomen, das darauf folgt:
  - Den **Akkusativ** fordern ***durch, für, gegen, ohne, um,*** z. B.: *ohne mich.*
  - Den **Dativ** fordern ***aus, außer, bei, mit, nach, seit, von, zu,*** z. B.: *mit mir.*
  - Den **Genitiv** fordern z. B. ***außerhalb, innerhalb, mangels,*** z. B.: *innerhalb des Raums.*
- Manche Präpositionen können auch mit **zwei verschiedenen Fällen** stehen, z. B.:
  *an **das** Fenster* (Akkusativ), *an **dem** Fenster* (Dativ).
- Andere Präpositionen verlangen den **Genitiv,** können **umgangssprachlich** aber auch mit dem **Dativ** verwendet werden, z. B.: *wegen **seines** Hungers, wegen **seinem** Hunger.*
- Manchmal verlangt ein Verb, ein Adjektiv oder ein Nomen die **Verknüpfung mit einer ganz bestimmten Präposition,** z. B.: *warten **auf,** zufrieden **mit,** Interesse **an.***

## **Das Verb** (das Tätigkeitswort)

▶ S. 219–221

Mit **Verben** gibt man an, **was jemand tut** (z. B. *laufen, reden, lachen*) oder **was geschieht** (z. B. *regnen, brennen*). Verben werden **kleingeschrieben.**

- In ihrer **Grundform** enden Verben auf ***-(e)n.*** Diese Grundform heißt **Infinitiv.**
- **Verben verändern sich im Satz.** Sie richten sich nach dem Wort, auf das sie sich beziehen, z. B.: *lesen – Er **liest** das Buch.* Das nennt man **Konjugation** oder **Beugung.**

## **Das Verb und sein Tempus** (seine Zeitform)

Verben kann man **in verschiedenen Zeitformen** (Tempora) verwenden, z. B. im **Präsens** (Gegenwartsform) oder im **Präteritum** (einfache Vergangenheitsform).
Die Zeitformen der Verben sagen aus, **wann** etwas passiert.

## **Das Präsens** (Gegenwartsform)

- Das Präsens wird meist verwendet, wenn man sagen will, dass etwas **jetzt geschieht,** z. B.:
  *Er **schreibt** (gerade) einen Brief.*
- Die Gegenwartsform wird auch benutzt, um **Gewohnheiten** oder **Dauerzustände** zu beschreiben, z. B.: *Suppe **isst** man (immer) mit dem Löffel.*
- Mit dem Präsens kann man auch ausdrücken, dass etwas in der **Zukunft** geschieht, z. B.:
  *Ich **gehe** (morgen) ins Kino.*

## **Das Präteritum und das Perfekt** (Vergangenheitsformen)

Präteritum und Perfekt sind **Zeitformen der Vergangenheit.**

- Das **Perfekt** verwendet man in der Regel, wenn man **mündlich** erzählt, z. B.: *Ulli sagt:*
  *„Gestern **bin** ich zum Strand **gegangen.** Dort **habe** ich eine wunderschöne Muschel **gefunden.**“*
- Das **Präteritum** verwendet man in der Regel, wenn man **schriftlich** erzählt, z. B.:
  *Gestern **ging** ich zum Strand. Dort **fand** ich eine wunderschöne Muschel.*
- Gebildet wird das Perfekt aus **zwei Teilen: Präsensform von *haben* oder *sein*** + **Partizip II,** z. B.:
  *Wir haben gewonnen.*
  *Du bist gelaufen.*
  Das **Partizip II** beginnt meist mit der **Vorsilbe *ge-*,** z. B.: *lesen → **ge**lesen.*

## **Das Plusquamperfekt** (die Vorvergangenheit)

- Geschah etwas noch **vor einem vergangenen Ereignis im Präteritum,** wird das **Plusquamperfekt** verwendet, z. B.:
  *Er **hatte** sich lange **vorbereitet*** (Plusquamperfekt), *bevor er in die Tiefe **abtauchte*** (Präteritum).
- Das Plusquamperfekt wird mit der **Präteritumform von *haben* oder *sein*** + **Partizip II** gebildet.

## **Das Futur** (Zukunftsform)

- Mit der Zeitform **Futur** drückt man Zukünftiges aus, z. B.: *Ich werde für das Mofa sparen.*

| | | | |
|---|---|---|---|
| Das Futur wird gebildet aus: | *werde* | | *sparen* |
| **Personalform** von | ***werden*** | + | **Infinitiv** (Grundform) |

- Mit dem Futur kann man auch eine Vermutung ausdrücken, z. B.: *Das **wird** schon **klappen.***

## **Starke und schwache Verben**

- **Schwache Verben** verändern im Präteritum nur die Endung.
  Sie verändern sich schwach, z. B.: *ich spiel**e** → ich spiel**te**,* *du sag**st** → du sag**test**.*
- **Starke Verben** verändern im Präteritum einen ihrer Vokale (Stammvokal).
  Sie verändern sich stark, z. B.: *ich l**ü**ge → ich l**o**g,* *du l**äu**fst → du l**ie**fst.*
  Die **starken Verben** muss man **auswendig lernen** (▶ hintere Innenseite des Buchdeckels).

### Verben im Aktiv und Passiv

▶ S. 220

Das Aktiv und das Passiv drücken eine **unterschiedliche Sicht auf ein Geschehen** aus:

- Das **Aktiv betont denjenigen, der** etwas tut oder **handelt,** z. B.: *Die Köche* ***bereiten*** *die Speisen zu.*
- Das **Passiv betont, mit wem oder was etwas geschieht.** Es wird gebildet aus der Personalform des Hilfsverbs *werden* + Partizip II, z. B.: *Die Speisen* ***werden zubereitet.***
- Das **Passiv** sollte man nur nutzen, wenn man die **handelnde Person nicht nennen möchte** oder es vor allem **auf den Vorgang ankommt** und nicht auf die Person, z. B.:
  *Die Speisen* ***werden*** *um 19:30 Uhr* ***gebracht.***

### Der Konjunktiv I und II in der indirekten Rede

▶ S. 221

- Wenn man deutlich ausdrücken möchte, dass **jemand anderes etwas gesagt hat,** dann verwendet man die **indirekte Rede.** Die indirekte Rede steht **nicht in Anführungszeichen.**
  Das Verb steht im **Konjunktiv I,** z. B.: *Er sagt, man* ***müsse*** *eine Lichtanlage mieten.*
- Wenn der **Konjunktiv I sich nicht vom Indikativ Präsens** unterscheidet, dann wird der **Konjunktiv II** oder die ***würde*-Ersatzform** verwendet, z. B.:
  *„Wir wollen den Saal gut ausleuchten."*
  Konjunktiv I: *Sie erklärten, sie* ***wollen*** *den Saal gut ausleuchten.*
  → Konjunktiv II: *Sie erklärten, sie* ***wollten*** *den Saal gut ausleuchten.*
  → würde-Ersatzform: *Sie erklärten, sie* ***würden*** *den Saal gut ausleuchten* ***wollen.***

### Der Konjunktiv II

▶ S. 221

Wenn man eine Aussage als **unwirklich,** nur vorgestellt, unwahrscheinlich oder gewünscht kennzeichnen möchte, verwendet man den **Konjunktiv II.**

- **Bildung des Konjunktivs II**
  Der Konjunktiv II wird in der Regel **vom Präteritum Indikativ abgeleitet** (▶ hintere Innenseite des Buchdeckels).
  Bei **starken Verben** werden ***a, o, u*** im Wortstamm in der Regel zu ***ä, ö, ü,*** z. B.:

| Indikativ Präteritum | Konjunktiv II |
|---|---|
| *er sah* | *er sähe* |
| *er flog* | *er flöge* |
| *er durfte* | *er dürfte* |

- Anstelle des Konjunktivs II wird die ***würde*-Ersatzform** verwendet, wenn der Konjunktiv II **vom Indikativ Präteritum nicht zu unterscheiden** ist, z. B.: *wir gingen → wir würden gehen.*
- Bei einigen Verben ist vor allem im **mündlichen Sprachgebrauch** der Konjunktiv II recht **ungebräuchlich.** Man verwendet dann lieber die *würde*-Ersatzform, z. B.:
  *ich empfähle → ich würde empfehlen.*

### Modalverben

▶ S. 76 f.

**Modalverben** sind Verben, die **Möglichkeiten, Zwänge, Gesetze** oder **Wünsche** ausdrücken.

| Modalverb | verdeutlicht | Beispiel |
|---|---|---|
| **können** | Möglichkeit, Fähigkeit | *Sie können nebenan parken. Er kann zaubern.* |
| **sollen** | Vorschrift, Empfehlung | *Besucher sollen auf Parkplatz C parken.* |
| **müssen** | Gebot, Zwang | *Fahrzeuge müssen die Fahrbahn benutzen.* |
| **dürfen** | Erlaubnis, Möglichkeit | *Gäste dürfen hier parken.* |
| **wollen** | Absicht, Bereitschaft | *Wir wollen nächste Woche in den Urlaub fahren.* |
| **mögen** | Wunsch, Möglichkeit | *Ich möchte noch ein Glas Wasser haben.* |

## Das Adverb (das Umstandswort)

Mit **Adverbien** macht man **nähere Angaben zu einem Geschehen.**
Adverbien erklären genauer, **wo, wann, wie** oder **warum** etwas geschieht.
Im Unterschied zu Adjektiven (▶ S. 303) kann man Adverbien nicht steigern.

| Frage | Adverbien | Beispiel |
|---|---|---|
| Ort: **Wo?** | *bergauf, dort, oben, links, ...* | *Er klettert **bergauf.*** |
| Zeit: **Wann?** | *immer, heute, gestern, niemals, jetzt, ...* | ***Jetzt** beginnt der schwierige Teil.* |
| Art und Weise: **Wie?** | *allerdings, vielleicht, besonders, gern, ...* | *Sie klettern **gern.*** |
| Grund: **Warum?** | *demnach, deshalb, darum, daher, ...* | ***Daher** wartet er im Basislager.* |

## Die Konjunktion (das Verknüpfungswort)

▶ S. 229 f.

Konjunktionen verbinden Wörter oder Sätze miteinander:

- **Nebenordnende Konjunktionen** wie *und, oder, aber* verbinden Wörter und Hauptsätze, z. B.:
  *Autos **und** Schiffe **oder** auch Fahrräder sind Fortbewegungsmittel.*
  *Dieser Sommer ist schön, **aber** der letzte war noch schöner.*
- **Unterordnende Konjunktionen** wie *weil, da, obwohl, dass* verbinden Haupt- und Nebensätze, z. B.:
  *Ich wünsche mir, **dass** du kommst.*

## Der Wortstamm und die Wortfamilie

- In verschiedenen Wörtern können gleiche **Wortbausteine** vorkommen. Der Grundbaustein eines Wortes heißt **Wortstamm.** Wörter mit dem gleichen Wortstamm bilden eine **Wortfamilie:**
  ***find**en, er**find**en, vor**find**en, Er**find**er, **find**ig, Er**find**ung, ...*
- Viele Wörter einer Wortfamilie entstehen durch **Vor- oder Nachsilben** (Präfixe oder Suffixe). Fügt man an den Wortstamm eine Vor- oder eine Nachsilbe an, so nennt man das **Ableitung,** z. B.:

| | | |
|---|---|---|
| *Er-* | *find* | *-ung.* |
| Vorsilbe | Stamm | Nachsilbe |

# Satzglieder

## Satzglieder bestimmen

Das **Prädikat** bildet den **Satzkern.** Es ist immer die **Personalform eines Verbs** und kann aus einem oder mehreren Teilen bestehen, z. B.: *Wir **sind** mit dem Zug **gefahren.***
Mit der **Frageprobe** könnt ihr weitere Satzglieder ermitteln:

| Satzglied | Frageprobe | Beispiel |
|---|---|---|
| **Subjekt** | Wer oder was? | ***Der Zugchef** stellte uns eine Frage.* |
| **Akkusativobjekt** | Wen oder was? | *Der Zugchef stellte uns **eine Frage.*** |
| **Dativobjekt** | Wem? | *Der Zugchef stellte **uns** eine Frage.* |
| **adverbiale Bestimmung der Zeit** | Wann? Wie lange? Seit wann? | ***Einige Stunden später** erreichte der Zug die Hauptstrecke.* |
| **adverbiale Bestimmung des Ortes** | Wo? Wohin? Woher? | *Der Zug hatte einen Aufenthalt **in Nevada.*** |
| **adverbiale Bestimmung des Grundes** | Warum? Weshalb? | ***Wegen eines Unfalls** hatte der Zug Verspätung.* |
| **adverbiale Bestimmung der Art und Weise** | Wie? Auf welche Weise? Womit? | *Der Zug kam **unpünktlich** an sein Ziel.* |

## Attribute (Beifügungen)

- **Attribute beschreiben ein Bezugswort** (meist ein Nomen) **näher.**
- Sie sind **Teil eines Satzglieds** und bleiben bei der Umstellprobe (▶ S. 310) **fest mit dem Bezugswort** verbunden, z. B.: *Die heiße Luft* *entweicht* *durch das Ventil im Deckel.*
  *Durch das Ventil im Deckel* *entweicht* *die heiße Luft.*
- Es gibt verschiedene Formen des Attributs, z. B.: **Adjektivattribut:** *die heiße Luft,*
  **Präpositionalattribut:** *das Ventil im Deckel,* **Genitivattribut:** *die Abkühlung der Luft.*

## Stellung der Satzglieder im Deutschen und Englischen

▶ S. 232

- Im **Deutschen** steht im **Hauptsatz** das **Prädikat** immer **an zweiter Stelle,** im **Nebensatz am Ende,** z. B.: *Ich **mache** ein Praktikum in London, weil ich die Stadt **mag.***
- Bei der **Umstellprobe** darf man verschiedene **Satzglieder** an den Satzanfang stellen, z. B.: ***Ich** mache ein Praktikum in London. **Ein Praktikum** mache ich in London. **In London** mache ...*
- Im **Englischen** gilt im **Haupt- und Nebensatz** immer die Reihenfolge **Subjekt, Prädikat, Objekt.** Diese darf **nicht durch eine Umstellprobe verändert werden,** z. B.: *I do a work experience in London, because I like the city.*

# Sätze

## Satzreihe

**Hauptsatz** *Das Navi* ***ist*** *praktisch*, **Hauptsatz** *aber man* ***muss*** *selbst mitdenken.*

**Konjunktionen:** *aber, denn, sondern, und, oder*

**Tipp:** Vor *und* bzw. *oder* muss kein Komma zwischen den Hauptsätzen stehen.

## Satzgefüge

**Hauptsatz** *Man* ***ist*** *selbst schuld*, **Nebensatz** *wenn man einen Unfall* ***baut****.*

Im Nebensatz steht die Personalform des Verbs am Satzende.

**Konjunktionen:** *nachdem, als, wie, weil, ...*

## Adverbialsätze

In einem **Satzgefüge** aus Hauptsatz und Adverbialsatz drückt der **Adverbialsatz genauere Umstände eines Geschehens** aus, z. B.:

| Adverbialsatz | Fragen | Beispiel |
|---|---|---|
| **der Zeit: Temporalsatz** | Wann? Wie lange? Seit wann? ... | ***Nachdem*** *sie gegessen hatten, fand eine Trainingseinheit statt.* |
| **des Ortes: Lokalsatz** | Wo? Von wo? Wohin? ... | *Ich durfte dort sitzen,* ***wo*** *ich die Spieler besonders gut sehen konnte.* |
| **der Art und Weise: Modalsatz** | Wie? Woraus? Womit? Wodurch? ... | ***Indem*** *er mit den einzelnen Spielern spricht, motiviert der Trainer sie besonders.* |
| **des Grundes: Kausalsatz** | Warum? Warum nicht? ... | *Die Mannschaft trainiert regelmäßig,* ***weil*** *das für den Erfolg wichtig ist.* |
| **der Bedingung: Konditionalsatz** | Unter welcher Bedingung? ... | ***Wenn*** *man seinen Trainingsplan einhält, ist man eher erfolgreich.* |
| **des Zwecks: Finalsatz** | Wozu? ... | ***Damit*** *die Spieler sich auch erholen können, gibt es regelmäßige Ruhepausen.* |
| **der Einschränkung: Konzessivsatz** | Mit welcher Einschränkung? ... | ***Obwohl*** *sie gut gespielt hat, hat die Mannschaft das Spiel verloren.* |

## Der Subjektsatz

**Subjektsätze** sind **Nebensätze** (Gliedsätze).
**Im Satz** nehmen sie die Rolle des **Subjekts** (Wer oder was ...?) ein, z. B.:

- Satz mit „einfachem" Subjekt: ***Urlauber*** *wünschen sich eine entspannte Reise.*
- Satz mit Subjektsatz: ***Wer in den Urlaub fährt,*** *wünscht sich eine entspannte Reise.*

Subjektsatz — Ein Komma trennt den Subjektsatz ab.

## Der Objektsatz

- **Objektsätze** sind **Nebensätze.** Im **Satz** nehmen sie die **Rolle eines Objekts** (Wen oder was …?) ein, z. B.:
  - Satz mit „einfachem" Objekt: *Der Pilot erklärt **die Flugroute.***
  - Satz mit Objektsatz: *Der Pilot erklärt, **wie die Flugroute verläuft.***

Der Objektsatz wird durch ein Komma abgetrennt. Objektsatz

- **Objekt- und auch Subjektsätze** werden **oft als *dass*-Sätze** gebildet, z. B.:
  - Objektsatz: *Ich hoffe, **dass** du mit mir fliegst.* (Wen oder was hoffe ich?)
  - Subjektsatz: *Mir gefällt, **dass** du mit mir fliegst.* (Wer oder was gefällt mir?)

## Der Relativsatz

- **Relativsätze sind Nebensätze,** die sich auf ein Wort im Hauptsatz beziehen. Sie werden **durch Relativpronomen eingeleitet,** z. B.: *der, die, das, welcher, welche, welches.*
- Relativsätze werden **durch Komma** vom Hauptsatz abgetrennt, z. B.: *Der Wanderer**, der** sich verlaufen hatte, sendete einen Hilferuf.*

# Stil

## Auf Numerus von Subjekt und Prädikat achten

▶ S. 219

**Subjekt und Prädikat** müssen im **Numerus** (Anzahl) **übereinstimmen** (kongruent sein).
Besteht das Subjekt aus einer **Reihung mit *und*,** so gilt das in der Regel **als Plural.**
Dann muss **auch das Prädikat im Plural** stehen, z. B.: *Ronny und ich **planen** die Feier.*

## Mit Proben den Stil verbessern

▶ S. 231

- Durch die **Umstellprobe** kann man Texte abwechslungsreicher gestalten, sodass die Satzanfänge nicht immer gleich sind. Man sollte immer ein aussagekräftiges Satzglied an den Anfang stellen, z. B. zeitliche Angaben *(momentan, im letzten Jahr)*, wichtige Information *(In einer Kfz-Werkstatt habe ich …)* oder Bezüge zum vorangegangenen Satz *(daher, aus diesem Grund).*
- Mit der **Weglassprobe** kann man prüfen, welche Wörter in einem Text überflüssig sind und gestrichen werden sollten.
- Mit der **Erweiterungsprobe** kann man prüfen, ob eine Aussage genau und anschaulich genug ist oder ob man noch etwas ergänzen sollte.
- Mit der **Ersatzprobe** kann man Texte abwechslungsreicher formulieren. Dabei ersetzt man Begriffe, die immer wieder vorkommen, durch Synonyme (▶ S. 318).

## Auf einen übersichtlichen Satzbau achten

▶ S. 233

Zu einem guten **Stil** gehört es, **Schachtelsätze und Füllwörter zu vermeiden.**
So werden die Sätze für die Leser klarer und übersichtlicher:

- Schreibt höchstens bis zu sechs Wörter zwischen zwei Teile eines Prädikats.
- Ein Satz sollte nur so lang sein, dass man beim Vorlesen nicht Luft holen muss.
- Vermeidet lange vorangestellte Attribute und eingeschobene Nebensätze.
- Mit der Weglassprobe könnt ihr prüfen, welche unnötigen Füllwörter in einem Text gestrichen werden sollten, z. B.: *auch, vielleicht, ja, durchaus, insgesamt, recht, wohl, übrigens.*

## Sätze richtig verknüpfen

▶ S. 229 f.

Um einen **Haupt- oder** einen **Nebensatz** mit **passenden Verknüpfungen** einzuleiten, sollte man sich klarmachen, worüber der Satz etwas aussagen soll, z. B.:

| Aussage über | Nebensatz | Hauptsatz |
|---|---|---|
| **Zeit** | *als, bevor, bis, nachdem* | *danach, zunächst, anschließend* |
| **Ort** | *wo, wohin, woher* | *dort* |
| **Art und Weise** | *indem, soweit, wie* | *dadurch, dabei* |
| **Grund** | *weil, da* | *denn, deswegen, deshalb, daher* |
| **Bedingung** | *wenn, falls, sofern* | *andernfalls, sonst* |
| **Zweck** | *damit* | *darum* |
| **Einschränkung** | *obwohl* | *trotzdem, dennoch* |
| **Folge** | *sodass, so … dass* | *folglich, demzufolge* |

## Nominal- und Verbalstil unterscheiden

▶ S. 234

- Der **Nominalstil** ist durch Nomen und Nominalisierungen gekennzeichnet, z. B.:
  *Die Beratung von Kunden weckt im Besonderen mein Interesse.*
- Der **Verbalstil** ist durch viele Verben gekennzeichnet, z. B.:
  *Ich interessiere mich besonders dafür, Kunden zu beraten.*
- In der Regel sollte man **eher im Verbalstil** schreiben, weil dieser oft verständlicher ist.

## Abwechslungsreich und treffend formulieren

▶ S. 222

- Zu einem guten Ausdruck gehört es, **störende Wiederholungen** zu **vermeiden** und stattdessen **Synonyme** zu **verwenden.** Das sind Wörter mit gleicher oder ähnlicher Bedeutung.
- Da viele Synonyme oft nur eine **ähnliche Bedeutung** haben, sollte man **genau abwägen,** welche das Gemeinte am besten trifft, z. B. anstelle von *sagen* → *bitten, auffordern, befehlen.*

# Zeichensetzung

## Kommasetzung bei Aufzählungen

▶ S. 254

- **Kommas** stehen zwischen **aufgezählten Wörtern und aufgezählten Gruppen von Wörtern.**
  → Das **Komma entfällt,** wenn sie durch ***und*** oder ***oder*** verbunden sind, z. B.:
  *Isa, Lea **und** Alexandra sind Mädchennamen.*
- Das **Komma steht vor** den Verknüpfungswörtern (Konjunktionen) ***aber, jedoch, sondern*** und ***doch,*** z. B.: *Du kannst schwimmen, spielen, arbeiten**, aber** nicht herumsitzen.*

## Kommasetzung in Satzreihen

▶ S. 254

- Man kann **Hauptsätze** aneinanderreihen. Dann **trennt** man **sie durch Kommas** oder **verbindet** sie durch **Verknüpfungswörter** (Konjunktionen) wie *und, oder, aber, doch, sondern, ...*
- Vor ***und*** sowie ***oder*** **kann ein Komma** stehen, muss aber nicht, z. B.:
  *Max schießt den Ball aufs Tor(,)* ***und*** *Abud hält ihn.*
- Vor den Konjunktionen ***aber, doch, sondern, denn*** steht **immer ein Komma,** z. B.:
  *Max schießt den Ball aufs Tor**, aber** Abud hält ihn.*

## Kommasetzung in Satzgefügen

▶ S. 254

**Satzgefüge** bestehen aus mindestens einem **Haupt- und** einem **Nebensatz.** Sie werden durch **Kommas getrennt.** Im **Nebensatz** steht die **Personalform des Verbs am Ende** (▶ S. 309).
Der **Nebensatz** kann **vor** oder **nach dem Hauptsatz** stehen oder in ihn **eingefügt** sein, z. B.:

- **vor:** ***Weil manche Pflanzen stets sauber bleiben,*** *erregten sie das Interesse der Forschung.*
- **nach:** *Du brauchst Forschergeist**, wenn du die Selbstreinigung der Pflanzen verstehen willst.***
- **eingefügt:** *Werde selbst**, indem du Versuche durchführst,** ein Forscher.*

## Kommasetzung bei *das*/*dass*-Sätzen

▶ S. 255

- Die **Konjunktion *dass*** leitet in der Regel einen Nebensatz ein, der auf die Frage „Was?" antwortet, z. B.: *Es ist deutlich geworden, **dass** es mehrere Kontra-Argumente gibt.*
- Das **Relativpronomen *das*** leitet einen Nebensatz ein, der sich auf ein sächliches Nomen im Satz zuvor bezieht, z. B.: *Der hohe Preis ist ein **Problem, das** man nicht vergessen sollte.*

## Kommasetzung bei Relativsätzen und Appositionen

▶ S. 254 f.

- **Relativsätze sind Nebensätze.** Sie werden durch ein **Relativpronomen** wie ***der, die, das*** **eingeleitet,** das sich auf ein Wort im Hauptsatz bezieht. Sie werden **durch Komma** abgetrennt, z. B.:
  *Der Bioniker, **der/welcher** seit Jahren forscht, hat endlich Erfolg.*
- Ein Nomen kann durch **eine Apposition (Beifügung),** einen verkürzten Relativsatz, erläutert werden, z. B.: *Der Forscher, **ein Bioniker,** hat endlich Erfolg ...* statt: *..., der ein Bioniker ist, ...*

## Kommasetzung bei Infinitiven mit *zu*

- Ein **einfacher Infinitiv mit *zu*** verlangt **meist kein Komma,** z. B.: *Du brauchst das nicht zu lesen.*
- Werden Infinitive **mit *als, anstatt, außer, ohne*** oder ***um* eingeleitet,** setzt man ein **Komma,** z. B.: ***Anstatt** zu probieren, solltest du lieber die Gebrauchsanweisung lesen.*
- Werden Infinitive durch ein **hinweisendes Wort angekündigt,** setzt man ein **Komma,** z. B.: *Denke **daran,** die Bedienungsanleitung zu lesen. **Es** ist gut, etwas für die Sicherheit zu tun.*

**Tipp:** In der Regel kannst du die meisten Infinitivsätze mit *zu* durch ein Komma abtrennen. Wenn du unsicher bist, dann setze besser ein Komma.

## Zeichensetzung bei Zitaten

▶ S. 253

- **Zitate** sind **wörtlich wiedergegebene Aussagen** oder **Textstellen.** Sie werden durch **Anführungszeichen** gekennzeichnet.
- **Innerhalb des Zitats** darf der **Wortlaut nicht verändert** werden.
- Lässt man einen Textteil aus, kennzeichnet man die **Auslassungen** so: **[...]** oder **(...)**.
- Wenn es sich um eine Textstelle handelt, gibt man die Fundstelle im Text an, z. B. durch Nennung der Zeilen oder Verse.
- Nach einem **vorangestellten Begleitsatz** steht ein **Doppelpunkt,** z. B.: *Du sagst: „Das ist so einfach."*
- **Folgt der Begleitsatz** dem Zitat, wird er durch ein **Komma** abgetrennt. Den Punkt in einem zitierten Satz lässt man weg, z. B.: *„Wir brauchen neue Botschafter für die Sache", meint Felix.*
- **Frage- oder Ausrufezeichen** gehören zum Zitat und stehen innerhalb der Anführungszeichen.

## Der Apostroph (das Auslassungszeichen)

▶ S. 257

- Ein **Apostroph muss** stehen:
  - beim **Genitiv von Namen,** die **auf *s, ss, tz, z*** und ***x*** enden, z. B.: *Lukas' Katze, Felix' Hut,*
  - bei **Auslassungen im Wortinneren,** z. B.: *D'dorf* für *Düsseldorf.*
- Ein **Apostroph** steht **nicht:**
  - bei **Präpositionen,** die **mit dem Artikel verschmolzen** sind, z. B.: *aufs, vorm, fürs,*
  - beim **Plural-*s*,** z. B.: *die CDs, die Lkws, die Pkws,*
  - beim **Genitiv-*s*,** z. B.: *Lisas Meinung, Hamids Aufsatz.*
- Er darf bei Auslassungen stehen, um das **Mündliche** nachzuahmen, z. B.: *Er hat es.* → *Er hat's.*

## Wörter mit Bindestrich

- **Doppelnamen,** z. B.: *Nordrhein-Westfalen, Frau Müller-Lüder, der Flughafen Köln-Bonn.*
- **Abkürzungen:** Einzelne Buchstaben und Ziffern sind Teil der Verbindung, z. B.: *das E-Book.*
- **Verbindungen aus drei und mehr Wörtern,** z. B.: *die Magen-Darm-Grippe.*
  Das **erste und letzte Wort** schreibt man **groß,** die anderen Wörter je nach ihrer Wortart: das *Sich-für-andere-Einsetzen.*
- Einen Bindestrich setzt man auch, um einen **Bestandteil,** der **zu beiden Wörtern** gehört, **einzusparen,** z. B.: *Ein- und Aus**gang**, der Dreh- und Angel**punkt**.*

# Rechtschreibstrategien

## Das Schwingen

- **Vor** dem Schreiben: **Sprecht** die Wörter **deutlich in Silben.** Zeichnet Silbenbögen in die Luft.
- **Beim** Schreiben: Sprecht die Silben leise mit. Sprecht nicht schneller, als ihr schreibt.
- **Nach** dem Schreiben: Prüft, ob ihr richtig geschrieben habt. Zeichnet dazu Silbenbögen unter jede Silbe und sprecht dabei leise mit.

### Offene und geschlossene Silben

- Enden Silben mit einem **Vokal,** nennt man sie offen. Man spricht den Vokal lang, z. B.: *die Blume.*
- Enden Silben mit einem **Konsonanten,** nennt man sie geschlossen. Man spricht den Vokal kurz, z. B.: *die Bremse.*

## Das Verlängern

▶ S. 246

- Beim Schwingen kann man in der Regel jeden Buchstaben deutlich hören, z. B.: *der Som mer.*
- Bei Einsilbern und am Wortende kann man Buchstaben aber nicht immer sicher zuordnen, z. B.: *der Ber**g**, der Umschla**g**.*
  Dann hilft die Strategie **„Verlängern".** Das heißt: **Man fügt an das Wortende eine Silbe an,** z. B.:
  *der Ber**g*** – denn: *die Ber **g**e, der Umschla**g*** – denn: *die Umschlä **g**e.*
  - **Nomen** setzt man in den Plural: *der Stall* – ***die** Ställ**e.***
  - **Verben** setzt man in eine andere Personalform: *schwimmt* – ***wir** schwimm**en.***
  - **Adjektive** steigert man: *still* – *still**er als.***

## Das Zerlegen, Bausteine abtrennen

▶ S. 244 f.

- Unklare Laute in zusammengesetzten Wörtern findet man, indem man sie **zerlegt,** z. B.:
  *das Schwi**mm** | ba**d*** – denn: *schwimm**en**, das Ba**d*** – denn: *die Bä**d**er.*
- Auch wenn man **Vor- und Nachsilben abtrennt,** kann man Verlängerungsstellen finden, z. B.:
  *en**d** | los* – denn: *das En**d**e,* *die Kun**d** | schaft* – denn: *der Kun**d**e,* *ge | pa**ck**t* – denn: *pa**ck**en.*

## Das Ableiten

▶ S. 246

**Ableiten** heißt: **verwandte Wörter mit *a* und *au* finden.**
Wenn es **verwandte Wörter mit *a* oder *au*** gibt, dann schreibt man ***ä* oder *äu*,** z. B.:

*die Welt* – aber: *er **hä**lt*, denn: *h**a**lten*, *die Leute* – aber: ***läu**ten*, denn: ***lau**t*.
**Tipp:** Wörter wie **Säbel** und **Bär** muss man sich **merken,** weil es kein verwandtes Wort mit *a* gibt.

## Fremdwörter erkennen

▶ S. 247

- **Fremdwörter** sind Wörter, die **aus fremden Sprachen übernommen wurden.**
- Handelt es sich bei den Fremdwörtern um **Fachbegriffe,** behalten sie meist **ihre Aussprache und Schreibung bei.** Dann erkennt man sie an **typisch fremdsprachlichen Buchstaben und Buchstabengruppen,** z. B.: *As**y**l, Stro**ph**e, **Th**eater.*
  Übernahmen aus der englischen Sprache behalten ihre Lautschreibung und Aussprache.
- Von **Lehnwörtern** spricht man, wenn **Fremdwörter in ihrer Schreibung und Lautung** den Regeln der deutschen Sprache angepasst wurden, z. B.: lat. *fenestra* → *das Fenster.*
- Bei **Unsicherheiten** in der Schreibung sollte man in einem **Wörterbuch** nachschlagen.

## Nomen erkennen

▶ S. 248

**Nomen schreibt man groß.**
Wörter mit den **Endungen *-heit, -keit, -nis, -schaft, -tum, -ung*** sind Nomen.
In Texten erkennt man Nomen mit Hilfe von drei **Proben:**

- **Artikelprobe:** Vor Nomen kann man einen Artikel setzen, z. B.: ***die** Ziege, **der** Zucker.*
  Artikel können sich auch „verstecken", z. B.: *zur (= zu der), beim (= bei dem), zum (= zu dem).*
- **Zählprobe:** Nomen kann man zählen, z. B.: ***zwei, zehn, viele, einige, keine, alle** Ziegen.*
- **Adjektivprobe:** Nomen kann man durch Adjektive näher beschreiben, z. B.: *die **müde** Ziege.*

### Die Nominalisierung

**Verben und Adjektive** können **wie Nomen** gebraucht werden. Dann **schreibt man sie groß.**
Nominalisierungen erkennt man an ihren Begleitern. Hilfreich sind die **Nomenproben:**

- **Artikelprobe,** z. B.: ***Das Entwickeln** von Robotern macht Spaß. Das ist **das Schöne** am Beruf.*
- **Adjektivprobe,** z. B.: *Der Roboter ist durch zu **heftiges Abbremsen** kaputtgegangen.*
- **Zählprobe,** z. B.: *Wer Naturbeobachtungen macht, kann **viel Neues** erfahren.*

## Im Wörterbuch nachschlagen

- Bei **Nomen** sucht ihr die **Singularform** (die Einzahl), z. B.: *die Bräuche* → *der Brauch.*
- Bei **Verbformen** sucht ihr den **Infinitiv** (die Grundform), z. B.: *recherchiert* → *recherchieren.*
- Bei **Adjektiven** sucht ihr die **Grundform,** z. B.: *komplizierter* → *kompliziert.*

# Rechtschreibregeln

## Doppelte Konsonanten

▶ S. 244

- **Doppelte Konsonanten** schreibt man **nur,** wenn die **erste Silbe** geschlossen ist.
- Stehen an der **Silbengrenze zwei verschiedene Konsonanten, verdoppelt** man in der Regel **nicht,** z. B.: *die Welten* – aber: *die Wellen.*
- Prüft die Schreibung: **Verlängert** Einsilber und **zerlegt** zusammengesetzte Wörter.

## Wörter mit i oder ie

▶ S. 245

- Die **meisten Wörter mit *i*-Laut** schreibt man **mit einfachem *i*.**
  Man schreibt in der Regel **immer *i*,** wenn die **erste Silbe** geschlossen ist, z. B.: *der Win ter.*
- Man schreibt nur dann ***ie*,** wenn die **erste Silbe offen** ist, z. B.: *die **Bie** ne.*
  Diese Regel gilt **nur für zweisilbige deutsche Wörter,** nicht bei Fremdwörtern.
- Prüft die Schreibung: **Verlängert** Einsilber und **zerlegt** zusammengesetzte Wörter, z. B.: *lieb | lich → Liebe.*
- Die Personalpronomen *ihr, ihnen, ihm, ihn, ihre* sind Merkwörter. Sie werden mit *ih* geschrieben.

## Wörter mit s-Laut: ß – s – ss

▶ S. 245

- Man schreibt ***ß*,** wenn die **erste Silbe offen** ist und man den ***s*-Laut zischend** spricht, z. B.: ***drau ß**en.*
- Man schreibt ***s*,**
  - wenn die **erste Silbe offen** ist und man den ***s*-Laut summend** spricht, z. B.: *die **Ro** se,*
  - wenn die **erste Silbe** geschlossen ist und **zwei verschiedene Konsonanten** an der **Silbengrenze** stehen, z. B.: *die **Res t**e, die **Wes p**e.*
- Man schreibt ***ss*,** wenn die **erste Silbe** geschlossen ist, z. B.: *die **Ros s**e.*

**Tipp:** Um diese Regeln für den *s*-Laut anzuwenden, braucht man das zweisilbige Wort.

## Wörter mit h

▶ S. 245

- Bei einsilbigen Wörtern kann man das ***h*** nicht hören.
- Bei manchen **zweisilbigen Wörtern** steht das ***h*** **am Anfang der zweiten Silbe.**
  Es **öffnet** die zweite Silbe **hörbar,** z. B.: *dre **h**en.*
- Steht das ***h*** **in der ersten Silbe,** ist es **nicht hörbar.** Diese Wörter sind **Merkwörter,** z. B.: *die Ba**h** nen, wo**h** nen, se**h** nen.*

## Die Großschreibung und die Kleinschreibung

▶ S. 248

**Satzanfänge, Nomen** und **Nominalisierungen** (▶ S. 303) werden **großgeschrieben.**
Wörter, die auf *-heit, -keit, -nis, -schaft, -tum, -ung* enden, sind immer Nomen.
**Klein** schreibt man alle anderen Wortarten im Satz, z. B.:

- alle **Verben,** z. B.: *malen, tanzen, gehen,*
- alle **Adjektive,** z. B.: *freundlich, sonderbar, rostig,*
- alle **Pronomen** (Fürwörter), z. B.: *ich, du, er/sie/es, wir, ihr, sie, mich, dich, mein, dein, ...*
  **Tipp:** Eine Sonderregelung gibt es bei den **Anredepronomen in Briefen und E-Mails:**
  – Wenn ihr jemanden **siezt,** schreibt ihr die Anredepronomen **groß,** z. B.: *Sie, Ihnen, Ihr.*
  – Die vertrauten Anreden **du** und **ihr** kann man **kleinschreiben,** z. B.: *du, dir, dein, ihr, euch, euer.*

### Schreibung von Zeitangaben, Wochentagen und Herkunftsnamen

▶ S. 249

- **Tageszeiten als Nomen** schreibt man **groß, als Adverbien** schreibt man sie **klein,** z. B.:
  *der Morgen* – aber (Adverb): *morgens, zu Mittag* – aber (Adverb): *mittags.*
- **Herkunftsnamen,** die **auf *-er* enden,** schreibt man **groß,** z. B.: *der Hamburger Hafen.*
  **Enden** sie auf ***-isch,*** schreibt man sie **klein, wenn sie nicht Teil des Namens sind,** z. B.:
  *das englische Wetter* – aber: *Der Englische Garten in München ist ein sehr bekannter Park.*
  Ableitungen mit ***-isch,*** die **zusammen mit einer Präposition** verwendet werden, schreibt man groß, z. B.: *Er fragt **auf** Engl**isch**. Sie antwortet **in** Französ**isch**.*

## Getrennt- und Zusammenschreibung bei Wortgruppen mit Verben

▶ S. 250

- **In der Regel** schreibt man alle **Wortgruppen mit Verben getrennt,** z. B.:
  *Rad fahren, kennen lernen, froh sein, laut singen.*
- **Zusammen** schreibt man Verbindungen
  – aus **unveränderlichen Wörtern und Verb,** z. B.: *hinfallen, ausfallen, wegziehen,*
  – aus **Adjektiv und Verb** nur dann, wenn sie **zusammen** eine **neue Bedeutung** ergeben, z. B.:
  *Die Arbeit wird mir **schwerfallen.** Man darf nicht **schwarzfahren** (= ohne Fahrschein fahren).*
  – aus **Nomen und Verben** oder **Verben und Verben,** wenn sie **nominalisiert** wurden, z. B.:
  *beim Fahrradfahren, zum Kaffeetrinken, das Kennenlernen, das Spazierengehen.*

# Wortbedeutung

## Die Denotation und die Konnotation eines Wortes

▶ S. 72 f.

- Die **Denotation** (lat. *denotare* = bezeichnen) ist die **klar definierte Grundbedeutung** eines Wortes. Man kann sie im **Wörterbuch** oder **Lexikon** nachlesen, z. B.: *reisen = unterwegs sein.*
- Die **Konnotation** (lat. *con* = mit, lat. *notatio* = Bezeichnung, Anmerkung) bezeichnet die **Nebenbedeutung** eines Wortes. Das sind **Vorstellungen, Erfahrungen und Empfindungen,** die wir mit einem Wort verbinden, z. B.: *reisen = sich erholen, Ferien am Strand.*

## Der Bedeutungswandel von Wörtern

▶ S. 74

- Im Laufe der Zeit kann sich die **Bedeutung eines Wortes** in einer Sprache **verändern.** Man spricht dann von einem **Bedeutungswandel.**
- Will man wissen, welche **ursprüngliche Bedeutung** ein Wort hatte, so kann man ein **Herkunftswörterbuch** (etymologisches Wörterbuch) zu Hilfe nehmen.

## Der Oberbegriff und der Unterbegriff

▶ S. 266

- Ein **Oberbegriff** fasst mehrere Gegenstände, Eigenschaften und Begriffe zusammen, die **gemeinsame Merkmale** haben, z. B.: **Oberbegriff:** *Werte.*
- Ein **Unterbegriff** ist einem Oberbegriff **untergeordnet.** Ein Unterbegriff meint bereits einen näheren Gegenstand oder eine nähere Eigenschaft, z. B.: *Geld, Freundschaft, Respekt.*

## Synonyme und Antonyme

▶ S. 75

- **Synonyme** sind Wörter, die **dieselbe oder eine ähnliche Bedeutung** haben. Zumeist weisen Synonyme zu einem Bezugswort einen kleinen Bedeutungsunterschied auf, sie sind also **meist ähnlich,** z. B.: *Freiheit ≈ Freiraum, Möglichkeit, Spielraum.*
- **Antonyme** (Gegenbegriffe) sind Wörter, die eine **gegensätzliche Bedeutung** zu einem anderen Begriff haben, z. B.: *Freiheit ↔ Zwang.*

## Fahnen- und Stigmawörter

▶ S. 79 f.

- **Fahnenwörter** werden von vielen Menschen **sehr positiv** verstanden. Sie können dazu dienen, dass man sich **in der politischen Diskussion** unter ihnen sammelt. Oft stehen Fahnenwörter für Grundpositionen einer Partei, z. B.: *Freiheit, Demokratie, Naturschutz.*
- **Stigmawörter** (Feindwörter) sollen dagegen **negativ** verstanden werden. Sie dienen dazu, den politischen Gegner bzw. dessen Standpunkte in ein schlechtes Licht zu rücken, z. B.: *Überwachungsstaat, Diktatur, Turbokapitalismus.*

# Sprachebenen

## Die Standardsprache und die Umgangssprache

- Die **Standardsprache** (Hochsprache) ist die allgemein verbindliche Form unserer Sprache, wie sie in der Öffentlichkeit (besonders im Schriftlichen), z. B. in der Schule, verwendet wird.
- Die **Umgangssprache** ist die Sprache, die wir bei unserer alltäglichen mündlichen Kommunikation verwenden. Sie orientiert sich an der Hochsprache, wendet deren Regeln und Normen aber nicht streng an. Typisch für die Umgangssprache sind unvollständige Sätze (Ellipsen), z. B.: *Du auch?,* sowie umgangssprachliche Wörter und Wendungen, z. B.: *doof.*

## Der Dialekt (die Mundart)

- **Dialekte** sind an **eine bestimmte geografische Region gebunden.** Von der **Standardsprache** (Hochsprache) sind sie vor allem **lautlich,** aber auch zum Teil im **Vokabular** verschieden.
- Man unterteilt die Dialekte grob in das **Niederdeutsche** (Dialekte in Norddeutschland, auch „Plattdeutsch“ genannt), das **Mitteldeutsche** (Dialekte in Mitteldeutschland) und das **Oberdeutsche** (Dialekte in Süddeutschland).

## Die Jugendsprache

Die **Jugendsprache** unterscheidet sich von der **Standardsprache** (Hochsprache) durch bestimmte **Wörter, Wendungen** oder den **Satzbau,** z. B.: *krass* (Jugendsprache) = *gut* (Standardsprache).

- Die **Jugendsprache** ist sehr **schnelllebig** und **verändert sich oft** innerhalb weniger Jahre.
- Die Jugendsprache ist häufig durch bestimmte sprachliche **Merkmale** geprägt:
  - **Übernahme englischer Begriffe** (Anglizismen), z. B.: *flashen, chillen, Connections*
  - **bildhafte Ausdrücke,** z. B.: *Zappelbunker* für *Disco*
  - **Abkürzungen,** z. B.: *kP* für *kein Plan*
  - **Übertreibungen,** z. B.: *megafett, voll krass*
  - **Erfindung neuer Wörter** (Neologismen), z. B.: *Truckerdusche* für *Deodorant*

## Das Kiezdeutsch

Als Kiezdeutsch wird eine Sprache bezeichnet, die vor allem **zweisprachig aufgewachsene Jugendliche** sprechen. Merkmale sind u. a. **Wortverschmelzungen** und **Satzverkürzungen.**

## Geschlechtergerechte Sprache

▶ S. 223

**Geschlechtergerechte Sprache** macht **sprachlich deutlich,** dass sowohl das **weibliche** als auch das **männliche Geschlecht gemeint** sind. Dafür gibt es im Wesentlichen zwei Möglichkeiten:

- **Nennung beider Geschlechter,** z. B.: *Schülerinnen und Schüler, der/die Schüler/-in*
- **neutrale Formulierungen,** z. B.: *Schülerschaft, Lehrkräfte, Zuhörende, Team*

# Arbeitstechniken und Methoden

## Eine Kartenabfrage durchführen (Metaplan)

► S. 266

- Notiert **Ideen, Informationen und Fragen** zu einem Thema auf Karteikarten.
- Legt die Karten auf dem Tisch aus oder heftet sie an eine Wand (Tafel, Pinnwand).
- Ordnet inhaltlich zusammengehörende Karten zu **Gruppen.**
  Karten mit gleichen Aussagen können übereinandergelegt oder -geheftet werden.
- Bestimmt passende **Oberbegriffe** für die einzelnen Gruppen.
- Ergänzt weitere Karten zu den einzelnen Oberbegriffen.
- Erstellt mit Hilfe der Oberbegriffe eine **Gliederung** für euer Thema.

## Eine Concept-Map erarbeiten

► S. 177

Mit einer **Concept-Map veranschaulicht** man **Text- und Informationszusammenhänge** mit Hilfe von **Textkästen, Pfeilen** und **Pfeilbeschriftungen.**

- In die **Textkästen** schreibt man wichtige **Schlüsselbegriffe.**
- Die **Pfeile** zwischen den Kästen **stellen Beziehungen dar.** Die Beziehungsart steht beim Pfeil.

## Ein Portfolio erstellen

► S. 266–272

- In einem Portfolio sammelt und ordnet man verschiedene **Materialien** zu einem Thema.
- Außerdem enthält ein Portfolio Aussagen zum **Arbeits- und Lernprozess.**
- Die Portfoliomappe besteht aus einem **Deckblatt** und einem **Inhaltsverzeichnis, selbst verfassten Texten** zum Thema, **fremden Textauszügen** mit genauen **Quellenangaben, Fotos, Schaubildern, Tabellen** und wichtigen **Internetadressen.**

## Ein Handout erstellen

► S. 61

Ein Handout gibt den **Aufbau** und die wichtigen **Informationen** eines Vortrags **knapp und übersichtlich** wieder (eine DIN-A4-Seite).

- Nennt auf dem Handout die **Namen** der Referenten, das **Fach,** das **Datum,** das **Thema.**
- Formuliert **Stichworte** zu den wichtigen **Gliederungspunkten** des Vortrags.
- Gebt die **Quellen** zu den Informationen an:
  – bei Büchern: Autor/-in, Titel, Ort, Verlag, Erscheinungsjahr, Seitenangabe,
  – bei Internetquellen: Internetadresse und Datum des Seitenaufrufs (Download), z. B.: *www.cornelsen.de/deutschbuch (Download vom 26. 05. 2016).*

## Präsentationsfolien gestalten

▶ S. 60

- Präsentationsfolien **unterstützen** einen **Vortrag.** Sie dienen dazu, Informationen **anschaulich** zu vermitteln. Man unterscheidet folgende Folientypen:
  - Die **Einstiegsfolie** nennt das Thema und macht das Publikum auf den Vortrag neugierig.
  - **Auflockerungsfolien** enthalten herausfordernde Fragen, Aussagen oder Bilder, die immer wieder das Interesse des Publikums wecken.
  - **Gliederungsfolien** geben Aufbau und Inhalt des Vortrags wieder. Die Überschrift nennt jeweils das Unterthema. Stichworte fassen die wichtigen Informationen zusammen.
  - **Visualisierungsfolien** veranschaulichen Inhalte durch Bilder und Grafiken (z. B. Diagramme).
- Achtet bei der Foliengestaltung auf **Einheitlichkeit, Lesbarkeit** (Textmenge, Schriftfarbe, Schriftgröße) und **Abwechslung** (durch Symbole, Bilder, Grafiken, Videos).

## Eine Schreibkonferenz durchführen

▶ S. 109

- Setzt euch in **Gruppen** zusammen und legt **Kriterien** fest, auf die ihr achten wollt, z. B. Berücksichtigung der Textvorlage, Verwendung von Stilmitteln, Angemessenheit der Sprache.
- Gebt eure Texte im Uhrzeigersinn herum. Jede(r) liest den jeweils vorliegenden Text genau und notiert am Rand oder darunter, was **gelungen** ist und was **verbessert** werden sollte. Dann werden die Texte weitergereicht, bis alle jeden Text gelesen haben.
- Am Ende **überarbeiten** die Verfasser mit Hilfe der Vorschläge ihre eigenen Texte.

## Ein stummes Schreibgespräch durchführen

▶ S. 272

In einem Schreibgespräch **kommunizieren** die Teilnehmer **schriftlich** miteinander:

- Setzt euch in **Gruppen** von vier bis acht Personen zusammen. Jede(r) **schreibt** auf ein Blatt **eine Aussage.** Dann werden die Blätter reihum weitergegeben.
- **Kommentiert** nun **die Aussage** auf dem Blatt eures Vorgängers innerhalb einer vereinbarten Zeit (z. B. zwei Minuten).
- Dieses Verfahren wird mehrmals wiederholt. Dabei kann man auf die Ausgangsaussage und/oder auf einen der nachfolgenden Kommentare eingehen.
- Wenn ihr euer eigenes Blatt wieder vor euch liegen habt, lest ihr die Kommentare und führt ein **Gruppengespräch** zu den Meinungsbildern.

## Mit den „Schreibwörtern" üben

▶ S. 32, 52, 70, 90, 112, 134, 152, 174, 194, 216

Im „Deutschbuch" findet ihr am Ende der meisten Kapitel „Schreibwörter".
Die Schreibung dieser Wörter könnt ihr mit Hilfe der folgenden Strategien einüben:

- Bildet bei Nomen die **Pluralform** und bei Verben den **Infinitiv,** z. B. *funktioniert – funktionieren.*
- Bildet **Wortfamilien,** z. B.: *Kommunikation, kommunizieren, kommunikativ.*
- Sucht **Reimwörter,** z. B.: *sozial – neutral – brutal.*
- Bildet mit den Wörtern **vollständige Sätze.**
- **Markiert schwierige Stellen,** die man mit keiner Strategie erklären kann.

# Textartenverzeichnis

# Autoren- und Quellenverzeichnis


ADVANCED CHEMISTRY
138 Operation Art. 3 [Auszug]
aus: 1995. http://genius.com/Advanced-chemistry-operation-art-3-lyrics/ [22.04.2016]

BRECHT, BERTOLT (1898–1956)
126 Herr Keuner und die Flut (1)
155 Mutter Courage und ihre Kinder (2)
159 Mutter Courage und ihre Kinder (3)
162 Mutter Courage und ihre Kinder (4)
165 Mutter Courage und ihre Kinder (5)
166 Mutter Courage und ihre Kinder (6)
169 Mutter Courage und ihre Kinder (7)
172 Mutter Courage und ihre Kinder (8)
aus: Gesammelte Werke Band 12. Suhrkamp Verlag: Frankfurt a. M. 1967, S. 402 (1); Gesammelte Werke Band 4. Suhrkamp Verlag: Frankfurt a. M. 1967, S. 1349–1352 (2), S. 1353–1356 (3), S. 1385–1388 (4), S. 1397 (5), S. 1411–1413 (6), 1418 f. (7), 1420 f. (8)

BURGEMEISTER, STEFANIE
100 Heideland, wie bist du so schön (1. Auszug)
106 Heideland, wie bist du so schön (2. Auszug)
Aus: Großband 1. Krone der Liebe. Drei bezaubernde Liebesromane in einem Band. DigiBuch EU: Kansas City/Missouri 2014, S. 43 f. (1), S. 6 f. (2)

BÜRGER, GOTTFRIED AUGUST (1747–1794)
139 Der Bauer an seinen Durchlauchtigen Tyrannen
nach: A. Sauer (Hrsg.): Gedichte. Berlin: Spemann o. J.

COLLINS, SUZANNE (*1962)
196 Die Tribute von Panem (Auszug 1)
199 Die Tribute von Panem (Auszug 2)
202 Die Tribute von Panem (Auszug 3)
204 Die Tribute von Panem (Auszug 4)
208 Die Tribute von Panem (Auszug 5)
211 Die Tribute von Panem (Auszug 6)
215 Die Tribute von Panem (Auszug 7)
Aus: Die Tribute von Panem. Tödliche Spiele. Aus dem Englischen von Sylke Hachmeister und Peter Klöss. Oetinger Taschenbuch: Hamburg 2012, S. 7–11 (1), 21–26 (2), 27–30 (3), 79–82 (4), 264 f. (5), 165 f. (6), 381–385 (7)

DIE ÄRZTE
135 Deine Schuld
Komposition und Text: Urlaub. 2004. http://www.bademeister.com/v11/php/diskografie.php?tid=492&p=3&a=10&l=1113223596334&aid=62 [24.05.2016]

FONTANE, THEODOR (1819–1898)
94 Effi Briest (Auszug 1)
95 Effi Briest (Auszug 2)
102 Effi Briest (Auszug 3)
108 Effi Briest (Auszug 4)
111 Effi Briest (Auszug 5)
aus: Effi Briest. Mit einem Nachwort von Kurt Wölfel. Reclam: Stuttgart 2002, S. 20 (1), S. 35 ff. (2), 189 (3), 180 f. (4), 264 f. (5)

GAUCK, JOACHIM (*1940)
89 Videobotschaft vom 19.09.2013
aus: Wahlaufruf des Bundespräsidenten: „Ihre Stimme hat Gewicht!" vom 19.09.2013. http://www.bundespraesident.de/SharedDocs/Reden/DE/Joachim-Gauck/Reden/2013/09/130919-Wahlaufruf.html [22.12.2015]

GIER, KERSTIN (*1966)
92 Saphirblau. Liebe geht durch alle Zeiten
aus: Saphirblau. Liebe geht durch alle Zeiten. Arena Verlag: Würzburg 2010, S. 19 f.

GOETHE, JOHANN WOLFGANG (1749–1832)
97 Die Leiden des jungen Werther (Auszug 1)
102 Die Leiden des jungen Werther (Auszug 2)
aus: Die Leiden des jungen Werther. Erste Fassung 1774. Reclam: Stuttgart 2010, S. 37 f. u. S. 55 (1), S. 78 (2)

GRYPHIUS, ANDREAS (1616–1664)
140 Tränen des Vaterlandes
aus: Poesiealbum 124. Verlag Neues Leben: Berlin 1978, S. 3

HERWEGH, GEORG (1817–1875)
144 Die Freiheit
aus: Frank Weber: Tausenderlei über die Freiheit. BoD – Books on Demand: Norderstedt 2014

HEYM, GEORG (1887–1912)
145 Der Krieg
aus: Der Krieg. Hermlin, Stephan (Hrsg.): Gedichte. Suhrkamp Verlag: Frankfurt am Main 1966, S. 139

HITLER, ADOLF (1889–1945)
82 Rede an die Hitlerjugend auf dem Reichsparteitag 1935
aus: Die Reden Hitlers am Parteitag der Freiheit 1935. Franz Eher Nachf., München 1935

JEROSCH, RAINER
132 Lächeln im Regen
aus: Noack, Hans-Georg (Hrsg.): Wie wir es sehen. Signal-Verlag Frevert: Baden-Baden 1964, S. 143 f.

KACVINSKY, KATIE
24 Die Rebellion der Maddie Freeman (Auszug 1)
26 Die Rebellion der Maddie Freeman (Auszug 2)
aus: Die Rebellion der Maddie Freeman. Aus dem amerikanischen Englisch von Ulrike Nolte. Boje Verlag: Köln 2011, S. 7–9 (1), 47–49 (2)

KAFKA, FRANZ (1883–1924)
123 Gibs auf!
aus: Beschreibungen eines Kampfes. Novellen, Skizzen, Aphorismen aus dem Nachlass. Hg. v. Max Brod. S. Fischer Verlag: Frankfurt a. M. 1969, S. 87

KLEMM, WILHELM (1881–1968)
141 Schlachtenhimmel
aus: Sartorius, Joachim (Hrsg.): Niemals eine Atempause. Handbuch der politischen Poesie im 20. Jahrhundert. Kiepenheuer & Witsch: Köln 2014, S. 36

KUNERT, GÜNTER (*1929)
268 Menschenfreund Bertolt Brecht
aus: Kunert, Günter im Interview mit Jürgen Liminski: Menschenfreund Bertolt Brecht. Deutschlandfunk vom 14.08.2006. http://www.deutschlandfunk.de/menschenfreund-bertolt-brecht.694.de.html?dram:article_id=63550 [23.02.2016]

MERKEL, ANGELA (*1954)
86 Es ist für mich eine große Ehre ...
aus: Rede anlässlich der Gedenkveranstaltung des Internationalen Auschwitz-Komitees zum 70. Jahrestag der Befreiung des Konzentrationslagers Auschwitz-Birkenau am 26. Januar 2015. http://www.bundesregierung.de/Content/DE/Rede/2015/01/2015-01-26-merkel-auschwitz.html [22.12.2015]

NAIDOO, XAVIER (*1971)
72 Frei sein
aus: 3 P Sony Music. http://www.metrolyrics.com/freisein-lyrics-xavier-naidoo.html [22.12.2015]

NEUMEIER, MORITZ
136 Da ist einer, der überwacht Tabellen
aus: Slam-Poeten: Und jetzt zu den Nachrichten. DIE ZEIT Nr. 23/2015. http://www.zeit.de/2015/23/slam-poeten-nachrichten-uebersetzung-verse [24.05.2016]

ÖZDOGAN, SELIM (*1971)
116 Zuerst den Linken (1)
127 Geblümtes Klopapier (2)
aus: Trinkgeld vom Schicksal. Aufbau-Verlag: Berlin 2003, S. 84 f. (1); Ein Glas Blut. asphalt & anders Verlag: Hamburg 2010, S. 112 f. (2)

PFENNIG, JÖRN (*1944)
144 Freiheit
aus: Grundlos zärtlich. Gedichte. Edition Talberg: Lüchow 2011

RÖDER, MARLENE (*1983)
118 Schiffe
aus: Melvin, mein Hund und die russischen Gurken. Ravensburger Buchverlag: Ravensburg 2011, S. 7–11

SCHNELLER, GERTRUD
129 Das Wiedersehen
in: Fundgrube Zeichen der Hoffnung. Patmos: Düsseldorf 2000

SEUL, MICHAELA
114 Allmorgendlich
aus: Allert-Wybranietz, Kristiane (Hrsg.): Abseits der Eitelkeiten. Heyne: München 1987, S. 23

STRAMM, AUGUST (1874–1915)
141 Sturmangriff
aus: Vietta, Silvio (Hrsg.): Lyrik des Expressionismus. Deutscher Taschenbuch Verlag: München 1976, S. 129

STRAUSS, BOTHO (*1944)
125 Rückkehr
aus: Mikado. dtv: München 2009, S. 13

TUCHOLSKY, KURT (1890–1935)
103 Lottchen beichtet 1 Geliebten
in: Gerold-Tucholsky, Mary; Raddatz, Fritz J. (Hrsg.): Kurt Tucholsky. Gesammelte Werke. Band 9 1931. Rowohlt Taschenbuch Verlag: Reinbek bei Hamburg 1975, S. 116–118

WEERTH, GEORG (1822–1856)
142 Arbeite! (1)
150 Das Hungerlied (2)
in: Weerths Werke. Band I. Gedichte. Kleine Prosa 1844–1848. Aufbau Verlag: Berlin 1967, S. 196 (1), S. 50 (2)

**Unbekannte/Ungenannte Autorinnen und Autoren**

213 Albers, Sophie: Der Hype um die „Hungerspiele"
aus: Stern Online vom 23. 03. 2012. http://www.stern.de/kultur/film/neu-um-kino---die-tribute-von-panem--der-hype-um-die--hungerspiele--3275424.html [25. 04. 2016]

263 Angerer, Nadine: Natze mit Mütze – eine ungewöhnliche Torhüterin (Zitate)
aus: Angerer, Nadine im Interview mit Zeit ONLINE: „Australier sind krass". Zeit ONLINE vom 06. 03. 2015. http://www.zeit.de/sport/2015-02/nadine-angerer-frauen-fussball-autobiografie [20. 11. 2015]

261 Bogner, Florian; Sicher, Matthias: FC Charity – König Boateng
aus: „Jérôme Boateng ist der erste kickende Sozialarbeiter". Abendzeitung München vom 26. 02. 2014. http://www.abendzeitung-muenchen.de/inhalt.wie-sich-die-bayern-stars-sozial-engagieren-j-r-me-boateng-ist-der-erste-kickende-sozialarbeiter.c64326c0-d1b1-4e73-9b48-a4d35ba71324.html [20. 11. 2015]

76 Conrad, Johannes: Wenn ich nur darf
aus: Praxis Deutsch Heft 226/2011. Friedrich Verlag: Seelze 2011

74 Cutz, Kaddi: Wenn die Sonne lacht
aus: Biergarten-Special – Teil 2. Blitz! Das Stadtmagazin 2015. http://www.blitz-world.de/dresden/dre-gast1507.htm [22. 12. 2015]

43 Ferguson, Christopher: Derlei Reaktionen sind …
aus: Ferguson, Christopher im Interview mit SPIEGEL: Jugendgewalt „Mehr Spiele, weniger Gewalt". Der Spiegel 46/2014. Online vom 10. 11. 2014. http://www.spiegel.de/spiegel/print/d-130223364.html [07. 10. 2015]

206 Gehrke, Hans-Joachim: „Brot und Spiele" – panem et circenses. Was bedeutet dieser Ausdruck?
nach: SWR 1000 Antworten vom 31. 03. 2010. http://www.swr.de/blog/1000antworten/antwort/5590/brot-und-spiele-%e2%80%93-panem-et-circenses-was-bedeutet-dieser-ausdruck/ [02. 03. 2016]

269 Gier, Helmut: Was hat Brecht uns heute noch zu sagen?
aus: Augsburger Allgemeine Online vom 11. 07. 2016. http://www.augsburger-allgemeine.de/region/Was-hat-Brecht-uns-heute-noch-zu-sagen-id2718631.html [23. 02. 2016]

259 Grupp, Martin: Die beste Fußballerin der Welt im Porträt
aus: Marta – und dann lange nichts. SPOX vom 20. 06. 2011. http://www.spox.com/de/sport/fussball/frauenfussball/1106/Artikel/marta-vieira-da-silva-ist-die-beste-fussballspielerin-aller-zeiten.html [20. 11. 2015]

243, 251 Kaltenbrunner, Gerlinde: „Unterschätze niemals die Kraft deiner Träume" (Zitat 1), „Das stimmt, gerade im Bereich Höhenbergsteigen …" (Zitat 2), „Das sind ganz normale Dinge …" (Zitat 3)
aus: BRP-Rotax von der Gipfelstürmerin bis zur Fitness Challenge. ROTAX. https://www.rotax.com/de/news/aktuelles/details/brp-rotax-von-der-gipfelstuermerin-bis-zur-fitness-challenge.html [12. 11. 2015] (1); Kaltbrunner, Gerlinde im Interview mit Franziska Körner: „Auf die Intuition hören" Bergzeit Magazin vom 18. 08. 2014. https://www.bergzeit.de/magazin/gerlinde-kaltenbrunner-bergsteigerin-im-interview/ [20. 11. 2015] (2), (3)

17 Keppler, Angela: Soziale Netzwerke und Smartphones verändern die Alltagskommunikation
aus: Keppler, Angela im Interview mit Dana Hofmann: Smartphones verändern Alltagskommunikation. SWP vom 16. 12. 2013. http://www.swp.de/ulm/nachrichten/wissen/mensch/Smartphones-veraendern-Alltagskommunikation;art1185449,2359884 [18. 09. 2015]

181 Kleven, Joakim: Wenn Modeblogger auf Textil-Sklaven treffen
aus: Kleven, Joakim im Interview mit BR: „Sweetshop – Deadly Fashion" Wenn Modeblogger auf Textil-Sklaven treffen. BR Puls vom 22. 01. 2015. http://www.br.de/puls/themen/popkultur/sweatshop-deadly-fashion-joakim-kleven-web-doku-100.html [21. 09. 2015]

253 Meiners, Norbert: „Die Erfahrungen zeigen …" (Zitat 1), „Je mehr Zeit …" (Zitat 2), „Beim Warnschuss …" (Zitat 3), „Dieses kann sich …" (Zitat 4)
aus: Warnschussarrest für jugendliche Intensivtäter. Härtere Strafen bringen nichts. Polizei dein Partner. http://www.polizei-dein-partner.de/themen/gewalt/gesellschaft/detailansicht-gesellschaft/artikel/warnschussarrest-fuer-jugendliche-intensivtaeter.html [20. 11. 2015] (1–4)

78 Meyer, Angela; Stieler, Wolfgang: Zweifelhafter Notanker. Videoüberwachung in Schulen.
aus: Heise Online vom 23. 02. 2004. http://www.heise.de/ct/artikel/Zweifelhafter-Notanker-289218.html [22. 12. 2015]

50 Müllerhoff, Klaas; Nagel, Udo: Pro & Kontra. Ist der Warnschuss ein vernünftiges Mittel?
aus: Stern Online vom 15. 01. 2008. http://www.stern.de/politik/deutschland/pro---kontra-ist-der-warnschuss-ein-vernuenftiges-mittel--3221810.html [24. 11. 2015]

273 Ostwald, Gisela: Suzanne Collins über ihren Erfolg
aus: Die Berliner Literaturkritik vom 01. 02. 2011. http://www.berlinerliteraturkritik.de/detailseite/artikel/suzanne-collins-ueber-ihren-erfolg.html [25. 04. 2016]

180 Pace, Fabio: Blogger veröffentlichen Modenews aus dem Jugendzimmer
aus: Der Westen vom 24. 11. 2011. http://www.derwesten.de/zeusmedienwelten/mediacampus/fuer-schueler/zeus-regional/kreis-hsk/blogger-veroeffentlichen-modenews-aus-dem-jugendzimmer-id6102297.html [21. 09. 2015]

38 Pfeiffer, Christian: Wandel der Kindererziehung in Deutschland – Mehr Liebe, weniger Hiebe
aus: SZ Online vom 15. 01. 2012. http://www.sueddeutsche.de/politik/wandel-der-kindererziehung-in-deutschland-mehr-liebe-weniger-hiebe-1.1258028 [25. 09. 2015]

30 Schmidt, Jan-Hinrik: Formen der E-Partizipation von Jugendlichen im Internet
aus: TU Dortmund, FK 12, Forschungsverbund Deutsches Jugendinstitut e. V. (Hrsg.): Politische Partizipation Jugendlicher im Web 2.0. Chancen, Grenzen, Herausforderungen. Eigenverlag Forschungsverbund DJI/TU Dortmund: Dortmund 2015, S. 16

176 Timtschenko, Maria: Jugendliche im Fitnessstudio: Ich pumpe, also bin ich
aus: Spiegel Online vom 09. 12. 2013. http://www.spiegel.de/schulspiegel/leben/jugendliche-im-fitnessstudio-hobby-sport-oder-koerperwahn-a-919483.html [18. 09. 2015]

264 Upadek, Carsten: Matheus' Traum vom Profifußball
aus: Planet Wissen vom 12. 06. 2014. http://www.planet-wissen.de/kultur/suedamerika/brasilien/pwiematheustraumvomprofifussball100.html [20. 11. 2015]

77 Vossenkuhl, Wilhelm: Freiheitsrechte
aus: Philosophie. Basics. Piper Verlag: München 2004, S. 16–17

39 Walter, Melitta: Warum schlagen
aus: Strafen in der Familie. Schlagen verboten! BR Ratgeber vom 20. 03. 2012.

http://www.br.de/themen/ratgeber/inhalt/familie/kinderrechte-gewalt-erziehung100.html [25.09.2015]

191 Wege, Barbara: Trendsport Kinderfitness: Gesund oder gefährlich?
aus: Focus. http://www.focus.de/familie/kindergesundheit/gesund-oder-gefaehrlich-trendsport-kinderfitness_id_1849646.html [22.09.2015]

253 Wilmesmeier, Enis: „Dass das bloße Einsperren ..." [Zitat]
aus: Pro & Contra: Warnschussarrest für Jugendliche. Schekker 02/2013. http://www.schekker.de/content/pro-contra-warnschussarrest-f%C3%BCr-jugendliche [20.11.2015]

43 Wimmer, Jeffrey: Hinter dem Begriff „Killerspiele" ...
aus: FAS vom 06.03.2011. http://www.genios.de/presse-archiv/artikelzw/FAS/20110306/-computerspiele-sind-ein-kulturgut-/SD1201103062994945.html [25.05.2016]

29 Digitale Jugendbeteiligung stärken
aus: BMFSFJ Kinder und Jugend vom 04.12.2014. http://www.bmfsfj.de/BMFSFJ/kinder-und-jugend,did=212070.html [18.09.2015]

35 Die Funktionen von Gewalt
aus: Berghof Foundation Operations GmbH: Berlin 2012. http://www.friedenspaedagogik.de/themen/zivilcourage/voraussetzungen_fuer_gewaltfreies_handeln__1/erziehung_zur_gewaltfreiheit/die_funktionen_von_gewalt_kennen [24.09.2015]

36 Empörung in Frankreich: Lehrer ohrfeigt Schüler – und erntet Zustimmung
aus: Spiegel Online vom 07.02.2008. http://www.spiegel.de/schulspiegel/ausland/furor-in-frankreich-lehrer-ohrfeigt-schueler-und-erntet-zustimmung-a-533578.html [24.09.2015]

39 Fast die Hälfte der Eltern schlägt ihre Kinder
aus: ZEIT Online vom 12.03.2012. http://www.zeit.de/gesellschaft/familie/2012-03/erziehung-eltern-schlaege [25.09.2015]

23 Ohne Handy ...
aus: KIKA Erde an Zukunft. http://www.kika.de/erde-an-zukunft/sendungsinfos/kommunikation102.html [18.09.2015]

42 PKS: Entwicklung der Jugendkriminalität seit 2008 (Grafik)
aus: Jugendgewalt. Themen-Abend im Ersten. Wie viele Jugendliche in Deutschland werden straffällig? Das Erste. http://www.daserste.de/unterhaltung/film/themenabend-jugendgewalt/statistik-jugendgewalt-100.html [25.09.2015]

73 Duden: Freiheit
http://www.duden.de/rechtschreibung/Freiheit [22.12.2015]

74 DWDS-Wörterbuch: vogelfrei
http://www.dwds.de/?view=1&qu=vogelfrei [22.12.2015]

188 Tattoos. Auf immer miteinander verbunden
http://www.ksta.de/region/euskirchen-eifel/tattoos-auf-immer-miteinander-verbunden-1917720 [22.09.2015]

268 Bertolt Brecht – Wichtige Lebensdaten
nach: Chronik. Wichtige Daten im Leben Brechts. FAZ Online vom 07.08.2006. http://www.faz.net/aktuell/feuilleton/chronik-wichtige-daten-im-leben-brechts-1357233.html [23.02.2016]

278 Das Junge Literaturhaus Köln
http://www.literaturhaus-koeln.de [22.02.2016]

# Bildquellenverzeichnis

**S. 4, 13:** John Atkinson, Wrong Hands. wronghands1.com, **S. 14:** Fotolia/minicel73, **S. 15 l.:** Fotolia/Marco2811, **r.:** VISUM / Eva Z. Genthe, **S. 17:** mauritius images / imageBROKER / Klaus Rein, **S. 23:** Fotolia/ra2studio, **S. 29:** Shutterstock / Syda Productions, **S. 4, 33:** Thomas Schulz, Teupitz, **S. 36:** picture alliance / abaca / Giancarlo Gorassini, **S. 38:** picture alliance / AP Photo / Eckehard Schulz, **S. 39:** Fotolia / Markus Bormann, **S. 42 r.:** DER SPIEGEL 18 / 2011, **S. 45:** Colourbox, **S. 50:** picture-alliance/dpa/dpaweb / Patrick Lux, **S. 5, 53:** REUTERS / Andrea Comas, **S. 54 l.:** Fotolia / Nataliya Hora, **M.:** ddp images/Newscom/Kyodo, **r.:** ddp images/Newscom/Kyodo, **S. 55 o. r.:** Fotolia/sarah5, **o.:** Text „Humanoider Roboter": Liste der Autoren ist in der Wikipedia verfügbar, https://de.wikipedia.org/wiki/Humanoider_Roboter#%2Fmedia%2FFile%3AHumanoider-Roboter-DASA.JPG, lizenziert unter CC-BY-SA-3.0, Foto Maschinenmensch Robot, Urheber unbekannt, https://commons.wikimedia.org/wiki/File:Bundesarchiv_Bild_102-13018,_Maschinenmensch_%22Robot%22.jpg, Bundesarchiv Bild 102-13018, lizenziert unter CC-BY-SA 3.0 **M.:** Seite „Roboter". In: Wikipedia, Die freie Enzyklopädie. Bearbeitungsstand: 22. April 2016, 08:59 UTC. URL: https://de.wikipedia.org/w/index.php?title=Roboter&oldid=153695087, **S. 56:** Verbund der Öffentlichen Bibliotheken Berlins (VÖBB), **S. 57:** StartPage.com, **S. 59:** REUTERS / Michaela Rehle, **S. 60:** Colourbox.com, **S. 63:** mauritius images / imageBROKER / Karl F. Schöfmann, **S. 69:** Fotolia / Michaela Rofeld, **S. 70:** Fotolia / Dan Race, **S. 6, 71:** Fotolia/catgrig, **S. 72: o. r.:** Fotolia/Jululijs, **o. l.:** mauritius images / Akademie / Alamy, **M. r.:** mauritius images / Independent Picture Service / Alamy, **u. r.:** action press / Neumayr, Franz, **S. 76:** picture alliance / dieKLEINERT.d, **u. A–E:** Shutterstock/Ecelop, **S. 79 l.:** SPD/AdsD, **2. v. l.:** ACDP, Plakatsammlung, 10-001-104, **3. v. l.:** Christian. Thiel.net, **4. v. l.:** Archiv Grünes Gedächtnis der Heinrich-Böll-Stiftung, **r.:** DiG/TRIALON, **S. 80:** Daimler AG, **S. 82 o. l.:** Süddeutsche Zeitung Photo / Scherl, **o. r.:** picture alliance / dpa / Rainer Jensen, **u. l.:** bpk / Bayerische Staatsbibliothek / Heinrich Hoffmann, **S. 84:** mauritius images / Keystone Pictures USA / Alamy, **S. 86:** action press / Ukas,Michael, **S. 88:** Shutterstock / Santi Rodriguez, **S. 7, 91:** INTERFOTO/TV-Yesterday, **S. 97:** INTERFOTO/Granger, NYC, **S. 8, 113:** Fotolia/stokkete, **S. 140:** akg-images/Electa, **S. 142:** bpk / Staatliche Kunstsammlungen Dresden, **S. 145:** Mauritius images / Alamy / © Ludwig Meidner-Archiv, Jüdisches Museum der Stadt Frankfurt am Main / Peter Horree **S. 150:** Bridgeman / Käthe Kollwitz, **S. 9, 153, 155, 159, 162, 166, 169, 172:** © Georg Soulek, **S. 158 l.:** bpk/Willi Saeger, **r.:** picture-alliance/ZB, **S. 9, 175:** Fotolia/hurricanehank, **S. 180:** Fotolia/Stasique_Photography, **S. 182 l., M., r.:** Thomas Schulz, Teupitz, **S. 183:** Fotolia/EcoPim-studio, **S. 184:** Shutterstock/Poznyakov, **S. 188:** Fotolia/BlueSkyImages, **S. 190:** mauritius images / Westend61 / Sean Locke, **S. 191:** Fotolia/Kzenon, **S. 10, 195 l.:** Verlag Friedrich Oetinger GmbH, Hamburg, **r.:** action press / © Lions Gate/courtesy Everett Collection, **S. 197, 200, 209, 210 l. u. r., 211, 215:** action press / © Lions Gate / courtesy Everett Collection, **S. 206:** akg-images, **S. 11, 217:** Fotolia / Christian Schwier, **S. 219:** Fotolia / Igor Link, **S. 220:** Fotolia/ilfotokunst, **S. 221:** Fotolia/rtype, **S. 223:** Shutterstock/Aha-Soft, **S. 225:** Fotolia / Hans und Christa Ede, **S. 227 o.:** Shutterstock / Konstantin Chagin, **u.:** Fotolia/goodluz, **S. 229:** Fotolia/kasparart, **S. 231:** Fotolia/runzelkorn, **S. 232:** Shutterstock/belizar, **S. 234:** Fotolia/Voyagerix, **S. 235:** Fotolia/Kara, **S. 237:** Fotolia / Frank F. Haub, **S. 238:** Fotolia / Gennadiy Poznyakov, **S. 239:** Shutterstock / David Crockett, **S. 240:** Fotolia / Robert Kneschke, **S. 11, 243:** action press / Collection Christophel, **S. 244:** Fotolia / Steve Mann, **S. 247:** Corbis / Karl Ammann, **S. 251:** picture-alliance / dpa / EPA / D. Gottler, **S. 253:** Fotolia/WoG, **S. 254:** Fotolia/Marem, **S. 255:** imago / Christian Ditsch, **S. 257:** F1online, **S. 259:** imago/Zink, **S. 12, 265:** akg-images, **S. 267:** bpk / Willi Saeger, **S. 269:** action press / Ullstein Bild, **S. 270 M.:** Carlos Borrell Eiköter, Berlin, **u. r.:** culture-images / Lebrecht Music & Arts, **S. 271 l.:** SZ Photo / Süddeutsche Zeitung Photo, **2. und 3. v. l.:** akg-images, **4. v. l.:** action press / Ullstein Bild, **r.:** action press/REX FEATURES LTD, **S. 273:** Shutterstock / Jaguar PS, **S. 276 Bild A:** Tourismus NRW e. V, **B:** ddp images / Walter G. Allgöwer, **D:** Fotolia / Dmitry Vereshchagin, **S. 277:** Tourismus NRW e. V, **S. 279 l.:** Tim Fischer / KulturForum Türkei-Deutschland, **r.:** Flüchtlingsrat Niedersachsen e. V. / Projektgruppe „Unser Herz schlägt auf Lampedusa" http://www.lampedusa-hannover.de/ueber-uns/, **S. 287:** Shutterstock / fluke samed, **S. 302 l.:** Fotolia/hykoe, **M.:** Fotolia/Kadmy, **r.:** Fotolia/countrypixel

# Sachregister

# Knifflige Verben im Überblick

| Infinitiv | Präsens | Präteritum/Perfekt | Konjunktiv I / Konjunktiv II | Imperativ Singular |
|---|---|---|---|---|
| befehlen | du befiehlst | er befahl / hat befohlen | sie befehle/befähle | befiehl! |
| beginnen | du beginnst | sie begann / hat begonnen | er beginne/begänne | beginn(e)! |
| beißen | du beißt | er biss / hat gebissen | sie beiße/bisse | beiß(e)! |
| bieten | du bietest | er bot / hat geboten | er biete/böte | biet(e)! |
| bitten | du bittest | sie bat / hat gebeten | sie bitte/bäte | bitt(e)! |
| blasen | du bläst | er blies / hat geblasen | er blase/bliese | blas(e)! |
| bleiben | du bleibst | sie blieb / ist geblieben | sie bleibe/bliebe | bleib(e)! |
| brechen | du brichst | sie brach / hat gebrochen | er breche/bräche | brich! |
| brennen | du brennst | es brannte / hat gebrannt | es brenne/brennte | brenn(e)! |
| bringen | du bringst | sie brachte / hat gebracht | sie bringe/brächte | bring(e)! |
| dürfen | du darfst | er durfte / hat gedurft | er dürfe/dürfte | |
| einladen | du lädst ein | sie lud ein / hat eingeladen | sie lade ein/lüde ein | lad(e) ein! |
| entscheiden | du entscheidest | er entschied / hat entschieden | er entscheide/entschiede | entscheid(e)! |
| essen | du isst | er aß / hat gegessen | sie esse/äße | iss! |
| fahren | du fährst | sie fuhr / ist gefahren | er fahre/führe | fahr(e)! |
| fallen | du fällst | er fiel / ist gefallen | sie falle/fiele | fall(e)! |
| fangen | du fängst | sie fing / hat gefangen | er fange/finge | fang(e)! |
| fliehen | du fliehst | er floh / ist geflohen | sie fliehe/flöhe | flieh(e)! |
| fließen | du fließt | es floss / ist geflossen | es fließe/flösse | fließ(e)! |
| fressen | du frisst | er fraß / hat gefressen | er fresse/fräße | friss! |
| geben | du gibst | sie gab / hat gegeben | sie gebe/gäbe | gib! |
| genießen | du genießt | sie genoss / hat genossen | er genieße/genösse | genieß(e)! |
| gießen | du gießt | er goss / hat gegossen | er gieße/gösse | gieß(e)! |
| greifen | du greifst | sie griff / hat gegriffen | sie greife/griffe | greif(e)! |
| halten | du hältst | sie hielt / hat gehalten | er halte/hielte | halt(e)! |
| heben | du hebst | er hob / hat gehoben | sie hebe/höbe | heb(e)! |
| helfen | du hilfst | er half / hat geholfen | sie helfe/hülfe | hilf! |
| kennen | du kennst | sie kannte / hat gekannt | er kenne/kennte | kenn(e)! |
| kommen | du kommst | sie kam / ist gekommen | sie komme/käme | komm(e)! |
| können | du kannst | er konnte / hat gekonnt | er könne/könnte | |
| lassen | du lässt | sie ließ / hat gelassen | sie lasse/ließe | lass(e)! |
| laufen | du läufst | er lief / ist gelaufen | er laufe/liefe | lauf(e)! |
| leiden | du leidest | sie litt / hat gelitten | sie leide/litte | leid(e)! |
| leihen | du leihst | er lieh / hat geliehen | er leihe/liehe | leih(e)! |
| lesen | du liest | er las / hat gelesen | er lese/läse | lies! |